筑底共同富裕

人道慈善 与 扶弱助残

杨方方 著

中国社会科学出版社

图书在版编目（CIP）数据

筑底共同富裕：人道慈善与扶弱助残 / 杨方方著.

北京：中国社会科学出版社，2024.6. -- ISBN 978-7 -5227-3824-6

Ⅰ．G632.1

中国国家版本馆 CIP 数据核字第 20242BL701 号

出 版 人	赵剑英
责任编辑	孔继萍
责任校对	李　莉
责任印制	郝美娜

出　　版	中国社会科学出版社
社　　址	北京鼓楼西大街甲 158 号
邮　　编	100720
网　　址	http://www.csspw.cn
发 行 部	010-84083685
门 市 部	010-84029450
经　　销	新华书店及其他书店

印　　刷	北京君升印刷有限公司
装　　订	廊坊市广阳区广增装订厂
版　　次	2024 年 6 月第 1 版
印　　次	2024 年 6 月第 1 次印刷

开　　本	710×1000　1/16
印　　张	23
字　　数	350 千字
定　　价	128.00 元

凡购买中国社会科学出版社图书，如有质量问题请与本社营销中心联系调换
电话：010-84083683

版权所有　侵权必究

序

　　杨方方教授的专著《筑底共同富裕：人道慈善与扶弱助残》就要出版了，嘱我写几句话。我在这部著作中，看到了一幅关于共同富裕、慈善事业与弱势群体关怀的生动画卷，其中，第三次分配作为推进共同富裕的灵动力量备受期待；慈善事业是第三次分配的价值担当，能够成为推进共同富裕的重要支点。共同富裕生活的万般美好体验依附于独特且脆弱的生命，最大限度地保护生命就是在最大限度地保障建设共同富裕的主体力量。不仅如此，这部著作还论及了筑底生命的红十字事业、筑底生活的慈善事业、筑底融合的残障事业、筑底幸福的女性保障和筑底未来的未成年人保障等内容。如此而观，这部著作不仅是一部优秀的学术作品，更是一部充满人文关怀的社会写实，体现了她对弱势群体福祉的深切关怀。

　　在浙江工商大学慈善学院2023年9月举办的首届现代慈善论坛上，我曾以"激情、钟情、深情"称赞慈善学者们的研究和关切。读完方方教授的这部著作，我觉得用这三个词概括她的学术轨迹和本书内容也十分贴切。

　　方方教授对人道领域的"激情"。作为著名社会保障专家郑功成教授的开山弟子，她潜心研究社会保障与慈善事业已逾二十载，期间积累了丰硕的学术成果。难能可贵的是，方方教授是国内率先将目光投向红十字事业、残障人士关怀等人道领域的学者之一。以红十字事业研究为例，方方教授已在中英文学术期刊以及红十字系统刊物上公开发表研究文章数十篇，曾获中国红十字总会报刊社颁发的2018年度优秀理论文章奖，并兼任苏州大学红十字国际学院专家咨询委员、人道公益管理方向的研究生指导教师等角色。可见，对方方教授而言，红十字运动所蕴含的人道力量具有无法抗拒的吸引力。然而，在实践中，我国红十字事业依然面临组织、体制、资源、认知等多方面的困境，特别是社会认知困境。在此背景下，方方教授在书中不仅为红十字组织的性质正本清源，还深入剖析了红十字会在共同富裕进程中所扮演的重要角色。她尝试着提出红十字会的发展方向，并创造性地构思了运行模式和实现路径。

方方教授对慈善事业的"钟情"。慈善事业研究成果在方方教授的学术生涯中占据了重要一席。她在《经济学动态》发表的《慈善经济学研究及进展》一文不仅系统梳理了西方慈善经济学的研究脉络，更是创新性地提出"慈善市场"概念并构建了相应的分析框架，这一贡献为慈善经济学领域注入了新的活力。她的《慈善事业与社会福利的融合之路》一文曾被《新华文摘》全文转载，产生了重要而深远的影响。在这部新书中，慈善研究部分明显是分量最重的一部分。方方教授在阐释共同富裕内涵意蕴、分析各分配层次之间内在关联和界定第三次分配场域的基础上，归纳了现代慈善事业应该发挥的多重效能以及慈善市场多维多层的资源配置图景。同时，她还细致地探讨了慈善事业现代化中的数字技术应用以及微观层面上无力者到有力者的递进成长路径等问题。正是这份对慈善事业的热爱与执着，促使方方教授在厦门大学任教近17年后，毅然选择加入浙江工商大学新成立的慈善学院，开启了她全身心投入慈善事业研究、教学与实践的新旅程。

方方教授对弱势群体的"深情"。方方教授对弱势群体的深切关怀，彰显了其深厚的人文情怀和社会责任感。她特别关注生理性弱势群体。生理性弱势群体可谓弱势中的弱势，因为生理上的局限面临着自主参与社会建设的重重困难。方方教授在新书中深入研究了残障人士、未成年人和女性群体。在她看来，这些群体并非孤立存在，而是与社会发展紧密相连。特别是女性，她们在承担人口再生产重任的同时，肩负着照顾其他生理性弱势群体的责任。然而，与她们所承担的义务相比，她们所获得的权益保障却显得不足。此外，方方教授对孩子和残障人士给予了特别关注。在现代社会中，承载着家庭无限情感和精神寄托的孩子看起来无比珍贵，但在得到过度关注和期待的同时，这一处于社会风险传递链末端的未成年群体常常成为各种风险和"恶"的承担者。残障人士也面临着严峻的挑战。自古以来，人类社会就存在一定概率的残障现象，他们的生活境遇不应该被忽视。方方教授的深情关怀无疑拓宽、助力弱势群体走向共同富裕的思考视角与方向。

习近平主席2015年9月27日在纽约联合国总部出席并主持全球妇女峰会时，发表了题为《促进妇女全面发展 共建共享美好世界》的演讲。习近平主席指出："在中国人民追求美好生活的过程中，每一位妇女都有人生出彩和梦想成真的机会。"以发展的眼光看，生理性弱势群体不等于社会性弱势群体：一方面，生理性弱势群体蕴含着巨大的人力资源潜能，只要人力开发投入和社会支持充分，每个人都能成为熠熠生辉的社会建设者；另一方面，从更广阔的视野来看，尽管并非每个人都有直接参与社会建设的能力，但让每个人能够共享社会发展的物质和精神成果，一定是实现共同富裕这一伟大目标的题中应有之义。

基于上述理由，我将方方教授这部著作推荐给广大读者，期待更多学者投身到共同富裕、慈善事业与弱势群体研究中来，为实现一个公正、包容、可持续发展的美好社会而奋斗！

是为序！

郁建兴

（浙江工商大学党委书记，浙江大学社会治理研究院院长）

目 录

总论　筑底共同富裕：风险流转下的弱势群体蓄力

共同富裕、风险共担与弱势群体 ………………………………… (3)
现代社会中纵横交织的风险流转 ………………………………… (11)
风险流转下弱势群体之间的关联 ………………………………… (16)
现代认知下的共同富裕底部构建 ………………………………… (27)

分论一　筑底生命：红十字的文化自信与人道彰显

红十字的文化自信与人道内核 …………………………………… (51)
疫情防治中的人道困惑与厘清 …………………………………… (66)
红十字会发展方向与职能定位 …………………………………… (74)
生命教育导向下的专业化建设 …………………………………… (91)

分论二　筑底生活：慈善事业的多重效能与发展路径

价值担当：第三次分配中的慈善事业 …………………………… (117)
义利相生：指向人力成长的慈善力量 …………………………… (138)
任重道远：困于数字技术的慈善事业 …………………………… (151)
要素优化：慈善事业的"内修"之路 …………………………… (168)

分论三　筑底融合：残障事业的预防为轴与连接为基

残疾预防：残障事业的逻辑起点和结构要素 …………………（184）
全民预防：从消除残障事业内部的分裂开始 …………………（198）
终身预防：以就业指向的能力性预防为重心 …………………（209）
全面预防：以多维多向的社会连接为落脚点 …………………（224）

分论四　筑底幸福：女性的角色自主与权益保障完善

百年来女性权益保障的理念演变 ………………………………（238）
女性发展的目标实质与时代挑战 ………………………………（248）
女性权益保障中存在的主要问题 ………………………………（253）
《妇女权益保障法》的修订建议 ………………………………（264）

分论五　筑底未来：未成年人的脆弱成长与社会保障护航

未成年人的脆弱成长：社会不能承受之重 ……………………（293）
未成年人成长过程：谋于家庭，成于社会 ……………………（302）
脆弱的形成：起于社会保障的风险传递链 ……………………（315）
从脆弱走向茁壮：社保护航未成年人成长 ……………………（329）

参考文献 ……………………………………………………………（342）

后　记 ………………………………………………………………（358）

总　论

筑底共同富裕：
风险流转下的弱势群体蓄力

习近平总书记指出："我们说的共同富裕是全体人民共同富裕，是人民群众物质生活和精神生活都富裕，不是少数人的富裕，也不是整齐划一的平均主义。"[①] 在2021年中央经济工作会议上，习近平总书记又强调，实现共同富裕目标，首先要通过全国人民的共同奋斗把"蛋糕"做大做好，然后通过合理的制度安排把"蛋糕"切好分好。这是一个长期的历史过程，要稳步朝着这个目标迈进。[②] 与我国构建和谐社会、全面建成小康社会的目标一脉相承，"共同富裕"是我国改革开放的出发点和落脚点，是在消灭"绝对贫困"的基础上，尽量缓解相对贫困、拔高收入分配"中位数"的目标导向。"共同富裕"的推进无疑是一项复杂的系统工程，如同一座高楼大厦的搭建既需要地面之下"看不见"的牢固地基，也需要地面之上"看得见"的空间布局、升降系统、各项设施与服务等，共同富裕的实现需要全社会各个系统的配合，既包括"地基"性的国防系统、法制系统等，也包括"地面之上"的资源互动性明显的保障体系，如慈善公益、社会保障系统等。从社会成员个体层面看，共同富裕的建设就是"添砖加瓦"和共同上行的过程。在这个过程中，有快有慢、有高有低，有人可能由于身体限制前进"速度"相对慢，时而停滞，甚至一不小心脚滑从高楼跌落，扶手、防滑等安全辅助设备就极为必要，即使跌落者发生极端情况，一跌到底，人身安全也能得以保障。这就需要"共同富裕"这座大厦配备一个牢固、结实而又松软、弹性的底部，跌落者不仅要安全触底还要触底反弹，早日重回前进中的社会建设大军。故本书中所讲的共同富裕之"底"是地面之上各类组织与社会成员进行具体、针对性资源互动的生活保障系统，而非地面之下的地基系统。

[①] 习近平：《扎实推动共同富裕》，《求是》2021年第20期。
[②] 《中央经济工作会议在北京举行 习近平李克强作重要讲话》2021-12-10，共产党员网，https://www.12371.cn/2021/12/10/ARTI1639136209677195.shtml。

共同富裕、风险共担与弱势群体

共同富裕目标包含怎样的意蕴？推进思路是什么？推进共同富裕过程中哪些群体应该得到优先关注和助力？哪些助力方式最为适宜和有效？这些都是制定共同富裕行动方案需要回答的基础性问题。

一 共同富裕目标与路线

"共同"的内容至少意味着：一是收入分配的变动方向一致；二是收入分配的变动幅度是合理的、可接受的。广义的"富裕"也是立体的，不仅包括物质层面的"富裕"，也包括精神文化、心理层面等。由此，将共同富裕目标分解为两方面：一方面，共同前进，共享发展成果；另一方面，共生共在，共担不确定的风险。①"共同"意味着"社会融合"，既没有哪类群体被社会所排斥，也没有哪个个体从群体里"掉队"。"个体—群体—社会"是个体参与社会建设、融入社会发展的主要路线，"社会—群体—个体"则是社会保障制度保障个体权益的主要路径。作为社会分子和个体集合的"群体"无疑是社会保障制度建设过程中需要立足的重要主体本位。个体隶属的群体类型按不同的标准有不同的划分，在众多划分标准中，生理性无疑是人的第一属性，也是社会学层面划分群体类型的第一选择，生理状态可以用年龄、性别、健康这三个要素表示，具体如图1所示。社会学界和社会政策界对什么是弱势群体达成了一个

---

① 杨方方：《共同富裕背景下的第三次分配与慈善事业》，《社会保障评论》2022年第1期。

基本共识：所谓弱势群体，是指由于某些障碍及缺乏经济、政治和社会机会而在社会上处于不利地位的人群。从导致弱势的原因来看，弱势群体可分为生理性弱势群体、社会性弱势群体或自然性弱势群体。与社会性弱势群体和自然性弱势群体相比，生理性弱势群体相对更弱势，因为生理上的局限会从根本上限制一个人自主参与社会建设、融入社会发展的能力，甚至有些生理性弱势的形成就是源于社会性障碍；而社会性弱势群体并不必然发端于生理性弱势。

二 生理性弱势的要素与群体构成

生理性弱势群体是遭遇社会排斥的主要群体。例如，2021 年欧盟有 24.9% 的儿童、23.3% 的妇女和 18.2% 的 65 岁以上的老年人以及 30.1% 的残障人士面临社会排斥风险。①

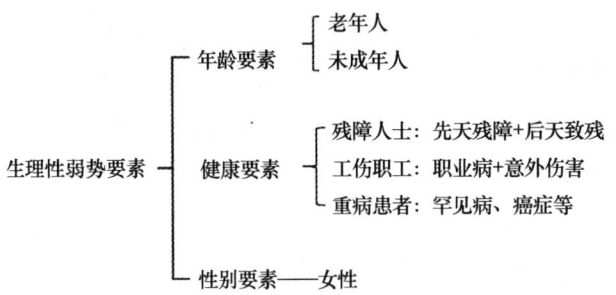

图 1 生理性弱势要素与单一要素弱势群体

弱势要素可概括为年龄、健康、性别三个，单一要素下的群体构成情况如图 1 所示。② 具有两个或两个以上弱势要素的群体可称为复合弱势

---

① 陈晓雨：《反社会排斥：欧盟终身学习政策行动与困境》，《比较教育研究》2022 年第 4 期。
② 需要说明的是，同一标准的分类内部并非完全互斥，比如健康要素的三类群体之间明显存在交叉，工伤的两种主要致因是职业病和意外伤害，从工伤造成的健康损害结果看可以将其并入残障人士或重病患者群体，但为了凸显健康的可塑性，即按原因、结果混合的方式进行分类。

群体，复合弱势群体整体上要比单一要素弱势群体更弱势，具体类型有：具有"年龄要素+性别要素"的老年女性、女童、少女群体等；具有"年龄要素+健康要素"的老年残障、老年病患、儿童残障、儿童病患等；具有"健康要素+性别要素"的残障女性、女性病患等；具有"年龄要素+健康要素+性别要素"所有弱势要素的群体有老年残障女性、老年女性病患、残障女童和女童患者。

要素的性质决定了主体的数量特点，性别是常态化的生理要素，性别要素弱势群体中基数最大。2021年，我国女性约6.89亿人，占当年人口总数的47.7%①；年龄要素是动态化的生理要素，能反映出一个社会的人口结构，2020年我国有0—14岁未成年人约2.53亿人，65岁及以上人口约1.9亿人，占人口总数的13.2%。

健康要素与自身遗传、生活方式与外界环境安全等因素有关，随着生产安全、交通安全、食品安全等诸多环境安全问题频发，健康受损弱势群体数量愈加庞大。根据第七次全国人口普查我国总人口数及第二次全国残疾人抽样调查我国残疾人占全国总人口的比例推算，2021年我国残障人士数量约为9152万人②；2020年认定（视同）工伤人数约112万人，其中全国共报告各类职业病新病例1.7万例，职业性尘肺病及其他呼吸系统疾病1.441万例（其中职业性尘肺病1.437万例），因尘肺病死亡0.667万例。③ 2011—2020年认定（视同）工伤总人数约为1121.4万人；2021年中国罕见病患者约2000万人④；据世界卫生组织国际癌症研究机构IARC官网数据显示，2020年全球新发癌症病例1929万例，其中中国

---

① 按2021年女性人口/2021年人口总数计算获得；2021年第七次全国人口普查我国总人口数为1443497378人。
② 2006年第二次全国残疾人抽样调查显示，我国残疾人占全国总人口的比例为6.34%；14.435亿×6.34%=0.915179亿。
③ 中华人民共和国国家健康委员会：《2020年我国卫生健康事业发展统计公报》，http://www.nhc.gov.cn/cmssearch/xxgk/getManuscriptXxgk.htm?id=af8a9c98453c4d9593e07895ae0493c8.
④ 沙利文：《2022中国罕见病行业趋势观察报告》，https://www.sgpjbg.com/baogao/65800.html.

新发癌症457万人，占全球的23.7%，远超世界其他国家。①

多维弱势群体也呈上升趋势，2006年的人口数据60岁以上的残障老人已成为我国残障人士的主体，达到53.23%。截至2020年年末，中国60岁及以上人口约2.64亿人，占总人口的18.7%，其中65岁及以上人口约1.91亿人，占总人口的13.5%，失能、半失能老年人口超过4200万人。② 在癌症发病率上，男性的年龄标准化发病率在过去几十年中保持稳定，但女性的发病率以每年2.2%的速度显著增加。③ 在未成年群体和残障群体中的女性的健康损失和伤害概率大于男性。

如前所述，生理性弱势是原发性、本源性弱势，会引致或衍生出社会性弱势。据国家卫生健康委员会发布的《中国家庭发展报告（2019年）》显示，城乡空巢老人占全部老年人总数的40.3%，留守老人（23.3%）和独居老人（10%）占比在不断上升，由此也产生了大量的农村留守儿童（35.1%）。近10年中国最高人民法院公布的典型案例反映出，在性侵儿童案件总体呈上升趋势下，老年人性侵农村留守儿童案发率呈现明显增长。④ 可见在弱势程度不同的弱势群体内部也有着不小的风险转移和伤害传导空间，越弱势的群体面对着越多的伤害源。除了留守儿童外，未成年群体中还包括流动儿童、流浪儿童、困境儿童和事实无人抚养儿童等。根据第二次全国残疾人抽样调查资料测算，在被统计的全国在业残疾人中，小学文化及以下的人数占70.3%，高中水平以上的人数仅占2.12%。⑤ 残障人士在社会融合过程中遭遇的瓶颈也与教育程度不足不无关系。⑥

---

① 国家癌症中心：《2022年全国癌症报告》，https://www.cn-healthcare.com/articlewm/20220323/content-1329593.html.

② 李青原：《家庭照料对城乡失能老人和照料者健康的影响》，《北京社会科学》2021年第12期。

③ Chen W., and Zheng, R, et al., "Cancer Incidence and Mortality in China, 2013", *Cancer Letters*, Vol. 401, 2017, pp. 63–71.

④ 王东、王撬撬：《性侵未成年人犯罪特征与预防——以老龄段为视角》，《法制与社会》2021年第19期。

⑤ 韩梅等：《我国残疾人职业现状及受教育程度对职业现状的影响与重要性研究》，《教育与职业》2013年第36期。

⑥ 国卉男、董奇：《终身教育视角下残障人士社会融合的瓶颈与突破》，《终身教育研究》2019年第1期。

三 共同富裕之底：弱势群体的蓄力池

生理性弱势群体是一个数量上占绝对多数（女性＋男性残障人士、老年男性＋男性重病患＋男孩），但存在感、话语权、社会建设能力、制度影响力均处于劣势。这既源于社会群体内部的差异化和分化，需求分散、难以整合以及生理性弱势群体在诉求表达和权益争取方面的长期被动，也源于弱势家庭的"认命"与沉默以及市场经济的功利实用主义下制度建设上的忽视和"看不见"。在现有的社会环境下，需要通过从观念层面到制度层面再到行为层面的系统构建，以达到对弱势群体以及社会底层群众人格尊严的维护。[①] 制度建设无疑是整个系统构建的切入口，制度不仅能在改善行为方面"立竿见影"，还能进行持续的观念输出，而国家层面的观念传达定然能引导和塑造社会认知。制度对于实践的影响广泛而持久，对社会认知的影响深刻而全面。制度来源于政治精英和专业精英的认知，能引导社会大众认知，影响理念观念看法，进而影响弱势群体的社会地位，也能够传达出巨大的精神力量。

风险社会中人的旦夕祸福被指数级放大，构建坚实、柔软且有力的弱势群体蓄力池是共同富裕进程启动的第一要务，甚至是整个进程启动的前提和基础。科学、合理地构建这样的底部，既需要了解现代社会中风险流动转移规律以及这些规律作用下生理性弱势群体生活发展面临的挑战，也要深刻而精准地剖析生理性弱势群体的"弱"的表现与根源；不同的生理性弱势群体之间紧密关联；特定个体"弱"的程度又受家庭保障和社会支持的影响。再将风险流动下弱势群体的"无力"和"诉求"纳入社会保障制度的供给框架之下审视，生理性弱势群体的需求痛点是什么？普遍共性需求和各类弱势群体的特有需求是什么？社会保障助力弱势群体的着力点是什么？弱势群体社会保障的供给难点是什么？各类生理性弱势群体社会保障之间如何进行资源共享和整合？仅仅完善弱势

---

① 王若磊：《完整准确全面理解共同富裕内涵与要求》，《人民论坛·学术前沿》2021年第6期。

群体社会保障对弱势群体的助力是否足够？这些都是在回答"制度视野下如何构造一个坚实而又弹性的'共同富裕底部'"之前必须明晰的问题。

四 研究不足

关于共同富裕。① 共同富裕的研究起步不久，更多地集中在共同富裕的意蕴阐释以及其与收入分配层次的关系，特别是第三次分配在共同富裕中的作用得到较多关注。形成的共识是共同富裕至少包括两方面的意蕴：共生共在，共担不确定的风险；共同前进，共享发展成果。在"共同富裕推进过程中，第三次分配是起补充性作用还是引领性作用？"这一问题尚存在着较大分歧。这一问题的回答很大程度上决定了共同富裕的突破点和推进思路：一是第三次分配仅发挥补充性作用，突破点在于做大第三次分配的"量"，以填满其他分配层次留下的空白地带；二是第三次分配能够发挥引领性作用，如何推动第三次分配成为整个收入分配体系的"第一"机制将是共同富裕的推进思路。相对而言，持有"补充性"作用观点的学者更多，有魏俊、江亚洲、郁建兴等，他们认为，第三次分配是对初次分配和再分配的有益补充，强调第三次分配只是在前两次分配中留下的空白领域发挥补充作用。持有"引领性作用"观点的代表学者当属刘文，他认为点缀的、包含传统道德和宗教文化等因素的慈善活动难以对抗风险社会的不确定性。第三次分配正是在区域性风险和全球风险充分交织、人类作为命运共同体不言而喻的时代情境中生成的探索和实践，其蕴含和指向的乃是社会总体运行方式的演进，是对近代以来人类社会存在和发展方式的反思和超越。② 王名等学者似乎对这两种观点都持反对态度，他们认为，虽然在抽象认识世界，第三次分配作为一个独立分配机制和成分存在，但在实践中，三个分配层次并非泾渭分明

---

① 杨方方：《共同富裕背景下的第三次分配与慈善事业》，《社会保障评论》2022 年第 1 期。

② 刘文：《论第三次分配的本质——基于他在性视角的阐发》，《山东工商学院学报》2021 年第 1 期。

的封闭区域，三个分配层次之间很难完全割裂。同时王名等学者也指出："第三次分配除了独立发挥功能之外，要在与市场初次分配和政府再次分配紧密衔接、相互嵌入过程中才能发挥更有效的作用。衔接既包括作用对象、领域和功能上的衔接，也包括机制上的衔接。"[1] 可见，对收入分配层次及作用的已有研究大多忽视风险研究、缺少主体本位，这样的探讨具有宏观层面的理论抽象价值，但在指导实践价值方面还远未到位。就"共担风险"与"共享发展成果"的逻辑关系而言，化解风险共担必然先于共享成果，在实践中，两者也是同步甚至镶嵌在一起进行的，抛开风险的性质、种类和等级泛泛地谈某一种收入分配层次的作用有过度简化实践状况的嫌疑。另外，不同群体无疑有着不同的生活境遇，脱离共同富裕进程的主体特征探讨无差别的推进方式无疑从源头上降低了推进方式的能动性和针对性。

关于弱势群体。缺少应有的群体视角，以残障研究为例，具体表现为：一是只有弱势视角，没有优势视角，忽略包括残障群体在内的每个人都有勇气、骨气、底气主动创造美好生活；二是只有分配视角，没有发展视角，忽略残障群体的发展需求和发展机会，只注重在收入分配方面予以保护和补偿，忽视残障群体的比较优势和特殊贡献；三是只有公平的视角，没有效率的视角，忽略残障人士在劳动创造、群体消费和解放家庭生产力、孕育现代服务业等方面潜在的经济价值以及在构建新发展格局中的积极作用。[2] 残障群体的共同富裕之路是全面、综合的"解困"之路，并不仅仅是收入水平层面上的"脱贫"。对残障的认知障碍、残障群体基本康复难度大、基本辅具配备的制度性缺失、无障碍环境建设明显滞后、自我发展能力和机会严重不足都是制约残障群体在整体脱贫后摆脱相对贫困、实现共同富裕的障碍所在。[3]

关于制度助力。虽然对弱势群体脆弱性、重要性具有一定共识，但

---

[1] 王名等：《第三次分配：理论、实践与政策建议》，《中国行政管理》2020年第3期。
[2] 张九童等：《残疾人共同富裕研究：理论视域与未来指向》，《残疾人研究》2022年第1期。
[3] 张九童等：《残疾人共同富裕研究：理论视域与未来指向》，《残疾人研究》2022年第1期。

在如何助力弱势群体上还存在至少两方面的瑕疵：一是不同弱势群体之间的研究往往是割裂的状态，不同弱势群体之间的联系、交集和相互转化被忽视，针对某一类弱势群体的现状进行研究然后提出特定的方案与办法成为主要的研究思路。然而忽视弱势群体的共性，在解决问题阶段就难以形成合力，深层的基础性条件和环境很难被聚焦。只有基于共性研究的差异性研究才有可能溯源制度之间纵横交错的关联，避免对现实世界的过度抽象和简化。二是对弱势群体的生活状况多是静态考察，缺少动态的趋势性的发展规律研究和规律背后成因的系统性挖掘，制度之间的层次琢磨不够深入，因此提出的研究建议的实践指导价值也比较有限。

现代社会中纵横交织的风险流转

现代社会是风险社会。尽管在人类历史上任何时期都存在相对于人的风险，但那些风险都是具体的风险，是相对于特定的人、群体、阶层和地域的风险。风险社会则意味着社会中几乎所有人都共同遭遇和面对着的风险，风险不仅无处不在，且种类、形式、频率可能多到无法计数也无法预知的程度。不得不承认的是，"自然"也已融入社会，就意味着社会风险不再只是由外因引起的，而更多是发生在社会自身之中的，社会的高度复杂性和高度不确定性远非"3.0""4.0"诸多工业社会"新版本"所能概括的。[①] 开放性的风险需要全社会开放且凝聚地应对，既需要强大的制度支撑，又需要以情感为联结纽带，建立广泛、多主体、多维度、多层面的社会联结，用社会联动构筑对抗不确定风险的屏障。根据能量守恒定理，风险无时无刻不在流动、转移和传递之中；风险显性化的后果不可能自行消失，听之任之，则会不断衍生，次生风险层出不穷。

一 风险的纵向流动："不退则进"，不断衍生

2009 年，张海超凭借"开胸验肺"带来的高社会关注度获得"特事特办"：工伤认定 1 小时办理完毕；劳动能力鉴定专家上门服务；职业病复诊程序简化等。[②] 但十几年过去了，仍有千千万万个"张海超"奔波在

[①] 张康之：《论风险社会生成中的自然社会化》，《江苏师范大学学报》（哲学社会科学版）2020 年第 2 期。

[②] 孙旭阳：《尘肺病人张海超：我的"被幸福"生活》，《安全与健康》2013 年第 1 期。

工伤认定和工伤赔偿的路上，困于这个持续多年的难题之中。劳动者发生工伤之后如果得不到赔偿，由于健康损伤增加的医疗需求就面临难以满足，劳动能力下降，失业风险定然增加，随之而来的还有子女的教育压力、家庭的贫困风险以及工伤职工的养老风险等。没有外力的介入，生活质量会出现自由落体式的"下滑"。

新冠疫情以来，我国多地不定期采取的居家在线上课、关闭公园、体育馆等方式对未成年人身心健康的影响不容小觑，可视为新冠风险衍生出来的次生灾害：新冠疫情以来，国民的剧烈体力活动和步行时间分别减少16.8%和58.2%，久坐行为增加23.8%，相比其他年龄群体，儿童青少年久坐行为增加更多，锻炼时间明显减少，超重、肥胖率增加明显。[①] 2019新冠疫情暴发前武汉市中小学生视力不良检出率为43.04%，近4个月居家学习后武汉市中小学生视力不良的检出率为51.04%。[②] 对比2019年年底9省（区、市）中小学生的普测和2020年6月的调研结果可发现，半年的近视率增加了11.7%。[③] 放任身体的脆弱化必然导致青少年的内驱力和生命动力严重不足：中学生抑郁症状的检出率为28.4%，有36.3%—55.8%的青少年存在抑郁情况[④]；超五成青少年受到心理障碍行为问题的困扰。[⑤]

二 风险的横向转移：强者—弱者—更弱者

处于风险传递链高端的群体会将外界增加的风险转移到处于传递链

[①] 吴慧攀等：《中国儿童青少年体力活动年龄性别和地区特征》，《中国学校卫生》2022年第4期。

[②] 谢新艳等：《武汉市中小学生2019—2020年视力不良现况》，《中国学校卫生》2021年第8期。

[③] 胡昊、刘硕：《教育部：中小学生近视率半年增加11.7%》，https://baijiahao.baidu.com/s?id=1676163770859599822&wfr=spider&for=pc。

[④] 刘福荣：《中学生抑郁症状检出率的Meta分析》，《中国心理卫生杂志》2020年第2期。

[⑤] 刘映海、郭燕兰：《锻炼心理学视角下青少年心理健康的身体活动研究进展》，《湖南师范大学教育科学学报》2022年第3期。

低端的群体。比如，商家的压力会通过提高价格把增加的成本转嫁给消费者；企业会通过裁员、降薪等手段来平衡增加的经营风险。比如，我国外卖行业飞速发展，2019 年仅美团一家平台的骑手总数就达 398.7 万人。外卖骑手奔波在城市的大街小巷，上海市 2019 年上半年平均每天发生 1.8 起涉及快递、外卖行业的各类道路交通事故，平均每天伤亡 1.8 人。外卖骑手主要靠自我保障对抗交通意外风险。[1] 风险的转移不仅存在于职场，也出现在家庭内部，因为只要在一个组织内部存在力量悬殊，当隐性的潜在风险变成显性的实际风险时，强者就会"自发"地将风险转移出去。就像在家庭里，父母经常无意间就将生活压力、负面情绪、精神焦虑转移到孩子身上，影响孩子的身心健康成长。研究表明，母亲的情绪会影响儿童的生理心理健康，也会影响孩子的亲社会行为。母亲抑郁会导致儿童患上生理疾病，出现较多的内化和外化心理问题，同时表现出更少的亲社会行为。[2]

三　风险的不均匀分布：弱者偏好，越弱势越多风险

没有制度予以干预、化解的现代风险社会，风险虽然共同面对，但风险成本不可避免地呈现两极分化状态。风险热衷于向弱者聚集，同一种风险下，财富、能力或健康等方面处于相对弱势的人往往承担更多更严重的后果。

2020 年新冠疫情暴发以来，美国收入和财富更多向顶层集中，贫富分化问题愈演愈烈。[3] 在职场，劳动者的就业竞争力越低承受的就业收入损失越多，各行业的职场精英的就业损失则小得多。在我国，新冠疫情对劳动密集型企业就业居民收入的负面影响大于对资本密集型企业；同

---

[1] 施红等：《外卖骑手的意外伤害、风险感知及保障需求——基于杭州的调查》，《中国保险》2020 年第 8 期。
[2] 叶枝等：《母亲抑郁情绪与儿童问题行为的关系：情感虐待和忽视的中介作用》，《中国特殊教育》2021 年第 5 期。
[3] 吕昊旻、赵雪情：《新冠疫情导致美国贫富差距极端分化》，《世界知识》2022 年第 4 期。

时劳动密集型企业居民福利损失大于资本密集型企业居民福利损失。① 疫情防控期间多地不定期的"在线教育"对不同家庭孩子的影响也有较大差别。研究发现，贫困家庭和农村家庭学生在疫情后成绩相对下滑，现阶段推行普遍在线教育会拉大不同家庭条件学生的差距。② 有学者基于中国健康与营养调查数据研究发现，虽然新农合的实施改善了农村地区未成年人的整体健康状况，但不同收入家庭中未成年人间的健康差距在扩大。③

现代生活已进入数字时代，"数字利维坦"的兴起与扩张使得每一个个体都有沦为数字难民的危险。④ 新冠疫情加快了数字技术与生活的联结面和黏合度，考察各地的防疫实践发现，老人群体、残障群体已切实沦为事实上的"数字难民"。尽管一些手机品牌和大型互联网公司为老年群体提供了"大字模式"，但这种辅助性功能难以真正提升智能电子产品的适老性、适残性，很难真正改善他们"数字难民"的劣势地位。⑤ 疫情防控期间，老年人和残障人士在政策制定过程中常处于"不可见"的状态，这导致老年人和残障人士缺乏包容性的预防方案、信息传递及防护设备。瑞典大多数新冠感染死亡病例来自养老院等长期照护机构。⑥ 疫情防控期间，出行本就困难的残障人士更是雪上加霜。在参与调查的160名残疾人中有75.6%的人存在焦虑，中重度焦虑的比例为52.5%；79.4%的残疾人存在抑郁，中重度抑郁的比例为62.5%，焦虑合并抑郁的高达72.5%。⑦ 健全人的焦虑率和抑郁率是多少？与男性相比，疫情下的女性

---

① 赵恢林：《疫情冲击、收入差距与财政政策援助》，《财经论丛》2021年第8期。
② 罗长远、司春晓：《在线教育会拉大不同家庭条件学生的差距吗？——以新冠肺炎疫情为准自然实验》，《财经研究》2020年第11期。
③ 彭晓博、王天宇：《社会医疗保险缓解了未成年人健康不平等吗》，《中国工业经济》2017年第12期。
④ 颜昌武、叶倩恩：《现代化视角下的数字难民：一个批判性审视》，《学术研究》2022年第2期。
⑤ 秦钰玺：《后疫情时代"数字难民"的困境与突围》，《新闻知识》2021年第4期。
⑥ ［爱尔兰］杰拉德·奎因：《新冠肺炎疫情中的老年残疾人》，《残疾人研究》2020年第2期。
⑦ 苌凤水等：《新型冠状病毒肺炎疫情期间残疾人焦虑抑郁情况及其影响因素》，《医学与社会》2021年第7期。

也承担更多的照护压力、亲密伴侣暴力和经济压力。与其他女性相比，育有5岁以下孩子的职业女性报告"劳动量过度，很难平衡工作和家庭"的比率最高。①

　　弱势不是更弱势的免疫盾牌。风险是不断下行和下沉的，如同史铁生所说："任何不幸前面都可以加一个'更'字。"任何弱势也都可以加一个"更"字。

---

① 崔舒等：《新冠疫情对女性心理健康的影响因素——经济困难、照护压力和亲密伴侣暴力》，《心理学通讯》2021年第3期。

风险流转下弱势群体之间的关联

"弱势"作为"风险显性化"的结果，与风险不断流动、转移和非均匀聚集一样，不同性质、种类和层面的"弱"之间相互转化、紧密关联。只有洞悉不同"弱"之间的转化和弱势固化过程的基础上，才可能为弱势群体提供有针对性的助力。

一 不同性质的"弱"相互转化

生理性弱势群体既有看得见的弱也有看不见的弱。身体、病理上的弱是外化的、看得见的"弱"，内在的精神生命力和观念认知上的弱是看不见的"弱"。这些不同成分之间是相互转化和转移的。内在的"看不见"的弱是土壤，不及时干预，会增加"看得见"的弱；新增的"弱"积累量变到一定程度，又会质变为新的"看不见"的弱。

阿马蒂亚·森说：贫穷导致难以容忍的人才浪费。贫穷并不仅仅意味着缺钱，它会使人丧失挖掘自身潜力的能力。[①] 俗言道，"人穷志短、穷困潦倒"都是这种风险转化、弱势内化的形象描述。正如有些学者所言："在物质扶助弱势群体的同时，弱势群体出现了'精神贫困'现象，比如残障人士在内的弱势群体自我发展能力不足，弱势群体的福利依赖

---

① ［印度］阿比吉特·班纳吉、［法］埃斯特·迪弗洛：《贫穷的本质：我们为什么摆脱不了贫穷》（修订版），景芳译，中信出版集团2018年版，第6—7页。

和长期形成的贫困文化难以扭转。"① 的确,生理性弱势群体身体弱势明显易见,而与身体弱势依附存在的精神脆弱、诉求表达和沟通局限则不易被充分重视,加之存在感弱、话语权低、判断能力弱及需求的主动开放度不够,弱势群体的需求及需求的变化难以被及时、充分地发觉,这容易造成救助上的片面和不彻底,为贫困反弹和弱势加剧埋下伏笔。

首当其冲,未成年人是"弱势中的弱势",未成年人的精神伤害更具隐蔽性。一是未成年人的成长过程的自愈性,因为"小"呈现出来的问题会被歪曲解读;二是因为对家人的过于依赖或恐惧可能隐瞒亲人对其的伤害。据研究表明,儿童的"杏仁核"相当活跃,受到严重伤害时语言中枢往往关闭,倾向于回避童年逆境,得不到治愈和疏解的难以描述的伤害不可能消失,反而会成为秘密进入孩子的潜意识,这就是为什么说"不幸的童年需要一生治愈"。未成年人存在永远的表达困境:当下鲜活的感受和有限的认知、表达以及被认可的有限性。未成年人无法像其他弱势群体那样高喊"没有我们的参与,请不要做有关我们的决策",未成年人的生活、医疗、教育都是成年人安排的。儿童虽然"随处可见",但不一定被看见、被听到,成人对儿童的离身认知使未成年人成长陷入"眼中无儿童"的社会困境。②

再以残障事业为例,内部分裂之严重可用"冰火两重天"来形容,分裂点就是残障人士是否持有《残疾人证》。《残疾人证》是认定残疾人及其残疾类别、等级的合法凭证,残疾人在日常生活中凭此证可享受许多优惠政策。虽然《残疾人证》从技术上已更新到第三代智能卡,实现了智能化,但我国残障人士持有《残疾人证》的比率一直没有明显提升,如表1所示。在是否办理《残疾人证》决定于残障人士或监护人的意愿。这样来看,即使有相当多的残障人士不办理《残疾人证》也是一种自主选择的结果,是意志自由、主观能动性的体现。据调查,"残疾人不知道

---

① 张九童等:《残疾人共同富裕研究:理论视域与未来指向》,《残疾人研究》2022年第1期。

② 杨颖慧、黄进:《成人对儿童的离身认知及其教育困境》,《学前教育研究》2022年第3期。

有残疾证"和"残疾人不想办理"是残疾人不办证最主要的原因。① 亚里士多德曾言:"自愿行为既要以能够自主决断、自主选择为前提,也要以必要的知识为前提。"② 在现代社会,"必要的知识"还可以拓展到信息、观念、认知等主观判断。在信息不对称、残障人士自身认知存在局限的情况下,"不需要"是否属实?"不知道"现象的存在是否合理?信息不充分和认知不充分情况下的"自愿",很有可能成为对弱势群体发展的"限制"和"剥夺"。

表1　　　　　　　　2013—2020年残障人士持证率

	持证残障人士数量 (万人)	残障人士总数 (万人)	持证率(%)
2013	2811.5	8668.4	32.4
2014	2946.7	8726.8	33.8
2015	3145.7	8769.9	35.9
2016	3219.4	8827.3	36.5
2017	3404.0	8876.7	38.3
2018	3566.2	8910.3	40.0
2019	3681.7	8939.9	41.2
2020	3780.7	8952.8	42.2

说明:持证残障人士数量根据2013—2020年统计年鉴整理所得;残障人士总数等于每年人口总数×6.34%,6.34%为2006年残疾人口调查得到的残疾人占总人口数的比重;持证率=持证残障人士数量/残障人士总数。

还有被困在角色冲突中的职场女性。虽然中国女性的劳动参与率较高,但受到"男主外、女主内"和"男尊女卑"等传统文化观念的影响,女性在工作之余依然需要承担繁重的家务劳动③,这可能使得女性职工更

---

① 石开铭:《对残疾人不办残疾证现象的分析》,《经济研究导刊》2014年第14期。
② 黄裕生:《论亚里士多德的"自愿理论"及其困境——康德哲学视野下的一个审视》,《浙江学刊》2017年第6期。
③ 刘爱玉等:《双薪家庭的家务性别分工:经济依赖、性别观念或情感表达》,《社会》2015年第2期;於嘉:《性别观念、现代化与女性的家务劳动时间》,《社会》2014年第2期。

容易感受到工作和家庭的冲突。基于性别角色理论，格兰迪等进一步指出，女性员工更可能因为工作影响家庭而对工作产生不满。这主要是因为家庭在女性心中占据更加重要的位置，所以，当工作和家庭产生冲突时，她们会比男性更可能抱怨工作。这种纠结的情绪无疑会影响女性职业投入，进而影响她们的职业发展前景。[①] 内圣才能外王，内在的精神力量决定着一个人的整体生命状态。内在的生命价值、精神动力的弱很大程度上是外在的弱积累、质变的结果，固化程度和塑造难度相对更高，会影响和阻碍外在的"弱"得以质的改善。

二 不同类型弱势群体之间的转化和依赖

弱势群体之间存在紧密的联系，整体来说，生理性弱势群体之间相互依赖又相互转化。从不同生理性弱势群体之间的相互转化和依赖情况看，比较集中的转化方向是残障人士，被过度依赖的群体类型是女性。

（一）残障风险"无处不在"

残障是病理性的身体功能缺失与外部障碍共同作用的结果。在现代社会，残障是每个人的影子，残障风险伴随每个人。相对于健全人，残障风险更容易光顾生理性弱势群体，其他生理性弱势群体与残障亦近在咫尺，残障群体则面临残障程度更深或多重残障的风险。

除了因身体功能逐渐退化残障老人的数量在逐年攀升外，工伤致残者在全部因伤害导致残疾者中占 21.02%。工伤主要导致肢体残疾和听力残疾，男性、15—54 岁年龄组、城镇人口是工伤致残的主要高危人群。[②] 2020 年认定（视同）工伤人数约 112 万人，2020 年评定伤残等级 60.4 万人，占当年工伤总人数的 53.9%，经汇总 2015—2020 年评定伤残登记总人数约为 338.6 万人，占同期认定（视同）工伤总人数的 52.0%，比

---

① 许琪、戚晶晶：《工作—家庭冲突、性别角色与工作满意度——基于第三期中国妇女社会地位调查的实证研究》，《社会》2016 年第 3 期。

② 代金芳等：《我国因工伤导致残疾的现况及预防策略》，《残疾人研究》2011 年第 3 期。

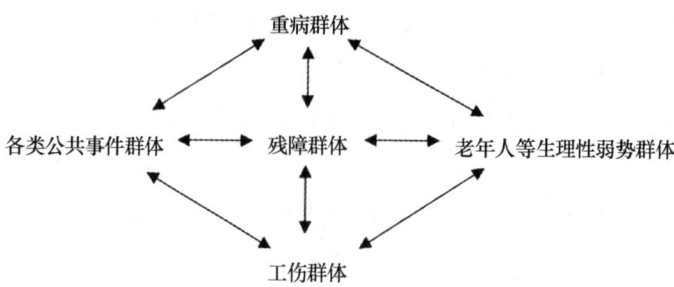

图1　生理性弱势群体之间的转化

2008—2014年的评定伤残登记率42.4%高出近十个百分点。① 就因病致残的残障人士来看，脑血管病症致残患者数量最多，达到16.7%；中、青年肢体残障人士的主要致残原因是脊髓灰质炎，分别为14.8%和17.1%；老年肢体残障人士的主要致残原因是骨关节疾病，达到35.7%。②

（二）疲惫不堪的现代女性

就业压力、家务劳动、对孩子和老人的照料劳动使婚姻中的职场妈妈一个个"疲惫不堪"。女性是弱势群体的主要照料者，女性对于孩子和家庭的整体改善发挥着关键作用，说"一个女性影响三代人的幸福"丝毫不为过。婴儿的喂养质量取决于妈妈的营养知识储备和精细度，孩子的志向取决于母亲的视野和格局，"摇动世界的手决定世界"早已成为全世界的共识。2006年诺贝尔和平奖获得者穆罕默德·尤努斯创办的穷人的银行——格莱珉银行，其主要向女性提供贷款（女性贷款者占90%），尤努斯认为妈妈的经济能力增强是改善家庭生活质量的保证。女性不仅维系着人口再生产，还在默默承担着社会生理性弱势群体的照料劳动。研究证明，家庭老年照料活动对女性照料者身体健康有负面影响，参与

---

① 在中国人力资源和社会保障部官网统计的基础上计算得到。除了正文提到的数据，还有些基础数据可补充如下：2011—2020年认定（视同）工伤总人数约650.9万人；2008—2014年认定（视同）工伤人员774.4万人，其中评定伤残等级人数约为328.2万人。

② 陈曦等：《广东省成人肢体残疾主要致残原因分析及对策探讨》，《中华物理医学与康复杂志》2010年第1期。

照料活动使女性照料者过去四周的患病（急性病或慢性病）可能性增大，家庭人均年收入水平较低的女性照料者健康状况的负向影响更大。[①] 照料劳动市场中女性似乎没有退休期，当把自己的孩子养大，又开始了隔代照料生涯，可以说，在我国这种角色代偿是化解孩子养育供需矛盾的最主要方式。研究也发现，隔代照料是流动育龄女性能够就业的重要支撑条件。[②] 如果退休女性不帮助子女照看孩子，她们的女儿或儿媳可能就无法出去工作。现代女性面临极为沉重的照顾压力，照顾子女、照顾孙子女、照顾父母、照顾病患等，具体如图2所示。

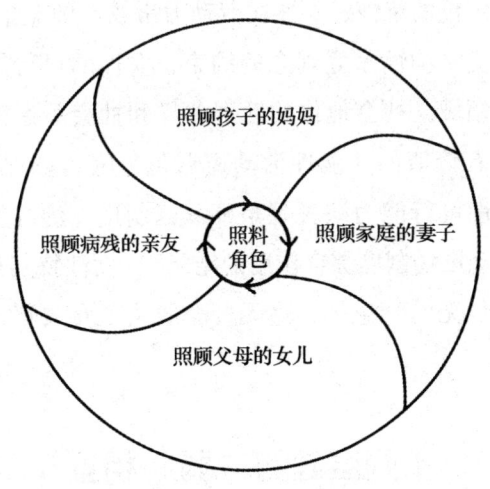

图2　现代女性的照料角色

联合国经济和社会事务部2020年发布的《2020年世界妇女：趋势与数据》报告中显示，在新冠疫情流行期间，平均而言，全球女性每天花费在无偿家务和护理工作上的时间是男性的3倍，约为4.2小时。2020年全国妇联和国家统计局发布的第四期中国妇女社会地位调查数据显示，0—17岁孩子的日常生活照料、辅导作业和接送主要由母亲承担的分别占

---

　　① 宋丽敏、朱丹华：《家庭老年照料对女性照料者身体健康的影响研究》，《人口与社会》2021年第4期。

　　② 漆莉等：《隔代照料对长江经济带流动育龄女性劳动参与的影响研究》，《兰州财经大学学报》2020年第6期。

76.1%、67.5%和63.6%；女性平均每天用于照料/辅导/接送孩子和照料老人/病人等家人的时间为136分钟。已婚女性平均每天家务劳动时间为120分钟。① 在工作和生活之间平衡的女性将巨大的体力心血付诸家庭，却面临着经济上不自主和精神上的无助。相对而言，女性贫困率要远高于男性，尤其老年女性和农村女性贫困已经成为严重的社会问题。以生物——社会性别差异为分配原则的家庭分工模式，将农村女性长期置于性别刻板印象的桎梏牢笼之中，限制了农村女性平等接受教育这一激发内在潜能和提升文化共鸣能力的基本可能性或唯一途径。② 在经济领域，受家庭角色定位的束缚，女性在劳动力市场上的竞争能力有所弱化；在社会领域，遭受结构性家庭观念的约束，女性的可行能力无法得到有效拓展；在政治领域，社会地位的性别差异和社会关系网络的断裂破损导致女性在各类有价值的功能性活动遭遇角色困惑。③ 从制度层面上来看，农村贫困女性可行能力缺失是婚姻家庭制度、传统生育制度、社会保障制度以及劳动市场制度综合作用的结果。④ 女性特别是农村地区女性已经陷入"习得性无助"感知，这无疑会弱化子女成年自我提升能力和社会竞争能力。⑤

三　不同层面的"弱"相互作用

个体的弱与家庭的弱、社会的弱紧密关联，弱势群体的生存与发展既取决于家庭的资源投入，也受限于社会的资源投入。

---

① 覃云云、梁慧娴：《一日双城：深港流动中的跨境母职》，《妇女研究论丛》2022年第3期。

② 王卓、郭真华：《建立缓解相对贫困的女性赋权减贫机制研究》，《重庆工商大学学报》（社会科学版）2023年第4期。

③ 程玲：《可行能力视角下农村妇女的反贫困政策调适》，《吉林大学社会科学学报》2019年第5期。

④ 王淑婕、解彩霞：《中国贫困女性化的社会制度根源——基于可行能力视角的分析》，《青海师范大学学报》（哲学社会科学版）2011年第6期。

⑤ 王卓、郭真华：《建立缓解相对贫困的女性赋权减贫机制研究》，《重庆工商大学学报》（社会科学版）2023年第4期。

(一) 个体与家庭

以儿童群体为例，儿童没有绝对的自由，他们被归类为"依赖"或"无助"的个体，需要处于被监护的等级关系中。[1] 20 世纪后半叶，儿童、家庭和国家之间的关系常常被视为私域和公域之间的冲突。近年来，这种现代主义二分法受到了挑战，儿童作为一个具有人权的独立个体，可以不再作为一个"依赖者"纳入家庭之中，在新公共领域中，儿童已成为一股向心力（centripetal force）。[2] 似乎在理论研究和应然层面上儿童的主动性有所增强，但现实中的被动和依赖程度"根深蒂固"。家庭仍是未成年人成长的"第一环境"，现实中儿童的境遇受限于家庭收入、父母认知等因素，这些因素是识别困境儿童的主要标准，如表 2 所示。

表 2　　民政部门对困境儿童的界定与分类

部门	困境儿童
民政部	因家庭贫困导致生活、就医、就学困难的儿童
	因家庭监护缺失、监护不当导致人身安全受到威胁或侵害的儿童
	因自身残疾导致康复、照料、护理、社会融入困难的儿童
地方民政局（南京、张家港）	父母监护缺失的儿童、孤儿
	父母无力履行监护职责的儿童
	贫困家庭儿童
	重残重病及流浪儿童
	其他需要帮助的儿童
地方民政局（北京）	生理困境儿童（重病重残儿童）
	行为困境儿童（涉嫌违法犯罪的儿童）
	监护困境儿童（监护不当的儿童）
	留守儿童

资料来源：亓迪等：《贫困弱势儿童识别标准及评估工具研究——基于 9 家机构的调研分析》，《社会政策研究》2020 年第 1 期。

---

[1] Tanenhaus, D. S., "Between Dependency and Liberty: The Conundrum of Children's Rights in the Gilded Age", *Law and History Review*, Vol. 23, No. 2, 2005, pp. 351 – 385.

[2] Wyness, M., "Children, Family and the State: Revisiting Public and Private Realms", *Sociology*, Vol. 48, No. 1, 2014, pp. 59 – 74.

有两点值得注意：一是家庭对未成年人境遇的影响深刻又全面，困境家庭中的未成年人很难逃离"困境"。有学者将困境儿童分为儿童自身困境和家庭困境两类[1]，其实以重残重病为主的儿童自身困境的形成和应对中很难不受家庭的影响，且儿童自身困境程度越高，对家庭的依赖程度也就越高，当然社会层面的影响也不容忽视。二是家庭并非化解未成年困境的充分条件，社会因素不可忽略。按照表2显示的困境儿童识别标准，来自非困境家庭和非家庭监护不当的"结果型"困境未成年人可能被遗漏[2]，被侵害的未成年人、遭遇校园霸凌的未成年人等社会融入的孩子就可能游离在"困境"之外。以儿童实际医疗费用自付比来看儿童对家庭的依赖度，发现大多数儿童具有75%以上的高依赖度，有些甚至是完全自付。是否参保、参保类型、就医次数等均受制于家庭，具体受家庭收入、家庭意向、家庭儿童年龄及数量等因素影响。[3]

社会层面上看家庭氛围的提升需要社会资源支撑。家庭和谐对儿童的身心健康、沟通表达和学习能力影响巨大。研究表明，儿童期情感方面的创伤经历对焦虑、抑郁的影响更大，且存在性别差异，对女生的影响相对更强。[4] 家庭成员中母亲的教养方式对儿童早期发展影响很大。[5] 夫妻冲突影响母亲教养方式，研究发现，夫妻冲突越大，母亲越容易采取心理攻击等严厉管教的教养方式。[6] 消极的教养方式会破坏亲子依恋关

---

[1] 亓迪等：《贫困弱势儿童识别标准及评估工具研究——基于9家机构的调研分析》，《社会政策研究》2020年第1期。

[2] 亓迪等：《贫困弱势儿童识别标准及评估工具研究——基于9家机构的调研分析》，《社会政策研究》2020年第1期。

[3] 张沁洁：《中国儿童医疗保障的家庭依赖度研究——以4180个样本为例》，《卫生经济研究》2022年第4期。

[4] 张雨晗等：《儿童期虐待类型与青少年焦虑抑郁关系的相对权重分析》，《中国学校卫生》2022年第3期。

[5] 陶沙等：《3—6岁儿童母亲教养行为的结构及其与儿童特征的关系》，《心理发展与教育》1998年第3期。

[6] 宋占美等：《父母婚姻质量与学前儿童焦虑的关系：父亲和母亲严厉管教的中介作用》，《中国临床心理学杂志》2019年第1期。

系，儿童容易焦虑，安全感降低，进而执行功能（持续性专注力）变差。[1] 要想促进儿童持续注意力的发展，需要母亲提高教养方式的敏感度，背后的支撑是夫妻关系的和谐和家庭氛围的融洽。[2] 而母亲的好性情、好的教养方式、和谐的家庭氛围背后肯定离不开一个社会慷慨、大方的投入，女性的优雅、素养一定程度上都是资源充裕的自然结果，一个像陀螺一样忙碌的现代女性很难保持良好且稳定的心理状态。

（二）个体、家庭与社会

未成年人的父母具有未成年子女的医疗决定权，是否能最大限度地保护未成年人的利益受限于家庭资源和父母相关医疗知识储备等综合情况，也需要有相应社会制度的约束，包括医疗决定权执行的条件、监督和撤销等。但由于儿童福利机构对被监护的未成年人医疗决定权的行使与监督等制度不健全，也导致了2005年江苏南通市儿童福利院两名14岁的智障少女子宫被切除事件的发生，在此之前南通市儿童福利院至少将7名智障少女送到医院做了子宫切除手术。据报道，在各地切除智障女孩的子宫曾是一种惯例做法。我国实践中还曾有多起"精神病儿童被锁小黑屋"或"铁笼子"等事件。直到2015年《中华人民共和国民法通则》才确立"撤销监护人资格"制度，但实践中因为生活照顾和医疗过失引起的撤销监护人资格案件尚不多见。[3] 2018年民政部《儿童福利机构管理办法》规定，儿童福利机构是民政部门设立的，主要收留抚养由民政部门担任监护人的未满18周岁儿童的机构。第四条明确规定："儿童福利机构应当坚持儿童利益最大化，依法保障儿童的生存权、发展权、受保护权、参与权等权利，不断提高儿童生活、医疗、康复和教育水平。"

以老年人为例，老年人的健康每况愈下，社会活动减少，信息滞后，

---

[1] Sarah, B. and Lauren, V. S., et al., "Executive Function and Temperamental Fear Concurrently Predict Deception in School-aged Children", *Journal of Moral Education*, Vol. 44, No. 4, 2015, pp. 425 – 439.

[2] 赵丽沙等：《母亲抚养压力对4—6岁儿童持续性注意的影响：夫妻冲突与母亲敏感性的中介作用》，《中国临床心理学杂志》2020年第6期。

[3] 李燕：《未成年人医疗决定模式的民法典解读》，《政法论丛》2021年第3期。

强烈的健康欲望和情感需求降低了他们的判断能力。据《老年人消费状况调查报告》显示，42.8%的老年人曾因购买保健品上当受骗。[①] 研究表明，改善老年人的孤独感能够降低老年人上当受骗的风险。[②] 我国老年人抑郁症患病率较高，"农村、女性、独居、受教育水平低、非职工医保、社会活动参与频率低、每日睡眠时间、自评健康状况、残疾等是老年人抑郁的独立风险因素"[③]。"老人摔倒后，扶不扶?"等中国特色的涉老话题源于现实中扶老人后发生的各种纠纷争议，而争议的背后又是老人脆弱的心理、与家庭成员的疏离、医疗保障制度的不健全及社会环境对老年群体并不友好等问题。比如，新冠疫情以来，电子产品的普及化影响了老人这一科技难民群体的生活便捷度，同时，口罩的普及也不可避免地让依靠唇语沟通的残障群体陷入沟通困境。

[①] 王芳：《老年人防骗对策研究》，《法制与社会》2019年第14期。

[②] 张林等：《社会支持与老年人受骗倾向的关系：一个有中介的调节模型》，《心理与行为研究》2017年第6期。

[③] 王志等：《2018年我国≥60岁老年人抑郁情况及影响因素分析》，《江苏预防医学》2022年第1期。

现代认知下的共同富裕底部构建

弱势群体生存状况是社会文明程度的体现；弱势群体是一个"动态"的概念。弱者与强者都是相对的，可以相互转化的；生理性弱势群体并不必然是社会性弱势群体。

一　现代认知：辩证地看待弱势群体

一方面，每个个体都是"弱势群体"，弱势群体生活状态是检验文明的尺度。

从整个生命周期来看，每个人都是"弱者"。"弱"与每个人如影随形，史铁生说："残疾是种局限，是人都有这种局限；残疾是一个人的正常的命运，而人的命运的局限性才是人的广义的残疾，每一个人在这个意义上都在劫难逃。"在充满风险且风险不确定的社会中，疾病、残障等健康风险如影随形，弱势群体事业是惠及全民的事业，弱势群体的生活状态是一个国家各个文明维度的水平体现，是其社会文明、经济文明、制度文明和政治文明程度的证明。一个社会越文明则越具有人文情怀，对苦难的容忍度越低，援助受苦群体的热情也越高；经济文明与否不仅取决于人才的创新能力，更要看社会成员是否对未来具有安全的预期，增加的供给需要潜在的需求存量或需求能力与之匹配；比如，帮助残障人士自食其力，其意义不仅在于推进残障人士个体融入了社会，还在于通过提供完善的福利提高了社会的信心，从而不必过度担心未来而更敢于当下消费；制度文明是一个国家资源分配公平度的体现，做大蛋糕是手段，分好蛋糕才是目的，此乃共同富裕的目标所在；政治文明代表目标正义度和善治水平，重在尊重弱势群体的尊严和人格平等。如果弱势群体被社会排斥、边缘化，长期缺失"我们在一起"的命运共同感，游离在国家、社会、家庭这三个伦理实体构成的精神家园之外[1]，可能就会陷入绝望，而绝望又容易滋生邪恶。我国已经为这一教训付出很高的生命代价，近些年发生过社会性弱势群体报复社会的事件。[2]

另一方面，生理性弱势群体≠社会性弱势群体，每个"弱者"都是潜在的"强者"。

从动态发展的眼光看，生理性弱势群体蕴含着巨大的人力资源潜能，让人类更充分、更深刻地认识自身：生命的脆弱性和无限的潜能是并存的。著名作家马克·吐温说："19 世纪有两个值得关注的人，一个是拿破仑，另一个就是海伦·凯勒——又聋又盲又哑的残障人，通过努力实现人生价值。"可见，只要助力资源充足，又聋、又哑、又盲的海伦·凯勒能成为文学家、演讲家，天生没有四肢的尼克·胡哲可以书写自己的传奇。天生我材必有用，只要社会投资充足、个体的人力资本投资方式得当和人力资源配置足够开放和包容，每个人都有可能成为光芒万丈的社会建设者。基于功能补偿原则，从优势视角来看残障人士，他们中的不少人往往具有健全人所不具备的特殊才能。英国第一位"桂冠诗人"约翰·德莱顿曾说："从天才到疯子，仅有一步之遥。"古希腊先哲亚里士多德也说："没有任何天才人物不带有疯狂的特征。"翻开哲人大师们的生平年表，可以看到许多杰出的天才人物确实在不同的人生阶段遭受着肢体残疾或者是精神残疾的折磨。心理学家阿德勒甚至说"天才人物的成就，经常是以重大器官缺陷作为起点的"。更何况残障群体的存在本身就为人类医学发展和社会文明做出巨大贡献，他们理应得到社会更多的资源投入和赋能支持。综上，在"她经济"的日益强大，"银发经济"来势汹汹的背景下，应该助力越来越多的生理性弱势群体实现自身价值，

---

[1] 黄爱教：《国家重视弱势群体权利保障的伦理意义》，《理论与现代化》2019 年第 3 期。
[2] 2018 年上海世界外国语小学砍人事件、2018 年重庆幼儿园儿童被砍伤事件、2013 年厦门公交纵火案、2010 年福建南平小学砍杀事件等。

将他们蕴含的人力潜能转变为实实在在的人力价值。因为正如富兰克林·罗斯福所说："一个国家，不管它多么富裕，都难以承受对人力资源的浪费。"

二 助力系统：根于社保，盘活收入分配体系和公共资源

社会保障制度是多维度文明的集中体现，是制度文明的直接体现，虽然在情感联结互动上难以比肩家庭保障，但社会保障在现代社会中具有碾压家庭保障的资源稳定性和持续性。

（一）根制度——社会保障

20世纪90年代，国家干预主义与自由放任主义被证实并不可靠，"社会投资国家"理念开始凸显，直接表现就是对社会保障的投资收益不再视而不见，强调其投资价值。[1] 加强社会保障合理投入，可以从根本上改善一个社会的发展环境。每个系统都不是内在割裂、封闭的运转，自身的努力能否转化为累累硕果，还要看是否有其他系统的助力和适宜的外部环境成全。在宽泛的"其他系统"和"外部环境"中，教育制度、就业制度、社会保障等制度一般被认作全面影响社会、经济和人力资源发展的基础制度，其实，这三者之间也还是有层次区别的，社会保障可谓基础之基础的根制度。以近年有关两会的热点词汇为例，除了"社会保障"，还有"科技创新""扩大内需""教育均衡"等，这些目标的实现都离不开社会保障制度的内在支撑。

作为国民收入的再分配系统，社会保障影响每个人的多项重大选择，包括职业选择、婚姻选择和生育选择甚至下一代的教育选择等生活的方方面面。社会保障制度会影响社会的职业观、教育观和平等观。通常来讲，进入社会保障制度体系的职业是更被国家和社会认同的职业，是社

---

[1] 李鑫：《"社会投资国家"理念下我国儿童福利制度转型问题思考》，《中国市场》2022年第3期。

会地位更高的职业；而游离在外的劳动则很难获得广泛的社会认同。所以，社会地位的高低经常取决于背后的福利水平高低，是国家层面认同的结果。板块分割、统放失度的社会保障体系必然带来认同上的不均衡，导致一些行业的竞争加剧，这样一来，优质岗位上就难免出现人才高消费现象，人才竞争的教育门槛就会水涨船高，层层传递下去，产生"不要输在起跑线"且"不断刷新起跑线底线"的教育焦虑自然不足为奇。可见，有限的、被动的、补偿型的社会保障项目看似无足轻重，实则像握住风筝的手，对每个人的人生方向都有牵引作用。它对激发创新、扩大内需、缓解教育焦虑等也都发挥着举足轻重的作用。

谈到科技创新，不得不承认，创新发端于旺盛的求知欲，是自主探索的自然输出，很难被目标化和量化。创新源于思想的火花和稍纵即逝的灵感，是心灵自由飞扬的希望之光与扎根现实的智慧之光相融合的结果，既需要不羁的科研冒险，又需要殷实的资源滋养，既顶天又立地。"有心栽花花不开，无心插柳柳成荫"，她飘忽、神秘，可遇不可求，与直接的科研投入之间并不存在线性关系，而更多的与基础环境有关。创新的产生往往基于这三个前提：一是精神上放松；二是思维上独特，有想象力；三是高层次需求主导。从对物质和精神层面看，它更需要精神的滋养，经常是精神放松、生活轻松、情绪稳定的产物，需要宽松的职场环境、社会环境。不仅是科学的、经得起时间考验，能够形成良性循环的职业考核，也需要轻松和谐的家庭生活；从思维和知识维度看，它更需要思维能力的推动，想象力、思维能力比机械的知识积累和知识碎片更重要，是创新根能力。而这种根能力成长于引导、唤醒的高质量教育中，而绝非侧重填充、记忆的应试教育的产物；从需求层次看，是积极探索、充分发挥天赋、实现自我价值的最高层次的需求，只有在低层次需求充分满足的基础上才有可能产生自由探索的冲动，探索意味着主动走出舒适区，放弃一部分精神层面的安全感去开拓、冒险，而这种勇气恰恰来自长期生活层面、身体层面足够的安全感的滋养。可见，这三个前提能否形成都与社会保障密切相关。

如何才能扩大内需，消除不安全的未来预期，消除消费者的后顾之忧？即消除高收入者的供给之忧、消除中低收入者的风险之忧。一方面，突出社会保障再分配功能,增加社会保障待遇水平,增加中低收入者的消费能力。另一方面,提高满足高收入者的消费需求的能力,让这部分需求不流失,需要品牌升级,需要提高国际竞争力,这需要更多专业领域的人才,人才的培养需要优质的教育。优质的教育不等于完善的应试体系。让教育走出"应试"内卷,回归教育真谛,也离不开社会保障制度的完善。

从这层意义上说,社会保障是打破焦虑传递链的关键节点。助力弱势群体势必要从加强弱势群体社会保障投入开始。只有认知优化,才能为制度建设提供高屋建瓴的指导,生理性弱势群体社会保障认知提升又有赖于社会保障整体理念升级。可见,社会保障影响着个体生命历程中的多个选择,影响整个社会的教育态度、就业偏好,甚至对成功的定义,影响着整个社会的人力资源配置效率和人力资本价值开放的程度。社会保障应积极发挥正向再分配的作用,坚守"雪中送炭先于锦上添花"的价值宗旨。打破板块分割的局面、推进社会保障的一体化建设,针对不同生理群体的需求差异提供有针对性的保障,遵循合理差异的原则,强化生理属性,淡化社会属性。在社会保障目标归位的基础上对生理性弱势群体进行合理的倾斜,对生理性弱势群体"不另眼相看,但另眼相待",提升生理性弱势群体社会保障制度的能见度和有效性。

(二)根于社保,激活收入分配体系

弱势群体社会保障仅仅是被动的生活补偿,而要扭转弱势群体在人生大军上的下跌颓势,帮助弱势群体向上通道的前进还要超越社会保障,从更广阔的制度完善来助力弱势群体。比如,从社会保障制度继续向下追根,那就要制定具有针对性的制度以及出台具有落实性的法律法规,对于社会底层的合法性的地位、不可侵犯的权利以及神圣性的尊严给予刚性保护。[1] 沿着社会保障向上考察,那就是基于社会保障而又超越社会保障的一系列积极的社会融合措施。比如在残障事业方面,我国倡导的

---

[1] 郭丽:《维护"底层"尊严:衡量当代政治文明程度的底线尺度》,《甘肃理论学刊》2016年第6期。

共同富裕实现机制从来都与"劳动福利型"的残疾人事业发展道路高度契合，主张通过劳动机会创造和劳动权利平等赋予残疾人创造财富的能力，塑造残疾人劳动创造者和劳动享有者的双重角色。[1]

2021年8月17日，习近平总书记主持中央财经委员会第十次会议时指出："在高质量发展中促进共同富裕，正确处理效率和公平的关系，构建初次分配、再分配、三次分配协调配套的基础性制度安排。"[2] 实践中许多问题的解决都需要多种分配层次的共同作用，不同分配层次的优势特点不同，作用主体、作用广度和作用深度都有差别，比如政府角色和责任份额是不同的，财政补贴力度、制度引导、培育效力亦有差别。理论上，每个分配层次都对应着特定的资源分配思路和资源分配方式，也表示奉行这种分配方式的场合与领域。从场域的意义看，三层分配场域之间存在不少交集。不同层次的分配场域其实无非是处于主导地位的分配机制不同、三种分配成分的搭配比例不同而已。可以说，每个分配场域都是整个收入分配体系在这一层域的投射，任何两个分配层次之间均存在交集。三种分配层次之间的具体关联如表1所示。

表1　　　　　　　　三种分配层次与两种存在形态[3]

分配机制 分配场域	初次分配	再分配	第三次分配
初次分配	用人单位向劳动者支付的劳动报酬	职业年金、企业年金、补充医疗保险等补充社会保障	企业内部的社会责任部门、与企业运行关联的基金会、民办非企业单位等
再分配	再就业促进下的公益岗位补贴；福利性质的残障人士就业所得	政府主导的社会救助、社会保险、社会福利等社会保障支出	政府购买服务（政府提供资金—社会组织提供服务模式等）、民办公助、政府补贴等

---

[1] 张九童等：《残疾人共同富裕研究：理论视域与未来指向》，《残疾人研究》2022年第1期。
[2] 习近平：《习近平主持召开中央财经委员会第十次会议强调在高质量发展中促进共同富裕统筹做好重大金融风险防范化解工作》，《人民日报》2021年8月18日第1版。
[3] 杨方方：《共同富裕背景下的第三次分配与慈善事业》，《社会保障评论》2022年第1期。

续表

分配机制 分配场域	初次分配	再分配	第三次分配
第三次分配	社会组织向专职从业人员支付的报酬；授人以"池塘"，社会企业、共益企业的工资支出等	拾遗补缺，促进社保制度完善；服务示范，引领制度建立	其他"授人以鱼、授人以渔"活动；满足个性化、临时性的基本生活和技能需要的慈善活动；满足较高层次生活保障需要的人道公益活动

三个分配层次都对应着特定的资源分配方式和机制，也表示以这种分配机制主导的场域，不同分配场域内无非是主导分配机制不同，三种机制的搭配比例不同。再分配制度能给予弱势群体稳定和持久的助力；相对于再分配系统化解风险的普遍性和门槛条件的刚性，第三次分配给予弱势群体的助力往往更及时、更温暖且更有针对性，且市场能动性和制度引导能力越来越强；初次分配给予弱势群体的助力最具活力、也最彻底，是收入分配体系助力弱势群体的指向，初次分配场域中再分配和第三次分配的成分在逐渐增多，"商业向善"的力量在增强。可见，不同收入分配层次之间的交叉越深入，每个分配场域内机制成分越多且互动越频繁，对弱势群体的助力能力越强。作为收入分配体系的中间层，社会保障可上下兼容，从国际实践看社会保障的就业导向越发明显；下可兼容第三次分配，慈善事业本身就是现代社会保障体系的重要内容。

以劳动收入为代表的初次分配：助力弱势群体的起点和指向。初次分配的实践最为久远和广泛，固然也是社会财富分配、实现共同富裕的"核心力量"。对个体来说，参与社会建设是实现多层次"富裕"最体面、最高效的方式，是个体学习成长的动力之源。同时，它也是压力之源，在初次分配领域，建立在公平分配原则基础上的合理的、公正的"收入不平等"是"正常"的，合理公正的差距反而能激发劳动者的奋进精神，但不合理、不公正的收入不平等是现代社会、工业社会的"毒瘤"。初次分配的不公平、不公正不仅降低人力资源的配置效率，使社会的人力资本存量在劳动过程中难以充分转化，还可能带来阶层矛盾和社会隐患；个人层面的不公平分配必然会加重个体的无助感和焦虑感，从而影响人生诸多选择，比如要论对生育意向的影响，初次分配可能重于和先于教育成本的影响，因为成本高低是相对于收入而言的，只要家长的就业收入水平可观，能轻松覆盖子女的教育成本，且对就业收入有稳定的预期，教育焦虑也就迎刃而解，毕竟子女教育焦虑源于资源和能力困境。值得说明的是，稳定的预期是指确定的代偿性，即只要我做得更好，就业收入就会增加。当用人单位的社会责任意识在提升，初次分配场域中再分配和第三次分配的成分在逐渐增多，"商业向善"的力量也将促使其自我审视并与内在"恶"的自我消解。从这层意义上说，初次分配场域中包含的成分越多，初次分配就越公平，就能越发靠近经济价值和社会价值的平衡状态。帮助弱势群体自食其力，其意义不仅在于充分发挥人力资本价值，还在于能再分配和第三次分配的负担。为了最大限度地帮助弱势群体回到劳动力市场，创新、务实的初次分配作为一种成分应主动融入再分配和第三次分配，以参与社会建设串起整个收入分配体系，提升助力效率。毕竟，就业是最根本的民生保障，一个积极参与社会建设的个体才最有可能获得多层次的"富裕"。

以社会保障为代表的再分配：稳定和持久地助力弱势群体。政府主导的以促进社会公平为导向、以刚性制度为载体、以行政强制力为手段的再分配系统能从根本上影响整个社会的教育观、职业观、成功观，像风筝线一样牵引着每个个体的人生方向。从这层意义上说，再分配制度是实现共同富裕的"根基"，是调节初次分配收入差距的"脊梁"，能带给社会成员最牢固的安全感。作为收入分配体系的中间层，再分配系统上下兼容，就业导向在国际上已成多个社保项目的发展取向，如失业保险、社会救助、女性生育福利等；下可兼容慈善事业。再分配系统在收入分配调节中的坚守与兼容是在编织社会安全网的同时，尽可能助力个体回归社会、参与社会建设。值得一提的是，再分配场域中再分配机制与其他两个机制建立有效衔接颇具挑战。如何在加大弱势群体社会保障的同时做到既避免陷入贫困陷阱又能激发弱势群体的进取精神考验着政策设计者的智慧。

以慈善事业为代表的第三次分配：给予弱势群体及时、温暖的助力。相对于再分配系统化解风险的普遍性和门槛条件的刚性，第三次分配给予弱势群体的助力往往更及时和更有针对性。在整个收入分配体系中，第三次分配是推进共同富裕中比较灵动的力量，可以整合、盘活全社会的零散资源。第三次分配并不完全是被动的接受者，也具有很强的市场能动性和制度引导能力。除了拾遗补缺，第三次分配也可通过不断地开拓创新，积极地与初次分配系统和再分配系统进行互动合作，或者作为成分之一镶嵌在其他分配层次之中。

（三）借力社保，优化公共资源配置

任一收入分配活动的前提都是契约关系的构建，收入分配过程是特定主体之间的资源活动闭环，故收入分配体系在许多种类的风险预防和化解上略显被动和滞后。对抗无处不在、无时无刻的风险，不仅需要"亡羊补牢"，也需要开放、系统的公共资源"未雨绸缪"。充足、均衡的公共资源可以适当抹平多寡各异的家庭资源的投入差异，从源头上增强抗风险能力。公共资源包括公共卫生资源、公共文化休闲资源（图书馆、绿地、公园等）、公共应急资源（适合生理性弱势群体的紧急避险设施和技能训练等）、媒体资源（如配备手语节目、儿童节目）和无障碍环境等。优化公共资源配置，促进公共资源向弱势群体倾斜，可以借力社保。一方面，发挥示范作用，社会保障可用结构的不断优化和运作精细化调动公共资源的投入热情；另一方面，社会保障可以凭借对社会观念的引导以及各群体社会地位的提升催生公共资源配置优化的压力和动力。虽然社会保障与精神力量的连接隐秘且脆弱，看似留给社会保障的可塑"窗口"不大，的确非常考验社会保障的精神能量。但同时也要积极地看到，在持续输出、稳定供给和广泛覆盖等时间、空间因素的加持下，基础性制度的观念引领力量不容小觑。社会保障应举起尽可能多的精神"火把"，聚沙成塔、积少成多，形成累积效应。理念先行，高质量社会保障制度设计应植入更多精神因子，如公平正义精神、生命平等精神和风险意识等，用精细化的制度设计在实现自身目标的同时为其他系统提供互动机会，传达先进的人性观、文明观和发展观，全面、动态地贯彻

以人为本理念，为人力成长和发展提供隐秘而又坚实的精神支点和广博的理念感知空间。通过科学、智慧、精细的制度设计让社会保障成为唤起精神力量的"火苗"、孕育精神力量的平台和通向生命平等、性别平等、职业无贵贱、尊重弱者等先进理念认知的接口。

社会保障根制度的特性决定了其与多系统进行着互动并在互动中相互塑造。社保的先进精神和理念无疑也能带领其他系统进步，如通过自身结构的不断优化和运作精细化发挥示范作用，用越来越强的社会观念引领能力提升其他系统优化的压力和动力。[①]

三 共同富裕之基底：弱势群体刚性的社会保障+柔性的人道慈善

"看得见"的共同富裕底部应该由指向生理性弱势群体的刚性社会保障制度和柔性的人道慈善事业组成。如前所述，社会保障是社会发展的根制度，是各类群体的生活保障基石，更是各类生理性弱势群体的生活保障支点。但制度化社会保障部分明显的设计性、稳定性、既定性等刚性特征与风险的突发性、不确定性、不可预测性存在着根本矛盾，零散、临时、个性化的供需缺口需要柔性的人道、慈善事业来填充和弥补。政府主导的社会保障与社会力量主导的人道慈善事业应该是共同富裕"大厦"底部的基本构成。考虑到制度化社会保障的研究丰富度和研究呈现主流模式，本书将社会保障制度内容融入各类弱势群体的探讨中，以更符合筑底之意。因此，来自两种分类维度的补充性保障和各类弱势群体保障并列组合构成本书的篇章结构，即分论内容。

在具体展开分论内容以前，需要明确共同富裕基底位置的能量蓄力池的构成——助力谁和助力什么。当无限的需求与有限的资源矛盾时，应该优先救助谁？应该优先化解哪些风险？关于第一个问题，红十字运动的《日内瓦公约》七项原则之一的公正原则给出了明确的回答——本运动不因国籍、种族、宗教信仰、阶级和政治见解而有所歧视，仅根据

[①] 杨方方：《风险流转下弱势群体的共同富裕之路》，《学术研究》2022年第9期。

需要，努力减轻人们的疾苦，优先救济困难最紧迫的人，即优先帮助最易受损群体。从这层意义上说，公正原则提倡"弱者优先"，弱者优先不仅符合福利经济学的资源分配原理，与罗尔斯函数、纳什函数的要义一致，也与社会公平正义的内在要求相吻合。关于第二个问题，灾害经济学也指明了人道运动的特定路径：从高风险到低风险逐级推进，本源风险优于衍生风险。本源风险是指由事物自身原因产生的、在特定的时期内会引起事物损失的可能性。衍生风险是指母体事物派生出的，往往是由本源风险引发的事物损失的可能性，多不是致命性的。可以这样理解，衍生风险是由本源风险引发而来的，本源风险的风险系数高于衍生风险。因此，本源风险在化解次序上应优先，这样就从源头上减少了衍生风险的发生。皮之不存毛将焉附，保护生命是"人道"的第一要务。人作为万灵之长，有着浩渺无边、无限维度的创造力和万般美好灿烂的生活体验，但这一切都是依附于唯一、独特、脆弱且有限的生命。当生命停止，思维、创造等一切生活实践和体验也将戛然而止。在现代风险社会的诸多不确定风险中，生死存亡的风险就是最本源的风险，风险级别从高到低依次为"生命风险—健康风险（重病风险等、残障风险）—就业风险—贫困风险"。基于弱者优先的救助伦理和风险化解逻辑，本书将聚焦这五大块内容：以生命教育为发展导向的红十字事业；为生活兜底的慈善事业与第三次分配；代表社会融合水平的残障事业；影响社会幸福指数的女性发展事业；决定国家未来竞争力的儿童保障事业。

（一）筑底"生命"的红十字事业

红十字与人道有着"不解之缘"，人道精神是红十字文化的核心，人道的首要任务是保护生命，不断促进健康和维护尊严是人道不懈的追求。红十字运动遍布世界，拥有上亿名志愿者，因其在国际社会中的巨大影响力与联合国、奥委会并称为国际三大组织，但在中国，无论红十字会还是红十字文化都是熟悉而又陌生的词汇。社会知晓率很高，无人不知"红十字会"，但社会认知度很低，经常被误认为献血站、医院或者慈善会等；尽管"人道·博爱·奉献"很精准地传达出红十字文化的精神内核，其可见度也不低，但认知度不高，因缺少具体展开和形象，红十字

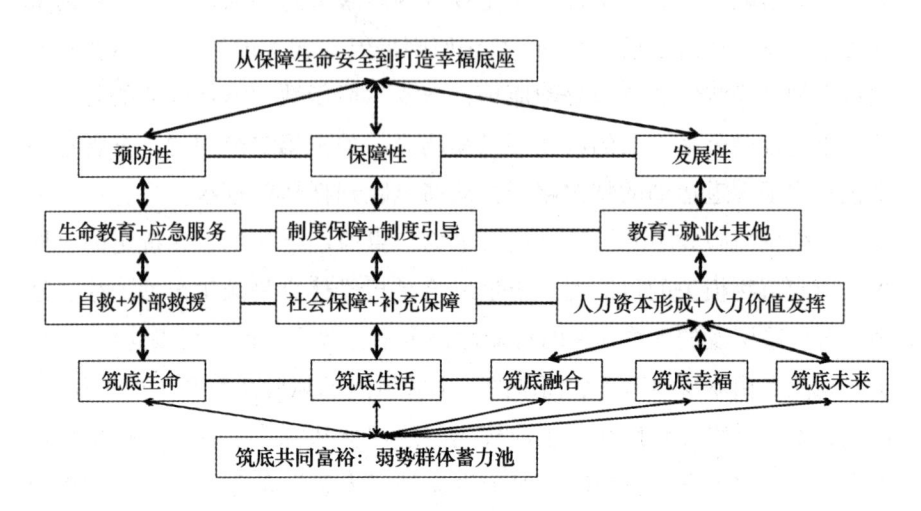

```
                    从保障生命安全到打造幸福底座
                   ↗           ↑           ↖
              ┌────────┐  ┌────────┐  ┌────────┐
              │ 预防性 │←→│ 保障性 │←→│ 发展性 │
              └────────┘  └────────┘  └────────┘
                  ↕           ↕           ↕
              ┌────────┐  ┌────────┐  ┌────────────┐
              │生命教育│←→│制度保障│←→│教育+就业+其他│
              │+应急服务│  │+制度引导│  │            │
              └────────┘  └────────┘  └────────────┘
                  ↕           ↕           ↕
              ┌────────┐  ┌────────┐  ┌──────────────┐
              │自救+   │←→│社会保障│←→│人力资本形成+ │
              │外部救援│  │+补充保障│  │人力价值发挥  │
              └────────┘  └────────┘  └──────────────┘
                  ↕           ↕       ↕       ↕       ↕
              ┌──────┐  ┌──────┐ ┌──────┐┌──────┐┌──────┐
              │筑底生命│  │筑底生活│ │筑底融合││筑底幸福││筑底未来│
              └──────┘  └──────┘ └──────┘└──────┘└──────┘
                        ↓
              ┌────────────────────────────────┐
              │筑底共同富裕：弱势群体蓄力池    │
              └────────────────────────────────┘
```

图1 共同富裕底盘结构

文化并没有切实走进生活。这种"熟悉的陌生"会成为谣言的温床和误会的导火索，会腐蚀组织的社会公信力，进一步弱化社会认知。在公共资源竞争日趋激烈的当下，明晰红十字文化的层次结构与内容内核是红十字文化生活化的第一步。

从国际层面看，"红十字会"是一个弹性和多维的组织称谓，她有多个指向。国际上有两大红十字组织：ICRC（国际红十字委员会）和ICFC（国际红十字与红新月、红水晶联合会）。ICRC是以中立者的身份在全世界范围内推广《国际人道法》、开展保护和救助战争和冲突受害者的人道主义活动，红十字国际委员会（ICRC）分别在1917年、1944年、1963年三次获得诺贝尔和平奖；ICFC将红十字运动的活动范围扩大到非武装冲突引发的紧急人道需求（如自然灾害、意外事故）以及无灾情况下的备灾、减灾行动。各国家红十字会都属于ICFC的会员国，中国红十字会是ICFC 186个会员国之一。而国家红十字会受制于国情，各国红十字会的组织性质和运作机制千差万别，但也都是致力于在各国范围内开展人道主义活动。

中国红十字运动起始于1904年，中华人民共和国成立后，红十字会成为卫生部下面的一个部门，自20世纪90年代逐渐脱离卫生部门、开始体制理顺之日起，红十字会的职能一直在扩张之中。除了红十字文化传播外，红十字的业务内容还涉及"四救"（救灾、救助、救护、救济）、"五捐"（捐款物、捐血液、捐器官、捐造血干细胞、捐遗体），此外还有青少年教育、人道外交等。（之所以如此，一是人道的"广博性"使然；二是"官办性"自身难以抑制的扩张冲动；三是获取资源过程中与地方政府其他部门的竞争博弈进一步强化了红十字会"做大"的愿望。）"大而全"的服务职能使得红十字会的特色和优势渐行渐远。起源于战地救护的红十字运动在应急服务、生命救援上具有传统优势，但其现有的应急服务的专业化水平较低，如救护培训面窄、专业的紧急救援队伍缺乏，生命教育尚处于起步阶段等。一个社会组织只有打造自己的核心竞争力才有可能在激烈的社会资源竞争中立于不败之地。红十字会的服务职能从"大而全"走向"专而精"是红十字组织可持续发展的必然要求。

尽管红十字会脱离于卫生系统的体制理顺之路已走了20多年，红十字会的工作在公众眼里依旧是模糊的，被提及时公众想到的依然是"医院""献血"等，不能不说是一种无奈。毫无疑问，在人道任务异常严重的当下，红十字文化需要系统梳理和全面阐释，红十字人道力量需要聚焦、打磨和绽放。这既是时代和社会对红十字的期待，也是红十字组织不断优化的自我要求。

（二）筑底"生活"的现代慈善事业

政府主导的社会保障制度能为社会成员提供稳定的生活保障。鉴于本书中，法定社会保障制度的内容将结合生理性弱势群体类型具体阐述，那么在这一部分则主要讲述补充性的社会保障系统——现代慈善事业。现代慈善事业是建立在一定的社会捐献基础上的民营、社会化的保障事业，具有多重社会效用和不可替代的独特价值，是现代社会保障体系中最具柔性和弹性的一部分，也是公益事业中最贴近人道、民生和最具延展性的一部分。慈善事业是一项基于爱心的有组织地进行资源转移的事业，其运作过程就是慈善力量持续传递的过程，是"借力—给力—还力"的良性循环。作为精神力量的"义"和作为物质力量的"利"构成慈善力量的两种基本形式，义利相生是慈善事业的优势效能，是慈善力量传递进入良性循环的结果，而良性循环的形成又存在不确定性。放眼各国慈善事业实践，有兴有衰、有易有繁，可谓相同的慈善情感带来迥异的慈善事业。慈善是全人类所共同拥有的道德情操，是不同文化、不同背景族群间的共同语言，慈善事业并非个体的、简单的施舍行为或单向受惠，而是全体成员施惠行为的综合结果。慈善事业的发展取决于蕴藏于社会成员中的个性化、随机性、情绪化的爱心冲动和本能的慈善意识能否被理性、智慧地引导为社会化、专业化、规模化的行动输出。而人类的情感又是复杂的，是无论心理学还是社会学都无法完全把握的丰富的内心世界。

我国的慈善事业曾经历约 40 年的断层，乘着改革开放的东风，慈善的重生之旅与现代化的转型之旅不期而遇，成绩斐然又问题重重：捐助过程中"爱心过剩"与"无人问津"并存；慈善组织公信力、效能不高且捐助同质性强；公众的慈善"看客"心理有余、参与意识不足；慈善资源配置效率低下、慈善环境苛刻，这些都表明慈善事业发展"外强中干"，提高全社会对慈善的认知水平迫在眉睫。2019 年，党的十九届四中全会首次提出，要"重视发现第三次分配作用，发展慈善等社会公益事业"；党的十九届五中全会首次对扎实推动共同富裕作出重大战略部署。《中华人民共和国国民经济和社会发展第十四个五年规划和 2035 年远景目标纲要》将实现"全体人民共同富裕取得更为明显的实质性进展"列为 2035 年远景目标，并且明确支持浙江高质量发展建设共同富裕示范区。2021 年 8 月 17 日，习近平总书记主持中央财经委员会第十次会议时指出，"在高质量发展中促进共同富裕，正确处理效率和公平的关系，构建初次分配、再分配、三次分配协调配套的基础性制度安排"，第三次分配被首次纳入基础性制度安排。可以看出，共同富裕与第三次分配、第三次分配与慈善事业已经两两成为高度关联词。中共中央、国务院在《关于支持浙江高质量发展建设共同富裕示范区的意见》中强调，"要建立健全回报社会的激励机制，充分发挥第三次分配作用，发展慈善事业，完善有利于慈善组织持续健康发展的体制机制"，明确地把共同富裕、第三次分配和慈善事业串联起来。第三次分配作为实现共同富裕的新着力点被寄予厚望，慈善事业作为第三次分配的中流砥柱被赋予更高的使命。

从文献来看，很多学者把第三次分配等同于慈善事业，模糊第三次分配与慈善事业之间的关系，同时也在模糊慈善、公益、人道等概念的区别。这种模糊化倾向容易导致慈善事业与第三次分配的研究流于表层。需要探究第三次分配在分配层次上的共性和特性，并厘清慈善事业与人道事业、公益事业的区别以及与第三次分配的关系。

（三）筑底"融合"的残障事业

"平等·参与·共享"是我国残障事业发展的目标导向。在共同富裕进程中高举人道主义旗帜的残障事业扮演着很重要的角色，因为残障风险伴随每一个人的一生，残障是每个人的影子；老龄化、高龄化的过程也是残障化的过程，残障事业给每个人的人生兜底，为整个生命周期保驾护航，蓬勃发展的残障事业将惠及每个人。残障是一个动态、发展、互动、社会参与的概念，"残障＝内残＋外障"，一方面意味着残障是多主体、多因素关联互动的结果，外界的人和环境都是残障事业的参与者，都能对残障程度造成影响；另一方面也意味着只要残障人士面临的诸多外界障碍得以缓解或消除，残障人士的身体机理功能就能得到一定程度的补偿或恢复，参与社会建设、共享社会发展的可能性就大大增加。残障事业是极富弹性的概念，狭义的残障事业是只包括持证残障人士的残障事业；中观意义上的残障事业是包括所有残障人士的事业；广义的残障事业包括全体社会成员在内的全民社会化事业。一个国家残障事业的范围大小能反映出其残障事业的一体化程度和与社会融合度等。

我国有近9000万名残障人士，但存在感很弱，残障事业的割裂与分化现象十分严重，残障人士与健全人之间，持有《残疾人证》的残障人士和非持证残障人士之间，不同残疾类型、级别和性质的残障人士之间，都有着或显性或隐性的分界线。可以说，在各项以生理性弱势群体为主体的保障事业是一体化、社会化程度最低的，制约着整个社会的互动深度和融合水平。因此，推动残障事业社会化的过程，就是提高全体社会成员的社会融合水平的过程。突破残障事业内部分裂和外部融合的切入点是将残疾预防作为残障事业的轴心。预防优先是高举人道主义旗帜的残障事业的内在要求，也是最大限度保障生命健康、减少残疾、减轻社会与家庭经济负担的治本之策。残疾预防不仅意味着减少残疾现象的发生，还意味着尽可能降低残障人士的残障程度。残疾预防应是全民预防、全面预防和终生预防。一旦残疾，不是获得了终生免疫，而是置于风险系数更高的环境之中，内残和外障使得残疾群体异常脆弱，故在全民预防的基础上应特别重视残障群体的残疾预防。总体上，残障程度可分为生理（病理）性残障、能力性残障和社会性残障三个层次。残障事业从"补偿"型走向"预防"型无论是从经济还是从社会效能上来说都是科学、明智的选择。预防型残障事业是以"残疾预防"为轴心，全面推进生理（病理）性、能力性、社会性残疾预防，以降低残疾人残障程度的系统工程。

全民残疾预防，需要分两步并行：一是预防健全人成为残障人士；二是尽量预防残障人士的残疾程度和残障层次的提升。全面掌握社会成员的健康状况、生活境遇是全民预防的前提，但残障人士内部因为是否持有《残疾人证》已经分割和异化。当务之急是提高《残疾人证》的吸引力，提高残障人士的持证率。能力性残疾预防方面，就业是最根本的生活保障，残障人士获得平等发展机会、充分参与建设、共享发展成果，不论是从人尽其才的价值实现角度来看，还是残障人士自力更生的经济效能角度来看，都是具有乘数效应的多赢选择。目标的实现离不开两方面的努力：一是提高残障人士自身参与社会的能力，党的十九大报告提出的"加强残疾康复服务"正是基于此义。营造有利于残障人士参与社会的良好环境，既包括软环境，也包括硬环境。习近平总书记在脱贫攻坚工作中作出重要指示："全面建成小康社会，残疾人一个都不能少。"[①] 只有实现尽可能的全面就业，才有可能全面实现小康生活水平。如何才能实现就业？需要人力资本投资、全方位的能力开发，而这一步一步地实现都需要一个基础条件，即无障碍环境，外出无障碍、家居无障碍、信息无障碍、教育无障碍等。同时，推进残障事业从封闭走向开放，与老年事业、减灾事业、志愿事业等的融合进程。

---

① 厉才茂：《新时代残疾人事业发展的"五个必须"——深入学习习近平总书记关于残疾人事业的重要论述》，《残疾人研究》2018 年第 4 期。

(四) 筑底"幸福"的妇女保障事业

共同富裕目标不仅要带给社会成员物质上的充裕感，还包括精神上的幸福感。作为"半边天"的女性群体，其自身的主观感受本就在社会整体幸福感中占有一半的权重；再加之女性群体较强的情绪传导性和角色的多重性，其在很大程度上决定了其他群体的幸福指数影响，比如妈妈对孩子的影响、妻子对丈夫的影响、女儿对父母的影响、儿媳对公婆的影响等。总的算来，女性群体是社会整体幸福感的决定性力量，其贡献要远大于50%。如果社会是漂泊的大海，家庭就是休憩的港湾，这个港湾是否温馨很大程度上取决于女主人的性情，良好的情绪和性情会形成温馨氛围和生活质量和情趣。"好妈妈胜过好老师"，俗语说的"一个女人关系到三代人的幸福"丝毫不为过，因为"妈妈"角色的溢出效应太大，"决定世界的手是晃动摇篮的手"。无论国家治理的现代化，还是社会和谐的构建，改善女性的生存状态都是辐射效应最广、见效最快的切入点。

妇女全面发展是一个社会文明进步的衡量尺度。社会的文明程度越高，越有可能为女性提供全面优越的保障。习近平主席2015年在全球妇女峰会上的讲话令人振奋："在中国人民追求美好生活的过程中，每一位妇女都有人生出彩和梦想成真的机会。"① 说明妇女保障事业发展的理念和目标提升到新的高度，女性独立的主体价值得到前所未有的尊重。海阔凭鱼跃，天高任鸟飞，妇女在人生不同阶段可以自主选择、自如进退，这就是新时期每一位女性的中国梦。让每一位女性心生梦想、勇敢追梦并最终实现梦想，是新时期我国妇女事业孜孜以求的目标。从理念到实践从来都不是一蹴而就的。时代更迭、社会变迁，妇女权益的外围环境在不断变化之中，妇女权益的内涵也不是静止的。尽管百年来，中国共产党对妇女权益保障事业尤为重视，妇女保障事业从谋解放到促发展；从"不另眼相看"到"不另眼相看，但另眼相待"；从"助融入"到

---

① 习近平：《促进妇女全面发展共建共享美好世界——在全球妇女峰会上的讲话》，《人民日报》2015年9月28日第3版。

"助梦圆",中国共产党不断推进妇女权益制度走向完善:权益内容愈加丰富;立法程序愈加开放;地方性性别平等评估机制的建立。但从世界范围看,中国的妇女权益保障事业任重而道远。不断完善妇女权益保障制度乃妇女获得彻底解放和全面发展的根本途径。制度是文化、认知、环境等主客观多种因素影响的结果,因此,要想制度真正发挥引领和推进作用,有必要深入了解妇女发展所面临的时代挑战以及角色不自主背后的深层致因,才能有的放矢。总之,"先进的理念+完善的制度"将是中国女性持续向前、勇攀高峰的力量保障。

(五) 筑底"未来"的未成年人保障事业

未成年人健康成长于个体、于家庭、于社会而言均意义重大。健康是一个动态的概念,表现为身体健康与精神健康互相影响、相互塑造。相对于其他弱势群体,未成年群体的脆弱性最为复杂:一是脆弱的共性与差异性并存。未成年群体成长具有一定的规律性,正如"不幸的家庭各有各的不幸",不同孩子的脆弱点、外在表现、内在成因上呈现出很大的个体差异。二是显性的脆弱和隐性的脆弱并存,儿童的生理性外伤相对易于被人识别,但其遭受到的隐蔽性伤害却很难,有限的认知水平、胆识和沟通能力决定了他们很少能第一时间主动倾诉和寻求帮助,隐蔽性伤害将不可避免地被掩盖、忽略和拖延。三是当下的脆弱和潜在的脆弱,儿童的健康成长和教育毫无疑问是一个复杂的多学科课题,涉及营养学、心理学、教育学、管理学等,可以说,儿童成长上的任一主题都可能引起"百家争鸣",不仅法无定法,道也难有长道,在这种情况下,不排除一些短平快、看似行之有效的健康方案或管教方式可能成为潜在的伤害源头。四是脆弱的绝对性与相对性并存。鉴于儿童群体在体力和脑力上是绝对的弱势,他们固然是弱势中的"弱势";幸运的一面是相对于其他生理弱势群体,天使般可爱的儿童是最"吸睛"的群体,故在未成年群体成长过程中家庭的参与意愿最强、资源倾斜度最高,家庭保障的热情源于人性与情感,尤其在孩子无比珍贵的老龄化社会,尤其在以"可怜天下父母心"著称的中国。这样一来,未成年群体的脆弱社会性被淡化,进而未成年群体社会保障制度的重要性、紧迫性被弱化,未成年群体社会保障制度在各类生理性弱势群体社会保障中实属"佛性",无论是认知还是建设方面都很滞后。未成年人成长资源的主要供给者——家庭经常独木难支、力不从心,而且难以有效识别、应对隐蔽性的社会传递性风险,很难及时阻断风险传递链,也使得未成年人的伤害难以避免。

基于中国儿童近些年的健康数据,发现未成年群体的整体健康走势不容乐观,不论是国际横向比较还是国内纵向考察,均呈下降趋势。《健康中国 2030 规划》提出,要重视少年儿童心理健康。青少年的内驱力、意志品质、生命价值感等精神健康是健康与否的根基和决定力量;内在健康的形成是儿童青少年内在心理活动与外在资源互动的结果,与家庭、社会在身体健康上的投入有关。未成年人成长脆弱化的根源是什么?是家庭的过度保护还是社会的过度透支?还是兼而有之?未成年人成长过程中得到足够多的爱和资源了吗?家庭和社会真的了解未成年人的成长规律和需求特点吗?未成年人成长过程中,家庭和社会一直是正能量满满的保护者吗?深入未成年人成长过程、辩证地看待家庭和社会在其中的角色是溯源未成年人脆弱成长的重要切入点。此外,基于风险的不确定性和社会传导性,更需要把儿童成长放在风险流转的动态系统中,才有可能全面地归纳儿童成长中的伤害风险,一些隐蔽的风险传播链才不至于被遗漏。而已有文献对未成年群体脆弱成长的复杂性认识不够,成因的挖掘不够深入;倾向于静态、孤立地看未成年群体的成长问题,忽视了未成年群体是在与家庭和社会的互动中成长的事实,殊不知,家庭和社会虽然在不同的风险中"各领风骚",他们也在互动中互塑;过于强调微观环境主导,轻视社会在儿童健康成长中的重要作用。可以说,对家庭和社会在未成年人成长的风险场域中的角色复杂性、辩证性以及两者之间的互动研究不够深入,特别是因社会的根制度——社会保障制度的不完善引起的"隐性风险链"几乎被忽略。而挖掘出未成年群体脆弱成长背后的社会风险传递链条并从源头切断风险传递链条就是在保障国家最宝贵的财富,就是在为未来共同富裕目标的实现打下最坚实的基础。

分论一

筑底生命：红十字的文化
自信与人道彰显

150多年来,起源于战地救护的红十字运动绽放出巨大的人道力量,为人类和平进步事业做出了杰出贡献。共同富裕进程中,时代和社会对红十字有更高的期待。中国红十字如何在《塞维利亚协议》框架下优化发展思路,充分发挥桥梁和纽带作用,是颇具时代意义的重要议题。①2015年,习近平总书记在会见中国红十字会"十大"代表时的讲话中指出,中国红十字会应努力"为国奉献、为民造福"。中华人民共和国成立以后,红十字会经历了四十余年在卫生系统的"小我"阶段,90年代开始了回归"本我"的体制理顺之旅。可是尽管二十多年过去了,红十字会依然在公众眼里说不清、道不明。在众多社会组织中,红十字会显然拥有较高的社会知名度,同时又拥有较低的社会认知度,即谁都知道红十字会,但谁又都说不清楚红十字会,经常被误认为献血站、医院或者慈善会等,这在一定程度上造就了红十字会的"招黑体质",一系列误解和误会带来的教训不可谓不深刻。因此,在人道需求日益迫切的今天,澄清"红十字会究竟是一个怎样的组织"尤为迫切。

一是红十字会是人道组织。人道精神是红十字文化的核心,人道的首要任务是保护生命,不断改进健康和维护尊严是人道不懈的追求。"慈善"是一种资源筹集方式,是通过唤起和接受社会公众的爱心捐赠来筹集资源用于人道事业,民间性和社会性是其显著特征。"人道"是目标和方向,"慈善"是一种方式和路径,在社会实践层面,"人道"所指和辐射面明显大于资源筹集方式意义上的"慈善"。结合国际社会和我国实践,"红十字会"是"人道组织",而非"慈善"组织。红十字运动的任务是刚性的,慈善事业的任务是弹性的;很多时候,红十字会的工作

---

① 1997年11月26日,西班牙塞维利亚审议通过的《国际红十字与红新月运动各组成部分国际活动组织协议》(即《塞维利亚协议》)中明确了三大组织在红十字运动中的分工:红十字国际委员会(ICRC)在战争或武装冲突中起主导作用;红十字会与红新月会国际联合会(ICFC)在自然灾害中起主导作用;国家红十字会在特殊情况下起主导作用;既有战争或武装冲突,又有自然灾害的情况中,由红十字国际委员会协调。

"别无选择",而慈善组织"有选择";红十字会供给是以现实的人道需要为导向,慈善组织供给更多的是基于捐献者的意愿;红十字运动侧重"救急",慈善事业侧重"救穷"。如果把人道事业比作接力赛,红十字会是人道的"第一棒"——保护生命,关注最紧迫的人道需要,化解最严重的人道威胁;慈善组织是接力人道的"第二棒",关乎的是生活质量和生命尊严。而且,红十字会与慈善组织在业务内容上存在交叉地带。准确地说,红十字会不止于慈善,而是止于人道。

二是红十字会具有官民二重性。中国红十字会有完备的组织网络,不仅具有"中央—省—市—区县"四级组织体系,而且在社区、学校、企业、乡镇建有约8万个基层组织。"参公管理"是指红十字从业人员大都是公务员编制,其工资福利与同级政府公务员对齐。横向管理是指各级红十字会的人、财、物资源由同级政府配备,在上级红十字会指导下开展业务工作。"横向管理+纵向指导"是各地红十字会现行的管理体制,也是红十字工作难以一体化的障碍之一。但"官"的底色不应阻碍其"民"的步伐,"敞开门、走出去、走进来"的治理之路是其未来的必然选择。在"横向管理"为主、"纵向指导"为辅的双重管理体制下,各级各地红十字会发展严重不平衡;红十字系统的整体效能低下;红十字会系统内部缺少统筹规划、科学分工,造成不同级别红十字会之间的同质和因此导致内部资源竞争和资源浪费。各级红十字会之间应该优势互补,如红十字总会侧重红十字文化传播工程;省红十字会侧重救援工程;市红十字会侧重生命救护工程;区红十字会侧重爱心工程等。

三是红十字会的枢纽特性尚未充分显现。人道具有开放性和延展性,红十字事业与多项事业互促相融,与减灾建设、残障事业、大病救助、慈善事业等均存在交叉。鉴于此,不少国家的红十字会都是灾害救援的"枢纽型组织",是社会组织的"领头羊",如负责特殊时期灾区需求信息的归集、发布和爱心资源的筹集动员和统筹分配等,如美国红十字会、加拿大红十字会。虽然理论上我国红十字会也是枢纽型组织,但是由于各级各地红十字会授权不一、能力不一,组织优势并没有充分发挥出来。理想地看,枢纽型组织是高度专业化、能在相关领域中起到示范作用的组织;是具有较高的社会公信力和较高的参与度的组织;是既能坚守自我又能与时俱进、保持开放的组织。当红十字事业具有以下特征时，就可胜任"枢纽型组织"这一角色了：一是能形成红十字文化理念—红十字制度—红十字实践—红十字文化理念的良性循环；二是不论是在社会的物质文明还是精神文明建设中都扮演着重要作用；三是各类人士都能在红十字事业中各得其所。从业者及参与者都能得到客观、公正的评价和社会的尊重；社会普遍以参与红十字为荣、为乐。显然，充分彰显枢纽特性的红十字会才能更好地"为国奉献、为民造福"。

红十字的文化自信与人道内核

文化是实践的结晶和凝聚，同时又影响和作用于实践。红十字文化是红十字事业发展的"灵魂"，红十字文化是伴随国际红十字运动发展起来的以人道主义为内核的文化现象，它已经成为超越民族、国界、意识形态的全人类的共同精神财富，是不同文化的相同召唤，是红十字事业的独特魅力之一，是红十字会区别于其他社会组织的重要标志。物质是有限的，精神的力量是无穷的。只有红十字文化深入人心，才能产生持久的公信力，才有广泛的群众基础。红十字文化传播的过程就是把红十字的先进理念融入生活中的过程。然而，在中国，红十字会还未被广大公众所熟悉，人们往往只在重大灾难发生时才发现红十字的作用，红十字文化亦被简单地归入慈善文化，这是对红十字文化的最大误解。红十字文化是一种动态文化，红十字文化传播工作具有阶段性和时代性。

一 红十字文化解析

从价值取向来说，红十字文化与生命教育、灾害教育、公民教育等一脉相承；从存在形式上说，《国际人道法》、"人道、公正、中立、独立、志愿服务、统一、普遍"七项基本原则是红十字文化的重要载体。因此，红十字文化具有层次性。按照组织文化的分层标准，红十字文化亦包括精神层、制度层和物质层三个层面（如图1所示）。红十字文化的核心层次为精神层，是观念形态的价值观、信念和行为准则。价值观是一种持久的信念，是明确的价值取向与清晰的价值判断，能够成为公众的行为的指导纲领；制度层是一系列规范人们行为的法律、法规和规章等，主要内容包括：《国际人道法》、《日内瓦国际公约》、七项基本原则和《中华人民共和国红十字会法》；物质层主要表现为红十字的标识，红十字会组织的形象设计，如备灾中心的统一标识或装修风格、志愿者的统一着装和服务中所用的专有设施和设备、红十字会工作场所的标准化设计等，物质层蕴含精神层和制度层的内容，是红十字文化的"物化"和"符号化"。

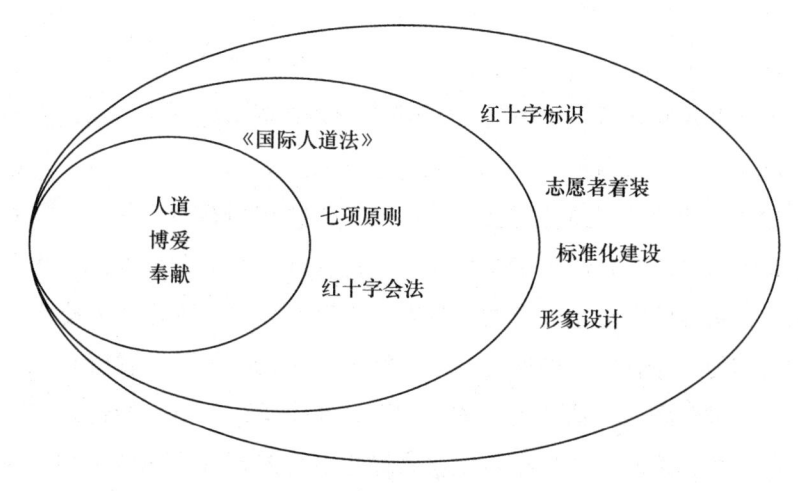

图1　红十字文化的层次结构

（一）红十字文化的精神内核

虽然"人道、博爱、奉献"是对红十字精神的高度概括和精确提炼，但是，由于其过于"抽象"，即使红十字从业人员也难以对其做出系统的解释，在一定程度上影响了红十字文化的传播和普及。当前迫切需要把红十字文化的核心价值观转化成更具体的价值观和具有指导意义的行动理念。

首先要从红十字奉行的人道主义原则的基本要义和国际红十字会运动的倡导精神出发对红十字精神内核进行归类。1965年，在维也纳召开的第20届国际红十字大会上，决定将"人道""公正""中立""独立"

"志愿服务""统一""普遍"七项原则作为红十字运动基本原则。"尊重人类生命,为所有受难者提供救援"的人道原则是红十字运动之根本。另外,历年世界红十字日主题是对红十字精神内核进行分类的重要依据。每年的5月8日定为世界红十字日。早期的世界红十字日活动并没有统一的主题,1961年以后,红十字会与红新月协会(1991年改称为红十字会与红新月会国际联合会)每年提出纪念活动口号,直到1996年,各国红十字会在本国公众活动的基础上选择自己的主题。总结归纳1962—1995年的世界红十字会主题,发现纪念活动口号主要围绕以下四方面展开。

保护生命的口号有:红十字会旨在保护生命(1974);保护儿童生命(1987);保护人类生命(1989);保护人类生命和人类尊严(1990);捐献血液,拯救生命(1986);急救:该做什么(1983);红十字会——在任何地方都是为了人类(1980);保护战争受害者(1991)等。

维护尊严的口号有:人人享有尊严(1993);人人享有尊严——关心儿童(1994);人人享有尊严——尊重妇女(1995)等。

防危救难的口号有:防患于未然的红十字会(1969);红十字会——危急时刻的救生素(1975)等。

崇尚公益的口号有:以美好心灵而努力奉献的红十字会(1962);以仁爱致和平(1984);捐献血液,拯救生命(1986);行动中的青少年(1985);高举人道的旗帜(1963);为了互助而互救(1964);参与和奉献(1982);人道——团结起来共御灾害(1992);行动中的青少年(1985)等。

综上,保护生命、维护尊严、防危救难、崇尚公益就是红十字文化的核心价值理念。这四种理念的关系是:保护生命是根本目标;维护尊严是应该遵循的原则;防危救难是实现目标的重要路径;崇尚公益既是最大限度地保障世人生命和健康的手段,也是对一种理想社会状态的倡导和呼唤。

(二) 现阶段的红十字理念倡导

红十字文化是一种动态文化,具有时代感和阶段性。红十字精神内核的具体化应在综合考虑中国的传统文化、社会主义核心价值观、构建和谐社会的需要和社会公众对红十字文化的认知水平等多种因素的基础上进行。综合以上多个因素，在中国，生命理念、救助伦理、灾害理念和公益理念的具体内容可归纳为表1中的内容。

表1　　　　　　　　红十字文化的核心理念

核心理念	具体内容
生命理念	生命至上、生命平等
救助伦理	弱者优先、尊重弱者
灾害理念	科学避险、积极防范
公益理念	责任共担、专业志愿

保护生命：生命至上、生命平等。生命安全是人的第一需要，保护生命便构成了红十字运动的首要目的。一旦生命不存在了，人类的物质财富、健康以及个人的发展权利也都将失去意义。人道主义精神最根本的就是对生命的重视。"一将功成万骨枯"，古往今来，见过尸横遍野的惨烈战争的人不知有多少，却很少有人能够从普通士兵、普通生命的角度最大限度地拯救生命于战火。生命平等是红十字精神的源头，而中国的生命教育是严重缺失的，"生命至上、生命平等"应作为红十字文化传播最重要的内容。

维护尊严：弱者优先、尊重弱者。德国著名社会学家乌尔里希·贝克曾说："风险分配的历史表明，像财富一样，风险分配也遵循着等级模式，只是完全颠倒了过来，财富总是积聚在社会的顶部，而风险却总是向社会的底部累积。"[①] 根据人道主义原则，境况最差的群体应该得到优先救助。具体到在自然灾害中，老人和孩子应当作为紧急救援的优先人群加以对待。在救助弱势群体的同时，还应最大限度地维护弱势群体的尊严。而在我国，救助中不仅存在严重的"达尔文主义"的生命伦理观，

---

① ［德］乌尔里希·贝克：《风险社会：新的现代性之路》，何博闻译，译林出版社2004年版，第36页。

还存在严重的施舍心态。例如给受助者贴上"贫困标签"——从受助贫困生必须参加义务劳动，到免费教科书区分颜色，再到签订道德协议等，这些显然都不是建立在人身平等基础上的救助。在红十字活动中，既要尊重捐献者的捐赠意愿，也要尊重弱势群体生存和发展的要求，同时又尊重受助者的独立人格、人格平等、人格尊严。

防危救难：科学避险、积极防范。21世纪人类面临的最大危害和敌人就是各种突发性的公共危机。它可能来自自然灾害与环境的恶化、恐怖活动、经济与政治危机以及各种意外事故等。只有"科学避险、积极防范"，才能真正减少各种灾害的发生、降低灾害带来的损失，增进人类自身的安全。因此，对自然灾害应以"避"为主，对人为灾害应以"防"为主。"避灾"适用于自然灾害，"避灾"是将自然与人类视为一体，是灾害发生前的主动措施，红十字会一般通过加大工程性防灾减灾建设和救护培训力度来实现。"防灾"适用于人为灾害，它强调的是在生产、生活活动中强化灾害与风险意识，对各种人为灾害事故做到事先积极防范、科学防范、有效防范。事实上，各种人为灾害事故尽管不可能完全避免，但减少人为事故及降低其危害程度是完全可以实现的目标。高危行业应该是红十字文化传播的优先目标。

崇尚公益：责任共担、专业志愿。公益理念的核心在于塑造自由、开放和自主的公益氛围，培养国民的责任意识、团体意识和互助意识，唤醒人心中的"大爱"，彰显人道的力量，最终形成"我为人人、人人为我"的"爱的轮回"。志愿精神是一种志愿的、不为报酬和收入而参与社会公益事业、促进人类发展、促进社会进步的精神，是各国慈善事业中共同的精神财富。"与其诅咒黑暗不如亲手点亮一盏明灯"，志愿服务的产生是源于个人对人类及社会的积极认识，反映了志愿者对于社会发展的积极乐观的价值取向。红十字志愿者不仅需要一腔热血，更需要具备"一技之长"，专业的志愿服务是红十字会专业化发展的要求。

红十字文化的传播和普及，不仅能使红十字事业产生持久的生命力，而且也能为经济、社会生活中多个方面带来文化洗礼和道德催化，能够提升国家"软实力"，加速和谐社会的进程。

二 红十字的文化自信

作为理论自信、制度自信、道路自信的基石,"文化自信"的重要性毋庸置疑。什么是"文化自信"?文化是一个极富弹性的词,有的人认为任何世界上一切无不是文化的反映,上到抽象的思想,下到具体的瓷器、旗袍和茶叶。有人区分了文化的不同层次,认为文化的内核是价值观,其次是规章制度,最外层是符号、标识、制服等。美国学者塞缪尔·亨廷顿在《文化的重要作用:价值观如何影响人类进步》一书中指出,虽然文化有多重含义,但"文化若是无所不包,就什么也说明不了"[①]。因此,他从纯主观的角度界定了文化,认为文化是指社会中的价值观、态度、信念、取向以及人们普遍持有的见解。何谓自信?自信既是相信自身能力的积极心理暗示,也是由此带来的情感安全感状态。无论积极的能力判断还是由此带来的情感安全,"自信"都是特定主体基于客观理性的主观自我建构。可见,自信起于内在,难以外求;你可以期待一个人的自信,但无法要求一个人自信。既然文化是价值理念,自信是能力判断,那"文化自信"自然就不是对文化价值的认同判断,而是一种文化能力的积极判断。什么是文化能力?就是使文化发挥出"软实力推动硬实力"效果的能力。根据文化影响实践的过程,即可归纳为解读、传播、实践文化的能力。红十字的文化自信就是解读、传播和实践红十字文化的能力。

(一)文化自信的现实要求

孔子曰:"吾心信其成,则无坚不摧;吾心信其不成,则反掌折枝之易亦不能。"[②] 红十字事业的发展壮大需要强大的红十字组织,强大的红十字组织需要自信的红十字人。

---

① 郝立新:《文化建设的价值维度》,《光明日报》2014年2月19日第13版。
② 习近平:《在中国科学院第十九次院士大会、中国工程院第十四次院士大会上的讲话》,《人民日报》2018年5月28日第1版。

一是有文化自信，红十字人才有活力和内驱力。自信衍生主动性、能动性，自信催生干劲、活力、激情和创造力，文化自信为红十字事业的蓬勃发展植入了内驱力，植入了坚定的意志。红十字事业面临诸多困难和挑战，没有文化自信，就不可能有战胜困难的勇气。

二是有文化自信，红十字组织才有特色。具有文化自信，红十字人才能把握红十字的宗旨使命与职能定位，才能在社会组织发展愈加同质化进程中和越来越激烈的公共资源竞争中保持清醒，才能不盲从、不跟风，要与时俱进地调整，更要有对优势特色的坚守。

三是有文化自信，红十字事业才具有"免疫力"。有文化自信，红十字文化才能得到精准的传播，才能增强社会公众对红十字事业的认知。红十字事业才能在各种社会质疑中不"躺枪"，才能在被冤枉时敢于表达、积极沟通。具备文化自信的红十字人亦将能够引导公众进行合理的质疑，传播红十字文化的同时普及现代公益精神与运行规则，联合其他系统携手为人道。

四是有文化自信，红十字事业才有社会公信力。没有文化自信，何来文化公信？何来文化感召力？没有文化感召力，又何谈社会公信力？那么，社会公信力有那么重要吗？任何一个依靠社会动员筹集资源的组织都需要社会公信力，社会公信力高低决定了资源获取的多寡。一个社会组织"倾其所有"给予的前提是"尽其所能"获得。一项事业需要从社会筹集资源，就离不开三力：给力——使无力者有力，如"三救"工作；借力——使有爱者有力，如三献、五捐工作；还力——使有爱者更有力，如表彰褒奖、制度创新等。给力是目标，借力是手段，还力是环境的营造。"还力"既让奉献者得到肯定和激励，也让受助者得到尊严，让从业者得到体面的生活，与媒体、其他社会组织、政府部门都能保持良性互动等。社会公信力高低是一个组织"给力"强弱的证明，又决定了"借力"的发挥空间，也影响了"还力"的难易程度。可见，社会公信力是推动"给力—借力—还力"走向良性循环的重要力量。

(二) 文化自信的内在支撑

红十字组织完备、志愿者众多，在ICRC、IRFC和各国红十字会的共同作用下，红十字运动为人类和平进步事业作出了卓越的贡献，其与诺贝尔和平奖的不解之缘就是证明。红十字运动的创始人亨利·杜南是1901年第一届诺贝尔和平奖的获得者，红十字国际委员会（ICRC）分别在1917年、1944年、1963年三次获得诺贝尔和平奖。毫无疑问，外界的肯定可以让自信之苗长得更为茂密，但如果内在没有文化自信的种子，这些荣誉反而是一种负担和压力。可自信种子从何而来？如前所述，自信只能内求，文化自信只能来源于文化。红十字文化自身的独特魅力是红十字人解读、传播、实践红十字文化的根本动力，是文化自信的源头。

红十字文化的魅力在于本源和超越。人道精神是红十字文化的核心。人道的首要任务是保护生命，不断改进健康和维护尊严是人道不懈的追求。"保护生命、生命平等"的生命理念是人道的起点和底线。生命理念与人性的本源需求是相通相融、浑然天成的，超越性与本源性相伴而生。人道无疆，红十字文化超越政见分歧、超越国别、超越信仰、超越肤色、超越种种划分标准，她径直看到的是一个个无法复制、失而不得的生命。古往今来，有多少场战火燃起，有多少个生命之火在战场中熄灭，而红十字运动是生命的放大镜，自始就不加区别地关注每一个独特生命。

红十字文化的魅力在于融合和延展。大道无形，红十字文化不是抽象的存在，她虽发端于战场，但凭借自身的本源性和超越性，其精神内涵可以与任何特定领域的理念相融合。融入灾害教育，就是"未雨绸缪"胜于"亡羊补牢"、"亡羊补牢"胜于"心存侥幸"的风险意识；融入职业安全中，就是预防优于补偿的工伤保险理念，就是对"零工伤"的追求；融入学校教育，就是深刻的生命存在教育和实用型的生命安全教育；融入家庭生活，就是消费观念的转变，如出门旅游都会随身携带应急用品。可以说，红十字文化"无所不在"，红十字文化的传播过程在很大程度上也是与其他各种文化碰撞、融合的过程。

红十字文化的魅力在于"行动起来"。"与其诅咒黑暗，不如亲手点亮一盏明灯"，红十字文化产生于行动，行动是红十字文化的灵魂。红十字国际委员会专家组成员阿兰·穆雷说："我没有时间去忧伤，我必须用理性去工作，用最快的速度去发现问题，解决问题。"① 红十字国际委员会主席雅各布·克伦贝格尔在《索尔费里诺回忆录》序言里言：我应该铭记亨利·杜南哪些思想呢？那就是人道主义的重要性和行动的意愿。杜南把自己化作一台摄像机，在《索尔费里诺回忆录》里把战争中、战争后一个个"施害"与"被害"的二合一肉体所经受的惨绝人寰的、人为的伤害记录得那么详尽、那么平静，没有愤怒、没有控诉，有的只是力所能及地参与和倾其所有地给予。② 感觉读者只要读了《索尔费里诺回忆录》，就会如鲠在喉，产生控诉的冲动，对战争的看法、对生命的理解也会更加深刻。虽然杜南在评论上"留白"，但却奋力疾呼"行动起来"，提出了务实的行动倡议。毕竟深刻的认识只有转化为切实的行动才能让尽可能多的生命之火燃烧得更久。

（三）文化自信的特征

文化是实践的结晶和凝聚，同时又决定和影响着实践，是孕育价值观和实践能力的土壤。自信不是孤芳自赏，自信是与社会需求的良性互动。自信肯定会产生诸多积极的外部效应，具有一定的感知度和辨识度。文化自信就是能结出健硕果实的"沃土"。

具有文化自信的红十字人具有什么特征？红十字事业的运行与经济、社会、文化等多个领域的发展有关。每个领域都有自己的人性假设，作为解读、传播和实践红十字文化的人，具有文化自信的红十字人应该是几类形象的综合：开放、进取的学习人；活跃、有魅力的社会人；坚定、执着的文化人等。毫无疑问，这些优秀特质需要环境的滋养。红十字事业应该不断营造和改善能够滋养内在自信的氛围。

具有文化自信的红十字组织具有什么特征？"内圣外王"，具有红十字文化自信的组织肯定是具有较高信任度和较高参与度的组织，是既能坚守自我又能与时俱进、保持开放的组织，是既能与其他组织开展良性

---

① 江大红：《人道主义就在生活里（现场访谈）》，《生命时报》2013年11月22日，http://www.100md.com/html/201311/2249/1125.htm。

② [瑞士] 亨利·杜南：《索尔费里诺回忆录》，杨小宏译，红十字国际委员会（ICRC）2009年中文版。

互动、合作又能保持自身相对优势的组织，是高度专业化、能在相关领域中起到示范作用的组织。

文化自信的红十字事业具有什么特征？文化是一个循环系统，文化自信则是一个文化传播、实践、发展走向良性循环的系统。应该具有以下特征：一是能形成红十字文化理念—红十字制度—红十字实践—红十字文化理念化的良性循环；二是红十字事业不论是在社会的物质文明还是精神文明建设中都扮演着重要角色；三是各类人士都能在红十字事业中各得其所。从业者、参与者都能得到客观、公正的评价和社会的尊重，受助者的积极性和进取心能被激励，社会普遍以参与红十字为荣、为乐。北京师范大学公益研究院的王振耀先生曾把公益环境的好坏形象地形容为"圣坛"和"祭坛"。显然，一个具有文化自信的红十字事业是一个激励所有参与其中的"圣坛"。

（四）文化自信力现状

20世纪90年代，脱离卫生系统的红十字组织干劲十足，功能一直在扩展之中，可以说，现在用"两岸三人四救五捐"都不足以概括其功能。功能"大而全"的结果就是有限的资源不能在优势功能上聚焦。广撒胡椒面的结果就是：专业的紧急救援队伍缺乏，尚无法提供专业的灾害预警服务；应急救护培训目标远低于国际标准；社会认知度、辨识度不高，筹资能力不强，人才队伍专业化建设滞后。例如，根据笔者2009年在厦门市所做的公众问卷调查结果，仅有32%的被访群众认为"厦门市红十字会与其他慈善组织如慈善总会在活动上有区别"，认为"说不清楚"和"没有区别"的比例为68%。郭美美事件后，红十字组织的公信力面临重创，红十字从业人员的焦虑感、无助感、能力恐慌也高到无以复加。郭美美事件无疑是一次危机，能否将危机转化为契机，取决于红十字组织的文化自信力以及由此衍生的公众沟通能力。

自信基于自我审视。自信是对自身的一种客观而又积极的判断，是介于自卑与自负之间的状态。每个主体的状态都是流动的。自卑可以成长为自信，自信也有可能发展为盲目。自卑的人往往只看到自己的缺点，自负的人往往只看到自己的优点，自信的人则是既看到优点又看到缺点。

自信会影响个人行为。自卑的人自闭，无所作为；自负的人盲目自大，为所欲为；自信的人，踏实自在，有所为有所不为。从红十字事业多年实践来看，其一直徘徊在自卑与自负之间，没有找到"自信"的位置。

（五）文化自信的塑造

自信是一个良性循环，自卑、自负是恶性循环，打破恶性循环的"点"在哪里？自信无法外求，只能内寻，寻得并能稳定持有的人或组织具有特别的气质、气度和神韵，往往能被外界识别。

自信有三种词性：动词——要自信，名词——有自信，形容词——很自信。三个词性之间是相互依赖、相互转化的。一项"自信"的事业都是这三种不同词性的"自信"的综合体。没有"要自信"的行动，就无法具备自信的资本，就形成不了"有自信"的内蕴，也就散发不出自信的风采，无法被外界所信服，无法具备"很自信"的组织才具有的魅力和感召力。拆分来看，"动词—名词—形容词"的自信可以代表自信从无到有、从低到高的三个阶段，主导词性变化的过程就是打造自信的过程。

第一阶段，动词主导：从自知到要自信，解读红十字文化、信任红十字文化。

第二阶段，名词主导：从自强到有自信，因组织持续稳定的强大从而具有一种自信的状态。

第三阶段，形容词主导：从自在到很自信，整个事业走上良性循环的轨道，既具备高超的专业素养，也散发着成熟睿智的魅力，赢得社会的尊重和信任。在实践中，阶段之间互相包含、相互交叉、相互融合。

一项事业的自信是参与主体的自信相互综合的结果。自信发端于每一个单一主体的内在。从主体角度看，红十字的文化自信的构建之旅应该是：每个红十字人的文化自信—每个红十字组织的文化自信—整个红十字事业的文化自信。

以词性为第一层次的分类标准、主体为第二层次的分类标准，并考虑到不同阶段的并行性、衔接的模糊性，可把文化自信的构建过程分为以下四个阶段：红十字人的文化自知—红十字组织的文化自知、红十人的文化自强—红十字组织的文化自强、红十字人的文化自在—红十字事业的文化自信。

文化自信不是一个开关按钮，不可能自动获得，需要长期的培养才能习得。一项事业的自信塑造起始于积极态度，形成于本源的思量，发展于对自身和外界精准判断，体现在组织建设与社会贡献、精神传播与物质文明、文化—制度—实践等多维度的良性循环。

三　红十字的人道内核

《中华人民共和国红十字会法》明确阐述了红十字会的使命和宗旨：保护人的生命和健康；发扬人道主义精神；促进和平进步事业。如果非要用一个词概括红十字组织特性的话，那么"人道"当仁不让、不可替代。

（一）"人道"而非慈善的红十字

相对于"慈善"，"人道"更为深邃、广博。人道是一种精神，是一种主义、一种思想、一种哲学、一种价值取向和伦理原则。其根本的理念是人与人、人与社会、人与自然的和谐；其核心内容是重视人的价值，视每个人的安全、自由、平等、幸福为最高价值。随着社会经济的不断变化发展，人道主义的核心内容愈加丰富，正如2004年邓朴方先生所言："人道主义在理想方面的延伸，是追求社会公平正义、公正、人类解放；在法律、政治方面的延伸，是维护和保障人权；在道德方面的延伸，是尊老爱幼、扶弱济困，人人怀有一份爱心。"[1] 可见，慈善从属于人道，慈善是人道精神在道德方面的延伸。"人道"的思想深邃、外延广阔，既包括刚性的部分，也包括弹性的部分，既有"规定动作"，也有"自选动作"。相对而言，慈善组织比较"弹性"，在关注的领域、救助对象的范围上较为自主，红十字组织则呈现明显的刚性特征。慈善基于捐赠者的

---

[1] 邓朴方：《人道主义的呼唤（第三辑·2001—2005）》，华夏出版社2006年版，第109—111页。

意愿，是"量力而行"，红十字会则更多考虑"无助"者的需要，是"尽力而为"。1859年，亨利·杜南在索尔弗利诺战役中有组织地、无歧视地救助伤兵的行为开启了红十字运动的先河，后经组织成立、法律出台这一运动得以常态化、国际化和规范化。如《国际人道法》对国际红十字委员会（ICRC）的职责做出了明确要求，国际红十字、红新月、红水晶联合会（IFRC）的国家会员也都用法律规范了红十字会职责。红十字运动的首要目的是保护生命，让每一个生命活着是最基本的人道，因为"皮之不存，毛将焉附"，如果生命不复存在，又谈何健康、尊严、自由、幸福？为了最大限度地保护生命，在发生战争或灾难时，进行生命紧急救援；在非紧急状态下，进行生命救护培训和传播以"人道"为根基的红十字文化就成为红十字组织的主要工作内容。故此，在战争、灾害中总能看到红十字人的忙碌身影。他们拯救生命于水火，在残酷的战场中、在无情的灾难中树起生命的盾牌！给绝望中的人们送去"生"的希望！"慈善"固然能让活着的人活得更好，但难以挽救危在旦夕、命垂一线的生命，无法承载红十字组织的生命救护之重。可见，红十字组织应定性为人道组织而非慈善组织。

"人道主义"是全人类共同的精神财富，是人类文明进步的产物。国际上享誉盛名的人道组织还有大赦国际、国际助残等。他们的服务范围大多限定在特定年龄、特定性别、特定职业或特定生理状态、特定地区等，如大赦国际关注点只是监狱服刑人员，国际助残关注的仅是残障群体等。而红十字组织是一个"超越"的组织，其超越了肤色、国别、阶级、信仰、意识形态及一切分歧、纷争，不分敌我，不论高低贵贱，服务于所有危难中的生命，维护所有生命的尊严。可见，红十字的人道最开放、最包容。

（二）"人道"的彰显离不开"博爱"和"奉献"

人道、博爱、奉献是红十字文化的精神内核，看似抽象的三个词汇究竟有何蕴意？三者之间又存在着怎样的关系？首先，三者代表了内在精神到外部行为转化的三种状态：人道是信仰，博爱是情感，奉献是行动；人道是核心价值观，博爱是具体指导原则，奉献是提倡的行为方式。

其次，三者既然是红十字组织向社会宣传内容的高度浓缩，就应为资源动员服务：人道旨在表明资源动员的目的，即全社会努力为人道；博爱是资源动员的内容，就是唤起社会公众的爱心、同情心和责任感；奉献则体现了资源动员的效果，即有多少人响应了动员并付诸行动。再次，认为三者都是围绕红十字的生命保护使命所做的具体阐释：人道是表达对生命的尊重和敬畏，博爱是强调一切生命的平等，奉献则代表专业、及时的生命救援；人道是在呼唤对生命的爱，博爱是在歌颂对生命的爱，奉献是在实践对生命的爱。最后，三者是对红十字人和红十字组织提出的要求，也是红十字人展现给社会公众的典型特点和精神面貌：人道要求红十字人认同红十字精神和文化，并在工作中贯彻以人为本的价值观；博爱是能以一颗善良的心对待他人、尊重弱者，能在各种具体问题的实际处理中以丰富多元的形式和内容展现"人道、博爱"的要义；奉献则是表达了红十字人的职业追求：不仅是专业、敬业的典范，还是志愿者的先导力量，不仅是专业的救护员，更是"燃烧自己、照亮他人"的道德楷模。尽管说法各异，但殊途同归，都从侧面反映了红十字事业既具有精神理念倡导性，也具有很强的实践性，下面分别从静态、动态两方面做出更详尽的解读。

从精神倡导来看，"人道、博爱、奉献"三个词语是不可分割的整体，共同诠释红十字文化的内涵，分别代表生命理念、公益理念和志愿理念。"人道"——红十字文化的核心价值观，代表生命理念，具体为生命至上和生命平等。"生命至上"强调生命安全是人的第一需要，是最重要的，一旦生命不存在了，人类的物质财富、健康以及个人的发展权利等一切也都将失去意义；"生命平等"强调一切众生皆平等，尊重每个生命的独立人格、人格尊严。"博爱"——红十字文化的纲领路线，代表公益理念，具体为"爱无等差和弱者优先"。"爱无等差"指从情感上是爱所有人而且是不加区别的爱，是最广博的爱；"弱者优先"指在具体的救援救助行动上优先帮助最弱势的群体，这样才能尽可能接近结果上的生命平等。"奉献"——红十字文化的行动指南，代表志愿理念，具体为专业志愿和救护救援，"专业志愿、救护救援"表示红十字志愿者应该有"一技之长"，能提供专业的生命救护培训或生命救援服务,因此,专业的培训前置既是红十字志愿者区别于其他组织志愿者的重要标志,也是红十字组织对志愿者的"回馈"和"保障",因为在遭遇灾难的紧急情况下,是否具备自救知识和技能就是生存和死亡的分界线。

疫情防治中的人道困惑与厘清

认知有限，未知无限。各类公共事件带来严峻的生命挑战，以过去三年的新冠疫情为例，其既挑战科学攻克的速度，也挑战治理方式的选择，这两方面互为鱼水又互为掣肘。科学的社会应对是科技突破的时间缓冲和环境保障。不同国家不同地区的应对方式各异，或柔或刚、或主动或被动、或积极或消极、或瞻前或顾后，其中固然有国情地情因素，但背后的价值冲突与取向困惑不容忽视。160多年来，以人道精神为纲，以生命理念、灾害理念、救助伦理、志愿精神为血肉，与现代文明相伴而生的红十字文化引领、激励着人类社会战胜一场场人道灾难。在包括新冠疫情防治在内的一系列公共卫生等公共事件中，红十字文化所倡导的人道伦理是非常清晰的。

一 生命的哪一层面至上？——生命安全至上

"生命至上"是红十字生命理念的基本内容。保护生命是人道的首要任务，维护生命尊严、提升生命质量是人道孜孜不倦的追求。显然，红十字的"生命至上"就是生命安全至上。从哲学层面看，"生命"二字本身蕴含着丰富的维度和层面，生命长度、宽度，生命数量、质量，生命的物质层面、精神层面，社会层面和个体层面等。正常状态下不同维度和层面能够保持着动态的、相对的平衡。可疫情下这种平衡被打破，个体追求与社会整体目标不再并行不悖，他（她）是否有充分的生命自由意志？以高昂经济代价为前提的社交隔离是否"封"有所值？社交隔离措施本身是否进一步放大了新冠病毒带来的认知和情绪恐惧等，疫情中的诸多争议可归结为生命至上的层面之争：是生命长度、生命质量抑或自由至上？不仅有着个体与整体的差别，也有长期与短期之分。

长期来看，不同层次的追求互促互补，恰如生命质量提升意味着生命安全意识和自救能力的增强，进而从源头上减少生活安全风险或降低损失；生命质量的提升有赖于经济社会的全面发展。短期来看，特定条件下生命长度和质量之间存在替代、竞争关系，如全社会停摆肯定影响一定时间段内的经济发展。究竟如何取舍？无论是从红十字倡导的生命本源出发，还是从哲学角度出发，越基础越重要，越不可逆越紧急。尽管阶段性的经济代价可能难以估量，但"人的发展"之前提是"人的存在"，如果"皮之不存"，那么"毛将焉附"，生命不能死而复生，而经济发展如潮起潮落，可周而复始。"留得青山在，不愁没柴烧"，优先保护"青山"理性且正义。

不同个体的主导需求不同，有高有低，而社会层面的生命需求层次是最大公约数的结果，遵循"就低不就高"原则。个体需求与社会需求层次差异并不必然导致矛盾，矛盾源于高传染性的新冠病毒带来的社会关系变化。新冠病毒导致人与人之间生命联结的密度和强度达到了前所未有的高度，使得个体的健康风险无一例外地被放射到各自的社会活动网络中，一层层、一圈圈地构成他人的潜在风险源。在密麻、交织的生命链条中，每一个体的生命价值和风险都超越个体，辐射到社会层面。个体的防护状态不仅影响自己的健康，也影响他人的健康，也会波及医疗资源的人均占有量。可以说，自救和救人浑然一体，自利和利他合二为一。相应地，一个人的疏忽和随性不仅危及自身健康，也可能会间接成为杀害他人的"杀手"。同时，个体在多大程度上能决定自己的生命健康，要看社会平均的认知、防护和医治水平等。疫情让个体对社会的影响力和依赖度提高，同时社会对个体的作用力和依赖度也在加强。

在个体与社会强关联、高交互的模式下，疫情防治不得不应急性地延展"公共"空间，比如个人适度让渡社交、出行自由等权利，以尽量减少病毒培养皿的形成。这恰恰用最小的生命代价实现最大限度保护生命的目标。受限于认知水平、社交方式及卫生习惯、人均居住密度等主客观条件，不同国家和地区中个人权利让渡的社会动员方式可能不同，有的靠社会自觉，有的靠行政监督，但殊途同归，理论上，只要符合特定社会底色和行为范式就有助于提高社会遵从度，就能尽早掌握疫情防控的主动权。需要注意的是，普遍性的个人权利让渡的实现终究离不开自律和担当，基于此，以呼唤爱和善良的志愿"软动员"是社会动员中必要且温情的部分。同时，个人权利的让渡是适度的"量"的让渡，并不意味着公域与私域之间的界限消失，扩张中的公域仍然要在道德、人性与制度的交集内，个人能享受到的权利应该不低于生理安全底线与精神安全底线的最小公倍数。换言之，个体权利的让渡只有在"两害相权取其轻"逻辑下才具有道德正义，即按照社会平均认知和公认的判断标准，预防可能带来的风险和伤害不应该大于感染病毒风险可能带来的伤害。

二 如何最大限度地保护生命安全？
——积极、科学的行动

生命是人类在浩渺无边的宇宙中施展创造力和体验万般美好的载体。不论共同富裕、中国现代化进程描述了怎样的幸福图景，都不能否认，生命健康是幸福的基石，生命健康是一切生活美好体验的前提和基础。

（一）科学护航

没有科学攻关就不可能有疫情的最终胜利，在科学技术突破之前，需要科学的目标和手段来为防治过程保驾护航。什么样的目标和手段才是科学的？结合群体免疫这一话题谈一下。有关群体其主要争议在两方面。

一是作为目标的群体免疫。毋庸置疑，如果新冠病毒不能被彻底消灭，群体免疫可能是全社会与新冠病毒相处的一种方式，可以作为后备方案，医学界的积极探索、疫苗研发就是在助力群体免疫的形成。从红十字人道观看，但凡有新病毒产生，第一选择应该是全力以赴、尽可能快地消灭它。与彻底消灭高传染性的RNA新病毒相比，群体免疫缺乏与病毒抗争的果敢和决绝,多了些无奈和认命,支撑理由无外乎是新冠病毒太狡猾传染性高、变异快而死亡率不是很高。从科学的角度看,新冠病毒的面纱还未完全揭开,针对变异极快的 RNA 病毒能否成功研制出疫苗?自带抗体者或注射疫苗后的人遇到变异后的病毒是否会发生 ADE 效应(抗体依赖的增强作用)?悲观一点看,近几年很难研制出有效的疫苗也是一种可能。如此的话,即使基于更综合的评价体系来衡量,尽早消灭新冠病毒也是最务实的选择。也许具有两倍于艾滋病毒的糖基化位点数和近乎"智能"侵入力的新冠病毒不可能全面彻底被消灭,如此一来,那就更不能放弃消灭它的努力,唯有尽早发现传染源和隔断传染链,才能以尽可能小的生命代价迎接科技的突破,为科学地建立群体免疫赢得时间。

二是作为手段的群体免疫。这是围绕群体免疫的焦点争议,即自然式群体免疫可行吗?正当吗?回答前一个问题,要看感染并治愈的人是否能形成抗体?多少人能形成抗体?形成了抗体就能终生免疫吗?多少人终生免疫才能形成群体性免疫?目前科学能给出的回答分别是不一定、不知道、不确定、不好说。这意味着自然式的、以高昂代价换来的"群体免疫"并不一定能真正防疫。即使抱以更大胆、乐观的预期,假设在没有疫苗帮助的情况下,只要付出足够多的生命代价,就能实现群体免疫,那么是否值得?过程是否正当?理论上,自然性群体免疫的建立至少要经过几轮大暴发,要长于特效药和疫苗的研发耗时。较之积极防控,放任自然式下的高生命成本会在时间因素的加持下放大到难以想象的地步。这种过程本身是否已经违背"免疫"的初衷?"为了减少以后的生命损失,先放任现在的生命损失"是唯一选择吗?末位淘汰的社会达尔文主义式的自然免疫足以击垮现代文明的根基——对人道底线的坚守。而且只要群体性自然免疫不是在一个独立的空间内一蹴而就,弱势群体就会首先被殃及。群体自然免疫也许能在这种情况下实现:在一个坚固围墙包围起来的场域内有 70%—80% 的社会成员(除去老弱病残)轮番进行着新冠病毒"传播—感染—自愈—形成抗体—再感染—终身免疫"的循环;老弱病残可以在围墙外过着物质充足、精神悠然的生活,且不会与各种症状的感染者、无症状感染者发生交互;待到群体性免疫形成,围墙拆除，整个社会欢喜团圆。显然，这种梦境并不存在。哪个国家和地区把群体免疫当成主导战略，要么是"无知者无畏"，要么是"无为者买醉"。

（二）预防为先

在疫苗产生之前，抗疫就是一场人类的防控力与病毒的传染力之间的时空竞赛。防控是一个系统工程，环环相扣，相互影响。从预防和治疗两条线看，只预防不治疗不人道；只治疗不预防，防治就一直处于主局面。究竟孰为本、孰为末呢？从风险性质来看，感染病毒是本源性风险，治疗是降低衍生风险，预防更治本，是主动应对，具有更大的社会价值和经济效用，能为疫情防治带来质变；治疗是被动应对，在防疫工作中起到量变的作用。只有主动出击，才能变被动为主动，因此，应确立"预防为先"的防控思路。"预防为先"是尽量提早干预的思路，无论是否感染都有预防的需要，任何一种感染状况下干预点都有前移的空间。"预防为先"不是重预防轻治疗，而是强调提早干预：预防感染新冠病毒—预防轻症成为重症—预防重症成为危症。按照预防思维，增加呼吸机供给是人道，减少呼吸机需求是更大的人道。

（三）专业引领

尽量消除未知病毒带来的恐惧，预防环节才能有序推进。恐惧来源于强烈的失控感，预防环节可能存在的失控情形：资源失控、习惯失控和认知失控等。以口罩为例，分别指代"买不到口罩""不愿戴口罩"和"不确定戴口罩的预防作用"现象。行为层面、资源层面、认识层面的防控分别由社会动员体系、物资统筹体系、公共卫生体系来负责。凭借专业优势，公共卫生体系应在预防体系中具有基础和引领作用，公共卫生体系传播防疫科学，职责是"应该如何防治"，避免认知失控；经济部门、物资统筹体系职责是"如何有效调配防治物资"，避免资源失控；社会动员体系职责是如何让大家普遍认同、接受和践行防治方式。三者分工协作，相互依赖又相互独立，各司其职，无须兼容其他目标。如果公共卫生部门屈从于社会评价认知水平或裹挟于社会习惯则只可能放大成本，为病毒传染率的指数级上升赢得更多时空，加剧资源失控和习惯失控的局面。面对来势汹汹的未知病毒，需要公共卫生工作的专业知识能力来弥补认知空白，消除认识困惑。专业能力是先知一步、获取尽可能准确、全面的预防知识并有效传播以及给予预见性、建设性指导的能力。专业人士获取专业知识上的主动才能扭转疫情防控上的被动。

积极的行动还应包括生活保障行动。在防控新冠病毒期间，贫困、重病等个人、家庭常态化风险的化解面应扩大，化解力度应增强，从收入再分配的调节到初次收入与分配的补偿，以减少后顾之忧，避免次生灾害，也是广义的"预防"，对社会、对国家亦是如此。

三 如何做到"弱者优先"？——医疗人道标准和无差别忧患意识

弱者的生存状态是社会文明的衡量尺度，恰如老龄化是一个国家和地区综合发展实力的体现，是值得全社会引以为豪并极力去保护的重要成就。在自我风险和社会风险强交互的抗疫背景下，弱势群体的生存状态是对社会整体防控水平的综合检阅，保护弱势群体是保护全社会成员的自然结果。红十字日内瓦公约阐明，资源有限情况下要优先救助"需求最紧迫的人"。"生命至上，生命平等"，"优先救助需求最紧迫的人"是实现结果上的生命平等的内在要求，也是红十字文化对世俗狭隘功利观的超越，是"无知之幕"下资源分配正义的应有之义，是助力人类走出残酷丛林逻辑的道德之光。抗疫实践中，"弱者优先"的救助伦理遇到了挑战，一定程度上与认知局限有关。

（一）救急阶段的识别和区分

先说明一下"弱者""需求最紧迫的人"与"老弱病残"等生理性弱者之间的关系。从生理弱势状态的持续性看，弱者可分为时点性弱者和时段性弱者。前者是特定空间特定时点不同人健康需求比较的结果，主观性较强，属紧急性、相对性的弱者，是这一时点上最弱势的人，即"需求最紧迫的人"；后者是常态的生命阶段和健康状态的评估和认定，客观性较强，属稳定性、长期性的弱者，即老弱病残。两者并不必然画上等号，但两者之间的互化率极高，老弱病残群体成为"医疗需求最紧迫的人"的概率要远大于健康的年轻人，年轻人在危急时刻如得不到及时治疗也有可能成为残障人士甚至失去生命。在救急医疗阶段究竟是"需求最紧迫的人"优先还是"老弱病残"优先？救急医疗应该如何选择？选择标准是什么？时点对时点，即一个时点优先供给的对象应该是这个时点需求最紧迫的对象，第一选择是当下生命健康程度最弱势的人，即"需求最为紧迫的人"优先。选择的标准当然是医疗角度的人道标准；当医疗标准无法成为唯一标准时，公平有序、先到先得的社会秩序应作为第二标准。需要指出的是，根据预期寿命预设有用无用、小用还是大用的功利标准粗暴且荒谬，它的预设前提是高度紧张状态下的医生瞬间就能精准预测哪个病人未来的社会贡献最大并成功治愈他（她），当医生面对多个同样年龄的病人时，能优先确保对社会更有用的人活下来。这种逻辑无疑是对人道的亵渎和文明的背离，一旦"恶"的阀门被开启，社会剧烈的倒退和沉沦将不可避免。

（二）预防阶段无差别的"忧患意识"

全体社会成员中生理性弱势群体不仅是治疗的重点人群，更应该是预防的重点对象，弱者优先应贯穿防控治全程。如果只是口头上强调弱势群体的弱势和风险，不仅无济于事还可能适得其反，让本来纯粹的医疗难题变成伦理难题。切实贯彻"弱者优先"需要谨慎的态度和智慧的应对。在科学认知的真空地带，需要"忧患意识"的加持。忧患意识，意味着在灾害面前不盲目乐观，不心存侥幸，不过度悲观、诚惶诚恐，客观、理性而又敏锐，防范、预警多于亡羊补牢。在个人关系与社会关系交叉的情况下，社会动员过程应该是无差别地唤起忧患意识的过程：

一是突出风险的普遍性而非特定性。面对高传染性病毒，要想重点保护某一群体，不应有区别地强调特定群体的高风险，而是强调生命间高联结度下全体社会的共同、普遍的高风险。如果只强调"老年人有风险"可能引起年轻人的盲目乐观和轻视，加大年轻人感染的风险，进而提升了全社会的感染风险。

二是突出感染后的不确定性而非可控性。年轻人都是轻症吗？轻症转化为重症有预警和信号吗？只要医疗设备足够，每个危重症都能救活吗？强调感染后的不确定性才是疫情防控认真、负责态度的体现。

三是做好预防是前提。如何才能做好个人防护？首先应该保持认知上的忧患意识，如面对防护方式上的分歧，"宁做加法，勿做减法"。在预防新冠病毒的方式上，洗手的重要性得到一致认同，口罩的作用可能众说纷纭，那么一个具有忧患意识的地区应该动员社会成员既洗手又戴口罩。"科学无国界"是一种理想状态，实践中区域分化现象尤其明显，特别是悖于地区行为习惯和认知文化的科学探索上。在正常情况下，区域认知差异有助于区域交流。但在分秒必争的救命时刻，对"戴口罩"近乎偏执的"科学式存疑"，所要付出的时间成本太过高昂，而所有的时间成本又会转换成巨大的生命成本。

红十字会发展方向与职能定位

红十字会不是政府,也不是游离于政府之外的草根组织,而是政府在人道领域的助手,这就要求红十字会找准工作方向、突出重点。从组织发展策略上说,任何组织都有长项和短项,只有扬长避短,培育并发挥自己的长项,在自己最擅长的领域展开竞争,才有可能赢得生存与发展的权利。也就是说,只有专注于自己最擅长的业务,才能打造出自己的核心竞争力,形成具有可持续性的优势。

一 方向不明:红十字会发展的现实之困

凭借着"人道"的丰富内涵与广阔外延和红十字组织的积极主动,我国红十字组织的职能也呈扩张趋势,总体上可分为服务和传播两部分,如图1所示。

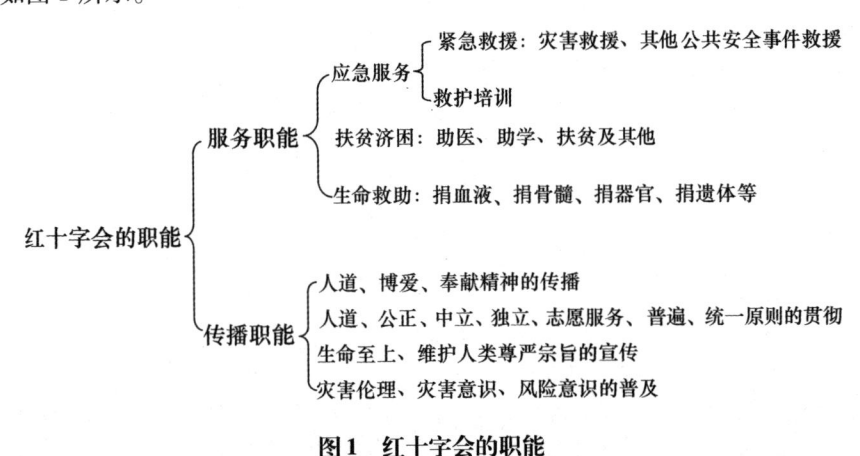

```
                    ┌─ 应急服务 ┬─ 紧急救援:灾害救援、其他公共安全事件救援
                    │          └─ 救护培训
         ┌─ 服务职能 ┼─ 扶贫济困:助医、助学、扶贫及其他
         │          └─ 生命救助:捐血液、捐骨髓、捐器官、捐遗体等
红十字会的职能 ┤
         │          ┌─ 人道、博爱、奉献精神的传播
         │          │ 人道、公正、中立、独立、志愿服务、普遍、统一原则的贯彻
         └─ 传播职能 ┼─ 生命至上、维护人类尊严宗旨的宣传
                    └─ 灾害伦理、灾害意识、风险意识的普及
```

图1 红十字会的职能

为了考察实践效果，笔者曾在 2009 年对福建省级、市级、区级的红十字工作人员以及厦门市的公众进行问卷调查和访谈，调研结果汇总如下：

（一）红十字系统的职能认知

目前，红十字会系统对红十字事业的认识水平不高。根据问卷调查的结果，在回答"哪种宣传途径最有效"这个问题时，被调查者普遍最重视新闻宣传这条途径，其次是网络宣传，再次是志愿者宣传，然后是文艺宣传，最后是赠品宣传。然而，新闻宣传有很大的局限性，只是零散的活动通知和介绍，很难传达出红十字博大精深的文化内涵，这说明红十字会系统本身对传播职能的理解和认识尚浅。在回答"您认为'人道、博爱、奉献'红十字精神是否能体现红十字会的工作内容和职能特色？"这个问题时，有 66.7% 的被调查者认为"人道、博爱、奉献"与红十字会的服务内容和服务宗旨相吻合；16.7% 的人认为"人道、博爱、奉献"是普世价值，不能反映红十字会系统的特色；有 5.6% 的人认为能够部分体现，但不是十分贴切，应该找到更贴切的文字来抽象和概括红十字文化和精神；有 5.6% 的人没有考虑过这个问题；还有 5.6% 的人"考虑过这个问题，但说不清楚，这取决于看问题的层面和视角"。但在谈到对这三个词的具体理解时，很少有人能做出具体的延伸或拓展，大多数被访者都表示没有系统思考过这一问题。

根据问卷调查的结果，在回答"您认为最能反映红十字会特色的职能是什么？"这一问题时，回答"救护"的占 36.4%，回答"救灾"的占 28.8%，回答"救助"与"其他"的共占 34.8%，也有人给出其他的答案，认为社区服务、青少年工作是红十字会的特色。可见，在认识上存在较大分歧。总的来说，关于红十字会的职能定位，有这样几种观点。

第一类是主张"大而全"的职能定位。这种定位一方面是从红十字会"人道、博爱、奉献"广博的精神内涵逻辑推理得来，是理想主义的结果；另一方面则是沿袭政府"贪多、贪全"作风的结果，认为做得越多就越重要，社会影响越大。

红十字会的工作主要可以总结为：两岸、三人、四救、五捐。庞大的职能定位是必要的，因为社会上有需要，只要是社会上需要的，红十字会都应尽可能地提供。

——福州市红十字会常务副会长　胡晓强

第二类是主张职能有主有次，重点突出。

红十字会的职能可以多，但在实践中应该哪个为主哪个为辅，各地红十字会要根据自身特点创造特色，在抓好传统业务的基础上突出特色，该舍就舍。全面铺开，重点突出。

——漳州市红十字会常务副会长　李德胜

哪个职能是红十字会应该突出的重点呢？访谈中主要有以下几种观点：(1) 从社会效应及善款筹集的问题出发，救助是最现实的，应放在第一位；(2) 从红十字会自身优势来看，最重要的职能是救灾；(3) 从红十字会的传统来看，救灾和救护最符合红十字会的职能定位；(4) 从资源有限的角度出发，认为应突出救急特色，而救助一类的职能应更多地依赖政府。

第三类是没有思考过红十字会的职能定位问题。有一部分基层工作人员和兼职工作人员，由于工作时间短或工作重心仍在卫生系统，对红十字会的实践工作不熟悉，更缺乏理论思考，很多问题受访对象无法作答。

（二）服务职能的"大而全"

1978 年 4 月，国务院批准了《关于恢复红十字会国内工作的报告》，明确红十字会的具体任务是协助卫生部门进行爱国卫生运动、输血和救护训练；1993 年 10 月 31 日，第八届全国人民代表大会常务委员会第四次全体会议审议通过了《中华人民共和国红十字会法》，明确了中国红十字会是从事人道主义工作的社会救助团体，其宗旨是保护人的生命和健康，发扬人道主义精神，促进和平进步事业。1999 年年底，红十字会体制理顺工作取得突破性进展，中编办下发《关于理顺中国红十字会管理体制的通知》，明确中国红十字会由卫生部代管改为由国务院领导联系。截至2008年9月底，全国已有88%的地市级、36%的县级红十字会从卫生系统中独立出来。体制理顺后，红十字会工作的自主性增强、发展空间更加广阔，各级红十字会的工作忙于寻找新的"发力点"，救灾、救助、救护等各项工作全面铺开，具体如图1所示。但红十字会的人力财力均有限，在人力资源上，专职人员不足，志愿者的数量、质量及其管理水平尚存在极大的提升空间。厦门市红十字会现设两部一室，共有13名在编职工，平均每个部室3—4人。工作人员除了要负责大病救助、博爱超市、红十字助学、扶贫救急、捐建红十字卫生站、生命救助绿色通道、资助特困农民引卫生水入户、造血干细胞捐献以及万人献爱心九个常规项目以外，还要负责一些常规业务，包括平时的资助项目、资金管理以及日常捐款捐物等等，工作量大、任务繁重。

（1）红十字会失去特色，优势难以发挥。在各类社会组织中，红十字会具有极强的特殊性：组织体系完备、群众基础广泛、运作规范、公信力强、救援经验丰富等。这使得红十字会在资源动员、提供专业的救援服务、防灾减灾建设以及灾害文化传播等应急管理方面具有独特优势。通过对红十字会内部从业人员的问卷调查显示，55.6%的被调查者认为红十字会目前业务量最大的是救助，其次是筹资（50%），再次是救灾和宣传（30.6%）以及救护（19.4%）。事实也的确如此，从统计报告看，除了2005年因印度洋海啸、2008年因南方雨雪冰冻灾害和汶川特大地震灾害，救灾款物募集大幅增长而投入也相应增加外，2006年、2007年的救灾投入均低于救助投入。[①] 不可否认，红十字会当前的发展策略可概括为"扬短避长"，因为红十字会目前业务量最大的"救助"最不能反映其特色，红十字会在这方面也最没有经验和优势，而红十字会从业人员也大都认可的特色项目——救护培训，却"退居其次"。

忽视自身优势、"胡子眉毛一把抓"直接导致的结果就是红十字会的

---

① 《中国红十字事业2010—2014年发展规划》，http://www.red-cross.org.cn/hhsy/hhsy.html。

应急优势没有发挥出来。具体表现在：第一，防灾备灾方面。首先，表现在防灾物资储备有限。红十字会储备的物资是3天左右的基本生活物资，远低于国际平均水平，这与缺少备灾仓库等硬件设施有直接关系。其次，尚不具备提供技术性防灾支持的能力。技术性防灾支持如帮助企业建设具有抗震职能的厂房、对已建好的房子进行抗震性能测试并提出改造建议等，目前一些发达国家的红十字会已具有提供工程性防灾支持的能力。第二，救援的专业化方面。2008年汶川地震后，中国红十字会系统参与了大量的灾后重建工作，并对当地灾区干部进行心理干预。但我国红十字会现代灾害理念、专业人才、专业技术、专业设备等各方都比较缺乏，以至于灾害救援的专业化水平还比较低，尚无法提供专业的灾害预警服务，很少提供灾害救援过程中的技术支持，专业的紧急救援队伍缺乏。在救援人员所占人口比例方面，德国是2.14（专业救援人数/万人），法国是1.73，丹麦是2.31，而中国平均每万人中只有0.01个专业救援人员，且大多是在消防系统。第三，公众自救互救能力提高方面。一是救护培训目标远低于国际标准。根据《中国红十字事业2005—2009年发展规划》，到2009年，直辖市、省会城市和部分基础较好的城市，达到每100—200人中有1名培训合格的红十字救护员；参加应急救护培训人数达到当地人口总数的1%以上，这与国际上30%以上的培训目标差距甚远。二是培训内容局限于初级卫生救护。主要包括心肺复苏、创伤救护等六大初级卫生救护技能，并没有提供常见急症的自救互救，以及各种在意外伤害、突发事件中逃生避险技能的培训。

（2）服务项目与其他社会组织存在交叉，社会认知度不高。伴随着体制理顺的步伐，红十字会组织在扶贫济困方面的投入也在不断加大。1999年开始的"博爱送万家"就是红十字会大力宣传的一项济困活动，共投入款物3.25亿元。但这么多年来该品牌建设并没有达到预期的效果。对于这一点，思明区专职副会长林平给予了非常清楚的解释："红十字会宣传的初衷没有很好的实现，原因有二：一是民政部门、慈善总会有一个安康基金，让弱势群体有饭吃、有房住、有学上、有钱看病。一定程度上，这个安康基金也是把博爱送万家了。二是红十字对弱势群体的慰问大多集中在过年过节的时候，这正是各类慈善机构、各级政府慰问的高峰时期，受助对象一下子分不清哪些慰问品是慈善总会发的，哪些慰问品是红十字会发的，反正笼统地都认为是政府发的。"

"博爱送万家"只是其中一例。另外，红十字会的博爱超市与慈善总会的爱心超市，红十字会的博爱小学与中国青少年发展基金会的希望小学都很接近。可见，在扶贫助困领域，红十字会并没有闯出一片属于自己的天地。相比较，其他社会组织在扶贫济困方面的经验更丰富。在厦门地区，除红十字会之外，还有不少社会组织专注于扶贫济困，其中厦门慈善总会在扶贫济困方面实践经验就比较丰富。各级慈善总会组织从成立之日起就把立足点放在扶贫济困、救孤济残上，开设了一系列社会关注度高、影响大的项目，如"新春慈善快车""爱心助学"和"岗位助学"等。

在厦门市进行的社会公众调查中，被调查者中有68%认为红十字会和慈善总会之间没有区别或说不清楚它们之间的区别。无论是红十字会内部的工作人员还是社会公众，当被问及印象最深的红十字会活动时，都不能脱口而出。调研过程中也发现，受访对象经常把政府、慈善和红十字会工作相混淆。

> 红十字会日常工作缺乏特色，拿不出自己的"拳头产品"。红十字会工作缺乏理论体系，都是做一些点滴小事，没有一根主线串起来。这使得红十字会干部很忙很累干了很多事，但民众对红十字会的印象还是不够深。
>
> ——时任思明区专职副会长林平

（三）文化传播职能的"散而浅"

厦门红十字会历来重视红十字文化的传播工作，通过不断地扩大志愿者队伍、推进基层组织建设、组织青少年夏令营等来扩大宣传组织网络；重视文字传播，出版刊物《厦门红十字会》；设立专门的红十字会文化运作策划中心和专门的宣传队；积极响应中国红十字会总会"凝聚人道力量，重建美好家园"的号召，在世界红十字日成功举办"首届博爱文化周"活动，活动种类之丰富、参与组织之多、社会影响之大在同类活动中当属前列；厦门红十字会正在编纂《厦门红十字简史》，其编纂思路在全国应属首创："以史为轴"，以人道主义精神作为核心，以地域特色作为血肉；注重早期公民教育，重视红十字青少年的教育和培养。但总的来说，红十字文化的传播职能发挥得还不充分，红十字会文化还远未深入人心。

近些年来，红十字会不断推进基层组织建设，如学校红十字会、社区红十字会、企业红十字会等，红十字会文化传播更加便利，同时也增加了宣传渠道和宣传载体。我国一项关于生命意识的问卷调查表明，在被调查的 200 名省会城市重点学校中小学生中，"想到过死"的学生并不是少数。无论是什么年纪的学生，对生与死的认识都是模糊的，对生命的意义都是迷惑的。

二 发展方向：生命救援还是生命教育

人道精神的深邃和广阔也注定了红十字组织职能的"宽广"。为了提高组织的运行质量与运行效率，国际红十字与红新月运动代表于 1997 年 11 月 26 日在西班牙塞维利亚审议通过了《国际红十字与红新月运动各组成部分国际活动组织协议》（即《塞维利亚协议》），明确了三大组织在红十字运动中的分工：红十字国际委员会（ICRC）在战争或武装冲突中起主导作用；红十字会与红新月会国际联合会（ICFC）在自然灾害中起主导作用；国家红十字会在特殊情况下起主导作用；在既有战争或武装冲突，又有自然灾害的情况中，由红十字国际委员会协调。其中，国家红十字会的作用领域具有较大的自主性。那么，在我国社会转型的宏观背景下，仍在探索中的国家红十字会应该走向何方？

（一）生命救援导向还是生命教育导向

人道的首要使命是保护生命，根据完成使命的主要方式，理论上，红十字运动的开展可分为两种模式：生命救援导向和生命教育导向。生命救援导向侧重于通过营救、抢救、紧急救援等专业救援行为来保护生命，特点是实践性强、保护力度强，但保护面有限，主要取决于红十字组织拥有的专业救援力量的多寡；生命教育导向则侧重于通过向公众传播人道精神，提高公众防灾避险、自救互救的能力来达到保护生命的目的，特点是面向公众，普及面广，注重理念传播与技能传授并行，在提高公众的救护能力的同时激发公众在生命保护中的主观能动性。虽然生命救援和生命教育具体内容各不相同，但两者是殊途同归且相互促进的，比如高超的专业救援技能往往也能产生较高的公众救护培训能力，较好的救护培训能力也能从源头上降低紧急救援的压力。两者的区别主要在于是以生命救援为主还是以生命教育为主，在目标上的主次之差，会影响行动路径的选择和资源分配方案的制定，运行效果自然亦有差异。生命救援导向模式相对封闭，优先保证的是内部的专业救援力量建设，公众救护培训的目标覆盖率较低；生命教育导向模式则相对开放，旨在提高公众救护培训的覆盖面并鼓励有兴趣、有能力的公众组成基层救援队。

（二）生命教育导向+生命救援支撑

诚然，在威胁生命安全的风险集中爆发的战争、武装冲突或灾害中，专业救援是有效的，根据《塞维利亚协议》的分工，国际红十字委员会（ICRC）和国际红十字联合会（IFRC）都算是生命救援导向。在当今世界，以人道救援为己任的红十字运动面临前所未有的挑战。自然灾害频发，各类意外事故、危害公共安全事件持续上升，据《2014年世界灾害报告》，2013年全球共发生337起自然灾难，导致2.2万人在灾难中死亡，近1亿人受灾。由于气候变化等原因，未来的自然灾难将变得越来越频繁和极端。那么，在安全风险"无处不在"且高度分散的当今社会中，哪一种模式更能满足普遍且分散的生命保障需要？从现实需求角度来看，我国红十字会都应朝着生命教育组织的方向前进，主要基于以下原因：一是救援资源有限，生命安全保障的需求无限而供给有限。所有的人都有生存的权利，都有健康的权利。除了战争和灾害，还有各类公共事件和意外事故威胁生命安全。面对无限的生命保护需求，红十字会专业救援力量的有限和不足是绝对的、难以改变的。二是从救援效率上说，任何外部的救援都不如自救及时有效。"5·12"汶川地震发生后，有相当一部分人能躲过灾难但却未能幸存,幸存下来的人都是自觉或不自觉地运用了安全自救互救的基本常识。三是观念优势才是根本优势,现在已不是"资源落差"的时代,而是"动机落差"的时代。随着网络的发达,知识资源随手可得,谁有动机和毅力使用这些资源,谁就会成为赢家。以被网民称为"史上最牛的校长"的四川安县桑枣中学校长叶志平为例,他不顾少数老师的反对坚持每学期都进行紧急疏散演习。正是叶校长具有风险意识、灾难意识,才在汶川地震中创造了全校2200余名师生无一伤亡的生命奇迹。所以,只有唤起每个个体对生命安全的重视才有可能最大范围、最大限度地保护生命。基于以上,生命教育导向才是大势所趋,是红十字组织未来发展的必然选择,是红十字会服务社会的最佳切入点。

以生命教育导向为发展目标并不意味着红十字会要放弃专业的生命救援服务,因为其是起源于战地救护的红十字运动的立身之本,也是生命教育资格的根本保证。红十字作为生命教育组织想要发展壮大必须经得住生命救援的检验,才能证明其教育实力的权威性和教育资质的合理性。

(三)"生命教育"的层次阐释

卢梭在《爱弥儿》中提出,"教育是如何使一个自然人成为一个有道德的公民",按此逻辑,生命教育就是如何使一个自然人成为一个有健全的生命道德观念的公民。那么如何定义"健全"呢?每个人所处的生命阶段不同、需求层次各异,那么,如果能对处于不同需求层次的人进行恰当、正向、积极的生命理念指导就应该是"健全的"。美国心理学家马斯洛提出的人类需求层次理论较为权威和通用,该理论将人类需求概括为五种,由低到高依次为:生理需求、安全需求、社交需求、尊重需求和自我实现需求。与马斯洛需求层次论相对应,并从人道主义予以解读的话,生命教育的五个层次依次为:生理需求——生命至上教育;安全需求——生命防护教育;社交需求——生命关爱教育;尊重需求——生命平等教育;自我实现——生命价值教育。具体内容解释如下:"生命至上"强调每个人应该"珍惜生命、敬畏生命",具体地说,珍惜自己的生命，敬畏别人的生命。因为生命是否存在与一个人的生命态度息息相关，因为很多人是主动放弃自己的生命，所以生命最大的威胁和保障都是自己的生命态度；"生命防护"主要指"防灾避险、健康第一"，通过救护培训提高公众的风险意识、自救技能和自救意识，在生命得以保全的前提下最大限度地维护健康；"生命关爱"强调"互救互助，弱者优先"，树立符合"陌生人伦理"的现代公益价值观和优先帮助最易受损群体的救助伦理；"生命平等"重点在于"尊重弱者和维护尊严"；"生命价值"倡导"积极奉献，专业志愿"。从教育形式和教育内容来看，生命教育可归纳为健全的生命伦理观念的精神文化传播和系统的防灾避险、自救互救的救护知识技能培训两大类。健全的生命理念加上娴熟的救护技能才能构建没有漏洞的生命安全网。

三 生命教育导向下的职能定位与工作思路

以生命教育为发展导向的红十字会应主要担负起两大职能：向公众传播人道精神和对公众进行生命救护培训。这既是理论分析也是实践反思的结果。在社会组织的数量快速增长、专业化运作水平不断提高的21世纪，"大而全"的发展策略只会使红十字会的特色和优势渐行渐远。这样下去的后果正如中国红十字会副会长郭长江所言："那种以为自己什么都可以做，什么都可以做好的包打天下的想法是十分幼稚的；那种什么都参与的四面出击的做法是十分盲目的；那种缺乏规划、缺少目的性的'打一枪换一个地方'的做法不是一个成熟的组织的表现。要想让我们的组织拥有强大的生命力，保持特色是非常重要的。失去特色跟在别人后面跑，亦步亦趋，肯定会被众多的团体所淹没而不知去向。"[①]

同时，郭长江副会长也指明了红十字会的职能方向："从作为政府人道领域助手的角度来说，政府做得好的，我们不必去做；政府做得不足需要我们参与的，我们补充去做；政府暂时顾及不到的，同时希望我们做的，我们努力去做。从作为一个社会团体的角度来说，别人做得很好

---

① 郭长江：《红十字事业科学发展之我见》，《中国红十字报》2009年5月8日第1版。

的，我们不必去做；别人做得不够好的，我们争取做强；别人没有做的，同时社会很需要的，我们努力争取做。这是符合科学发展观的红十字工作观。"

郭长江副会长的真知灼见可以总结为：职能定位应立足于现实需要、立足于国家的发展建设、立足于社会团体整体发展态势、立足于自身发展特色。显然"人道传播＋生命救护"的定位符合这些特征。

（一）职能定位："人道传播＋生命救护"

红十字会"人道传播＋生命救护"的职能定位符合社会需求。进入21世纪以来，各种非自然因素甚至是人为因素导致的群体性灾难事故频发，诸如矿难、中毒、翻车、沉船、坍桥、溃坝、火灾、爆炸，尤其是食品安全和公共交通事件的发生，归根结底是对人的生命的漠视和亵渎。如近年来频发的小学生伤亡重大事故，如2014年9月25日昆明市明通小学发生踩踏事故，6死26伤，2人重伤，由于一海绵垫阻挡狭窄的楼梯过道引起；11月19日山东蓬莱校车与大货车相撞，12名小学生死亡，两车均严重超载。另外，在我国青少年成长过程中，轻生、自杀现象屡见不鲜，伤人、他杀事件时有发生。令人扼腕惋惜的青年人中不乏被称为天之骄子的大学生：因为细微嫌隙杀掉舍友的马加爵；撞到外来女工并连捅八刀置人于死地的药家鑫；因为人际关系紧张下毒杀害舍友的复旦高才生林森浩；等等。应试教育的"成功"无法弥补生命教育缺失给家庭和社会带来的伤害和痛苦，当然，在生命教育的缺失上家庭和社会又都难辞其咎。除了尊重生命、敬畏生命、珍惜生命的人道理念亟待普及外，救护培训率也亟须提高。根据《中国红十字事业2005—2009年发展规划》，到2009年，直辖市、省会城市和部分基础较好的城市，达到每100—200人中有1名培训合格的红十字救护员；参加应急救护培训人数达到当地人口总数的1%以上。根据《中国红十字事业2010—2014年发展规划》，到2014年，培训目标由2009年的1%提高到1.5%，与国际上30%以上的培训目标依旧相差甚远。也正因如此，在同样级别的自然灾害中，我国的伤亡率总是相对较高。

红十字会"人道传播＋生命救护"的职能定位与国家的发展建设不

谋而合。一方面，是与国家减灾建设相吻合；另一方面，能与社会的道德水平建设相融合。《中国的减灾行动》提出了中国防灾减灾能力建设的九项任务，可以归纳为四个方面的内容：提高全社会防灾减灾意识、提高公众自救互救能力、有灾时高效的灾害救援和无灾时社会各界的防灾备灾。而人道理念传播和生命救护培训的最直接的作用和效果就是社会防灾减灾意识和公众自救互救技能的提高。目前，我国社会奉献率比较低，是"道德冷漠"的一种表现。道德冷漠指人们对现实世界的道德判断、道德情感和道德感受的缺乏，从本质上说，只有依托超越性的伦理理念才可能化解。毋庸置疑，最具超越性的理念当属基于人类共同安全层面的生命理念。因此，红十字会"人道传播+生命救护"的职能定位能够促进社会和谐、增加社会资本、增进社会成员之间的情感联结，提升社会的道德水平。

红十字会"人道传播+生命救护"的职能定位能与其他社会组织的职能定位形成互补。截至2013年年底，全国共有社会组织54.7万个，其中，社会团体28.9万个，基金会3549个，民办非企业单位25.5万个。从职能分布领域看，在民生保障上，社会组织已经形成较好的社会帮扶网络，有效补充了政府社会救助力量的不足。但致力于人道理念的普及和生命救护技能培训及队伍建设的社会组织则十分有限，在"无灾不成年"的中国，存在着较大的防灾减灾、灾害救援缺口。历次灾害发生后，虽然社会组织行动迅速，但服务内容大都集中在资源动员和组织上，而对于"一线"的自救互救指导和紧急救援均无能为力。红十字会的生命救护服务必能缓解紧张的供需关系。

红十字会"人道传播+生命救护"的职能定位与红十字运动的传统特色相吻合，有助于红十字会自身的专业化建设和打造组织的核心竞争力。红十字运动起始于战地的救护行动，提供意外伤害、突发事件逃生避险、常见急症的自救互救、心肺复苏术、创伤救护等紧急避险与现场救护知识当然是红十字会的传统优势。如果红十字会"扬长避短"，专注于自己最擅长的业务，就一定能建立起持久的竞争优势，产生"难以复制和模仿"的核心竞争力。

（二）工作思路："体验式"生命教育

2004 年我国就开始了生命教育的实践和研究，从现实和效果来看，福建省红十字会从 2012 年开创性地提出"体验式"生命教育模式成效显著。2012 年，福建省红十字会联合省教育厅提出"体验式生命教育"的概念，并选取 6 所大、中、小学校进行试点，现在已经确立了 200 多所"红十字体验式生命教育示范校"。体验式生命教育是开放式、社会化的生命教育形式，是一种理念，也是一种路径。曾有教育家言："一切教育都是自我教育，都是主动的教育。"体验式生命教育能够寓教于乐，是一种主动参与型、互动实践性较强的生命教育形式。根据行为学理论，体验生命的无常和脆弱，才能真正懂得珍惜生命、爱护生命；亲历挫折，才能激发内心的坚强和潜能，去除心中的顽疾，激发正能量。体验式生命教育的承载形式丰富多元，青少年不仅可以在教室中聆听、在书本中阅读，还可以在体验馆中感悟生命的不易、汲取生命的力量，现在还可以通过手机学习生命急救知识。同时注重因材施教，根据不同年龄段学生的不同认知规律采用不同的教学方式，如小学提倡以游戏和模拟为主，初中倡导以活动和体验为主，高中以体验和辨析为主，大学以实践和感悟为主，并分别提出基本要求和实施要点。另外，也非常注重参与性和回馈性，既充分利用当前学校的公共安全教育课堂，积极组织学生开展丰富多彩的课外主题实践活动，如组织感受生命故事的演讲比赛等。

体验式生命教育意味着"立体的"人道传播和"系统的"生命救护。法无定法、道有常道，教育方法的灵活多样、综合运用皆为满足更高的人道传播和生命救护要求。体验式生命教育旨在通过立体形象的人道传播和全面系统的生命救护，实现让公众建立起健全的生命伦理观念和掌握系统的生命自救知识技能的目标宗旨。体验式生命教育能够通过逐步深入、层层推进、立体形象的人道传播把看似抽象、孤立的文化现象转化为无处不在的、生活化的行动指南和纲领。精神传播最根本的目标和真正意义还是在于影响行为，如果不能和实际生活联系起来，精神口号就只是"绣花枕头"。另外，如果没有真正掌握红十字人道精神的内涵，只是教条化地记忆生活纲领，也就无法根据千变万化的现实生活情景做出准确的判断，更难以保证行为的正确。从理念的接受到认同、再到理念的贯彻是一个长期的过程，也应该是鲜活的、形象的、递进的、生活化的传播过程。

全面系统的生命救护一方面体现在广度上，既包括救护培训对象的广度，也包括救护内容的广度，这是社会公众广泛开展自救互救的前提和基础。另一方面体现在频率和深度上，频率和深度是成功开展自救互救的保证。因为只有通过持之以恒的培训和演练，紧急情况下公众才有可能做出正确的应急反应和行动。以紧急情况下的集体逃生为例，突发紧急事件时，人们往往失去理性判断力，只能基于本能做出反应，最有可能出现的反应就是"随大流"，即直接追随周围人的行动。因此，只有大多数人的行为满足逃生的要求，才能形成正确的群体行为，带领整个群体顺利逃生。而只有长期、经常性地演练，才能把灾难发生时正确地疏散、自救、逃生能力发展成为一种本能。

体验式生命教育能将红十字各项工作融合联结为一个有机生命体。将生命教育作为红十字工作的逻辑起点与结构要素，是红十字运动的内在要求，也是红十字根本价值的回归。体验式生命教育作为红十字工作的主线和轴心，其正常运转和作用发挥离不开其他各项工作的配合。真正的教育就是润物细无声的，生命教育的精神精髓应在各项工作中体现并贯穿红十字工作的始终，使各项工作有机相融并联结成一个有机生命体。

——体验式生命教育代表大脑和心脏。可以说，人道传播是"心脏"，是对生命的尊重、敬畏之心；生命救护培训则是大脑，是公众保护生命的知识技能宝藏和智囊。

——募捐和志愿者动员算得上"左膀右臂"，是体验式生命教育的资源保障。募捐是物力保障，志愿者动员则是人力保障，充足的物力和人力保障是人道传播立体化和生命救护全面系统化的必备条件。资源动员的过程也是传播人道精神、推广红十字文化的过程，是获得认同、唤起共鸣的过程。无论从动员策略、动员口号、物质载体都应该体现出生命教育的内容和体验式特色。

——"三献"（献造血干细胞、献器官、献遗体）工作则是托起弱小生命、挽救和延续生命的"双手",是公众与红十字会携手搭建人道生命安全网。三献是"手臂"的延伸,是在捐献人力、物力之外的深度捐献,是挽救生命的捐赠。残障作家史铁生说:"生死是一种逃不过的困境,要靠爱延续死亡。"世界范围内的生命"接力"呈现出一幅情满人间的美丽画卷,但我国"三献"工作仍在起步阶段,面临非常大的供需缺口。其实,生命是有限的时间与有限的能量的集合体,人的躯体无法永恒。科学地认识生命,就会对生命产生深刻而豁达的思考。可以说,公众进行三献可能基于美德,也可能基于责任,更多的是基于对生命的理性思考。引导公众科学地认知生命应该成为开展三献工作主要思路。

——救灾工作则是红十字作为生命教育组织的立足之本,是红十字生命有机体的"双脚"。生命救援和生命教育本身就是密不可分的。生命教育导向是以生命教育为主要目标,但生命救援仍是不能丢弃的领域。因为红十字作为生命教育组织只有经得起生命救援的检验,才能证明教育实力权威性和教育资质的合理性,也才能使生命教育"接地气",避免教学内容与生命保护实践相脱节。

——救助工作像是红十字有机体的"头皮和头发",既受头部健康(生命救护普及)的影响,本身也是对头部、脑部的保护和生命救护的加强;生活救助并不是物资、服务的单向供给,更是健康观念、生活保健常识的沟通过程,是健康送万家,是保护生命的延伸。

——红十字组织的内部治理和建设像是红十字生命机体的"骨架",队伍建设则像是血肉,队伍可以重建,骨架却难以剥离,组织框架的重要性不言而喻。基层组织建设是"双腿",抓好基层组织建设,红十字有机体才可能跑得快。宣传是脸面、皮肤,在信息爆炸的高科技、互联网时代,再好的酒也怕巷子深,宣传策略不容忽视。红十字会之间的交流互动像是"眼睛",通过交流学习才能清楚前进的方向,才能掌握发展趋势,准确地把握未来。如果说救灾实战是"立地",交流合作则是"顶天"。

生命教育在提升全社会的生命敬畏和生命平等意识的同时能够唤起红十字人的专业和理性,能用立体的人道传播和系统的技能培训唤起公众的认同、共鸣和行动,可以说,以生命教育为发展导向是红十字会与社会公众携手共赢的特色发展之路。

（三）开展方式：多向推进体验式生命教育

在共情中唤醒。根据行为学理论，体验过生命的无常和脆弱，才能真正懂得珍惜生命、爱护生命；亲历挫折，才能激发内心的坚强和潜能，去除心中的顽疾，激发正能量。体验式生命教育不同于说教为主、单向输出和形式单一的传统教育，是开放、平等、互动式的生命教育形式，秉承"淡化教育，通过共情点燃和唤醒"的理念，通用设计的现代性"生命教育体验馆"是其重要的教育载体。体验式生命教育中传达出的生命脆弱更为强烈，也更激发生命教育的主动性和积极性。在深度体验紧急避险、逃生的基础上再进行心肺复苏等救护培训或人道传播无疑将事半功倍，一次次生活场景式的自救体验必将推动抽象的生命理念具象化和内化，进而转化为生活化的行动指南。从认知规律出发，根据不同的体验对象灵活调整体验方案，如小学提倡以游戏和模拟为主，初中倡导以活动和体验为主，高中以体验和辨析为主等。

借助制度的力量。人道广阔的外延决定了红十字事业与多项事业互促相融，与减灾建设、教育事业、残障事业、医疗事业、慈善公益事业等均存在交集。红十字系统应主动寻求广泛的社会合作，"借力"开展生命教育，在拓展教育资源和教育场景的同时，也有利于生命理念更加灵活地嵌入具体生活情景中。值得一提的是，制度在理念输出、社会认同、观念传达上的引领作用，如果有"制度"助力，红十字生命教育服务开展起来必将事半功倍。

以"三献"动员为例，红十字会应尽力推动脐带血保存的补贴政策和公共脐带血库制度的建立。脐带血中含有丰富的造血干细胞（HSC），可以重建人体造血和免疫系统，可用于造血干细胞移植，治疗80多种疾病。据统计，我国仅有约1%的家庭存储了新生儿脐带血，相对于发达国家10%—20%的存储率尚有不小差距，每年流失的脐带血也在出生率的95%以上。鼓励家庭保存脐带血政策出台和公共脐带血库的建立不仅能保护更多生命，也传达出了理性的生命认知，必然从源头上推动器官捐献和遗体捐献工作。

以"易受损群体"为中心。风险一旦产生就会不断发生着纵向流动和横向转移,结果必然是抗风险能力越低的群体承受的风险越多,这决定了彰显人道力量的红十字生命教育服务应聚焦易受损群体开启生命教育服务,进而再辐射、扩散到其他群体直至全体社会成员。在各类群体中,身心不成熟且阅历有限的儿童在风险应对中是"弱势中的弱势"。据统计,2014年中国1—17岁儿童伤害死亡率为20.67/10万,占该年龄段儿童死亡人数的51.9%,超过因传染病和其他疾病死亡的总和,是儿童死亡的第一位原因。[①] 以易受损群体为教育服务中心这一高起点成功启动后至少有两方面的"红利":一是能够自然地辐射到其他群体,如只要调动起孩子参与生命教育的热情,自然就能引起父母的兴趣,进而提升家庭的应急能力。二是从"难啃的骨头"下口,必然能向下兼容,如残障群体的生命教育服务开展难度最大,当红十字会对不同的残障类型和残障程度的生命教育服务应对自如时,健全群体的生命教育服务的供给必将"小菜一碟"。

---

① 梁晓峰:《中国儿童伤害报告》,人民卫生出版社2017年版,第2页。

生命教育导向下的专业化建设

整体提升组织效能是一项系统工程，从功能明晰到具体实现，还需要一套科学的路径与策略予以推进。

一 组织发展路径

（一）发展方向

专业化方向。首先，建成现代学习型组织是红十字会专业化水平提升的前提和基础。一个可持续发展的组织一定是对内部环境保持很高的敏感度，能够准确把握时代脉搏，并根据时代要求和环境变化不断进行自我调适的组织。现实迫切需要红十字会：（1）在学习上主动自主。积极学习其他地区的先进经验；为从业人员提供学习的机会和平台。（2）勤于思考，前进中不断地总结与反思；正视问题，找到自我改进的路径和办法。其次，应促进不同级别红十字会之间的分工和协作，这是红十字会专业化水平的组织保证。由于不同级别红十字会占有的资源不同、优劣势有较大差异，红十字会的整体功能应在不同级别的红十字会之间进行合理的"分配"，以实现优势互补。再次，加强红十字会的组织文化建设。一个优秀的企业总是很重视企业文化建设，一个进行文化传播、倡导先进理念的组织不可能没有自己的组织文化，组织文化建设应该是志愿性的、公益性的社会组织的生存之本。倡导"生命至上"理念与"为生命保驾护航"的组织定位要求红十字会必须确立高效专业救援理念，形成高效、务实的工作作风。

社会化方向。中国红十字会会长华建敏强调："要建立社会化、开放式的工作机制，广泛动员社会各界力量投身红十字事业。红十字事业的发展是为了人民，发展红十字事业也要依靠人民。要用真诚的服务和良好的公信力赢得全社会的信赖和支持，最大限度动员起巨大的人道力量，推动红十字事业发展。"社会化工作机制符合社会对红十字会工作的透明度要求，可以加速社会对社会组织的认识、提高对公益事业的积极性。社会化工作机制是一个包括社会化筹资、社会化资源配置、社会化服务、社会化传播、社会化监督以及社会合作等在内的系统工程。例如，在红十字会内部智力资源匮乏时，可以积极求助"外脑"，与高校合作开展理论研究；在现行的用人机制条件下，用聘任制、外包制、劳务制等用工机制以补充人力资源的不足。另外，作为人道救助组织，红十字事业与多项事业互促相融，与减灾建设、残障事业、大病救助、慈善事业等均存在交叉。红十字会应寻求更广泛的社会合作，处理好与政府部门的关系，特别是与卫生部门的关系，积极与其他社会组织开展合作，提升社会组织的整体实力，开拓红十字会服务社会的途径和方式。比如，2008年，中国红十字基金会率先安排2000万元面向民间组织公开招标灾后重建项目，不仅使一批优秀民间组织的优秀项目获得了资金支持，红十字基金会也因为这项创举登上"2008年中国社会组织十大事件"。

国际化方向。国际化既是国内外对红十字会的期待和要求，也是红十字会发展壮大的内在需要。除了技术层面的国际化，如引入先进的ERU装备提高救援的专业化水平等，更需要运营理念的国际化。美国学者弗斯顿伯格说："现代非营利机构必须是一个混合体：就其宗旨而言，它是一个传统的慈善公益机构；而在开辟财源和运作管理上，它是一个成功的商业组织。只有当这两种价值观在非营利组织内相互依存时，该组织才会充满活力。"从这个层面来说，红十字会还应吸取市场理念，注重效率，掌握经营和运作之道。

（二）组织机制创新

管理机制创新。为了增强红十字会系统的自主性、促进各级红十字会之间的分工合作，管理机制需要创新。中国红十字会组织的现行管理体制是以"横向管理"为主、"纵向指导"为辅的"双重管理"局面（如图1所示）。

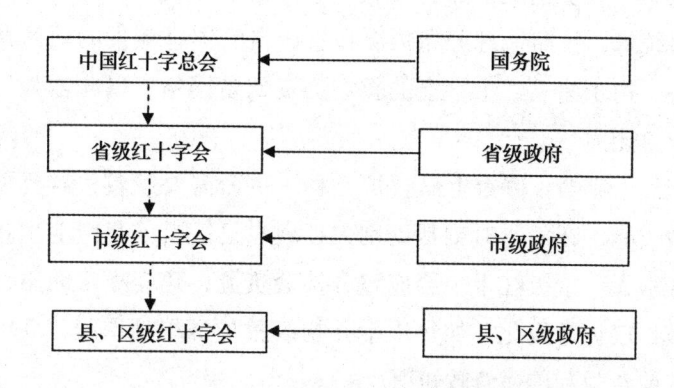

图1 各级红十字会组织的"双重管理"模式

这种双重管理体制，一方面，使得各级红十字会的工作为取得两头通气、双重满意而前后奔走，不但降低了组织工作效率，还忽略了组织工作的重点；另一方面，由于单一地对地方政府负责，不论组织规模和能力，不同级别红十字会被赋予相同的工作任务，人为地造成红十字内部的资源竞争和资源浪费，降低了红十字会的整体效能。但以我国现在的国情，实现红十字会系统内部完全的"纵向管理"也不符合实际情况。根据现行的组织架构，鉴于市级红十字会的重要作用，可以先行实现市级以下红十字会系统的"纵向管理"。另外，各级红十字会之间应逐步淡化浓厚的行政色彩，回归社会组织本该具有的灵活、弹性的管理机制。并且在提高各级红十字会自主性的同时，还应促进不同级别红十字会之间的职能衔接。各级红十字会由于占有的资源不同、角度不同、立足点不同，工作方式、特点和优劣势也就各有不同，因此，红十字会的整体职能在不同级别的红十字会之间需要有不同的"分配"，使其各自发挥所长，实现优势互补。

中国红十字总会：侧重生命理念传播。具体来说，是红十字文化的提炼工作以及媒体宣传和文字宣传。因为中国红十字会具有人才优势、认识优势（对红十字会文化的理解透彻）和宣传优势（拥有的宣传渠道、较高的宣传平台)。

省级红十字会：侧重生命救援工程。备灾救灾仓库的建设需要大量资金，在一些欠发达地区建备灾救灾仓库还有难度，因此，可以由省级红十字会统筹，按照地理分布情况在省内自然灾害频发的地区建立备灾救灾中心，初步建立红十字会的救灾物资储备网络，以此增强红十字会的灾害应急能力。

市级红十字会：侧重生命救护工程。生命需要急救，需要更多的人掌握急救技能，在危急时刻帮助别人拯救自己。目前我国卫生救护培训的缺口非常大，市级红十字会应整合社会资源，建立稳定的培训师资队伍，使救护培训常规化，如每周举办初级救护员培训课程，面向社会免费教授院前急救和传播急救知识。

县、区级红十字会：侧重生命关爱工程。县、区级红十字会是离困难群众最近的红十字会组织，最了解困难群众的需求，应由其组织开展大病救助、帮困、助学的工作，并组织好社区服务工作的开展。

省级红十字会在促进红十字内部合作和交流方面发挥着重要的作用。省级还应侧重沟通协调工作。沟通协调工作主要包括两部分：一是作为市级红十字会与中国红十字会的桥梁；二是切实发挥省级红十字会对市级红十字会的指导作用，协调本省各市红十字事业的发展，做好省内红十字会组织的合作交流工作，推广先进经验，帮助困难地区解决发展难题。省级红十字会的"实体"服务职能应该尽量减少，募集到的款物应该用于支持各地市红十字会组织开展活动和项目。在有重大灾害发生时，省级红十字会可以在全省内所有红十字会组织协调和调配资源。

用人机制创新。目前红十字会里尚缺乏吸引优秀人才的自主机制。因此，在现有体制下通过内部的力量进行培训和提升应该成为红十字系统获得人才的一个重要手段。因此，应该建立内部培养为主的用人机制，打开红十字系统内的职业晋升通道，赋予红十字会系统体制内的用人自主权，允许不同级别红十字会之间人才自主的流动。其他用人机制作为补充，例如，实行聘任制、外包制、劳务制等用工机制，通过实习生制度挖掘人才为组织服务等。同时，红十字系统应该完善专业从业人员的人力资源管理体系。专业的人力资源管理的一个重要标志是具有完善的

"引人""育人""用人""留人"机制，这包括建立考核办法、制定定期和不定期的培训方案、激励机制等。要完善这些机制，红十字会必须有清晰的发展战略、组织体制和岗位设置。

工作机制创新。随着我国社会组织的快速发展，公共领域的资源竞争也将日趋激烈，紧迫的形势要求红十字会动员社会各界力量投身到红十字事业中，最大限度地筹集和整合资源，并利用社会各界的智慧把它们分配到最需要的人手中，提高资源的分配效率。构建社会化工作机制恰恰是红十字会组织务实、专业、开放、高效的组织文化的要求和体现。目前，捐赠者半数绕过社会组织直接对受助者进行捐赠的现实，从侧面说明了我国社会组织的公信力水平不高。红十字会可邀请媒体、审计部门、捐赠者、合作机构、受益群体参加一些过程和环节以至于全部。通过过程参与，及时了解项目过程中的问题、资金使用情况、受益者的反映、项目效果及需要改进的方面，同时进行及时有效的沟通和协调，在过程中对项目进行完善，使合作顺利进行。社会化工作机制是一个包括社会化筹资、社会化资源配置、社会化服务、社会化传播、社会化监督以及社会合作等在内的一个系统工程。

社会动员机制创新。当今世界是一个资讯时代，"酒香不怕巷子深"的慈善营销模式已经远远不能适应时代的需要，社会组织必须提高自身的媒体意识，学习与媒体打交道的技巧，应养成主动与媒体沟通的习惯。良好口碑的形成是机构在诚信和能力等各方面的综合反映，是一个长期付出和积累的过程。红十字文化的传播是一个长期系统工程，需要社会各界的参与。首先，要充分利用媒体的力量。一个社会应该对公益慈善行为有明确的价值评估和舆论导向，媒体的作用就是通过自身的资源优势和独特渠道传播现代慈善公益理念。其次，要不断壮大志愿者队伍，因为志愿者本身就是红十字精神的传播者。再次，要不断推进基层组织建设。各级红十字会都应与基层红十字组织形成良好的互动，开展广泛而卓有成效的合作。不同系统的基层红十字会组织有不同的特点，应分别实施不同的宣传策略、激励机制和指导方案、合作方式。如与企业红十字会的合作应集中在救护和救助领域。红十字会为基层组织配备急救人体模型、募捐箱、轮椅、拐杖、急救药箱、急救知识光盘等。与学校红十字会的合作在重视救护的同时,还要加大红十字文化的宣传力度,注重红十字青少年生命教育、灾害意识的培养。

另外,筹资的过程也是教育公众的过程,提高普通大众对红十字文化的认识,就能提高公益慈善意识,这是中国公益慈善事业真正的宝藏。企业家、富豪慈善意识的提高也必须扎根于这个土壤。国际资助机构总有一天会离开中国,也不会有"常青"的企业,进行大众筹款是大势所趋。因此,红十字会应将募捐的重点从企业和富人转向公众。当然,以公众个人捐款为主,并不意味着完全拒绝企业捐助,只是红十字会不能陷入捐献者主导,合作伙伴主导的模式更不是受所捐助企业控制,成为企业的"广告平台"。对一个组织而言,品牌就是质量,就是效益,就是竞争力,就是生命力。对于社会组织而言,打造"品牌"才能使筹资可持续。打造品牌与组织的职能定位和服务特色相结合是社会组织最基本的要求。除此之外还要注意两点:一是政府的参与要适可而止,应该是基于人们爱心参与活动,不应是高压式的发动,也不是"摊派"活动。二是应该加强社会调查,只有充分调研,才能有充满灵性的"创意",才有找到引起公众共鸣的"共振带"。只有深入实践地了解社会公众的所思、所想,才有可能设计出受百姓拥护的品牌,成功的品牌无一不是对目标群体心理状态准确拿捏下的杰作。

志愿者管理机制创新。在对志愿者进行管理的过程中,首先,需要认识到红十字的救灾救助服务,特别是应急救援服务具有很强的专业性,红十字志愿者需要掌握一定的急救技能,至少拥有"一技之长"。其次,还应注意到,志愿服务不是零成本服务,志愿组织应该尊重志愿者的劳动,并对志愿者必要的生存成本进行补偿,这是提倡并激励志愿奉献精神的最具现实意义的方式。再次,要有风险意识。急救服务的性质决定了红十字志愿者不时也会陷入危险和危难之中,做好风险管理,为志愿者购买人身保险和提供其他必要的保护也是志愿者管理的重要内容。另外,争取建立一套能与青年志愿者和社区志愿者有效衔接的红十字会注册志愿者制度和相应的志愿者级别评定和嘉奖机制等,彰显红十字会志愿者应享有的荣誉。因为大多数的志愿者在进入志愿组织时,都是满怀信念,甚至怀有一种神圣感,而要使志愿者保持积极的心态工作,就要有一套认同的机制满足这一心理需要。

服务内容包括防灾减灾建设和紧急救援。防灾减灾建设既包括工程类减灾建设，也包括非工程减灾建设。工程类减灾建设主要是提供技术性支持，帮助建设具有抗震功能的民房、厂房等，目前一些发达国家的红十字会具有提供工程性防灾减灾建设的优势。非工程减灾建设主要是指救护知识、紧急避险技能等安全救护培训，旨在提高社会公众的自救互救能力。紧急救援服务包括医疗服务、搜救服务和心理救援服务等。诚然，凭红十字会的一己之力难以建立起庞大又专业的服务网络，迫切需要社会各界的积极参与。

二　组织能力建设

能力建设是红十字事业永恒的主题，这既源于不断加剧的时代挑战，也源于红十字组织内在强烈的忧患意识。中国红十字会不仅是中华人民共和国统一的红十字组织和国际红十字运动的重要成员，也是我国从事人道服务的强大的群团组织，助力于党和政府的群众工作。[1] 枢纽型社会组织、社会团体、群团组织三个概念分层次构成中国红十字会概念的层级化外延。群团是党和政府联系人民群众的桥梁和纽带，群众性是群团组织的根本特性，是群团组织的出发点和落脚点。在隐秘的能量交汇场中，任一资源的流动都是依附于"人"进行的；在人道场域中，所有资源固然也是依附于"群众"流动的。人道服务内容的丰富性和差异性、资源流动的多维多向、供需对接的复杂性决定了红十字人道工作的艰巨性。置于网络社会背景来看红十字会的能力建设，群众连接能力是盘活组织资源、提升整体活力的关键能力，无疑是重中之重。连接能力既是服务输出质量的检验，又将决定今后的资源输入能力，对以连接为使命的枢纽型组织来说，可谓是支点型能力，在很大程度上决定了所在领域的整体生态。

---

[1]　时立荣、常亮：《公共应急体系下中国红十字会组织力建设研究》，《上海行政学院学报》2020年第3期。

按照现代认知方法论的观点,一个组织的"生态竞争力"强弱主要就取决于组织个体的终端式能力和连接能力。相对而言,连接能力具有支配性地位。因为如果没有连接能力,组织个体能力再强,也只是一匹"孤狼"。连接实质上是主体间性的契约关联,通过信息、资源和能量的交互、传递进行合能,连接的两端相互成就、携手共赢。理论上,提升连接能力有两种思路:一是"以面带点"的系统提升论,即通过整体全面的能力升级辐射到连接能力,这是已有文献的主流思路。不论是生命机体角度的研究还是项目运作过程中资源流动研究,对各类影响因素的分析面面俱到,解决方案往往大而全,从组织体制到理念束缚到外部环境改善,无所不包。这种思路背后的逻辑是能力之间彼此相关,组织效能的整体优化固然能让特定能力的提升如虎添翼,可这种小问题升级为大问题,通过大问题辐射到小问题的解决方式看似更积极、诚恳和彻底,但无疑更耗时、更费力,而且在资源有限的时代,这种平铺直叙、缺少优先顺序、层次递进的"眉毛胡子一把抓"的苦劳可能掩盖实质问题,错失发展良机。二是"以点带面"的纵深切入论,直奔主题,聚焦连接能力的构成与塑造,必然也能带动整体效能的提升。背后的逻辑是不同能力之间存在递进、衍生关系,有层次、维度高低之别;组织的资源和精力有限,组织效能整体同步提升很难实现。在组织体制、外部环境短时间难以发生改观的情况下,直接聚焦具体深层能力的塑造往往更有效。因此,下面将沿着第二种思路勾勒出连接能力的圈层递进结构。

(一) 元能力:设计力——场景搭建

世界风云变幻,能否精准解读经济、社会、政治、科技的发展变化,并结合自身的资源条件对建立群众"连接"的整体思路进行科学规划和安排的能力就是元能力。元能力不仅决定了连接的主导模式,也划定连接的层次和维度的起点与发挥空间上限和舞台边界,从根本上界定社会组织连接能力的档次和调性。从内容种类看,一个组织的元能力就是设计力,是与时俱进的宏观架构能力,即解码互联网社会,进而对自身进行编码以适应社会挑战的程序架构。从构成要素看,设计力需要分析与判断、归纳与演绎、联想与想象等基础能力的支撑;从发挥层次看,连接能力这座"大厦"的建设过程中,既需要场景搭建的宏观设计,也需要相匹配的产品和服务的中观设计,还需要提升服务体验的微观设计,三层设计力也就构成了连接能力的三级能力圈。三个层次中,宏观设计力显然是"第一"设计力,因为旨在还原真实服务情景、带来真实体验的场景搭建能力将从根本限定服务项目、文化产品的可能设计空间,也决定了微观体验提升的可能深度。因此,更精确地说,社会组织的元能力是宏观设计力,即场景搭建能力。

生命教育场景化是红十字事业顺势而为的明智选择。促使群众认知提升是红十字人道服务的出发点,自救技能的切实提高与熟练应用才是落脚点。"纸上得来终觉浅,要知此事要躬行",心肺复苏、止血包扎等救护技能如果没有熟练到肌肉记忆,就很难有危急时刻的镇定。差之毫厘、谬以千里,扎实的紧急避险知识和熟练的自救技能才是危急时刻生死存亡的分界线。人道服务具有实操性,优质的人道服务需要在与实践精密适配的特定场景里进行。教育的核心是认知的进阶,只有特定的、细微的场景和情景才能塑造、激活、强化、优化认知的"毛细血管",才能实现认知升级。在别人无感的场景中能有所感知,带来认知差异,实现认知升级。而且在互联网时代,社会组织单纯靠价值观魅力和抽象的理念宣传很难获得群众的广泛关注和高度青睐,没有丰富的场景和多感官的深度体验,传播容易演变为单向的说教、灌输,干瘪、枯燥,缺少吸引力,对年轻人来说更是如此。互联网技术为丰富多元的场景教育提供了技术支撑,互联网技术不仅能还原场景,还能创造、激活新场景,而且还能让各种场景互联,为场景组合提供了无限可能性。实践已经证明,互联网随时可以发生改变世界的奇迹。但在人道服务领域与互联网技术的融合还不够,目前红十字系统的两个App"人人急救"和"红十字报"的用户黏性和活跃度都很低,并未发挥有效连接群众的作用。

与群众建立密切联系,红十字会必须消除群众对红十字事业的"熟悉的陌生"感[1],树立特色鲜明的生命教育形象刻不容缓。场景式生命教

---

[1] 杨方方:《红十字的文化自信》,《中国红十字报》2018年11月16日第3版。

育是强调在不同场合向不同对象提供不同服务内容和方式的"适配"型输出，为广泛和密切地联系群众提供坚实的铺垫。借鉴优秀组织的发展经验，红十字人道服务场景搭建应遵循以下原则。

一是线上与线下相结合，搭建人道服务场景。作为枢纽型组织的实体纽带，红十字人道服务场景应硬件和软件配套、线上与线下呼应。不仅要舍得在实体基建上投入，也应承担起数字新基建的重任。从数字新基建到产业互联网是目前以及未来相当长的时期内我国国家资源以及社会资本重点投入的领域，线上场景搭建显然是数字时代的"新基建"的重要内容。互联网时代线下实体连接空间愈加不可或缺，大型互联网企业也在加速布局线下实体，如小米、京东等，需求刚性低的社会组织无疑更需要线上、线下的无缝对接，即生命体验馆、体验式生命教育中心等线下实体空间和互动性强、用户黏性高的线上 App 均不可或缺。

二是充分依托场景，提供高质、高频的服务。用高频互动获得群众的信任和习惯性依赖，深度融入群众生活，积累组织势能。充分利用线下生命教育体验馆、人道服务体验中心和在线 App 提供救护培训、逃生技能训练等常态、通设服务项目，也可根据地区特色或资源优势提供公益讲座、志愿活动、健康生活、亲子沟通、家庭教育等动态、前沿、专题性服务项目。让实体空间更富可塑性，可进行研讨交流，可进行专题展览、技能切磋等，成为名副其实的生命教育社群中心。线上 App 可以打破线下体验中心的时空局限，在预连接、微连接、即时连接以及资源交互等方面发挥重要作用。

三是兼容并蓄，成为连接所有群众的接口。从全面改善人道服务生态，打造生态优势的角度出发，红十字生命教育体验中心不仅能向各类细分群体提供服务，也应设置与其他社会组织、特别是枢纽型组织的连接通道，成为贯穿人道服务领域的枢纽。在生命教育体验中心，各个细分群体不仅可以找到自己的预设场景，也可连接其他社会组织，特别是其他枢纽型组织。比如台湾同胞可以查询紧急人道需求下的绿色通道，各类残障人士可以体验救护培训专场，甚至连接残障服务系统，查询康复服务或无障碍、通用产品的获取渠道等。

（二）核能力：传播力——固网搭桥

传播是积极的信息输出，自主的连接要约，在很多情况下，传播就是连接的代名词，是最接近连接目标的核心行动。提升传播力可以从两个维度上推进连接：一是拓展连接的广度，搭更多的"桥"，与无力型和有力型群众建立连接，从而无力型群众发展为蓄力型群众，有力型群众发展为助力型群众。二是推动连接走向纵深，强固已连接的群众网络，既包括单一类型内的升级，也包括单一类型成长为复合型，前者如给力型群众成长为助力型再成长为发力型，后者如给力型群众和蓄力型群众合二为一。传播力包括内容传播力和手段传播力，传播手段的辐射面和渗透力很大程度上决定了传播广度，传播内容的价值性与实用性则决定传播深度。

内容为王的时代，传播内容要"给力"。作为第三次分配场域中的重要主体，社会组织的使命进行能量的传递和转移，给力需要与场景适配度高的服务内容来实现，对场景潜能的挖掘利用程度越高，传播内容显然就越给力。内容传播力是设计力的价值转化与实践输出能力，反映了对搭建的场景的开发利用效率，是在审时度势和规划布局等宏观设计基础上汇聚结社、统战能力和共情、沟通能力于"一点"的中观设计能力。这一点即能否把抽象的生命理念与教育内核具象为群众喜闻乐见的服务和文化项目。一是"精于心，简于形"，服务内容上丰富的精神意蕴与实用性、可操作性兼备，服务形式应兼顾具象化、生活化、新颖性和趣味性。比如，人机交互型的救护技能测试，强代入感的智能型生命历程体验和场景式的身体机能障碍体验，如世界知名的"黑暗中的对话"（DID）项目等。[①] 二是丰富服务内容的层次性，提升内容饱和度，可以将公共的高频次免费救护培训设为服务的第一级，将需求量不高、供给难度大的专题性、行业性和特定群体的生命教育培训服务作为第二级服

[①] DID（Dialogue in the Dark）项目由德国海宁克博士创立，至今已扩展至全球超过26个国家及150个城市。该项目以黑暗体验馆为载体，走进体验馆突然"失明"的视健者在盲人的引导带领下，通过漆黑世界中设计独特的公园、游轮、市场、戏院和咖啡馆等场景体验失明人士的世界。

务，这也是对红十字会在更大范围内容发挥枢纽组织能力的重要检验和激发。第三级服务项目应该能承接价值转化，满足群众"给力"的愿望，承接信任和资源的交付，并协助资源分配方案的制定与分配过程的监督等，尽可能为"给力型"群众提供机会和平台，不仅是款物和三献的传递桥梁，也是信息、观点、智力资源的归集接口。

信息爆炸的时代，传播手段要"借力"。在这个酒香也怕巷子深的信息爆炸时代，红十字生命教育在传播方式、手段上应充分借力。一是借助技术和平台，重视"指尖"人道，借力社区基层组织、其他枢纽型组织、大V和红十字群众中超级节点等，通过项目合作、活动嵌入等方式壮大传播力量。二是借力"通感"，综合且灵活地运用文字、图像、音乐、视频等手段，打通视觉、听觉、触觉等感官系统，让传播直抵人心，美妙的旋律、感人的故事、激情的演讲更易引起共鸣，一张图片可能胜过千言万语：2015年一张3岁叙利亚小难民的照片改变了德国不接收难民的政策；联合国因为《饥饿的苏丹》图片改变了对苏丹的政策，希望工程用《大眼睛》图片点燃亿万人的爱心。三是借力"生活感"，无论价值普及还是情感传递都要贴近生活，传播语言上坚持生活式表达，使用接地气、能进入群众心智的通俗语言，特别考虑年轻人偏好的表达方式，年轻人代表未来；传播互动和反馈通畅且及时。

深处创意不断的信息时代，先跑者不一定能赢，关键要看迭代速度快不快。无论是人道服务项目种类还是传播方式，唯有不断迭代，才能将宏观价值和制度理念有机融汇在群众喜闻乐见的新颖服务中，维持住群众的体验兴趣。就像树只有根扎得深，才能长得高，不断迭代的背后也要坚守高匹配度的分类连接原则，这些原则包括但不限于：

——让无力型群众有所靠。给无力型群众实惠，增加服务的吸引力，如参加救护技能与紧急避险能力培训者可获得急救包、应急用品等；红十字会可以充分发挥枢纽型组织的沟通优势，帮助协调其他社会服务、社会救助待遇等。

——让有力型群众有所期。借助学术会议、高端论坛或理论研讨发表观点，传播先进的理念、洞见，让有力型群众慢慢消除对红十字事业的隔阂，从无所期到有所待。

——让给力型群众有所得。资源双向交互下的连接显然比资源单向流动下的连接要牢固，"我参与、我成长、我发展、我快乐"，让给力型群众在享受参与感、成就感的同时，也能从助力红十字事业中有所获得。

——让蓄力型群众有所为。让蓄力型群众获得稳定成长的同时，也应发现蓄力型群众的相对优势并提供相应的发挥空间，增强其生命价值感和意义感。

（三）超能力：融合力——通向纵深

各种组织网络中，韧性最强的组织是去中心化的自组织连接。自组织连接模式意味着社会组织与群众已经实现情感和心灵层面的深层次的连接，群众能够心甘情愿地推荐、裂变、延展，帮助组织牵线搭桥，俨然一个具备超强传播力的超级节点。一旦与群众达到你中有我、我中有你的相融相生状态，社会组织就具备了超能力，能够自我繁衍，不停地自我进化。推动物理连接向情感连接转化的融合力显然就是社会组织梦寐以求的超能力，每个社会组织固然都心向往之，但现实中这种超能力极为稀缺，需要社会组织先把自身修炼为心灵捕手。红十字组织能否与给力型、蓄力型群众融为一体，既取决于精神魅力指数，也受限于具体互动过程中群众的微观体验。

红十字事业在传播人道精神、生命理念的同时，应举起尽可能多的文明"火把"，在服务项目中植入更多精神因子，如现代文明价值、公平正义精神、风险意识等，用智慧、精细的流程设计和多元的要素设计传达先进的人性观、文明观，全面且动态地贯彻人本理念，成为通向性别平等、职业无贵贱、尊重弱者等先进理念认知的接口。

微观体验上，把握每一个微小的主动机会，留意与群众交互、接触的每一个瞬间，尽可能创造高峰体验。高峰体验能够带来抑制不住的分享冲动，让服务对象心甘情愿地成为传播者。而且这种分享不是基于道德优越感，而是基于对服务的深深认同、感动和惊叹，且深信这种分享不仅能造福他人，也能彰显自己的品位，提高自我认同和社会评价。从心理学上说，自我实现就是一系列高峰体验的通感整合和感觉沉淀，高峰体验是自我价值实现感的"分子"颗粒。高峰体验可谓打开群众心灵的密码和钥匙,高峰体验的背后既有难言的"默会"知识和无形智慧,也有技术层面的精心考量。要创造高峰体验,应先锚定关键时刻。整体来看,关键时刻既有预设层面,也有事实层面;将时间维度与主体维度结合,关键时刻分为共性的关键时刻和个性的关键时刻;将时间与空间结合,可分为通用场景下的关键时刻和专用场景下的关键时刻。理论上每个时点都有可能成为关键时刻,不同的服务内容、服务对象和服务形式下可能又有差别,需要深入洞察、慧眼巧辨。① 可委托市场数据调研公司,大规模访谈各类群体,从深度参与的助力型群众,如会员、志愿者、专家顾问筛选出关键时刻,只求"方寸之地显春秋"。用温暖的出其不意,用惊喜的小礼物或一张抓拍的志愿服务照片升华这些时刻,以1厘米的直径打通1万米的深度,直抵人心。

至此,连接的三级能力圈就此形成:设计力是元能力,场景搭建是布局;传播是核能力,纵横推进是扩面;融合力是超能力,是连接层次的升华。作为人道服务领域的枢纽型组织,红十字组织有责任也有能力与各类群众建立广泛、高频且深度的连接。关键在于是否具备改变的魄力,改变总是伴着痛感,但唯有与痛感相伴,才能不断成长,走向卓越。

综上,人的躯体无法永恒,所有生命都是有限的时间与有限的能量的集合体。在风险社会中,生命的有限性和脆弱性愈加明显,生命也就显得更加珍贵,红十字组织加强生命教育正是时代所需。唯有增强保护生命的能力,提高社会的生命至上和生命平等意识,才能为共同富裕提供更坚实的生命保障,最大限度保留共同富裕的主体力量。

---

① "关键时刻"(Moment of truth)理论在商业领域的运用已比较成熟,一般指影响服务对象评价和决策的时刻,旨在建立更深度的连接。对于社会组织与群众的连接思路具有重要的指导意义。

分论二

筑底生活：慈善事业的多重效能与发展路径

以组织化和专业化著称的现代慈善事业是人类社会进入工业社会后，在市场经济体制下发展起来的以社会捐献为基础的民营化、专业化、社会化的救助事业。2004年10月，中共十六届四中全会决议明确提出，要"健全社会保险、社会救助、社会福利和慈善事业相衔接的社会保障体系。"从慈善事业自身的目标追求和现代社会保障体系的变革方向上来看，将现代慈善事业定位为社会保障体系中的有机组成部分具有合理性。慈善事业能有效补充制度化社会保障的不足，促进现代社会保障体系的完善。

（一）作为补充保障的现代慈善事业

在精神内核、慈善动机、行善原则、善款分配等方面，现代慈善事业倡导人道主义和人本价值、自愿原则、利他主义和道德多层次、"陌生人伦理"和感恩文化以及散财的效用观。这些价值观支撑起慈善事业在分配效用上的独特价值，使得慈善事业在理论与实践中均构成为一种独特的社会保障方式。[①]相对于制度化保障，慈善事业柔软、弹性、灵活，其在资源的配置质量和配置效率上具有明显的优势，即乘数效应。具体来说，不仅产生更多的经济福利效应，还能传递关爱、信心和希望等精神力量，提高社会凝聚力和提高社会信任。而慈善事业这种巨大的柔性力量恰恰是坚守需求刚性和保障伦理的结果。社会保障的制度化系统中每个子系统的内在目标、项目设置、保障水平不同，如社会救助旨在满足生存需求，社会保险旨在提供基本保障，社会福利旨在提供较高层次的需求等。具有广阔发展空间的现代慈善事业一端连接社会救助，另一端连接社会福利，能串联起社保各个子系统，使社会保障成为有机衔接的有机整体。慈善事业与社会救助的有效衔接涉及生理性弱势群体和社会性弱势群体的基本生活保障，意义重大。整体上看，慈善帮扶与政府

---

① 郑功成：《现代慈善事业及其在中国的发展》，《学海》2005年第2期。

救助的有效衔接需要规划和明确两点：一是明确各个子系统保障目标，制度化社会保障的政府责任边界，从而勾勒出慈善事业发展的可能空间；二是明确政府与慈善组织之间既是合作者，也是督促者的关系，有些慈善组织对有些救助缺口不应无条件地、永远地补下去，同样，政府也不应对慈善组织过度倾斜与保护。从输出效果看，"衔接"就是"拾遗补缺"，包括弥补与弱势群体的连接缺口和增强连接强度等；"有效"衔接意味着资源分配效率高，比如避免了马太效应和悬崖效应，政府购买服务切实一定程度上矫治志愿失灵等；要做到有效衔接，救助供给过程中双方必须优势互补，各类资源开放共享。

相比社会救助、社会保险较为刚性的设计，慈善事业和社会福利旨在通过提供个性化、专业化服务满足较高层次需求上具有优势，在提高国家的"软实力"方面作用巨大。慈善事业和社会福利的融合发展既是这两项事业的内在要求，也符合国际惯例。但凡慈善事业发达的国家和地区，其政府无不是根据慈善事业的不同发展阶段给予其相应的支持。但凡社会福利水平高的地区，无一不是社会力量非常活跃并充分参与其中的。此外，就我国的社会保障运行现状来说，两者融合发展能弥合制度分割、盘活整个社会保障制度；解决资源分散，提高资源利用效率；避免信息不对称，杜绝保障供给上的"马太效应"和"悬崖效应"等。现代社会保障的框架虽已基本定型，但制度之间缺少有机关联，造成制度分割，表现在制度残缺不全（一部分群体游离在制度保护之外，如流动人口的许多社会保障权益并未有相应的制度安排，老年人福利、残疾人福利亦缺乏相应的政策促进等）和制度统放失当（有着共同需求的社会群体却被不同的制度覆盖，如农民工与失地农民，一些地方被纳入城镇劳动者或者居民的社会保障体系，一些地区建立专门的保障制度，一些地区则设置几种制度分别覆盖这些群体，造成另一种不公平）。整体上，慈善事业和社会福利基本处于封闭运行、资源分散的状态，具体体现在资源缺少流动（如政府公共预算的老年福利拨款通常只拨给公办福利院，民间或社会举办的福利机构即使收养的是应当由政府负责供养的鳏寡孤独人员，也得不到政府拨款资助，公共福利资源只在办公福利事业系统内部使用等）和资源利用低效（实践中在多地公办养老机构和民办养老机构都曾出现床位大量闲置的现象)。

慈善事业与社会福利融合的要义是什么？从起点来看，慈善事业与社会福利的融合是指共同的目标指向和价值追求；从过程来看，融合是指遵守共同的行动纲领和原则路线、技术标准等，实现全方位的合作；从结果来看，融合是彼此促进、共同发展、相互成就。从经济层面看，融合是实现资源最优配置、社会效用最大化的过程；从社会层面看，融合是实现社会化管理、推动公民社会、实现多元化治理的过程；从管理层面看，融合是从大包大揽的统管向善治理念转变的过程；从责任划分的角度看，融合是各个主体责任归位、找到合理角色定位的过程。慈善事业与社会福利如何实现有机融合？基于前面多维度的分析，融合的基础是理念统合，融合的载体是制度弥合，融合的路径是组织合作，融合的手段是资源整合。①

理念统合是两项事业融合发展的前提和基础。理念统合的过程就是两大系统倡导的理念相互渗透、进一步具体化为更富实践指导性纲领的过程。社会福利倡导的是人的全面发展、提升社会整体幸福感的普惠理念。慈善事业和社会福利的融合发展就是认可并践行下列理念：(1) 社保起于生存，止于幸福和尊严；生存是社会保障的起点，让每个人有尊严、幸福地活着是社会保障孜孜以求的目标。(2) 提倡人本价值，社会保障供给应以人的需求为本位，优先解决"燃眉之急"，满足现实的需求，社会保障更多的价值体现在"雪中送炭"。(3) 强调公共服务均等化，即分配结果呈均衡状态，允许分配结果存在差异，但差异应在合理范围内，避免救助过程中"达尔文主义"。(4) 遵循弱者优先的人道主义救助原则。根据人道主义原则，境况最差的群体应该得到优先救助。这既符合福利经济学中罗尔斯函数和纳什函数的分配要义，也与现代慈善事业要求的散财效用观相吻合。效用观和效率原则是催生慈善组织走上专业化道路的根本原因，也将是慈善事业和社会福利事业走向融合的助推器。

制度弥合是在充分认识它们之间的关联和差异基础上通过完善相应

---

① 杨方方：《慈善事业与社会福利的融合之路》，《新华文摘》2014年第10期。

制度，促使慈善事业、社会福利政策有效衔接，以实现二者共同发展、相互促进、相得益彰的效果。从政策衔接的层级和程度上，政策衔接分为内部协调和外部衔接；从政策衔接的状态上，政策衔接分为横向衔接和纵向衔接。内部协调是指各个子系统内部各要素之间和谐一致，不存在互斥和矛盾的充分，且内部各项目和主体之间能保持资源的充分共享和高效的协作机制，并存在不断完善和优化的发展内驱力，强调外部社会效果良性发展和内在精神价值不断强化的综合发展。外部衔接也可称作外部无缝衔接，是指各个子系统之间不存在政策上的空白地带，如保障对象上能实现互补，保障水平能主次递进，不存在保障真空，没有游离于社保制度之外的社会弱势群体，亦不会发生救助上的"马太效应"。基于我国社会福利和慈善事业发展现状，急需要讨论的是外部衔接，具体包括入口机制的衔接、保障水平的衔接、保障形式的衔接、运营环节的衔接等。

慈善事业与社会福利融合的过程是两个运营载体之间加强互动和合作的过程。慈善组织与政府的合作是在社会福利供给过程中进行资源交换、优势互补或运行环节上前后衔接、承上启下的过程。合作可以通过提供各种资源支持、搭建交流和互动平台促成民间组织之间的合作等直接或间接的方式来进行。按照社会福利供给所需要的资源，合作的内容涉及资金、人力、政策等资源；按照供给的稳定性，合作可分为以项目为载体的一次性合作和制度化的合作。可见，从优势互补这一组织互动的正常逻辑和慈善组织拾遗补缺的天然功能出发，慈善组织与政府的互动方式是丰富多样的。从慈善组织的不同类型来看，社会团体与政府更多是在倡导和资源社会动员方面的合作，民办非企业单位与政府更多是"资金提供—服务提供"模式的合作。从资源方面的合作来看，人力资源交流的合作宜采用项目合作模式，资金方面宜建立制度化的经常合作机制，如政府购买服务等。

资源整合是两项事业融合发展的应有之义。当然，整合本身并不是融合，"尽其所能获得"，整合是手段；"倾其所有给予"，与现实需要有机地融合在一起是目的。慈善事业和社会福利事业资源整合的过程是人才互通、信息共享、资金共用的过程。目前我国社会的医疗康复人员、社工人员、慈善项目策划人才、公益传播人才、筹资专员等都是稀缺人才，应建立人才借调和流通机制，使人尽其才，各尽其用，如在灾害救援阶段，可以吸引医疗康复人才加入，这样就可在保全被救援人性命的情况下尽可能降低其残疾程度，进而提高其日后能康复的机会。从技术层面看，慈善事业与社会福利的有机融合需要社会福利供需信息统计技术无缝对接、信息统计全面和充分共享。在慈善和社会福利实践中，弱势群体的信息收集比较费时费力。慈善组织往往扎根基层，在倡导动员和信息收集方面具有优势，在信息完善方面，慈善组织和官方社会福利机构应共同承担。当然，在保证慈善组织共享信息的同时也应建立弱势群体私密信息的保密机制。

（二）与共同富裕、第三次分配紧密相联的现代慈善事业[①]

2019年，党的十九届四中全会首次提出要"重视发现第三次分配作用，发展慈善等社会公益事业"；党的十九届五中全会首次对扎实推动共同富裕做出重大战略部署。《中华人民共和国国民经济和社会发展第十四个五年规划和2035年远景目标纲要》将实现"全体人民共同富裕取得更为明显的实质性进展"列为2035年远景目标，并且明确支持浙江高质量发展建设共同富裕示范区。2021年8月17日，习近平总书记主持中央财经委员会第十次会议时指出："在高质量发展中促进共同富裕，正确处理效率和公平的关系，构建初次分配、再分配、三次分配协调配套的基础性制度安排"，第三次分配被首次纳入基础性制度安排。可以看出，共同富裕与第三次分配、第三次分配与慈善事业已经两两成为高度关联词。中共中央、国务院在《关于支持浙江高质量发展建设共同富裕示范区的意见》中强调"要建立健全回报社会的激励机制，充分发挥第三次分配作用，发展慈善事业，完善有利于慈善组织持续健康发展的体制机制"[②]，明确地把共同富裕、第三次分配和慈善事业串联起来。

[①] 杨方方：《共同富裕背景下的第三次分配与慈善事业》，《社会保障评论》2022年第1期。

[②] 江亚洲、郁建兴：《第三次分配推动共同富裕的作用与机制》，《浙江社会科学》2021年第9期。

相应地，近年来研究慈善事业、第三次分配与共同富裕之间的紧密关联的文献陡升，初步形成了一些共识。需要明确的是，这些"共识"是客观归纳现有文献相对一致的认识、看法或思路，但并不意味着现有的"共识"已是这个领域公认的真理和具有确定性的基础认知。故基于现有文献归纳的"共识"既有可能是共同的远见卓识，也有可能是共同的认知局限。

共识之一：第三次分配的特性和功能。多位学者在第三次分配特性的共识可归纳为：分配目标是优化分配结构；内驱力来自于道德情操、价值观和愿景；终极目标是人们对美好生活的向往及人类生命价值的不断提升；主导机制是社会机制等。大多数文献也谈及第三次分配的功效，都认同以下观点：第三次分配作为收入分配体系的一个子系统，其目标当然就是优化收入分配结构，首要功能当然是推动共同富裕进程；有助于激发共同富裕的内生动力；有助于缓解个体焦虑情绪；促进社会精神文明发展；有助于保持社会的活力和创新力等。这一共识无疑具有基础性和确定性，但还不具有充分性，对第三次分配特点的挖掘尚不够深入。

共识之二：关于第三次分配的界定及其与慈善事业的关系认定。前者是关于覆盖面的广度问题，后者既包含范畴归属性疑问，是前一问题的延伸和细化。现有文献在第三次分配的界定上产生了多个表述版本，邓国胜认为第三次分配是指人们完全出于自愿的、相互之间的捐赠和转移收入，比如对公益事业的捐赠，是出于道德力量的分配；朱健刚认为第三次分配是指向非营利性的一种资源分配方式；等等。可以说，它们之间存在一个共同的局限性，就是"模糊"，如"第三次分配是除初次分配、再分配外，所有不特定主体之间具有互助、共享等特征的资源配置活动"这一界定。[①]与第三次分配的界定相比，专门辨析和讨论慈善事业与第三次分配关系的文献很少，多数情况是把慈善事业直接当成第三次分配在讨论，比如"当前第三次分配面临的问题与挑战主要是在慈善捐

[①] 江亚洲、郁建兴：《第三次分配推动共同富裕的作用与机制》，《浙江社会科学》2021年第9期。

赠规模与结构两个维度的挑战"的论述。①有些文献干脆就把第三次分配界定为慈善事业。比如，有些学者认为第三次分配主要是指在道德、文化、习惯等影响下，社会力量资源通过民间捐赠、慈善事业、志愿活动等方式，进行扶贫济困、关怀弱势群体等；在谈及第三次分配的主体时，只有"第三次分配的主体——公益慈善机构"这样的表述。②除了模糊第三次分配与慈善事业之间的关系，还在模糊慈善、公益、人道等概念的区别。

共识之三：第三次分配推动共同富裕的具体路径。现有文献隐含和透露出一些颇为局限的共识：一是在推进共同富裕过程中，每个分配层次是板块分割的，第三次分配的作用和参与方式与其他分配层次没有嵌入式交融、没有丝毫"你中有我、我中有你"的交叉。如江亚洲、郁建兴提出的第三次分配推动共同富裕的路径包括发展慈善捐赠、社会企业、志愿服务和文化艺术等；运用第三次分配推动共同富裕，需要拓展第三次分配的体量和范围，建立健全第三次分配回报社会的激励机制，探索完善第三次分配推动共同富裕的创新机制等。二是慈善事业被放大到几乎等同于第三次分配的阶段，但思路还是慈善事业作为再分配系统的一个项目的阶段，提出的路径很难支撑慈善事业担负的更高使命。比如，白光昭提出的路径包括弘扬中华传统文化中的慈善精神、创造适合公益慈善事业发展的良好环境、营造人人参与公益的慈善氛围、强化公益慈善组织的专业化建设和公信力建设等。③邓国胜认为当前第三次分配面临的问题与挑战主要是在慈善捐赠规模与结构两个维度，提出的路径是激发社会力量捐赠热情，提高慈善捐赠规模；培育慈善文化、普及慈善教育，提高个人捐赠比例。

由于第三次分配尚处于起步阶段，研究内容和研究结论趋同现象多于分化现象，分歧点还不多，主要集中在"第三次分配研究的开展思路"和"共同富裕推进过程中，第三次分配是补充性作用还是引领性作用"

---

① 邓国胜：《第三次分配的价值与政策选择》，《人民论坛》2021年第24期。
② 白光昭：《第三次分配：背景、内涵及治理路径》，《中国行政管理》2020年第12期。
③ 白光昭：《第三次分配：背景、内涵及治理路径》，《中国行政管理》2020年第12期。

两方面。当然，可以预见，随着第三次分配文献量的增多，有些共识很可能分化、演变或衍生出更多"分歧"。

分歧一：第三次分配研究的开展应强调"新"还是"广"？一类观点是放大第三次分配的"新"，认为第三次分配研究属完全的开创性研究领域，强调第三次分配研究与传统经济学的脱离，即研究上的纵向断裂。王名等学者详细列举了第三次分配扬弃传统经济学和政治学的具体表现：经济学的基本问题是在资源稀缺前提下资源的有效配置问题，第三次分配既不以资源稀缺为前提，也不着眼资源配置问题；经济学以市场为基础、以政府为桥梁，第三次分配则脱离市场超越国家；经济学注重效率，政治学强调公平，第三次分配则既不苛求效率优先也不局限公平正义；经济学以经济人假设推演财富，第三次分配则公然申明"非营利性"以颠覆经济人假设。[1]另一类观点是放大第三次分配的"广"，强调第三次分配研究的多学科融合，即研究上的横向交叉。比如，刘文认为第三次分配绝不是一个单纯的经济学范畴，其所力图呈现的是新的理念及其基础之上生成的行动体系。第三次分配也不是简单的慈善捐赠，而是涉及对慈善理念本身以及由其所制成的全方位社会行动过程的深入挖掘和阐发。[2]杨方方系统归纳了西方慈善经济学的研究进展，大量的文献梳理充分显示了慈善经济学研究仍然依托于传统经济学的假设和方法基础，而且还融入了心理学、社会学等不同学科的概念和方法。慈善经济学的成熟需要得到多视角、多学科研究的支持。[3]虽然王名等学者也指出"第三次分配研究对象错综复杂，研究领域跨度极大，需要跨学科和前沿性视角支持"，但这里的"跨学科支持"更多强调"不同学科各显其能"而非"经济学领衔的横向融合"。

分歧二：共同富裕推进过程中，第三次分配是补充性作用还是引领性作用？相对而言，持有"补充性"作用观点的学者更多，他们认为第三次分配是对初次分配和再分配的有益补充，强调第三次分配只是在前

---

[1] 王名等：《第三次分配：理论、实践与政策建议》，《中国行政管理》2020年第3期。
[2] 刘文：《论第三次分配的本质——基于他在性视角的阐发》，《山东工商学院学报》2021年第1期。
[3] 杨方方：《慈善经济学研究进展》，《经济学动态》2014年第6期。

两次分配中留下的空白领域发挥补充作用。持有"引领性作用"观点的代表学者当属刘文，他认为点缀的、包含传统道德、宗教文化等因素的慈善活动难以对抗风险社会的不确定性。第三次分配正是在区域性风险和全球风险充分交织、人类作为命运共同体不言而喻的时代情境中生成的探索和实践，其蕴含和指向的乃是社会总体运行方式的演进，是对近代以来人类社会存在和发展方式的反思和超越。①王名等学者似乎对这两种观点都持反对态度，一方面，他们认为第三次分配自视过高，试图在解决社会问题过程中涵盖一切、包揽全过程，这是一种错配；另一方面，他们在《第三次分配：理论、实践与政策建议》一文中贡献的一段高引用率的阐述成了"引导性作用"的重要支撑："要用超越经济学的社会理性、人文理性和价值理性来面对第三次分配，要站在比资源配置和财富分配更高的维度上来探寻第三次分配。"虽然在认知层面，第三次分配作为一个独立分配机制和成分存在，但在实践中，三个分配层次并非泾渭分明的封闭区域，三个分配层次之间很难完全割裂。②

已有的第三次分配研究文献不仅形成一些共识，产生了一些分歧，同时也催化了更多的疑问，这些疑问是推动第三次分配后续研究的动力源。

疑问之一：基础问题不清晰的情况下能提出建设性的建议吗？基础问题包括：第三次分配的核心要素究竟是什么？具体构成是什么？第三次分配的资源配置过程，等等。显然，关于第三次分配在共同富裕中的整体作用与作用方式的讨论还在起步阶段。缺少坚实的基础分析，提出的第三次分配推进共同富裕的具体路径不仅空泛、表层且有循环论证之嫌。比如，有的文献中将"探索完善第三次分配推动共同富裕的创新机制"作为推进共同富裕路径。

疑问之二：资源筹集环节能代表一个完整的分配流程吗？第三次分配的资源转移流程是怎样的？多篇文献都有"慈善捐赠是第三次分配"

---

① 刘文：《论第三次分配的本质——基于他在性视角的阐发》，《山东工商学院学报》2021年第1期。
② 王名等：《第三次分配：理论、实践与政策建议》，《中国行政管理》2020年第3期。

或者其他相似、近似的表达，可以说，无一例外地把慈善捐赠看作第三次分配的重要内容和主要形式。但无论从字面含义，还是从宏观层面考察所有收入分配实践活动，资源筹集环节都不能与"分配"画等号，而捐赠作为一种资源筹集方式，只能算作分配的前提或分配的一个环节。

疑问之三：慈善、公益、人道之间的区别？它们之间可否相互替代？第三次分配与慈善、与公益事业、与公益慈善存在怎样的关系？现有研究不仅不符合实践规律，也不符合语言规律。回避慈善、公益、公益慈善、慈善公益等词的细微区别，混淆第三次分配与慈善事业；混淆慈善、公益、慈善公益、公益慈善，这种模糊化、随性、弹性的表达倾向混淆视听，容易勘探偏误，导致关于第三次分配的研究在表层停留太久。另外，收入分配活动能囊括人类社会中影响人的物质和精神获得的感受的一切活动吗？"共享经济""文化艺术"固然有一定的公益性，但只要具有公益属性就属于第三次分配吗？从实践层面来说，"分配"是有边界的，分配活动不可能覆盖所有社会活动。

疑问之四：第三次分配与其他分配层次的共性是什么？正因为与其他两个分配层次存在差别，"第三次分配"才得以存在，具有不可替代的独特价值是第三次分配存在的前提。在没有掌握共性的前提下得出的特性有可能是在反复强调其存在的必要性，很难充分挖掘出深度的、具有实践指导意义的特性。挖掘三种分配机制之间的共同特征、互动方式对共同富裕目标的推进可能更具指导意义。

疑问之五：三个分配层次的作用具有可比性吗？既然三个分配层次之间不可替代、彼此依存，就意味着彼此之间的作用性质不同，那么作用大小也就无从比较，更不要说谁居于引领地位了。毕竟不同分配层次起动的动力源、分配过程的开放弹性和分配结果传达出的精神理念均不同，背后是不同主体不同的道德层次及不同程度的道德自觉。即使在一个分配层次内部，也存在不同道德层次的参与主体与参与方式，比如慈善事业中慈善道德的多层次化。[①]对于社会发展的终极目标来说，收入分配体系充当的是"工具"和"手段"。当某一分配层次引领其他分配层次

---

① 郑功成等：《中华慈善事业》，广东经济出版社1999年版，第243页。

时，就意味着被引领的"手段"失去了手段的意义，照此下去，多元手段终将被简化为单一手段。试问，在实现共同富裕的征途中，收入分配手段是越多越好还是越少越好？在未来相当长的历史时期内，道德多层次化无疑都是人类社会道德分布的整体形态。如果只存在单一的收入分配层次，居于其他道德层次、具有能动性的主体将如何参与？

基于这些疑问，很有必要将第三次分配根植于迈向共同富裕的进程之中，从第三次分配的高阶维度切入，通过逻辑归纳和演绎解答第三次分配一些基础性问题，同时厘清慈善事业与第三次分配的关系。

价值担当：第三次分配中的慈善事业[*]

不论是从国家战略层面，还是从研究文献层面看，以社会自主运作著称的慈善事业与第三次分配成了关联度最高的系统，似乎做大慈善捐赠就是第三次分配最重要的任务。其实，在第三次分配的发展疆域中不仅有依靠"捐赠"的筹资手段的传统慈善，也有成立之初就摆脱"筹资困境"、靠保值增值实现可持续运营的现代基金会等组织型慈善，还有融合创意、追求多重效应的公益创投，以及瞄准社会痛点、"一石多鸟"的社会企业、共益企业等企业型慈善。除了慈善事业，第三次分配还包括以红十字运动为代表的人道事业、以整合社会闲散资金用于"扶贫济困"的福利彩票事业等。其实，第三次分配是一个社会力量自主调动各种智力、财力、人力等资源，充分发挥能动性，提升社会资源分配状态的多元、立体、多层次、动态的有机生态圈。在这个生态圈里，资源的种类和转移方式的能动性都有多个层次，参与方式也多种多样，每个人可自在地参与其中。

一 作为机制和场域的第三次分配

"收入分配"是个多维度的概念，每个分配层次都至少有三个维度：实践维度、机制维度和场域维度。站在不同的维度往往给出不同的概念表述，明确立足的维度是准确界定的前提。第三次分配不仅是实践活动

---

[*] 杨方方：《共同富裕背景下的第三次分配与慈善事业》，《社会保障评论》2022年第1期。

的归纳概括,不仅代表着社会力量主导的资源分配以及直接引起主体之间资源占有量变化的资源分配活动,还代表这些活动背后的行为逻辑和这些行为逻辑发生作用的空间、场合和领域。实践活动是"看得见"的存在,后面则是看不见的"抽象存在",前者是后者的输出和外化。在抽象的世界里,它既对应着特定的资源分配思路和资源分配方式,也表示奉行这种分配方式的场合与领域。作为整个收入分配体系的三种机制之一,第三次分配是一种区别于初次分配、再分配的相对独立"成分";作为一个活动"场域",各方主体在这里进行信息传递和资源交互,类似一个隐性的"容器"。实践维度是机制维度在生活世界中的"投影",场域维度是实践维度和机制维度在认知世界中的"投影"。"看不见的维度"处于高阶维度,站在高维视角,才能更接近事物的本质。

(一)"机制—场域"维度下的三个分配层次

理论上,"第三次分配"得以存在,正是因为与初次分配、再分配存在区别,对"差别"的共识是"第三次分配"存在的前提。可以说,包括第三次分配在内的每个分配层次都有自身不可替代的独特价值。在实践中许多问题的解决都需要多种分配层次的共同作用,不同分配层次的优势特点不同,作用主体、作用广度和作用深度都有差别,比如政府角色和责任份额是不同的,财政补贴力度、制度引导、培育效力亦有差别。从场域的意义看,三层分配场域之间存在不少交集。不同层次的分配场域其实无非是处于主导地位的分配机制不同、三种分配成分的搭配比例不同而已。可以说,每个分配场域都是整个收入分配体系在这一层域的投射,任何两个分配层次之间均存在交集。认识和看清三层场域的交集和三种机制的联结是厘清第三次分配诸多问题的基石。为了全面地展现三个分配层次之间的内在关联,现将分配的两个维度和三个层次两两组合,具体如表1所示。

表1　　　　　　"机制—场域"维度下的三个分配层次①

机制（成分） 场域（平台）	初次分配	再分配	第三次分配
初次分配	用人单位向劳动者支付的劳动报酬	职业年金、企业年金、补充医疗保险等补充社会保障	企业内部的社会责任部门、与企业运行关联的基金会、民办非企业单位等
再分配	再就业促进下的公益岗位补贴；福利性质的残障人士就业所得	政府主导的社会救助、社会保险、社会福利等社会保障支出	政府购买服务（政府提供资金—社会组织提供服务）、民办公助、政府补贴等
第三次分配	社会组织向专职从业人员支付的报酬；授人以"池塘"，社会企业、共益企业的工资支出等	拾遗补缺，促进社保制度完善；服务示范，引领制度建立	其他"授人以鱼、授人以渔"活动：满足个性化、临时性的基本生活和技能需要的慈善活动；满足较高层次生活保障需要的人道公益活动

（二）作为场域的第三次分配

既然第三次分配是收入分配体系的一个新兴力量，想要透彻解释"第三次分配"必然离不开与初次分配和再分配的比较。

初次分配：收入分配调节的压力和动力之源。在我国，无论作为机制还是作为场域，初次分配的实践最为久远和广泛。一方面，由市场主导的初次分配领域是社会财富创造的主力军，固然也是社会财富分配、实现共同富裕的"核心力量"。另一方面，它也是压力之源，在初次分配领域，合理公正的差距反而能激发劳动者的奋进，但不合理、不公正的收入不平等是现代社会、工业社会的"毒瘤"，是收入分配体系致力于解决的难题。初次分配的不公平、不公正不仅降低人力资源的配置效率，使社会的人力资本存量在劳动过程中难以充分转化，还可能带来阶层矛

---

① 杨方方：《共同富裕背景下的第三次分配与慈善事业》，《社会保障评论》2022年第1期。

盾和社会隐患，加重个体的无助感和焦虑感，从而影响人生诸多选择。当企业的社会责任意识在提升，初次分配场域中再分配和第三次分配的成分在逐渐增多，"商业向善"的力量也将促使其自我审视与内在"恶"的自我消解。从这层意义上说，初次分配场域中包含的成分越多，初次分配就越公平，就能越发靠近经济价值和社会价值的平衡状态。同时，当富含创新、务实和效率的市场机制加入其他两个分配场域时，必能提升它们的主观能动性。

再分配：收入分配调节中的坚守与兼容。政府主导的以促进社会公平为导向、以刚性制度为载体、以行政强制力为手段的再分配系统能从根本上影响整个社会的教育观、职业观、成功观，像风筝线一样牵引着每个个体的人生方向。从这层意义上说，再分配是实现共同富裕的"根基"，是调节初次分配收入差距的"脊梁"。完善的再分配能从整体和根本上减轻社会成员的内卷程度和焦虑感，提高社会的人力资源配置效率和人力资本价值开放的程度。作为收入分配体系的中间层，再分配系统应该上下兼容，就业导向在国际上已成多个社保项目的发展取向，如失业保险、社会救助、女性生育福利等；下可兼容慈善事业。从国际实践来看，再分配机制与其他两个机制建立有效衔接颇具挑战。如何做到提供全面保障的同时，既能避免陷入贫困陷阱，又能激发受保者上进的热情；如何做到给予第三次分配支持的同时又能保证第三次分配的自主，这些问题考验着政策设计者的智慧。

第三次分配：在收入分配调节中既被动又主动。第三次分配可以整合、盘活全社会零散的资源力量，是推进共同富裕中比较灵动的力量。通过整合和盘活社会中各种闲散资源和能动性力量以最大限度地改善收入分配结构，但第三次分配系统的蓬勃发展也有赖于市场因素的注入和政府力量的加持。第三次分配并不完全是被动的接受者，也具有很强的市场能动性和制度引导能力。在"拾遗补缺"的同时，也在通过不断地开拓创新，积极地与初次分配系统和再分配系统进行互动合作，用一种柔软、弹性的方式助力其他分配层次。毕竟，就业是最根本的民生保障，积极参与社会建设的个体才最有可能获得多层次的"富裕"；再分配制度是实现共同富裕的根基保障，能带给社会成员最牢固的安全感。

（三）作为机制的第三次分配

作为收入分配体系的子系统，第三次分配与初次分配、再分配肯定具有"收入分配"的共性。因此，探讨第三次分配机制，有必要先回到"分配"的本义，即"分配"共性。

"分配"的共性之一：分配是"资源筹集—管理—配置"的循环。"分配"具有狭义和广义之分，第三次分配是社会力量主导的资源流转中的一个环节或整个资源流转过程。在实践中，在资源动员环节与潜在捐献者的沟通互动、信息披露和唤起情感共鸣的需要以及对捐赠者意愿的尊重，使得第三次分配中的资源分配与筹集环节具有天然的内在同一性和高黏合度，鉴于此，宜采用广义的"分配"概念，即单向链条上资源流转结束，一个资源分配的动态过程才算完成。从这个意义上说，慈善捐赠只是第三次分配中的资源筹集环节，是第三次分配机制发挥作用的前提和基础，但其并不构成完整的第三次分配行为。

"分配"的共性之二：待分配的资源有限且既定。无论哪个分配层次的待分配资源均有限且既定。理论上、广义上第三次分配的待筹集的"潜在"资源是无限的，但在特定活动中的待分配资源则是既定的。在第三次分配的一个具体行动个案中，分配对象之间是总量既定下的分配的结构性调节，是相对量的变化，存在此消彼长的关系。据此看一下纯共享经济和公益艺术等事业，虽然可能有较强的溢出效应，也能提高公共福祉，但如果缺少进一步的群体类型细分、没有针对性和倾向性地对一些群体的扶持和鼓励，中老年人等生理性弱势群体可能很难充分享受到这种看似普惠的福利，这种分配差距与初次分配场域中的差距相似，难以称得上"第三次分配"。

"分配"的共性之三：资源具有精神属性，但需以物质资源为载体。精神资源是"看不见"的资源，它以物质资源为依附载体。精神属性并非第三次分配所独有，而是三个分配层次的共性，当然传达的内容各有侧重。初次分配传达的更多是励志性的自立自强、"一分耕耘一分收获"、自我成就、追逐梦想等，意蕴是"你可以飞得很高"；再分配资源的精神属性在于政治文明和制度文明，可以传达出社会认同、公平正义等，给个人带来深层安全感，意蕴是"飞累了你可以歇一歇"；第三次分配包含的精神属性更丰富、多层，既可以兜底，为每个被竞争淘汰的个体建立安全屏障，意蕴是"你永远不会被社会抛弃，请永远保持希望"，也可以让他（她）相信"你远比想象中坚强"，助推其成长为"有爱有力"的强者。

"分配"的共性之四：分配过程受限于关系属性。资源流转的背后是人与人之间的联系互动，起点和终点都是人。现代社会是一个契约社会，收入分配关系其实是契约关系，无论在收入分配领域的哪个分配层次，分配活动的前提是契约关系的构建，契约履行的过程就是资源分配的过程。契约关系类型很大程度上决定了资源分配中的主导性、话语权和参与方式，不同层次的分配契约有着不同的闭合度和复杂性。

特性之一：复合的主体关系。再分配中主体关系最不对等，具有最低限度的开放性，初次分配次之，第三次分配中的契约关系最多样，也最具弹性。第三次分配中的主体关系最为复杂，复杂程度与参与主体多少和运作模式有关。例如，在资源筹集环节，就有"捐助者—受助者"两类主体参与的直接捐助模式，也有"捐助者—慈善组织—受助者""政府—慈善组织—受助者"等三类主体参与的间接捐助模式，再结合捐赠是否包含定向捐赠等因素，就可能衍生出多种资源分配流程，就形成了比较复杂的主体互动图景：不同主体整体上串联；每个节点都可能有几个分支；两个节点之间可能存在几条主体互动线并联。在"发端于感性、输出以理性"的第三次分配中，参与主体之间是"主体间性"的。主体间性是指在意义层面、价值判断或情景认知上两个或更多主体共享的主观状态。思维模式从传统的主客相分、二元对立的主体性模式升级到主体间交融的主体间性模式的背后是社会资源转移的"利他性理念"向"他在性"理念的转变。[1]

特性之二：按"供需匹配"分配原则。初次分配是按劳（贡献）分配的效率原则进行财富分配，遵循市场运行机制；再分配是政府依据按

---

[1] 刘文：《论第三次分配的本质——基于他在性视角的阐发》，《山东工商学院学报》2021年第1期。

法（制度）分配的公平原则对初次分配进行调节，遵循行政运行机制；第三次分配"主体间性"的特点决定了资源分配既不能由供给主导，也不能将受助者的需要凌驾于帮助者的捐助意愿之上，而是在"需要主导"的思路下按供需匹配原则进行。供需匹配原则意味着资源分配要同时兼顾供方的意向和需方的需要，"兼顾"不是满意度的平衡和折中，而是在信息对称的支持下，在浩如烟海的供方与需方之间进行精准配对。

特性之三：遵循"弱者优先"的分配伦理。"伦理"是资源分配的优先顺序。在初次分配中，资源是按劳分配，个人的能力、贡献、主观能动性发挥着重要的作用；在再分配体系中，风险的社会性程度越高，资源分配越优先；第三次分配的资源配置环节遵循的是"弱者优先"的捐助伦理，即优先帮助最弱势的人，"雪中送炭"先于"锦上添花"。

特性之四：分配过程的不确定性。相对于初次分配、再分配，第三次分配中的分配内容、分配方式、分配数量等都具有很强的弹性和不确定性。弹性和不确定性要素组合在一起可综合作用为不确定性的核心优势——可扩展性。第三次分配的过程与现代社会风险的形成过程都是非线性的，第三次分配的"不确定的效益"与现代社会"不确定的风险"正好形成对冲。

二 第三次分配：以慈善为轴的公益人道事业

在文献梳理过程中发现，相比于第三次分配的界定，专门辨析和讨论慈善事业与第三次分配关系的文献很少，多数情况是把慈善事业直接当成第三次分配在讨论，比如"当前第三次分配面临的问题与挑战主要是在慈善捐赠规模与结构两个维度的挑战"的论述。[1] 有些文献干脆就把第三次分配界定为慈善事业。比如，有些学者认为，第三次分配主要是指在道德、文化、习惯等影响下，社会力量资源通过民间捐赠、慈善事业、志愿活动等方式，进行扶贫济困、关怀弱势群体等；在谈及第三次

---

[1] 邓国胜：《第三次分配的价值与政策选择》，《人民论坛》2021年第24期。

分配的主体时，只有"第三次分配的主体——公益慈善机构"这样的表述。① 除了模糊第三次分配与慈善事业之间的关系，还在模糊慈善、公益、人道等概念的区别，如有学者对慈善这样界定："慈善是以捐赠财产或者提供服务等方式开展的公益活动，是第三次分配的主要形式。"②

进一步查阅，发现与慈善、慈善事业相近的概念及表述方式着实不少，既有慈善、公益和人道，也有慈善公益事业、公益慈善事业、人道慈善事业、人道公益事业等，三个词的所有排列组合式表述都能在文献中找到。2021 年 12 月 20 日笔者分别输入上述组合在知网搜索发现，篇名中精确包含"慈善事业"的中文文献有 1480 篇；精确包含"公益事业"的有 1076 篇；精确包含"公益慈善"的有 614 篇；精确包含"慈善公益"的有 219 篇；精确包含"人道公益"的有 2 篇；精确包含"人道主义事业"的有 7 篇。其中相当一部分文献是在对这些表述没有界定、说明的情况下开展论述的；有时两三种表述方式在一篇文献中交替出现、相互替代。这种研究现象不符合语言规律，也不符合实践规律。回避慈善、公益、公益慈善、慈善公益等词的细微区别，混淆第三次分配与慈善事业，混淆慈善、公益、慈善公益、公益慈善，这种模糊化、随性、弹性的表达倾向混淆视听，容易勘探偏误，难以将第三次分配研究推向深入，第三次分配的实践推进也必然被波及。因此，厘清这些相近表述之间的微妙区别既是考察慈善事业与第三次分配关系的重要突破口，也是深入探讨慈善事业未来发展的基石。

（一）"目的—手段"维度下慈善与公益的组合辨析

"慈善、公益、人道"三个词语的区别。从"慈善"的文本意义和悠久的实践来看，"慈善"所指的是人与人之间的情感表达和基于友爱情感直接满足受助者需要的助人行为，而且往往是急迫、紧急的生活需要。公益则泛指所有提升公共福利水平的行为活动，可以说，除了市场经济主体纯粹追求经济效益的活动和政府实施的由行政强制力作为保障机制

---

① 白光昭：《第三次分配：背景、内涵及治理路径》，《中国行政管理》2020 年第 12 期。
② 邓国胜：《第三次分配的价值与政策选择》，《人民论坛》2021 年第 24 期。

的活动之外的所有行动,都属于公益的范畴。慈善强调人与人的直接互动,公益则还包括人与自然、人与动物、环境与艺术等与人的生活需求有关但作用方式较为间接的领域。慈善必然是公益的,但公益并不一定是慈善的。"人道"是三个词中存在感相对弱的,在研究文献和媒体报道中出现的频率也最低。相对于慈善、公益,"人道"的精神属性更强,更多地指代一种主义、一种信仰,一种将尊重、敬畏和保护人的生命、健康、尊严作为信念的精神信仰。在行动层面,人道的首要任务是保护生命,在生命得以保全的情况下最大限度地保护健康是人道的不二选择,不断地改善和维护尊严是人道孜孜不懈的追求。[①] 简言之,人道就是围绕人开展的、直接满足人的需要的多层次的帮扶行动。人道事业的资源筹集渠道是最广的,筹集方式是开放性的,在包括我国在内的很多国家的人道资源供给、运作参与中政府都算是主力,无论是关注对象、关注内容,还是筹资手段,慈善与人道都是包含与被包含的关系,人道事业明显要大得多,人道事业的参与主体更为多元,行为推进具有双向性,既包括上到下,也包括下至上;慈善则是通过唤起社会公众的爱心、接受捐赠来筹集资源的人道事业,行动推进是从下至上,社会力量是行动推进的绝对主力。

(二) 四种组合的区分

根据构词法和逻辑归纳法,"慈善"与"公益"两个名词之间有两种组合模式。

同质类组合模式,如"目的—目的""范畴—范畴"组合。这种情况下应以更具限定性的、更小的目的和范畴为准,即取两项事物的交集。在同质类组合模式下,"慈善公益事业"和"公益慈善事业"这两种表述可简化为"慈善事业"。

二分法组合模式,即"手段—目的"组合,一般来讲,"手段"在前,"目的"在后。随着近些年西方社会新公共管理运动的兴起以及慈善事业组织化、规模化的程度越来越高,慈善的资源筹集功能越发强大而

[①] 杨方方:《红十字会文化特征探析》,《中国红十字报》2017年11月2日第3版。

经常与公益捆绑出现,被表述为"慈善公益"。在这种"手段—目的"组合中,慈善沦为公益的修饰限定词,其作为筹资手段的工具属性被强化,但慈善内在追求的以弱者优先原则为基础的资源再分配导向则湮没在更宏大、广博的公共福祉提升过程中不知去向。

作为手段的"慈善"包含两层意思:社会捐赠是主要的资源筹集方式和社会力量运营是主要的资源管理和配置方式;作为目标的"慈善事业"是社会力量主导的、直接满足社会个体基本生活需要和提升参与建设能力的社会互助事业。"慈善"面对的已经实际发生的显性化风险,具有衍生性,化解需求紧迫,供给内容呈现出基本保障性,捐助对象具体,捐助方式直接。至此,可归纳出,慈善、公益、人道这三个词的大小关系如下:目的、范畴层面,公益>人道>慈善;手段、方法层面:人道>公益>慈善。

从精神属性上看,现代慈善价值观是人道精神和公益理念的最大公约数,现代慈善事业是公益事业中最贴近民生、贴近弱者,是最接地气、最能彰显人性之美好的一部分。"慈善"是人道中最需要"雪中送炭"、最具有优先供给刚性和供给方式弹性的一部分,是人道力量彰显的"第一舞台"。在清楚慈善、公益、人道三个词的本义以及目标、手段层面的意蕴所指的基础上,将处于胶着状态的几种表述归类如下,具体如表2所示。

表2　　　　　　　"慈善—公益"的四种组合[①]

作为目的 \ 作为手段	慈善 (筹资方式以社会捐献为主)	公益 (商业投资以外的多种筹资方式)
慈善 (满足具体对象的基本生活需要)	慈善事业 ——以社会捐赠为主,由社会力量运作主导,满足基本生活需要	公益慈善事业 ——多种筹资和运营方式并行,满足基本需要

[①] 杨方方:《共同富裕背景下的第三次分配与慈善事业》,《社会保障评论》2022年第1期。

续表

作为目的 \ 作为手段	慈善 （筹资方式以社会捐献为主）	公益 （商业投资以外的多种筹资方式）
公益 （提升社会公共福利水平）	慈善公益事业 ——以社会捐赠为主，由社会力量运作主导，来提高社会公共福利水平	公益事业 ——多种筹资和运营方式并行，提高社会公共福利水平

结合表2的内容进行以下简要分析：

首先，按照四种组合在运行中形成的场域，按从大到小的顺序排列，结果是："公益事业 > 公益慈善事业 > 慈善事业"，为什么"慈善公益事业"没有进入这个序列呢？因为与中间项"公益慈善事业"缺少可以比较的支点，当然可为它单列一个排序："公益事业 > 慈善公益事业 > 慈善事业"。其次，按照前面对"分配"的特征分析，"慈善公益"和"公益事业"并不一定完全从属于第三次分配，更不要说"共享经济"了。因为第三次分配应该是主体间性的，是直接进行人与人之间的资源对接。再次，既然"公益事业"和"慈善公益事业"均含有非第三次分配的内容，而"慈善事业"又难以覆盖"非捐赠的资源筹集方式"和"满足较高层次生活需要"为主要目的的第三次分配项目，"公益慈善事业"也是同理，都难与"第三次分配"匹配。如果结合第三部分中分析的分配共性和第三次分配的特性，并严格遵循"手段—目的"的结构构建的话，那么这个近乎可以替代第三次分配的组合式表述应为"公益人道事业"，即围绕人展开的、直接满足人的需要的公益事业。

在公益人道事业中，慈善事业的民间自主性最强、社会力量主导程度最高。作为社会安全网的最后一层，慈善事业聚焦的是最基本的生活需要，托住的是最无助的不幸个体，总是能调动最广泛、最具共鸣的情感。与其他两个分配层次相比，第三次分配强调价值导向、情感调动、道德提升，因此，虽然有多种筹资手段在第三次分配中并行不悖，但爱心捐献是其当之无愧的价值担当和"干流"；在第三次分配的多个参与主体中，社会力量是主导者，其他主体则是助手、辅助者。可以说，刚柔并济、兼具人道和公益特性的慈善事业在聚焦社会痛点、倡导社会力量联结的第三次分配中是绝对的"价值担当"和实力担当。

三 第三次分配视域下慈善事业的发展疆域

现代慈善事业的受助者可分为三类：第一类是有劳动能力且处于劳动年龄区间但没有实现再就业的、生活困难的社会性弱势群体，包括低保人员及没有任何社保项目覆盖的人员，即在劳动力市场竞争中被淘汰和再分配权益难以保障生活基本需要的失业人员及家属，结合再分配权益享受情况，又可细分为享受中、享受期满或无资格享受这三种情况。第二类是游离在再分配制度之外的生理性弱势群体，具体有两种情况：一是风险类型属于再分配系统的化解范围，有些群体虽然存在此类风险但却没有被制度覆盖到，如未婚妈妈就无法享受生育保险等；二是风险具有一定的普遍性，需求群体也有一定规模，但此类风险尚不属于再分配系统的化解范围，如有些罕见病群体的医疗需求等。第三类是遭遇突发情况、需要救助的临时性弱势群体和有着个性化的多层次需求供给缺口的相对的发展性弱势群体。

在共同富裕背景下，作为第三次分配系统的核心力量，"慈善事业"在不断开拓、创新，不断丰富供给内容和供给形式的同时，应更加积极主动，从需求背后的风险本源出发，致力于解决社会痛点，在满足特定受助者当前需求的基础上探究更为彻底、根本和持续的解决方案，同时与其他分配层次建立连接，进而实现收入分配结果的系统优化。至此，结合上述三类帮助对象就可以构建现代慈善事业的发展疆域。按照这个思路，可以用高度、深度和广度构建出慈善事业发展的三维疆域：发展高度——供给层次不断升级；发展深度——供给效果不断升级；发展广度——供给内容的及时更新。可以说，现代慈善事业的发展高度、深度和广度决定了第三次分配系统的发展高度、深度和广度，又进而决定了第三次分配在收入分配体系中的可为空间和作用程度。

（一）发展高度：助力第一类受助者回归初次分配系统

从转移资源的能动性程度来看，第三次分配包括三个层次：从授人以鱼到授人以鱼不如授人以渔再到授人以池塘，从财物转移到技能提高再到提供发展平台、施展技能的舞台。俗语说，人穷"志"短，物质上的"弱势"是表象，精神、心理、动力上的"弱"才是实质；精神动力、生命价值感又是自身的内在禀赋与外部环境（家庭、学校、社会）长期交互的结果。物质资源的平均差补齐不难，精神力量的平均差补齐不易，如果受助者经过在"池塘"里一段时间的持续技能输出和收获肯定以及劳动报酬的自力更生阶段，获得社会认同和自我认同，在内在的动力机制下就会产生出更高的目标，自然进入"海阔凭鱼跃，天高任鸟飞"的自主发展阶段。

（二）发展深度：推动第二类受助者再分配制度的完善

第三次分配的道德意蕴和发展弹性似乎决定了再分配所有的"漏洞"都可以弥补。作为广义的现代社会保障制度的一部分，为制度化社会保障部分拾遗补缺，也是现代慈善事业的重要内容。但这并不意味着所有"漏洞"的存在都是理所当然的。在讲究供给效率和责任明晰等现代社会保障原则下，对于哪些需求应该是制度化社会保障覆盖的，哪些属于社会力量承担，需要有个清晰的界定划分。对于不该出现的漏洞不应止于物质补偿，应积极发挥倡导先进理念、引领制度建设的能力，可以通过一些局部、小范围的试验和多种方案的尝试为制度化解决这一问题提供可能的路径。如2011年媒体人邓飞发起的"免费午餐"行动，从爱心行动到国务院启动营养改善计划，只用了短短半年的时间。扎根于生理性弱势群体的基本生活需要再加上优秀的项目设计、规范化的运作过程及丰富的媒体推广经验使这一项目成为社会与政府互动的范例，互动模式可概括为"慈善组织先行示范—政府进行制度完善"。

（三）发展广度：提升第三类受助者的生活质量

慈善事业发展的内在扩张性和外部的供需缺口决定了慈善事业的参

与主体、资源种类、资源转移方式的丰富性和多样性会不断升级换代。因为现代性带来的不仅是各种发展机会，还有无处不在、层出不穷且不断变化的风险。随着社会现代化进程的推进和市场经济体制的成熟，再分配制度固然将日趋完善，但刚性、制度化的社会保障在响应新增的、变化的需求上无疑是滞后的，新增的风险化解需求只有依靠运作灵活、善于创新的慈善事业予以先行回应。在我国虽然绝对贫困的攻坚战已告一段落，但市场经济条件下收入差距的必然性决定了"相对贫困"的广泛性和常态化，相对贫困的缓解为慈善事业发展提供了很大的空间。纵观各国慈善事业的发展历程，都是从基本需求向更高层次需求扩展，似乎慈善从人道与公益的交集发展到人道与公益的合集只是时间问题。

第三次分配从理论上的存在到国家战略的存在，慈善事业从再分配领域的"配角"上升为第三次分配领域的"主角"，既包含对社会力量已有作用的肯定，也包含对其未来发挥更大作用的期待。更高的使命感和更大的发挥空间将数倍地放大社会力量的优势，意味着情感共鸣、自信互信与温和坚定等柔软的力量将不再是一个项目或一个系统内的"专利"，而是将通过机制融合、场域衔接、主体合作流向整个收入分配体系。物理地填满初次分配、再分配留下的空隙有可能不再是主导模式，更有可能是浓缩为一种新的分配要素渗透到其他分配层次，机制融合使得目标场域内部产生了覆盖面扩张或资源配置结构优化的化学反应，从而有机地弥合这些空隙。

四 慈善市场的资源配置

慈善市场与现代慈善事业相伴而生，实现供需平衡是慈善市场的天然追求。现代慈善事业不是偶然、抽象和依附的存在，而是社会发展的必然，是一个独立的、有着具体的任务和自身运行规律的特定领域。这个特定领域运行形成的特定场域就是慈善市场。慈善的供方、需方以及供需的桥梁——慈善组织等主体在慈善市场中自主地进行着慈善资源的交换互动并相互影响。

(一) 经济学研究视角下的慈善市场

"慈善市场"一词是由 Andreoni (2006) 次提出[1], List (2011) 对"慈善市场"进行了专题讨论,并提出一个分析框架,即用"慈善市场"概括不同主体之间的互动关系,并将已有的慈善研究都纳入其中。[2] 慈善市场领域已成为经济学、心理学、管理学、社会学等学科对话的绝佳场合,研究方法的运用也愈加丰富,实验心理学、自然实验法等实验法将发挥越来越重要的作用。20世纪60年代以来,经济学者们带着对慈善领域诸多问题进行了探索,近些年来相关文献的大量出现意味着慈善经济学已经成为经济学重要的子学科。[3] 对于个体捐赠者的捐赠动机的讨论是慈善经济学的研究出发点,学者们主要使用"效用"这一经济学概念解释其捐赠行为。从早期慈善效用的公共物品理论到温暖理论,再到近期社会偏好理论、身份经济学以及信号传递等理论的引入,学者们对捐赠的慈善效用来源进行了不断地拓展和细化。政府是慈善经济学研究中另外一个重要的主体,政府制定的慈善政策对慈善事业的发展影响巨大,主要研究内容包括税收政策和公共支出政策,前者的核心思想是通过税收政策设计来激励捐赠;后者旨在探讨政府支出对于个体和慈善组织行为的影响。对于慈善公共政策的研究虽然着眼于宏观层面,但是其基础仍存在于个体捐赠者行为这一微观层面。对于慈善组织研究的主要关注点在于慈善组织的策略,即什么样的策略能够为慈善组织带来最好的运行效果,其强调的是慈善组织与个体捐赠者、政府之间的策略互动。有学者提出了慈善市场这一概念来试图概括不同主体之间的互动关系。虽然目前学者们并未对慈善市场做出明确的定义,但其强调和揭示的慈善领域中各主体间广泛存在的互动和竞争关系为慈善经济学的未来发展提

---

[1] Andreoni, J., "Philanthropy", *Handbook of Giving, Reciprocity and Altruism*, UK: North - Holland, 2006.

[2] List, J. A., "The market for charitable giving", *Journal of Economic Perspectives* 25 (2), 2011, pp. 157 - 180.

[3] Atkinson, A. B., "Charitable giving and economics", *Charitable Giving and Tax Policy: A Historical and Comparative Perspective (CEPR Conference)*, Paris School of Economics, 2012.

供了重要的突破口。值得一提的是，慈善经济学的发展借鉴了心理学、社会学等不同学科的概念和方法，如社会偏好理论的引入以及大量实验方法的运用，慈善领域成为经济学与其他学科对话的绝佳场合。慈善经济学研究给我国的慈善事业的发展带来以下启示。

古今中外实践已表明，慈善活动是社会经济活动的重要组成部分，所有慈善资产都是通过经济活动进行分配的；慈善事业的运作过程就是慈善资源的筹集、管理、分配和使用的过程；尽可能改善分配效果是慈善事业运作的核心目标。正因为如此，一方面慈善事业的发展要遵循一般的经济规律，如经济发展是基础，公共政策是加速器，社会的整体经济发展水平和个人的经济地位、税收激励等都是促进慈善事业发展的重要手段。但另一方面，慈善事业与其他事业的运作相比，又有着自身独特的运作特点，慈善事业是"爱心"事业，因此，它在起点和终点上与其他领域有着明显的区别，其起点关乎情感、责任和道德，甚至社会规范；终点不仅关乎分配层面的公平正义，也关乎社会的文明、生机活力和精神面貌，是非常规的经济现象。正因为慈善发自心灵，所以慈善事业是自愿参与的事业，积极、自主、开放的慈善文化和较高的现代慈善意识是慈善事业蓬勃发展的决定因素。而现代慈善文化的塑造和慈善意识的提高是一个自然的、润物细无声的过程，任何急功近利、拔苗助长等违背慈善特质的做法，如逼捐、行政索捐等，都只会"欲速则不达"，甚至摧毁慈善事业发展的根基和土壤。因此，慈善领域很难照搬一般经济领域的机制，以问责机制为例，当前，一方面，应灵活而综合地运用西方的问责机制；另一方面，应尽快厘清慈善领域的独特逻辑进而建立慈善领域特有的问责机制。[①] 只有承认和尊重慈善领域特有的经济规律，慈善事业的效用和价值才能得到最大限度地发挥。那么，作为探索慈善事业经济规律的科学，慈善经济学必能对慈善事业实践提供重要的指导。

源于慈善现象的特殊性，慈善经济学有着自身的理论假设和逻辑体系。慈善经济学是理性的，但却更具道德理性和精神理性，更具宏观价值和社会价值。在国内学术界，慈善经济学也是一个新颖的概念，有些

---

① 傅金鹏：《西方非营利组织问责理论评介》，《国外社会科学》2012 年第 1 期。

人甚至对慈善经济学这种提法莫衷一是。其实，慈善经济学是揭示慈善事业运行过程中的经济活动、经济关系及其内在发展规律的学科，旨在探索市场经济条件下慈善行为最大化的激励机制。所谓慈善行为的最大化，就是如何使人们捐出更多的钱、赠送更多的物品和奉献更多的时间。[①] 诚然，从现状来看，慈善经济学的很多内容，如哲学基础和理论假设的探讨都有待深入；慈善经济学的分析框架如慈善市场也尚未得到充分讨论；对慈善领域特有的经济现象的归纳和思考还不够全面深入，可见，慈善经济学尚未建立系统、成熟的学科理论体系。当然，任何学科理论都不可能凭空产生，要在学术实践中一步步发展并完善起来。值得一提的是，慈善经济学不仅与行为经济学、公共经济学和组织行为经济学、福利经济学等经济学分支有着密切的关联，也涉及心理学、社会学和政治学等其他学科。比如，捐赠行为的动机和效用研究就既有从心理学角度进行研究的，又有从文化宗教角度进行研究的，也有从权利角度进行的；学者们在对传统的经济人自利假设提出挑战和修正时采用的则是实验心理学方法。可见，慈善经济学的发展离不开多学科、多视角的研究参与。

（二）二级慈善市场：信息引导下的慈善资源转移[②]

实现供需平衡不仅是慈善市场的天然追求，更是慈善事业实现自身价值的不二选择。准确掌握慈善供需信息的对称无疑是有效供给的基石和前提。只有在信息引导下的资源转移才能最大限度地传达出慈善事业的内在价值。慈善市场总体上可分为Ⅰ类（自主）市场和Ⅱ类（矫治）市场。当然，两个级别的慈善市场之间并不存在程序上的先后承接，而是多层叠加、同时进行。Ⅰ类市场的资源供给来源于潜在捐赠者与某一慈善项目的情感共鸣和意向捐赠的慈善组织的价值认同和能力认同，彰显的是"给予"的自由。Ⅱ类市场的资源供给动机是政府对志愿失灵的

[①] 贺立平：《慈善行为的经济分析》，《北京科技大学学报》（社会科学版）2004年第2期。

[②] 杨方方：《慈善市场的信息不对称与结构性失衡研究》，《社会保障评论》2017年第3期。

预防、治理与矫正，旨在实现慈善市场的均衡。Ⅱ类市场之间不是完全独立、分离进行，两级市场之间关系密切、相互影响。比如，Ⅰ类市场的失灵范围、失灵程度就是Ⅱ类市场潜在的目标，Ⅰ类市场则面对的是Ⅱ类市场对志愿失灵矫正后的慈善生态；Ⅱ类市场中政府对慈善组织的资源分配构成了一个慈善组织运行的积极"信息"，将对该组织在Ⅰ类市场中的资源动员能力产生直接的影响。所以，它们之间存在"你中有我、我中有你"的交叉关系，两类市场的良性互动能带来慈善市场的相对均衡。慈善市场的分类以及信息流动情况如图1所示。

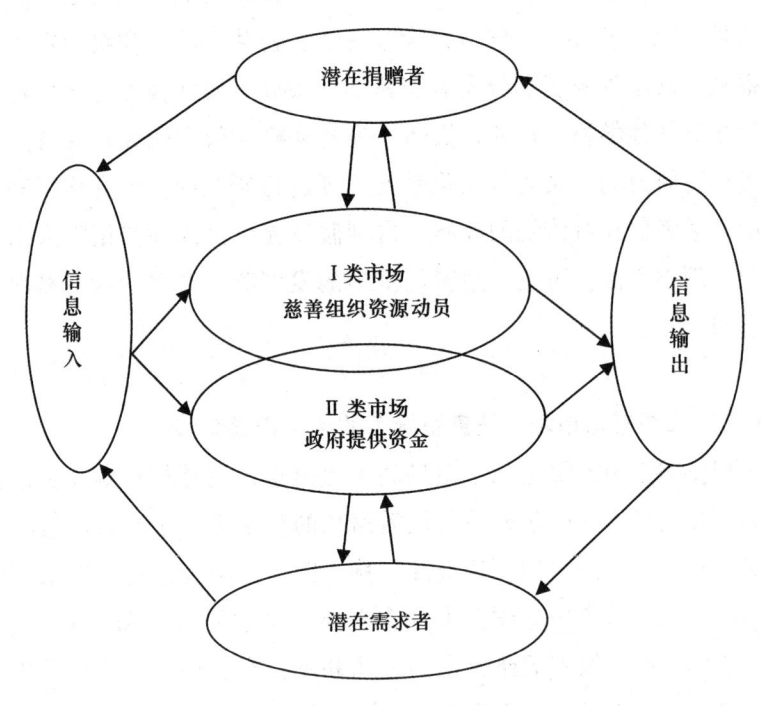

图1　慈善市场的分类与信息流动

慈善市场的高效运行需要有较高的信息开放广度、深度和快速的信息传递速度。为了更深入、详细地分析慈善市场中信息不对称与资源配置的具体情况，暂且把两类市场隔离开来，对慈善市场进行分类研究。具体情况如表3所示。

表3　　　　　　　　　两类慈善市场、资源配置与信息分布

不同层级	驱动力	作用空间	资源配置过程	信息对称分布
Ⅰ类	爱心 责任感 给予的自由	慈善需求 ＝社会救助缺口 ＝社会救助总需求－官方社会救助供给	捐赠者—慈善组织—受助者	公众掌握的慈善组织运行信息充分；慈善组织掌握的需求信息充分
Ⅱ类	志愿失灵的预防和治理	慈善需求（二） ＝慈善需求－慈善供给（一）	政府—慈善组织—受助者	政府对社会总体需求信息的掌握充分；政府掌握的慈善组织的供给信息充分

以"捐赠者—慈善组织—受助者"配置方式为主的Ⅰ类市场：弱者优先。资源配置平衡的条件是慈善Ⅰ类市场的总供给就等于慈善总需求：

慈善供给Ⅰ ＝ 慈善总供给 ＝ 慈善总需求

慈善总需求 ＝ 社会保障总需求 - 政府救助总供给

这意味着在Ⅰ类慈善市场中应该实现：

慈善供给$_1$ ＋ 慈善供给$_2$ ＋…慈善供给$_n$ ＝ 慈善需求$_1$ ＋ 慈善需求$_2$ ＋…慈善需求$_n$。

理想的配置状态是每种慈善需求都有慈善组织的回应，而慈善组织无论是对信息的开放还是对信息的收集往往都是"选择性"的，加之现代慈善组织的运作原则之一就是尊重捐赠人在捐款分配上的意愿建议，所以在Ⅰ类慈善市场，慈善资源配置需要在需求导向与供给导向之间实现一个平衡，即在尊重捐赠人意愿的同时最大限度地实现"弱者优先"。"弱者优先"既是现代慈善事业内在的价值追求，也是现代慈善法制已经明确的配置原则。《中华人民共和国慈善法》第五十四条从慈善组织层面明确了救助对象的确定原则：公平、公正、公开，其中，公平是"目标性"原则，公开是"程序性"原则，公正是"伦理性"原则。红十字运动《日内瓦公约》对"公正"原则给予了极具借鉴意义的解释——从实际需要出发，优先救助困难最紧迫的人，不因种族、信仰、阶级和政治见解而有所歧视。简单地说，"弱者优先"，优先满足最紧迫的救助需求。

每个慈善组织都是单独运作的,现代慈善事业是建立在组织化、专业化基础上的个性化运作的集合。每个慈善组织都很难保持一致的信息敏感性、开放度和收集、消化能力,信息传递能力更是千差万别,这一方面意味着制定慈善组织信息公开标准的重要性;另一方面也意味着慈善组织难逃志愿失灵的宿命。对潜在的捐赠者而言,基于有限的信息经验而产生的捐赠意向,可以说是完全个人化的自主慈善体验。捐赠者依据自己的情绪、自己的敏感领域向能引起共鸣和唤起感同身受能力、拥有更多价值观的慈善组织捐款;慈善组织则努力投捐赠者所好、尽力遵从捐献者的意愿。捐献既然是捐献者依据组织的募捐活动做出的肯定回应,组织的使命和宗旨——个体化的选择则往往被强化。每个公益机构独自运行,按照各自认为的最好战略方向前行,彼此之间缺乏沟通交流的共享性平台和以影响政府决策为目的的资源整合能力,缺乏全国性的影响力。因此,也很难说他们具备解决大规模社会问题的能力。[①] 捐赠者的个性化、慈善组织的个性化,加上公众掌握的慈善组织运行信息是充分的,慈善组织掌握的需求信息是不充分的,等等,这些都构成了Ⅰ类市场慈善资源配置的不确定性,导致Ⅰ类市场的资源配置失衡难以从根本上避免,也说明了Ⅱ级市场存在的必要性和高效运行的重要性。

以"政府提供资金—慈善组织提供服务"方式为主的Ⅱ类慈善市场,资源主要来源于政府,是通过委托、购买等合作方式对Ⅰ类慈善市场结构性失衡结果的矫正。在我国,政府购买公共服务发展仍处于起步阶段,购买范围较窄,购买方式仍以非独立性购买为主;我国政府购买公共服务面临着市场困境和制度困境。[②] 信息不对称既是市场困境,也是制度困境的重要致因。唯有政府掌握的社会总体需求信息和慈善组织的供给信息都是充分的,才有可能做到公正、独立、规范,进而实现精准矫治,优化慈善组织发展生态,促进慈善市场的良性发展和平衡。Ⅱ类市场与Ⅰ类市场并不存在程序上的先后承接,而是多层叠加、同时进行。在以

---

① [美]马克·R. 克莱曼:《捐赠者的自我变革:催化式慈善》,《中国发展简报》2014年第2期。

② 杨方方、陈少威:《政府购买公共服务的发展困境与未来方向》,《财政研究》2014年第2期。

"捐赠者—慈善组织—受助者"配置方式为主的Ⅰ类市场，唯有慈善组织掌握的需求信息充分、公众掌握的慈善组织运行信息充分，资源才可能优先流向"需求最紧迫的人"，才能做到"弱者优先"。在实践中，捐赠者的个性化加上慈善组织的个性化，供需信息不可能完全对称，这决定了志愿失灵难以从根本上避免。

慈善资源的分配过程——慈善力量传递。宇宙是一个能量场，遵循能量守恒定理。能量的转化是在"力"的作用下进行的。人与人的互动都是能量和力量的传递、碰撞、整合、转化或分解。慈善力量传递是多维、多向进行的。慈善领域参与主体多，包括慈善组织、捐助者、受助者、政府、媒体、公众等。以慈善组织主导的慈善活动为例，主线是慈善力量从捐助者传递到慈善组织，随后再从慈善组织传递到受助者、媒体以及其他慈善组织，进而媒体再传递到公众、政府，之后形成的社会评价和氛围又会影响潜在捐助者的捐助意愿和捐助方式。广而言之，任一主体的慈善参与和评论都会形成其他主体的外部环境，即每一方的"出"都是其他主体的"入"。作为开放的市场，参与主体具有很强的动态性，力量传递的方式、效果、性质也就呈现出复杂性和不确定性，慈善活动效果受到宏微观多种因素的制约。慈善文化、意识、能力、政策、慈善环境以及其他慈善组织的认知和行为都会影响到慈善空间和志愿土壤；无论潜在受助者的产生还是受助者的逆袭都与教育、社保、就业等社会整体的人力资本投资结构、公共物品和服务的供给质量息息相关。

慈善力量的传递并不局限在慈善组织主导的现代慈善标准运作范式中，它运行在一个多维、多向、多主体的慈善力量传递网中，不同主体之间、同类主体内部无时无刻不在发生着力量的传递与交互。

义利相生：指向人力成长的慈善力量

作为现代社会保障体系的重要组成部分，慈善事业的多重效能也来自社会保障体系蕴含的巨大能量。社会保障是走向共同富裕、建设福利中国的重要制度支撑。[①] 加强和改进社会保障是扎实推进共同富裕的重要抓手。[②] 之所以社会保障被赋予更高期待，源于其核心目标价值——社会公平能在共同富裕进程中释放巨大的力量：向内，其能促进人的发展，此乃共同富裕目标的核心指向；向外，其能为其他系统提供坚实助力，共同富裕是全社会系统推进的结果。一项事业的力量源自目标价值实现的能力。目标是一项事业的发展指向和主动追求的理想图景；目标向纵深延伸、化为服务对象的内在能力，可称为效力；力量载体与其他领域的互动产生的积极效应是目标的外扩、横向辐射，可称为功能。内化的效力和外化的功能都是一项事业凭借目标实现释放出的力量。一项事业的力量传导链条可归纳为："目标—效力—功能"。社会保障具有多重效能，其通过社会公平衍生效应释放着补偿与矫正收入分配差距、提升国家和社会认同、引领观念认知和助力人力成长和经济发展等巨大力量，全面改善社会发展生态环境。以高福利著称的北欧模式无疑是"隐性支点"角色的典范，北欧国家的社保制度在建构上多始于"为了福利而增

[①] 郑功成：《共同富裕与社会保障的逻辑关系及福利中国建设实践》，《社会保障评论》2022年第1期。

[②] 何文炯：《建设适应共同富裕的社会保障制度》，《社会保障评论》2022年第1期。

长"的目标导向①，实践上收获了"因福利而增长"的结果，形成了"社会保障高投入—高技能劳动力—人力资本价值实现—经济、社会全面发展—社会保障高投入"的良性循环。从中可提炼出社会保障力量的传导路径："社会保障供给—人力资本增长—社会全面发展"。社会保障的巨大功效催生了社会投资理论的发展，"为了增长而福利"成为推动社会保障实践的支撑之一。②

一 义利相生：个体层面慈善力量传递的良性循环

不同主体之间、同类主体内部无时无刻不在发生着力量的传递与交互。剥茧抽丝、化繁为简，可从繁杂的慈善力量交互网中提炼出慈善事业中慈善力量的主传递链："借力—给力—还力"。

（一）慈善力量传递链："借力—给力—还力"

给力，即"使无力者有力"，是慈善力量传递链的归途③；借力，即"使有爱者有力"，是给力的重要前提和手段；还力，即"使有爱者更有力"，关系到慈善环境氛围的营造，影响慈善事业的整体态势。"给力"是慈善组织综合能力的体现和结果；"借力"代表着慈善组织的资源动员能力；"还力"取决于慈善组织的现代化、专业化程度和价值引导能力。"还力"旨在营造阳光、开放的慈善环境，促进慈善事业走上良性的发展

---

① ［丹］克劳斯·彼得森：《为福利而增长还是为增长而福利？北欧国家经济发展和社会保障之间的动态关系》，《社会保障评论》2019年第3期。

② 20世纪90年代，国家干预主义与自由放任主义被证实并不可靠，"社会投资国家"理念开始凸显，社会保障的投资收益越来越被重视。纵向来看，具有里程碑研究部分如下：米基利在1995年出版的《社会发展：社会福利中的发展型报告》中提出发展型社会福利模式；安东尼·吉登斯在1999年出版的《第三条道路：社会民主的复兴》中提出了社会投资型的积极福利制度；埃斯平·安德森等在2002年出版的《为何我们需要一个新福利国家》创造性地运用生命周期理论完善和拓宽了社会投资理论；2012年莫雷尔等出版的《通往社会投资福利国家：思想、政策与挑战》社会投资正在成为一种政策范式，赫梅尔赖克在2013年出版的《改变福利国家》与2015年出版的《社会投资带来静静的范式革命》进一步完善了社会投资理论。

③ "无力"和"有力"是相对而言的；无力者是缺兼具物质属性与精神属性，既缺少物质资源，也缺少创造物质资源所需要的动力和能力。

循环。① 值得一提的是,"还力"着眼于让慈善市场中的参与主体都能有所获得,不仅让捐助者得到肯定和激励,让受助者得到尊严,也让慈善专职从业人员得到体面的生活;慈善组织能与政府、媒体等主体良性互动,也得到社会的信任,也能与同行合作共赢;能营造宽松、开放的慈善氛围,让慈善成为"圣坛"。"给力"是慈善力量传递链的核心。"使无力者有力"是慈善力量传递的指向和目标。有力者不仅是物质力量的强者也是精神力量的强者。无力者只有实现自立自强、走向义利相生的良性循环才能实现从"无力者"向"有力者"的彻底转变。而这种成长是慈善价值的最大化,是慈善运转系统良性、动态、系统性的结果和体现。"给力"是整个传递网的中心,是慈善事业的目标和价值所在。作为政府在人道领域的助手,慈善事业优先关注的是在初次收入分配的竞争领域被淘汰和在再分配领域资源被耗尽的弱势群体,慈善事业可能是他们最后的安全网。"给力"代表着慈善事业的"良心"和"重心",是"三力"的联结点和核心,既是"借力"的目标,也是"借力"可持续性的基础,是慈善组织能够向社会伸手的"资本";"给力"是"还力"的基石,如果慈善组织不"给力","借力"和"还力"也就无从谈起。

(二)义利相融相生:慈善力量传递良性循环的自然结果

物质和精神是最本源的分类,也是符合唯物辩证法的划分。慈善力量的两种基本类型就是物质力量和精神力量。物质是"实",有形的,看得见摸得着;物质力量指特定主体拥有的物质资源为其带来的效用和满足;精神是"虚",无形的;精神力量是指特定主体内在拥有的且能促使其发挥主观能动性的需求、看法和信念等。物质力量是外在的、可视化的力量;精神力量是内在的、可感知的力量。物质力量和精神力量相互依存、相互渗透。在慈善领域两者联系更是紧密,不论是物质还是服务的捐助,无不包含着关爱、希望等精神力量,而精神力量的传递又多是通过物质载体进行的,两者相融相通。虽然精神力量看不见、摸不着,

---

① 杨方方:《慈善市场的信息不对称与结构性失衡研究》,《社会保障评论》2017年第3期。

但精神力量又切实地存在着，只不过是区别于物质"实"性存在的"虚"性存在，它存在于人的心灵中、思想中，无时无刻、无处不在地影响着实践。精神力量不仅存在，而且是很强大的存在。物质力量与精神力量相依相随，比如物质转移本身就包含了捐助者的善意和慈善组织的价值观、宗旨，而精神力量也多蕴含在慈善组织设计的资料中，可能体现在服务的供给中，可能被可视化在慈善组织的宣传册中，具象为价值观、宗旨文字等。不仅物质和精神的交互无时不在，从流向上来说，每个主体都不停地进行着力量的输入和输出，一方的"出"造成其他主体的"入"，其他主体所有的"出"又成为这一方的"入"。不管是按照世俗用语习惯，还是学理层面，物质力量和精神力量分别对应"利"和"义"，关于慈善事业的义利之辩由来已久，近年的"两光之争"又将其推到高峰。要明晰义和利之间的关系，需要回到慈善力量的传递中每个主体输入、输出的义利的具体内容。

在慈善力量的传递主链——"借力—给力—还力"中，受助者、捐助者、慈善组织的"义"和"利"分别指代的具体内容以及双向流动情况如表1所示。

表1　　　　慈善力量传递主链中义和利的双向流动①

慈善主体	方向	义	利
受助者	入	关爱	需求导向
	出	自强	自立
捐助者	出	共情、责任	五捐②
	入	愉悦、认同、成就感	税收优惠、慈善资本
慈善组织	入	认知度、公信力、职业认同	外部资源动员、内部效率优化
	出	宗旨、价值观、专业精神	捐助无力者、回报从业者

① 杨方方：《慈善力量传递中的义和利：相融与相生》，《社会保障评论》2019年第4期。
② 五捐指捐款物、捐时间（服务）、捐骨髓、捐器官和捐遗体。

可见，作为精神力量的"义"和作为物质力量的"利"就像精神和物质的关系一样，相互依存、牵引、转化、提升。能否形成这种良性循环，决定了慈善事业能否实现自身价值。

无力者向有力者的成长和转变是慈善力量传递的价值追求，是慈善运转系统良性、动态、系统性的体现。[①] 从无力者到有力者的成长不是一蹴而就的，中间可能经历多个层次和阶段。人的需求具有层次性，义和利也具有层次性，同一层次的义利之间天然地相融相通，不同层次的义利之间相互转化、推动，即相助相生。例如长期的物质保障可能内化为自信、心安、梦想等精神力量；强大的精神力量能让人激发斗志、燃起希望，在低沉、无助的日子发现生机，从而走上自立自强之路。义利相生并不是同一需求层次上的重复转化和来回反复，而是在双方都在不断地推动彼此升级的过程。可以说，义利相"生"就是义利相"升"。当获得与本层次的"义"相匹配的"利"够充分时，就会有更高层次的"义"产生，又倒逼"利"的供给升级，以便与更高层次"义"相匹配，直至成长为自立自强的有力者。

无力者→有力者的过程就是无力者义利相生的良性循环。任何成长和变化都是渐进的，根据马斯洛需求层次理论，人类需求由低到高依次递进：生理需求→安全需求→社交需求→尊重需求→自我实现需求。不同需求层次的"义利"内容不同，需求层次提升的过程就是义利相生的过程。

从人力资本投资、开发的角度，可将"无力"到"有力"的过程分成以下三个阶段，不同的阶段对应着不同的需求层次，不同层次上义利的内容不同，具体如图1所示。

[①] 无力者和有力者是相对而言的，无力者是指既缺少物质资源，又缺少创造物质资源的精神动力的弱势群体。有力者可以从两个角度来理解，一是相对层面，即比无力者有力的人；二是绝对层面，指有能力在慈善力量传递链中进行捐助的潜在捐助者，即能自力更生、拥有自立自强精神力量的人。如无特殊说明，本文所指有力者具有绝对层面的含义。

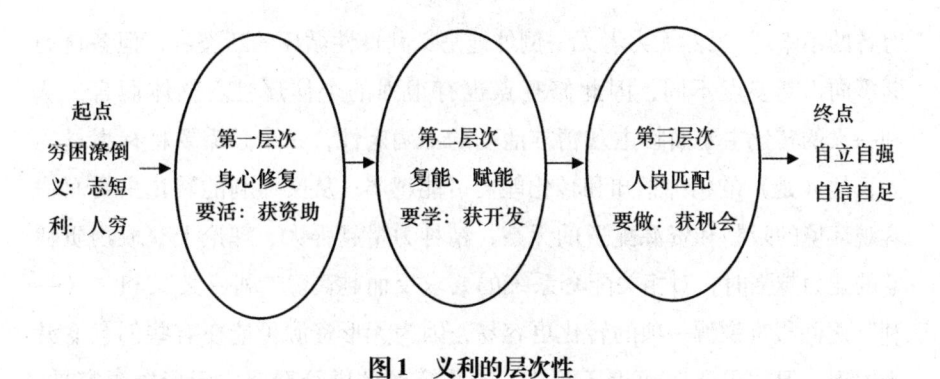

```
起点                                                              终点
穷困潦倒    第一层次      第二层次      第三层次       自立自强
义：志短    身心修复  →  复能、赋能  →  人岗匹配   →  自信自足
利：人穷    要活：获资助  要学：获开发  要做：获机会
```

图1　义利的层次性

（三）良性循环的形成：确定又不可捉摸[①]

如何使无力者义利相生并走上良性循环？能否让无力者义利相生是衡量慈善力量传递链是否良性的重要标志。但究竟需要多少资源供给才能形成义利相生的循环并保持下去？这个问题的确很难回答。尽管义利之间完美承接了物质力量与精神力量天然的相融相通，但它们之间也无法摆脱精神力量与物质力量之间的转化悖论。

难言先后，难分本末。物质力量是有形且有限的，精神力量是无形且无限的。精神可以创造物质，精神不会凭空而来，需要"物质先孕育出精神"。精神力量是强大的，但又是虚真的；物质力量有限，但又蕴含着无限的精神。一定层次上，物质是基础和前提，但这一层次上的物质又是另一层次上的精神产物，如捐助行为是捐助者基于爱心的给予，而捐助者拥有相对充足的物质资源可能是爱心产生的条件之一。所以，物质和精神之间可能存在直接和间接、显性和隐性的关系，但难言先后，难分本末。

相融相生确定又不可捉摸。毋庸置疑，物质力量与精神力量之间可以相互转化、推动彼此升级，但很难找出两者之间转化互促的精确模式，在转化时机、转化方式、转化效率等方面，不仅个体差异大，即使同一人在不同时点可能也有重大区别，受到思维、情绪、视野、身体和心理等内外部、长短期多种因素的影响。"幸福的家庭大都是相似的，不幸的家庭却各

---

① 杨方方：《慈善力量传递中的义和利：相融与相生》，《社会保障评论》2019年第4期。

有各的不幸。"虽然无力者无一例外地是义利良性循环的断裂者，但各自的断裂向、断裂点不同，因此修复点也有很强的个体属性。整体而言，从利→义的转化主要面临主观精神活动的不确定性，一个越需要精神力量的人，他（她）的精神感知和转化能力可能越弱；从义→利的转化主要面临客观环境的限制和资源配置的无奈，精神力量越强大、理论上获取物质利益的能力越强时，对相关配套系统的要求反而越高。"利→义"和"义→利"之间很难说哪一项的转化更容易，因为无形资源可能在有些创意下灵光闪现，但"灵光"可遇不可求；有形资源的供给看似比无形资源容易，但考验的都是一个社会的硬实力。可以断定的是，只要任何一个向上存在盲点和断裂，就无法形成一个循环，义利相生就很难实现。

二 义利难相生：义利相生的良性循环可遇不可求

如前所述，义利相生的过程既确定又不可捉摸。一般而言，物质力量传递得越持久，精神力量也就传递得越充分、越有深度。可以说，持续的外力供给才有可能产生足够稳定的内力，并进而产生一些自主性的成长和发展，产生了更高层次的"义"，升级后的"义"需要匹配更高层次的"利"，这样乘胜追击、循序渐进就自然晋级到自立自强目标的实现。可见，慈善资源供给的内容是否具有层次递进的动态性和持续性成为左右义利相生能否实现的关键因素，对慈善资源供给的数量、质量以及供给内容的丰富性和层次性提出很高的要求，因为不同层次的供给衔接要非常紧凑，否则就会浪费"义"升级带来的时间窗口。理论上有两种满足方式：一是健康的慈善生态下不同慈善组织在供给内容和层次上能实现互补和无缝衔接；二是一个慈善供给主体能满足多层次的助力需要，被称为"授人以池塘"模式。回到现实，我国的枢纽型慈善组织和信息服务等保障组织的不足意味着在中国没有实施第一种方式的条件；我国的慈善供给仍以"授人以鱼"的1.0模式为主，辅以"授人以渔"的2.0模式。

（一）授人以鱼："利"难生"义"

无力者兼具物质属性与精神属性、内生性与外生性、社会性和个性化。沦为无力者的风险是动态流动的，开放、系统、全面的化解机制必不可少。单纯的物质转移，救急不救穷，即使受助者产生了更高的需求和信念，即"义"，如要学习、提高、改变、增能或者参与社会建设的想法和要求，还继续已有的物质援助模式，没有更丰富的资源供给，难得的"义"就不可能再进阶，让微弱的"义"在持续被动地接受中被消磨殆尽。这样下去，受助者不仅无法完成向"有力者"的转变，甚至走向了负面状态，如众所周知的"贫困陷阱""失业陷阱"。

（二）授人以渔："义"生"利"可遇不可求

即使受助者做出了重大的改变积累了技能，或者某些异禀的天赋被发现，已经自信满满、跃跃欲试，但能否实现自力更生还要看运气和是否有"冒险"精神。运气还要受到多种外部因素的制约，如专业的就业咨询机构、测评机构和劳动力市场的包容度和层次性等。重返劳动力市场的再就业者或自我雇用者如果缺少有针对性的扶持，有可能短时间内就铩羽而归。成长如逆水行舟，不进则退，好不容易积累起来的自信和技能如长时间内得不到实施和反馈，就会出现一个义利相噬的恶性循环，可能回到原点或更糟。纯粹物资转移式的慈善只是在平息给予者的良知，同时可能让穷人更加远离了社会建设。的确，受助者的回归之路并不轻松，如何激发和保持他们参与社会建设的主动性很重要，需要慈善的力量深入到劳动力市场给予"倾斜"而又平等自然的帮助。可见，在慈善市场与劳动力市场之间也有一个交融的地带，这个交融地带的理想状态资源配置层次完备、配置方式丰富如表2所示。

表2　　　　　　　　义→利的不同阶段与人力资源配置类型

受助者的"义"	配置类型	受助者的"利"
要活：就业意愿或就业能力低	修复性配置	经济补贴
要学：就业意愿或就业能力中	扶持性配置	收入+技能
要做：就业意愿和就业能力强	市场性配置	自力更生

冒险精神则是克服制度缺陷的推动力。除了援助的内容和方式单一外，无论贫困陷阱的形成还是学习动力的缺乏在一定程度上都源于政策设计的缺陷。格莱珉银行的创办人、诺贝尔和平奖获得者穆罕默德·尤努斯教授（Muhammad Yunnus）对贫困陷阱产生的原因进行了深刻的剖析，他认为穷人并不是因为缺少技能、懒惰或不想脱贫才甘愿贫困的，是现有保障、福利和慈善中存在不合理的壁垒，这个壁垒就是稳定的物质保障与自我发展、就业体验是有你无我的替代关系。这种政策设计人为造成了穷人觉得冒着失去稳定物质保障的风险去就业市场低端进行收入微薄的尝试很不值得。[①] 从这层意义上说，贫困陷阱不是人性之恶，而是制度之恶。

三 助推"利→义"："授人以池塘"+慈善智慧

从国际社会实践来看，扶贫模式已从授人以鱼到授人以渔再到授人以池塘，已经进入3.0时代。1.0：授人以鱼——物资捐助；2.0：授人以渔——人力开发、赋能；3.0：授人以池塘——人力配置、价值实现、服务升级。

（一）慈善供给创新："授人以鱼"—"授人以渔"—"授人以池塘"

相应地，慈善运作的主体也越来越丰富，从个体化慈善到组织化慈善再到企业化慈善。个体化慈善即传统慈善阶段个体自发、零散的慈善活动；组织化慈善即慈善组织运作的组织化、专业化的慈善；企业化慈善即企业经营、运作过程中输出具有慈善性质产品的行为活动。值得注意的是，企业不是作为捐助者，而是作为运作者。在3.0版本里，受助者获得人力资本发挥的平台，其具有的才能得到发挥和应用。这个图景可描述为"自强"的"义"在企业慈善的助力下、在"池塘"的平台上生

---

① ［孟］穆罕默德·尤努斯：《穷人的银行家》，吴士宏译，生活·读书·新知三联书店2006年版，第188页。

出了"自给自足"的"利",从而帮助"无力者"走向自立自强。①

　　经济学家丹比萨·莫约在《援助的死亡》中尖锐批评了过去数十年西方主导下的国际社会的对非援助政策,认为它是让非洲深陷依赖外援的陷阱,她说:"援助使人们停止寻找自己解决问题的方法。"② 纯粹物资转移式的慈善只是在平息给予者的良知,可能让穷人更加远离社会建设。哈佛大学的经济学家们的研究也表明,1972—2006年,一个国家得到的粮食援助每增加10%,暴力动乱程度就上升1.14%。尽管中国减贫成就巨大,1981—2012年,中国城乡贫困人口减少了7.9亿人,占全球减贫人数的72%。③ 但政府在扶贫领域的投入是一个天文数字,劳动力整体素质不高,人力资源潜力远未得到充分发挥。规模化的再就业培训每年都在进行,但效果不佳,领取低保人员的动态性不强就是证明。可见,"授人以鱼"也许能暂时改变"人穷",但难以撼动"志短";"授人以渔"可以帮助受助者掌握了某项技能,但如果这些技能得不到施展和社会的积极反馈可能让受助者更加悲观和绝望。

　　社会企业的资源配置效果明显好于社会组织,实践中有很多成功案例,格莱珉银行算是众多案例中的"明星"。格莱珉银行开创社会企业的先河,帮助数万流浪乞讨人员和约900万贷款者(96%为妇女)脱贫。格莱珉在全球多个国家成功复制150多个项目,惠及全球1700万个低收入家庭,被称为"第三世界向发达国家的技术转让"。创始人穆罕默德·尤努斯教授于2006年10月13日荣获诺贝尔和平奖。格莱珉模式不仅是扶贫模式的金融创新,更是人力资本开发模式创新,是金融技术和社会学理论结合的产物。其与贷款人约定的《十六条决议》俨然是引领社会变革的倡议。格莱珉银行的成功除归功于尤努斯教授的个人魅力外,还得益于:一是认为穷人既不懒惰、不缺少技能,也不甘于贫穷,且比富人更值得信任;二是遵循效用至上,优先帮助需求最紧迫的人;三是把

---

① 杨方方:《慈善力量传递中的义和利:相融与相生》,《社会保障评论》2019年第4期。
② [印度] 阿比吉特·班纳吉、[法] 埃斯特·迪弗洛:《贫穷的本质:我们为什么摆脱不了贫穷》(修订版),景芳译,中信出版集团2018年版,第4页。
③ 李培林、魏后凯:《中国扶贫开发报告(2016)》,社会科学文献出版社2016年版,第2页。

银行工作人员培养成"反贫斗士",格莱珉银行对工作人员的培训远多于对贷款者的培训,工作人员像教师一样帮助贷款者充分开发潜力、发挥优势。比如,帮助数万名乞丐成长为优秀的推销人员。[①]

在广义上的社会企业大军中,有一类试图在经济价值追求与社会价值追求之间实现均衡的企业——"共益企业"(Benefit Corporations)。[②] 2006年美国非营利组织"共益实验室"(Benefit Lab)成立,对"成功的企业"进行了重新定义:成功的企业不应只是会赚钱的企业,还应是对世界特别有益的企业;他们的口号是"让商业成为向善的力量"。B-Lab官网显示,至2021年5月底,全球共益企业数量已突破4000家,遍及77个国家/地区,153个行业[③];2016年,北京乐平公益基金会正式开启了共益企业在国内的认证推广之路,截至2021年4月,大陆共有29家企业认证成为共益企业[④],2016年上海的一家急救培训和赛事生命救援机构"第一反应"是首次获得共益企业认证的企业。肖红军、阳镇认为共益企业无论在社会逻辑还是在市场逻辑上都要优于一般意义上的社会企业;李水金、欧阳蕾认为共益企业兼容了商业组织与社会企业的特点。[⑤] 无论实践发展还是理论研究,共益企业似乎已成长为与社会企业并列的企业类型。

(二)不可或缺的慈善智慧

情感是人类的一种本能,虽然每个人的情感爆发点都不同,但尊重无疑是走进人心的通用通行证;"无为"先于"有为",从尊重受助者的

[①] [孟]穆罕默德·尤努斯:《穷人的银行家》,吴士宏译,生活·读书·新知三联书店2006年版,第101—103页。

[②] 肖红军、阳镇:《共益企业:社会责任实践的合意性组织范式》,《中国工业经济》2018年第7期。

[③] B Lab:"Make Business a Force For Good",美国共益实验室官网,https://bcorporation.net/en-us/,2022-01-03。

[④] 肖红军、阳镇:《共益企业:社会责任实践的合意性组织范式》,《中国工业经济》2018年第7期。

[⑤] 李水金、欧阳蕾:《共益企业在中国的兴起、困境及发展路径研究》,《中国管理信息化》2019年第7期。

人格出发，慈善行动之前先明确行为禁忌，即明确什么是不能做的。这很重要。

尊重是基石。慈善凭借其将物质转移和精神传递有机融合的独特功能，成为最温情的人性勋章。莎士比亚曾言，"慈悲不是出于勉强，它像甘露一样从天上降下尘世；它不但要给幸福于受施的人，也同样给幸福于施与的人"。对"受施的人"而言，幸福是对自身走上"义利相生"良性循环而衍生出的主观感受。对"施与的人"而言，幸福就是"赠人玫瑰，手留余香"，是自主、自发、自然的简单快乐。在社会转型变迁和效用最大化的内外力驱动下，慈善走上了社会化、组织化、专业化的道路。成为一项"事业"的慈善在规模不断扩张、社会参与不断加强的同时，有增进受助者的幸福吗？捐助人那份简单的快乐还在吗？如何打造闪耀着人性光辉和东方智慧的慈善圣坛？当务之急是学会"尊重"。一是尊重慈善事业的发展规律，尽管慈善事业具有弹性和延展性，但其本身既有局限也承载有限，需要社会相关系统的配合。二是尊重现代慈善价值观，尊重道德多层次，尊重人性，不对个人进行道德苛求。道德是一种修养，不是一种权力。道德最适合拿来约束自己，不适合拿来压制别人。即使自己做了好事，也别勉强别人也去做，也别责怪别人为什么不做，要把握道德的"分寸"，不要泛"道德化"。很多时候，并非"不道德"，而是"不知道"一些礼仪而已。三是尊重捐献人的意愿，尊重他人在私域范畴的自主选择权和处置权，尊重隐私、曝光有度。四是尊重受助者，维护他们的尊严，让慈善自然、无痕。

强者之光不宜强化。慈善是自然、自发、自主的，不捐助的人不应该有道德压迫感和道德自卑感，同时捐助者也无须有道德优越感。慈善只是履行社会责任的方式之一，作为一种社会责任履行手段，捐助者的道德优势不宜被强化。据统计，即使在慈善大国，普通大众的慈善捐献总额也超过大额捐助人（道德楷模）的贡献总额。从整体运行效果上说，树立少数道德楷模可能不如淡化道德、强调慈善是一种普通人触手可及的生活方式更有助于提高普通大众的慈善参与度。更有甚者，越强调强者之光，慈善沦为工具、装饰和标签的可能性就越大，就越远离自然、自发的慈善本意，"慈善之光"反而被消磨渐失、光彩难现。给予是一项权利，每个人都有按与自己的认知相匹配的慈善方式输出慈善资源的自由，多元化是现代慈善健康生态的典型特征。多元化体现在慈善组织机构的多元化、慈善资金来源的多元化、慈善资金筹集方式的多元化、慈善服务项目的多元化和慈善道德的多层化等。① 现代慈善事业的传播重心既不是弱者之弱，更不是强者之强，而是现代慈善价值观和现代慈善事业的运作主体——慈善组织的理念、宗旨、使命和服务范围、运行机制和效果等。这样不仅能培育受助者的独立人格、平等心态和健康心理，还有助于形成更宽阔、更广博的感恩观。

走出动机拷问的泥潭。一方面，动机无从拷问，很难判断一个人是利己与利他。例如，一位神父对他的信徒说，"多做好事吧，死后能上天堂"，这个信徒就开始天天做好事，请问这个信徒的动机是利己还是利他？另一方面，即使动机里包含利己也不可怕，甚至值得鼓励。从福利经济学角度说，利人利己的行为是效用最大化的，才是可持续的，是最有可能社会化的。正如茅于轼先生主张的"利人利己的行为对社会最有益"②。利己与利他从来都不是此消彼长的关系，可能是同一行为在不同维度、不同角度、不同主体本位下的不同表述而已。物质上的"利他"行为收获的可能是精神上的"利己"，这源于义利相融相生，源于物质力量和精神力量的依存和转化，源于不同主体的需求层次差异。因此，只要有意行善、诚心济人，无论处于哪一层次的慈善道德都是值得肯定的。③

---

① 郑功成等：《中华慈善事业》，广东经济出版社1999年版，第243页。
② 茅于轼：《中国人的道德前景》，暨南大学出版社1997年版，第44页。
③ 周秋光、曾桂林：《中国慈善简史》，人民出版社2006年版，第329页。

任重道远：困于数字技术的慈善事业

慈善事业是共同富裕进程中灵巧且重要的支点，慈善事业现代化既是中国式现代化的重要内容，也是慈善事业完成新时代赋予的历史使命的必然选择。从再分配的补充系统到第三次分配的"顶梁柱"，慈善事业要更深入、更全面、更主动地参与到共同富裕进程中；从精神慰藉到价值担当，物质分配价值与情感传递价值并重，不仅在物质富裕促进也在精神富足提升中发挥独特作用；从被动、物理地补缺到主动、化学地覆盖填充，不仅能发挥复合的分配效应①，还能孕育社会创新、衍生多重效应。以互联网为载体的第四次工业革命正在全方位地影响着当今世界的生产方式和生活方式，也为新时代慈善事业注入了全新的活力②，中国特色慈善发展需在手段上实现多方面的创新和适应，应促进互联网和慈善的深度融合，推进慈善事业现代化进程。③ 第49次《中国互联网络发展状况统计报告》显示，我国网民规模超过10亿，互联网普及率达73%，10亿用户接入互联网，形成了全球规模最大、应用渗透最强的数字社会，互联网应用和服务的广泛渗透构建起数字社会的新形态：3.25亿人用在线教育，2.39亿人用在线医疗；8.88亿人看短视频，6.38亿人看直播、短视频等。④ 数字技术作为现代科技的发展成果，已承载起生活的方方面

---

① 杨方方：《共同富裕背景下的第三次分配与慈善事业》，《社会保障评论》2022年第1期。
② 郑功成：《中国互联网公益峰会上的讲话》，https://m.thepaper.cn/newsDetail_forward_23190791，2023年5月20日。
③ 郑功成：《激发中国慈善事业发展的无限潜力》，《社会科学报》2020年第1期。
④ 黄奇帆等：《数字经济：内涵与路径》，中信出版集团2022年版，第38页。

面，充分利用数字技术也是慈善事业提升效能的自然之举。与主要向组织内部发力的信息化不同，数字化主要是向外发力，是立足整个行业生态挖掘数据要素开放型运营的新模式。想必在具有开放、合作、共享基因的数字技术助力下，慈善事业的发展图景将会更加开阔。

从实践来看，数字技术切实促进了慈善捐赠规模的快速增长。2022年，中国在全球慷慨指数（WGI）中从2016年的第134位跃升至第51位，中国捐款指数排名达到了51名。[①] 但不论横向看我国慈善捐赠结构，还是纵向看慈善事业一些重要因素的发展态势，都会发现数字技术对慈善事业现代化的助力效果并不理想。

一 现代化水平受阻和慈善市场失衡

从国际社会实践来看，慈善资源供给的内容和方式在不断动态递进、日趋丰富，从个体化慈善（个体直捐）到组织慈善（慈善组织专业运营）再到企业化慈善（社会企业、共益企业）、向善商业（通过减少穷人支出解决资源匮乏），新型慈善的产生促进了慈善的组织成分增多，但并没有哪一种方式凋零或退场。个体慈善活动自古有之，组织慈善发端于个体慈善，但永远不可能替代个体化慈善。因为无论在哪个时代，个体慈善是更接近人性本能的表达方式，也是孕育组织慈善的土壤，有哪个慈善组织创办人不具备互助友爱的初心和乐善好施的习惯呢？个体慈善力量的传递是最具灵活性、辨识度的爱心表达，道德感亦最强、示范效应最佳，但感性主导理性，慈善时效和效用都难以保证；组织化慈善实现了感性和理性的平衡，稳定和可持续性较个体化慈善有了明显提升，但仍然存在难以避免的"志愿失灵"；企业化慈善最具争议，也最具活力，它将感性深埋，用精密的理性面对社会问题，捐助方式比较隐性，捐助效果也最为彻底，但造血功能的持续性也令人担忧。健康的慈善生态需要不同的慈善方式之间可以优势互补、并行不悖、互促互生、相得益彰。

---

① 中国慈善联合会等：《中国数字慈善发展报告》，民政部、全国工商联、广东省政府、中国慈善联合会等共同主办第十届中国公益慈善项目交流展示会发布，深圳，2023年9月15日。

多个慈善供给层级和组织形式之间没有绝对的优劣之分，但的确有现代化程度之别。回归现代慈善事业的运作机理和发展规律，尤其在前现代阶段，专业慈善组织的能力应该呈增长态势，组织化运作应该呈现上升趋势。

（一）此消彼长：数字技术加持下的现代慈善与传统慈善

结合现代慈善事业的要义和国际社会的慈善实践，行进中的慈善事业现代化应具有的一些特征如下：捐赠质量不断优化、资源配置效率不断提升、慈善组织能力不断精进和慈善文化愈加宽容开放等。从我国慈善捐赠数量和结构来看，大爱还没有充分觉醒，现代慈善的内在深层驱动力还未形成：一是捐赠总量不高。2022年，根据《2022年中国慈善蓝皮书》显示，我国社会捐赠总量达到1450亿元，比2011年整体增长近两倍。[1] 但占GDP的比重仍远低于一些发达国家。二是公众捐赠占比低。公众捐赠比例在2008年达到最高峰，占全部捐赠数额的54%，但之后逐年下降，2014年下降到11.09%，2016年、2017年虽然分别回升到21.09%和23.28%，但与世界主要国家和地区相比仍然很低。[2] 三是公众捐赠缺少持续性且直捐比例高。据北京师范大学课题组的调查，仅有1.9%和1.1%的被访者分别表示每季度都捐和每月都捐。[3] 据调查，47.8%的公众捐款直接捐给了受益人和特定单位或集体组织，捐给慈善组织和指定网络公募平台的比例为24.9%。四是公众捐赠缺少主动性和计划性。在被问及是否会主动搜寻各类求助或募捐信息时，只有3%的捐款者表示会主动搜寻，65%的被访者表示从不主动搜寻相关信息。[4] 公众捐赠多是被动地等待动员，靠的是被感性募捐信息冲击时产生的热烈情

---

[1] 中国慈善联合会等：《中国数字慈善发展报告》，民政部、全国工商联、广东省政府、中国慈善联合会等共同主办第十届中国公益慈善项目交流展示会发布，深圳，2023年9月15日。
[2] 韩俊魁等：《中国公众捐款——谁在捐，怎么捐，捐给谁》，社会科学文献出版社2020年版，第24页。
[3] 韩俊魁等：《中国公众捐款——谁在捐，怎么捐，捐给谁》，社会科学文献出版社2020年版，第30页。
[4] 韩俊魁等：《中国公众捐款——谁在捐，怎么捐，捐给谁》，社会科学文献出版社2020年版，第37页。

绪和感性冲动，很少是靠认知引领的主动参与和按规划进行的稳定、持续性捐赠。

在我国，数字技术在慈善领域的应用主要通过互联网募捐平台和个人求助网络服务平台两类平台。近些年，29家互联网募捐平台的筹款金额已达100亿元规模，参与人数已超百亿人次。个人求助网络服务平台在慈善医疗救助事业中发挥了重要作用。据《个人大病求助互联网平台研究报告（2022）》统计，自2014年9月至2021年12月，累计超过500万人次大病患者通过大病求助平台发布求助信息，超过20亿人次通过水滴筹等大病求助平台捐赠资金，筹资规模超过800亿元。[①] 相对而言，为慈善组织筹款的互联网公募平台的募捐规模远低于个人大病求助平台。据调查，个人求助的网络服务平台是公众网络捐款的主要渠道，比例达到55.5%，通过互联网公募平台的捐款比例为8.9%。[②] 可以说，当个体直捐乘着互联网列车呼啸前行时，现代慈善组织只能匍匐前行。[③] 慈善组织是现代化进程的主导力量，慈善组织的专业化水平决定着第三次分配的水平。[④] 互联网募捐平台的筹款能力局限直接造成慈善组织信息化建设上的资源匮乏。限于资金、技术、人才的瓶颈，大部分公益组织尤其是中小型组织目前基本上没有办法启动数字化转型。[⑤]《中国公益组织互联网使用与传播能力第八次调研报告》显示，2021年仅有39.56%的慈善组织发起过互联网公开募捐。[⑥] 与慈善组织数字化转型滞后相伴的是，慈善组织的存在感越来越低，慈善组织运行的知名品牌很有限。据《中国公益品牌观察报告（2021—2022）》的调研结果，即使是百强品牌，用于品

[①] 杨方方：《慈善事业现代化中数字技术应用的偏离与矫治》，《社会保障评论》2024年第1期。

[②] 中国慈善联合会等：《中国数字慈善发展报告》，民政部、全国工商联、广东省政府、中国慈善联合会等共同主办第十届中国公益慈善项目交流展示会发布，深圳，2023年9月15日。

[③] 徐永光：《公益需要市场化，免费的最贵》，《南风窗》2023年第21期。

[④] 苗青等：《从转移价值到放大价值：论慈善事业在第三次分配浪潮中的增长路径》，《中国非营利评论》2021年第2期。

[⑤] 中国慈善联合会等：《中国数字慈善发展报告》，民政部、全国工商联、广东省政府、中国慈善联合会等共同主办第十届中国公益慈善项目交流展示会发布，深圳，2023年9月15日。

[⑥] 周俊等：《数字技术与慈善事业的转型发展》，《浙江社会科学》2023年第8期。

牌建设的预算和资源也非常有限,难以发挥品牌效应:百强中基金会仅 3 家基金会微博粉丝达到百万级;60% 的基金会官方微博账号粉丝数在 1 万以下;甚至有 9 家基金会的官方微博账号的粉丝未破百。① 2022 年上榜公益基金会共执行 2023 个公益项目,每个项目平均仅有 1.24 位专职员工负责,"活多人少"也必然制约品牌建设。②

但实践状态并不乐观:以地缘和业缘为基础的社群慈善在数字技术助力下规模走势强劲③;介于慈善和商业之间的公益营销得到了更多鼓励和更大空间;最具现代性特征的组织慈善的存在感明显下降,慈善环境氛围亦有愈加封闭、保守的迹象。

(二)多层失衡:慈善市场的资源配置

在资源配置上,慈善市场至少存在三个层面的失衡:结构性失衡——数量结构偏差与内容结构偏离;指向性失衡——目标不清与伦理失序和生态性失衡;生态性失衡——不同主体之间和资源要素之间的良性循环尚未形成。

结构性失衡之数量结构偏差体现在马太效应与悬崖效应并存,重复被捐助与"无人问津"的弱势群体并存等。比如,不少地方的慈善组织已将慈善单纯地与低保捆绑在一起或简单地复制和嫁接政府或其他组织的救助对象,就造成弱势群体一旦进入国家最低生活保障的范围,获得慈善组织捐助的机会和频率也大大增加,而游离在政府主导的社会救助之外的弱势群体获得民间慈善捐助的概率则相对比较低,这就形成了救助中的马太效应和悬崖效应。④ 内容结构偏离体现在重物质、轻精神,情

---

① 南方周末公益研究中心:《中国公益品牌观察报告(2021—2022)》,南方周末官网,https://www.infzm.com/contents/238589?source=131,2023 年 10 月 28 日。
② 南方周末公益研究中心:《公益品牌建设的"老问题"与"新突破"——南方周末中国公益品牌榜(2023)解读》,南方周末官网,https://www.infzm.com/contents/260784?source=131,2023 年 10 月 30 日。
③ 曾桂林:《从"慈善"到"公益":近代中国公益观念的变迁》,《文化纵横》2018 年第 1 期。
④ 杨方方:《慈善市场的信息不对称与结构性失衡研究》,《社会保障评论》2017 年第 3 期。

感表达和精神能量传递被忽视。

指向性失衡之一是捐助伦理失序，资源有限的绝对性意味着优先顺序的排列非常必要，究竟"雪中送炭"还是"锦上添花"优先？其实，高效的慈善资源配置一定符合"人道"救助伦理的配置，即"优先救助需求最紧迫的人"——弱者优先，但在实践中，这一救助伦理并未得到充分贯彻。以2015年民政部中央财政购买社会保障服务为例，政府购买内容"大而全"，涉及多个保障层次，其中共购买"生存救助"型项目161个，总计5160万元，购买"福利提升"型项目168个，总计5726万元。① 指向性失衡之二是深层目标与手段失调，"助人"是慈善事业发展的落脚点，"做事"是"助人"的手段和路径，微观层面上慈善项目运行得再好，如果彼此间平行不相交、相互割裂，亦很难实现受助者持续的个人成长，需要在行业组织协调下建立、健全以人力成长为导向的动态跟踪与项目组串联机制，最大限度地助力受助者。当然，要想从根本上改善助力面和助力力度，就要透过个体困境看到结构性不公并予以改善，如推动相关制度优化，从而根本地改变需求存量，实现给力方式的升级迭代。而平台算法逻辑、商业利益以及消费主义文化正在把"同情文化"改造为越来越功利的数字游戏和朋友圈的爱心表演，社会问题被分割成相互独立甚至相互竞争的项目目标。②

生态性失衡体现在市场的内循环受阻和外循环不畅，比如慈善主体之间的"借力—给力—助力"的良性循环、慈善资源要素之间的"慈善认知—慈善制度—慈善组织—慈善实践—慈善环境"之间的良性互动均未形成。中国的慈善事业成为一个"祭坛"。很多人满怀热情地走进慈善，却伤痕累累。陈光标曾流着泪向公众道歉说"自己太急躁"；南京慈善狂人邵建波的母亲曾被前来"逼捐"的人气到住院；2005年感动中国人物丛飞在生命的最后阶段仍接到很多索捐电话。值得令人反思的现象是：享受财富的人惹人艳羡，涉足慈善却引来各种猜忌。大爱无疆，大爱也应"无殇"。刻薄和求全责备是对爱心人士的不公平、不合理的对

---

① 根据民政部2014—2016年购买社会组织的相关资料整理所得。
② 叶晓君：《技术神话光环下的中国慈善公益》，《文化纵横》2018年第5期。

待，只会让捐助者渐行渐远，也会让潜在的捐助者避之不及。

二 慈善事业现代化中数字技术应用的偏离

不仅助力不足，还发生了偏离，这种结构性偏离绝非传统慈善向慈善转型的前现代阶段的正常状态。当行进方向出现偏离，运行效率也就失去了意义，需要及时矫治。

（一）看得见的偏差

尽管过去八年，互联网募捐平台筹款规模增长了400%，发展势头强劲，但据2020年《中国网络慈善发展报告》显示，互联网募捐额占社会总量的比例仍然较小，2019年只有4.1%。数字技术应用水平低不仅体现在捐赠数量上，也体现物质资源配置效率没有明显提升和数字承载的慈善方式表层化。

"数字化"窄化为"数字"化。近年来，无论是互联网募捐平台还是个人救助网络服务平台的运行逻辑都是募捐导向、规模至上。慈善事业发展窄化为慈善捐赠，重收不重支；慈善捐赠窄化为捐赠规模，重量不重质。2017年腾讯公益把个人捐款和筹款项目排行榜放置在网页醒目位置；2018年开始把平台的历史筹款总额和参与总人次放置在首页。在"数字"化的平台逻辑下，慈善事业自然会日益功利化，各种虚报、随意更改筹款额频繁发生。线下互动和情感增值服务缺失的情况下，数字慈善救助可能彻底沦为物质资源搬运工。徐永光认为"资源搬运工"引发的问题不单单是授人以鱼不如授人以渔更给力，还在于它易激发出懒、靠、贪等人性中"恶"的一面。[1] 数据对生产力的贡献要在流通中形成，要以"流转"来实现价值创造的循环，现实中彼此分割的"数据孤岛"需要无障碍地连接起来。[2] 虽然凭借互联网募捐平台上线的公募项目，慈善组织能拿到一些捐款，但慈善组织却无法获得大数据时代的"石

---

[1] 徐永光：《公益的逻辑》，《南风窗》2023年第21期。
[2] 李凯龙：《无界：数字镜像世界的到来》，新星出版社2019年版，第16页。

油"——数据。进而慈善组织就失去了筹资方案设计的重要依据，失去了可持续发展的内在支撑。

救助力度浅尝辄止，越弱势越易被忽视。受限于资源和认知，"救急不救穷"加上些许的精神慰藉成为传统慈善的内在指向无可厚非。从个人求助网络服务平台的救助实践来看，救助效果亦没有超越传统慈善阶段的目标，不仅将些许的精神慰藉彻底省去，就连救急亦不充分。以水滴筹为例，从2016年1月上线到2023年3月31日，水滴筹共筹款584亿元，救助了286万多名大病患者。[①] 据此计算，平均每位大病患者筹款2.04万元。救助力度不仅低，而且筹款压力呈上升态势。据《个人大病求助互联网平台研究报告（2022）》统计，近3年水滴筹年均筹款额为117.3亿元，年均筹款人数为63.3万人次，据此计算，平均每人次筹款1.85万元。近40%的求助者筹得1万—5万元医疗资金，筹款金额超过10万元的求助者不足2%。[②] 更严重的是，越弱势的求助者越有可能遭受平台的"歧视"，越易筹款失败。在网络平台和社交媒体相结合的筹款模式下，社交圈大小成为筹款成功的关键。越弱势的群体社会联结越有限，一轮募捐下来，如果没有取得相对优势，平台也不会再优先推送，即使求助者的需求还远未满足，之后的筹款只能靠家人在朋友圈小范围内转发。

慈善方式表层化，且成长空间有限。"指尖慈善""快乐公益"日渐成为应对宏大叙事失效之后的新范式，快乐、正能量、时尚大有成为主旋律之势。"道德困境"决定了个体面对普遍性的苦难和不幸往往会感到无力，面对造成苦难的结构性不公往往会感到愤怒；行为心理学理论也已证实无力和愤怒不会让捐助者慷慨解囊。于是，"精于心"的数字平台赋予捐助者安放自己爱心的超级能动性，让捐助者躲在屏幕后面自在、轻松地选择求助者，陶醉在自恋的道德光环之中，在尽量逃避直面"他者之痛"的不安。个人小额捐款高速增长的同时，去行动化也正在成为

[①] 王海漪：《慈善医疗的发展规律、现实困境与路径选择》，《学术研究》2023年第10期。
[②] 杨方方：《慈善事业现代化中数字技术应用的偏离与矫治》，《社会保障评论》2024年第1期。

潮流。"中国志愿服务发展指数"课题组的调研结果显示，中国志愿者数量、注册志愿者数量均呈增长态势，但活跃志愿者占志愿者总量的比重近年来有所下降：2013—2017 年活跃志愿者比例在 40%—50% 之间，2018 年、2019 年则降为 31%—34%。① 其实，快乐、轻松式慈善作为引入公众进入慈善场域的一种体验无可厚非，若止步于此，彻底陷入"救急不救穷"的传统慈善不能自拔，不仅是在逃避深层的结构性问题，也会制造更多的社会不公。快乐慈善只能是起点，不是终点；带着捐赠人一起成长才是"人人慈善"的核心要义。如果没有更富含慈善价值的数字力量崛起，按照数字平台的现行演进路线，慈善方式很难升级推进。因为 29 家互联网募捐平台大多数是企业背景，其募捐业务多通过创建流量入口和其他业务对接，把慈善变成护城河一样的存在来守护其核心业务。② 目前互联网募捐平台主导下的公益演进路线是：渠道有限的线下捐赠—多元便捷的线上捐赠—参与多样化、公益场景化的行为公益—公益与互联网生态的深度嵌入。③ 个人求助网络服务平台的营利模式多是利用公益铺路，然后将服务对象转化为相关企业的潜在客户，例如水滴筹、轻松筹等平台。

（二）看不见的背离

开放、自主的慈善文化是现代慈善事业发展的灵魂，宽松、文明的慈善环境是慈善事业的健康发展的"氧气"。近年来，互联网慈善舆情事件频发、质疑声此起彼伏，而这些无一不在损耗着慈善事业的社会公信力。据北京师范大学课题组调查，影响非捐赠者捐赠的因素，信息和信任是主因，"无法辨别求助信息的真假（42.80%）""担心所捐款项不能得到合理使用（25.10%）""没有可靠的捐助途径和平台（15.30%）"

---

① 杨团等：《中国慈善发展报告（2020）》，社会科学文献出版社 2020 年版，第 63 页。
② 叶晓君：《技术神话光环下的中国慈善公益》，《文化纵横》2018 年第 5 期。
③ 中国慈善联合会等：《中国数字慈善发展报告》，民政部、全国工商联、广东省政府、中国慈善联合会等共同主办第十届中国公益慈善项目交流展示会发布，深圳，2023 年 9 月 15 日。

以及"不相信募款的慈善组织或机构（11.50%）"。①

筹款方式的倒退与异化。在个人求助网络服务平台，潜在的捐助者和受助者并不同处于一个触手可及的物理空间，受助者首先要通过自身困境的言说让潜在的捐助者"看见"自己的不幸。决定不幸能见度的并非不幸的程度、需求的紧迫性，而是叙事方式。由此一来，个人求助网络服务平台和一些社交媒体就成了各种"不幸"相互竞争的"超市"。在线下的推广中，很多平台的推销员都是底薪加抽成，业务量的完成直接关系到他们的收入，这迫使推销员或多或少成了"星探"。②弱者卖惨是文明的倒退：个体求助一定得卖惨吗？卖惨求助和慈善组织进行类别募捐哪个更文明？曾经陈光标直接发钱的"暴力慈善"遭到慈善实务界和网民的批评围剿，现在要经过卖惨表演、低下乞求才能得到的慈善不比陈光标的"暴力慈善"更残忍？对受助者的伤害更大？以"筹款规模"为导向难以传递情感和现代慈善理念。尽可能募捐更多的钱已成为数字慈善的首要目标，在这场数字游戏中，不仅慈善的情感传递功能被打破，尊重弱者和维护弱者尊严等现代慈善的核心价值亦被搁浅：个人求助的网络服务平台像"卖惨"超市，求助者争相进行着"卖惨"竞赛；当捐款数额达到一定数量时，受助者还要亲自回复表示感谢。这些与尽量避免受助者对特定捐赠人产生感恩戴德的心理负担、尽可能塑造广博的感恩观的现代慈善理念背道而驰。

现实中对陌生人更加冷漠。2023年的"99公益日"期间公众参与人数再创新高。数字技术无疑让"指尖慈善"成为一种很酷的生活方式，快乐叙事摘掉"消费苦难"的帽子的同时，也把慈善变成了一种自我表达和自我升华。甚至在一些慈善公益活动中，从头至尾都看不到慈善对象是谁，活动目的是什么，善款的数量以及参加者的自我感动与表达成功吸引了所有关注。数字平台进行捐赠动员的过程则是强化熟人关系的过程，筹款越高越是在强化已有的社会网络。"杀熟"的募捐异化为人情

---

① 韩俊魁等：《中国公众捐款：谁在捐，怎么捐，捐给谁》，社会科学文献出版社2020年版，第18页。
② 叶晓君：《技术神话光环下的中国慈善公益》，《文化纵横》2018年第5期。

消费，也偏离自愿捐赠的慈善伦理。① 成功慈善案例背后的危险信号是同情文化的缺失以及慈善的圈层化②，相伴而来的还有真实面对需要救助的弱势群体时的冷漠、恐慌与排斥。从线上捐赠到行为慈善再到慈善深度融入互联网业务，互联网企业已经借助互联网平台将慈善全面嵌入到互联网生态链，目前腾讯已将慈善公益嵌入80多个腾讯系列产品中。③ 但"以市场为导向、消费者为中心"的个人主义慈善降低了参与者线下参与公益活动的热情。当追求悦己体验成为慈善风尚，当强化固有的社会连接成为慈善动员日常，现代慈善事业倡导的陌生人伦理必将渐行渐远。

算法推送下的同情心麻痹。"同情"是万事万物相互关联的智慧。④ 慈善行为发端于爱心、同情心，同情心是慈善主体之间建立情感连接的纽带。数字时代是一个算法崇拜的时代。一些社会网络为了流量和商业利益，不断迭代算法推测消费者喜好、推荐消费者想看的内容，但这种算法主导下的重营销可能并不适用慈善领域。当数字慈善平台根据一个人的捐赠记录不断推送同质的个人求助信息和募捐项目，只会将此类捐赠的热情耗尽和提高此人对这一领域的"感动"门槛。认知资源理论指出认知资源是有限的，当同理心行为过多时会造成员工情绪耗竭与同情疲劳。⑤ 这根源于人类道德感和同情心的天然缺陷：需要救助的人越多，越容易被漠视，因为个体的无力感和自身的不安全感增强。生活中挑战不断出现，不宜过度消耗；虽然同情心与生俱来，但也需要后天的呵护和滋养。

三 偏离背后的成因

对任何一项事业来说，多一种手段和工具都是好事。一种手段或工

---

① 徐永光：《公益需要市场化，免费的最贵》，《南风窗》2023年第21期。
② 叶晓君：《技术神话光环下的中国慈善公益》，《文化纵横》2018年第5期。
③ 中国慈善联合会等：《中国数字慈善发展报告》，民政部、全国工商联、广东省政府、中国慈善联合会等共同主办第十届中国公益慈善项目交流展示会发布，深圳，2023年9月15日。
④〔美〕里克·汉森：《被喜欢的勇气》，林思语译，中译出版社2023年版，第53页。
⑤ 杨方方：《慈善事业现代化中数字技术应用的偏离与矫治》，《社会保障评论》2024年第1期。

具的价值能否充分发挥出来，取决于对这一手段的认知程度，包括这一手段与这项事业的匹配度以及可能出现的不适等。工具不应被主观价值化，技术手段应用不当时，需要反思的是对技术的认知、洞察和驾驭能力，而不是简单地、避重就轻地否定技术工具的价值，逃避真正的背后的原因。否则，数字技术的应用不仅没有加速慈善事业现代化进程，反而将慈善事业滞留在从传统到现代的"中途"。

（一）组织乏力：不自主、力不从心和不协调

组织的能力欠缺是对数字慈善发展的直接约束，慈善组织、互联网募捐平台和个人求助网络服务平台都存在不同程度的能力匮乏；慈善组织缺少网络募捐自主性，在数字慈善的治理体系中处于边缘状态；互联网募捐平台角色不清、权责不明，其强大的技术不一定能弥补慈善价值认知与表达以及和项目推广上的局限；个人求助网络服务平台在数字技术与慈善事业结合现代化过程中"意外走红"，但因存在一些与现代慈善事业发展难以协调的矛盾成为众矢之的。

慈善组织的不自主体现在三方面：一是只能在平台进行募捐，慈善组织连接募捐者的路径就更复杂，按照社会网络理论，两个节点之间建立连接经过的度数越少就越容易，在效率和便捷度至上的网络社会，即使只多一"度"，也让慈善组织的网络募捐变得非常被动；二是互联网公司往往以商业机密为由拒绝募捐者信息分享，由于缺少数据，项目募捐方案的设计水平也就无从提高，进而又会影响网络募捐能力提升，似乎形成了负向循环；三是在前面两个不自主之间，即拿到公募编号与收到募捐之间的上线环节也是很不自主的。虽然《公开募捐平台服务管理办法》和《慈善组织互联网公开募捐信息平台基本管理规范》都并未赋予网络募捐平台对募捐项目进行审核和把关的权限，但在实际操作中，在顺利完成民政部的募捐项目备案登记并取得公募编号后，慈善组织计划上线的具有公募资质的募捐项目往往还要经过网络募捐平台的再次"审核"，有的募捐平台无视慈善组织在项目论证上的专业性，仅从之前上线项目的募捐数量高低评估待上线项目，极大地影响了慈善组织的募捐效率。

腾讯的"躺赢"和其他互联网服务平台的"躺平"似乎从侧面反映出互联网平台整体层面上的漫不经心。一方面，这种漫不经心与互联网平台自身的性质有关。网络募捐对慈善组织、受助者来说是"雪中送炭"，对互联网募捐平台来说，则是"锦上添花"；大多数互联网募捐平台依托的是商业背景，一般在集团体系内处于比较弱势的地位。另一方面，这种漫不经心背后也是"力不从心"的被动反应。慈善组织即使专耕一个领域多年，也不一定保证每个精心策划的募捐方案都能成功，而一个服务于多个慈善组织的互联网平台需要面对众多募捐项目，需要互联网平台具有自如驾驭不同议题的能力。不同议题适合不同的呈现和推广方式。对于很多平台而言，如何立体地呈现都是问题。注意力资源是有限的，互联网平台也面临价值选择：是应该完全一视同仁还是从良莠不齐的项目中选出优质项目对捐赠人进行精准推送？是完全被动地轻营销还是重营销？即使面对同一领域的项目，互联网平台的专业性也面临挑战：该如何进行项目鉴别和进行个性化推送？如果平台分不清哪些是好项目，好项目好在哪里，平台又如何精准地推送给捐款人？一个平台做得越好，入驻的慈善组织越多，需要上线和运营的项目越多，有效管理的挑战难度也会指数级上升，就愈加力不从心。长期不受信赖的互联网平台也会逐渐失去能力挑战的机会和动力，互联网平台之间的两极分化不可避免。

近年来个人求助的网络服务平台引发多个舆情事件源自个人求助网络服务平台与现代慈善事业进程的诸多"违和"：一是强化熟人社会的"直捐"与现代化进程下的陌生人社会之间的"违和"，工业化、城市化社会造就了"熟悉的陌生人"，随着我国现代化进程的深化，个体直捐的土壤不复存在，在需要信息对称予以支撑的陌生人社会，直捐极易衍生慈善纠纷和争议；二是以求助者卖惨为主的筹款方式与现代慈善倡导的尊重弱者理念相"违和"，对弱者尊严的尊重和隐私的保护成了奢侈品；三是诸多风险点与监管空白地带的"违和"，个人求助平台法律责任不清、权利义务关系不明，求助网络服务平台不仅已经在扮演"募捐平台"角色，而且业务内容覆盖慈善资源从筹集到发放的配置全过程。既然涉及慈善资源运行的全过程，风险点远比互联网募捐平台多，但个人求助网络服务平台尚属制度监管的灰色地带，缺乏严格统一的信息审核机制；四是救助弱势群体的慈善运营业务与以弱势群体为目标客户的商业经营业务的并存，从捐款金融收益归属到商业盈利模式都存在争议。

（二）制度缺漏：造成技术强者与价值强者的分离

数字技术充分发挥作用的前提是科学的制度设计，科学的制度设计能促进慈善各要素之间的良性互动。显然，现有制度的科学性还有待提升。

一是慈善组织缺失腾飞的技术翅膀。2016年出台的《中华人民共和国慈善法》规定慈善组织不能在自己的网站上进行募捐，必须在指定的平台上进行，"互联网＋"是慈善组织网络募捐的唯一模式，这使得慈善组织网络募捐程序变得更为复杂，极大地影响了慈善组织的募捐效率。虽然2024年9月5日起，"互联网＋"模式将不再是慈善组织网络募捐的唯一渠道，但慈善组织痛失网络慈善发展黄金期的遗憾短期内难以弥补。在社会各界欢呼"网络慈善成为慈善金矿"的浪潮中，数字技术力量的强者——各个数字平台、互联网公司俨然成了数字慈善的主导者，慈善价值的守望者与传播者——慈善组织却成了没有独立的网络募捐能力的弱者，不仅无法引领技术强者的价值传播，亦缺少与技术强者进行价值对话与矫治的制约能力。在价值强者缺位的情况下，互联网平台背后的商业力量正在形塑着公益的发展方向，与慈善公益目标不相一致的社会意图和商业力量正在主导着新兴慈善的议程设置，[①]使得慈善事业有被商业资本裹挟的风险。可见，技术强者与价值强者的分离使得慈善组织失去掌舵数字慈善的能力，直接导致了数字慈善与慈善事业现代化的偏离。

二是互联网平台成为技术强大与力量脆弱的矛盾体。现行制度下，互联网募捐平台面临责权不清、责权不一致的困境，即使想发挥主观能动性，但不敢"创新"。目前捐款人一定程度上把公益组织和项目出现的问题及其监管责任归责于平台，公益组织也以为给平台提供信息反馈就

---

① 叶晓君：《技术神话光环下的中国慈善公益》，《文化纵横》2018年第5期。

实现了对捐赠人负责。但实际上，不论是《公开募捐平台服务管理办法》还是《慈善组织互联网公开募捐信息平台基本管理规范》都并未赋予网络募捐平台对募捐项目进行审核和把关的权限，在项目上线、募捐开始后募捐平台对募捐项目和慈善组织均没有"管理处置权"。这些使得互联网平台看似有不小的发挥空间，但其自主性又无从发挥。

三是个人求助网络服务平台是爱心聚集地，也是信任风险源。"幸福的家庭都是相似的，不幸的家庭各有各的不幸"，一个个新奇的个体不幸故事吸引着有限的数字注意力资源，真实信息被暂时搁置，个体背后的社会性风险被掩盖，过于表层和分散导致长期效用难以形成。个人求助网络服务既热闹喧哗，又"伤痕累累"，每次舆情事件都有加剧认知分裂的风险。据《互联网信息服务管理办法》第八条规定："从事非经营性互联网信息服务，应当向省、自治区、直辖市电信管理机构或者国务院信息产业主管部门办理备案手续。"鉴于个人求助网络服务平台面临比互联网公募平台更为复杂的慈善资源分配问题，平台运行面临全过程风险，对于非经营性平台也应制定更为严格的备案要求，制定更高的技术管理、信息管理规则，将不符合上述要求的平台阻挡在外。凡涉及利用求助者信息开展商业业务经营的平台都不属于非经营性互联网信息服务，不适用"备案"程序。民政部门可会同有关部门推动国务院制定针对经营性个人求助网络服务平台的行政许可法规。

（三）认知不足：对数字技术的弊端与局限洞察不足

对技术发展的内在弊端、局限和算法负面后果预见性不足以及对数字技术与慈善事业的适配程度的认知局限是数字技术应用偏离慈善事业现代化进程的深层致因。数字技术局限主要表现在三方面。

一是技术陷阱。从长远来看，技术革命会造福每一个人，但新技术革命初期往往蕴藏着巨大陷阱，包括社会阶层的剧烈变动和贫富差距加大。身处人工智能时代初期的当下也不例外。[1] 分配上需要向技术贫困者

---

[1] ［瑞典］卡尔·贝内迪克特·弗雷：《技术陷阱：从工业革命到 AI 时代，技术创新下的资本、劳动和权力》，贺笑译，民主与建设出版社 2021 年版，第 2 页。

倾斜，但技术往往带来技术冷漠，加剧人与人的疏离，同时，也会放大人类"越疏离—越无力—越冷漠"的道德困境。

二是大数据的盲区以及与慈善的天然不适。任何技术都有局限，不可能与任何事业都天然全方位适应。至弱无声，最弱势的群体往往是信息上的弱势，向外界主动发信号的能力很弱，属于大数据的"盲区"，在大数据中没有存在感，也往往游离在数字慈善的救助范围之外。弱者优先，慈善应优先弥补分配调节系统的"差"和"缺"，需要运用超越经验的能力找到最缺少存在感和主动表达能力的最弱势群体。可见，慈善面临的是个性化的新问题。而大数据基于过去发生的事，接触的是一个镜像世界，一直重复呼应已有的期待。从大数据看不出背后的情感，看不出真实的感受，也是数字技术与慈善的天然违和之处。

三是算法无力。算法背后是数组模型，数学模型是现实的抽象和简化，如何找到最贴合现实问题的模型是一个难题。但不论模型多么贴合，算法与实际问题之间永远存在间隙。更进一步，在商业领域大行其道的算法模型可能不适用于慈善捐赠行为决策，因为精神情感世界的微妙不是任何单一学科能解构的，不同时点和情境下同一人的爱心触发点亦有很大差异。即使有的推送一时与特定对象的爱心触发点对上了节拍，也会因反复推送变得越来越无力，直至这个爱心触发点消失。

慈善文化是慈善事业发展的"灵魂"，对慈善事业的影响深远且广泛。慈善文化一方面在很大程度上影响社会整体的慈善意识高低、慈善环境的优劣，另一方面，慈善文化很大程度上影响现代慈善事业发展的起点。文化是实践的结晶和凝聚，同时又决定和影响着实践。文化虽然没有好坏之分，但却有积极和消极之别。一般说来，自主型社会文化比依附型社会文化更容易促进慈善事业的建立与发展，自由型社会文化比专制型社会文化更有利于慈善组织的建立与发展。文化是集体的道德，映射在各个主体身上就内化为心理，心理是整体性文化与个体性意识相结合的产物。我国的慈善文化封闭而内敛，依赖性强、缺少自主性。[①]特殊的慈善文化造就了狭隘、脆弱、矛盾的社会慈善心理底色。虽然自

---

① 杨方方：《慈善文化与中美慈善事业之比较》，《山东社会科学》2009年第9期。

汶川地震后朴素的慈善公益意识和社会责任意识在觉醒，但社会各方的慈善心理却远不够成熟。① 矛盾心理下的浅尝辄止，狭隘心理下的道德绑架与粗暴施舍，急躁心理下的索捐与抱怨，脆弱心理下的屈从迎合，各种慈善乱象就是各类慈善主体内心纠结的外化。

---

① 杨方方：《慈善力量传递中的义和利：相融与相生》，《社会保障评论》2019 年第 4 期。

要素优化：慈善事业的"内修"之路

认知决定价值，价值决定方向；信息是消除了不确定性的数据，是智能时代的"黄金"。认知、信息、技术和制度、人才等资源要素是"资源背后的资源"，是慈善事业资源配置的底层支撑。要素之间既存在紧密的逻辑关联，又都彼此独立、不可替代。其中，认知可谓资源要素中的要素，是其他资源要素优化的底层保障。认知上"差之毫厘"，制度上可能就"漏洞百出"，实践结果很可能"谬以千里"。

一 认知升级：从更广的视角来看慈善

真正的善是对整体的认知，局部的善可能是整体的恶，局部的恶可能是整体的善，应尽力避免慈善的管窥效应，清楚慈善事业现代化的内部运行机理和目标蓝图。

（一）立体透视，慈善事业现代化的过程就是多维多层资源配置的良性循环

在慈善场域中无时无刻不在进行着多维、多向的资源流转和力量传递。慈善组织、捐助者、受助者、政府、各类慈善市场中介服务组织、媒体、公众等多方参与其中，每一方的输出都是其他主体的输入。[①] 信息、技术、制度和认知都是决定慈善市场资源配置效率的资源要素和底

[①] 杨方方：《共同富裕背景下的第三次分配与慈善事业》，《社会保障评论》2022年第1期。

层支撑。慈善事业现代化进程的持续推进就是多个维度慈善资源良性循环配置、多资源要素良性互动的过程。

一是物质资源的分配维度："资源筹集—资源管理—资源分配"的良性循环。作为承载各类慈善活动运行的市场，实现供需平衡是慈善市场的天然追求，资源配置效率是检验慈善市场运行健康与否的直接指标。

二是情感资源的传递维度："捐赠者情感表达—受助者心理能量增强—捐赠者的精神收获"的良性循环。慈善起源于爱心、同情心，慈善资源传递过程就是情感和精神力量传递的过程，感动自己是起点，感动别人是目的。通过情感传递慈善事业能传递情绪价值，从而推动受助者建立更广泛的社会联结。

三是资源传递的互动维度："借力（让有力者有爱）—给力（让无力者有力）—还力（让有爱者更有力）"的良性循环。给力，即"使无力者有力"，是慈善力量传递的目标，无力者的成长是慈善价值的根本体现，是慈善运转系统有序协作的自然结果；借力是资源动员，是尽其所能获得，是给力的重要前提；"还力"着眼于让慈善市场中的参与主体都能有所获得，营造宽松、开放的慈善氛围，让慈善成为"圣坛"。

四是资源要素的关联维度："慈善认知—慈善制度—慈善实践—慈善文化"良性循环；慈善事业的蓬勃发展离不开先进、开阔的慈善认知的引领。避免管窥效应，局部的善可能是整体的恶，局部的恶可能是整体的善；真正的善是对整体的认知。处理好整体的善与局部的善、当下与长期的善的关系，在深刻认知慈善的悖论和局限的基础上，充分、智慧地运用技术手段、规则制度等治理工具，智慧地协调处理慈善与各个要素之间的关系。

五是生态资源的优化维度："慈善事业与其他分配层次互动—人力成长、制度优化—善经济—社会生态全面优化"的良性循环。在共同富裕进程中，初次分配旨在不断推进收入上限，再分配和第三次分配旨在尽量缩小收入分配差距；相对于再分配系统的全民调节，第三次分配系统优先聚焦最弱势群体的生活改善，尽力提高的是收入水平下限。慈善事业发挥复合的分配功能促进社会公平，提升社会的道德水平，衍生善经济，发挥乘数效应，从而优化整个社会生态。慈善生态网络中，专业从业者、慈善捐赠者、政策制定者、慈善组织领袖、社会活动家、慈善市场中介服务组织与从业者缺一不可。效率并非慈善市场的第一追求，合作而非竞争才是慈善市场的主旋律，过度竞争逻辑有违现代慈善价值。

（二）走向开阔，消除私益慈善与公益慈善的狭义区分

不少学者与慈善从业人士都限于私益慈善（捐助特定对象）和公益慈善（捐助不特定对象）的区分，在个人求助与慈善组织之间设置了"屏障"。其实，直捐与私益慈善并不对等，组织化的间接捐赠也不应执拗于公益慈善，现代慈善与个人求助并不矛盾。因为慈善组织最终帮助的是具体求助者，个体、慈善组织与救助对象建立连接的不同路线、连接的时间点是否在募捐之前都不是公益与否的决定性因素。比如，直捐是对特定受益人的捐赠，但只要特定受益人有切实需求且不是"我"（自己和亲属），慈善行为就成立，只要慈善行为成立，就是公益的。可以说，实践中只存在慈善是否成立之争，不存在私益慈善还是公益慈善之分。进一步说，"私益慈善"的表述逻辑上并不自洽。按照慈善与公益的关系，慈善本身是公益的一部分，有些公益情景慈善涵盖不了因而不能替换公益，但字面上公益基本能替代慈善。据此，当判定某行为属于私益慈善时，也可说成"私益公益"，这显然是产生了逻辑悖论。

（三）不断前行，鼓励慈善种子在"新容器"里开花结果

慈善组织虽然很大程度上弥补了个体慈善在信息对称、规模化、稳定性等方面的无奈和遗憾，但组织型慈善并非万能，难以根除的"志愿失灵"是慈善的"软肋"。筹资困境、业余主义、定位失准、规划缺失等都是慈善组织难以摆脱的劫难。基于此，如果慈善力量在不同的容器载体进行传递，或者以一种更稳定、更有效、更治本的方式传递，如果慈善力量不断延伸、扩展，把慈善的触角伸到曾经难以想象的平台，这还算不算标准的慈善行为？其实不论其行为主体能否被冠以慈善组织之名，基于对美好未来的憧憬，作为一种探索、一种尝试，作为若干种解决方案的一种，慈善组织冲破自身局限的勇气和尝试是可贵的，哪怕它不符合现有的慈善组织定义，哪怕挑战当前的认知体系。一个崇尚革新、创新的时代，新事物、新形式层出不穷恰恰是社会活力的体现。面对难以定性的新事物，面对、分析、讨论远比指责更具现实意义。

站在更宏观、更高的地方去看社会企业、共益企业等，可发现，慈善力量的合力不减反增，显然，这不是慈善的异化，而是慈善种子在新的土壤里生根发芽，是慈善在开疆拓土。慈善形式和载体越来越丰富是社会进步、创新的结果。拒绝承认，甚至拒绝面对企业化慈善，很像在重演组织化慈善产生时个体慈善坚守者对其的不屑。可以说，不同慈善方式同根同源，爱心、社会责任、志愿精神是各种慈善方式共同的精神源泉和情感根基。不同的慈善方式之间可以优势互补、相互转化、和谐共生。

如果真像有些学者担心的，理想的组织化慈善脆弱且有被富人和明星裹挟的风险，而向其他组织融入的尝试恰是慈善发展的正道，比单纯批判现实要有意义得多。可以这样开阔地理解，社会企业、公益企业不是慈善组织的变质，而是企业出现了变异，企业自身协调了效率与公平、解决了外部性的问题。当慈善之火在更广泛的场域燃起，不仅丰富了慈善方式，也让义利有了更深度的融合，让义利相生有了更多可能，当然值得鼓励。当慈善种子遍地开花，社会可能是到了更高阶的社会文明。难怪尤努斯教授这样描述理想社会的状态："一个没有慈善和福利，也没有贫困的世界。"[①]

（四）回归理性，市场化一直是慈善事业的内在因子

从个体慈善到组织慈善再到企业慈善，无疑市场成分越来越多、市场机制的作用越来越大，但都是活跃在"手段"层面上，坚守慈善价值观是市场化的前提和导向，故慈善市场化就是现代慈善事业世俗化的应有之义。但当徐永光先生发出慈善应该推进市场化的呼吁时哀声一片，其实，大可不必。试想一下，如果呼吁市场公益化是不是就能赢得一片欢呼？特定主体的公益市场化和市场公益化行为可能产生相同的慈善物

---

① ［孟］穆罕默德·尤努斯：《穷人的银行家》，吴士宏译，生活·读书·新知三联书店2006年版，第264页。

资供给,即"利",收获的社会评价可能是天壤之别。即在慈善总量不发生变化的情况下,采取不同的方式,可能得到的评价泾渭分明。对慈善市场化持悲观论调的人是不是对慈善的理解过于狭隘了？慈善这个爱心传递的领域,是否只有远离市场的浸入才能保持纯净的精神乐土？这种视市场化为"洪水猛兽"的悲观论调对于为社会发展做出重要贡献的市场主体、商业力量是不公平的。作为一种资源配置的手段,相对于"计划配置",市场化因集约、效能等优势在世界范围内的经济领域备受推崇,手段本身并没有道德高低之别。能不能客观地看待市场机制,是社会整体认知能力和市场化基础条件成熟度和规则完备性的体现。

公益市场化不是一个可以取舍的选择,而是一个不能回避的事实。现代慈善事业本身就是一个市场,组织化、专业化慈善运作本身就是传统慈善走下道德圣坛主动拥抱市场的结果,在一次次募捐策略策划、资源动员流程设计和项目实施中实践着公益宗旨和市场手段的结合。慈善市场一直承载着现代慈善活动的运行。慈善的供方、需方以及供需的桥梁——慈善组织等主体在慈善市场中自主地进行着慈善资源的交换互动并相互影响。[1] 慈善市场的运行要遵循一般的经济规律,如经济发展是基础,社会的整体经济发展水平和个人的经济地位、税收激励等都是促进慈善事业发展的重要手段。[2] 但另一方面,慈善市场与其他市场有着明显的区别,其起点关乎情感、责任和道德,甚至社会规范;终点不仅关乎分配层面的公平正义,也关乎社会的文明、生机活力和精神面貌。慈善市场既是慈善资源汇集、流动的平台,也是联结并传递社会爱心的精神家园。

什么叫过度市场化？什么是异化？手段的创新和丰富必然让慈善变质吗？这些都取决于慈善边界是否清晰以及评估、监督和约束机制是否完善。其实慈善在以体现完美德行为主要任务的传统慈善时期,都有慈善异化的可能,现代组织慈善中更不可能杜绝这种情况的发生。慈善是

---

[1] 杨方方:《慈善市场的信息不对称与结构性失衡研究》,《社会保障评论》2017年第3期。

[2] 杨方方:《慈善经济学研究进展》,《经济学动态》2014年第6期。

"感性"的，慈善事业始于感性，成于理性，长于自身对初心的坚守和外在机制的约束。只要机制健全就可以保障慈善的健康生态。慈善市场的道德底线要用规则来守护，健康的慈善市场应该让"以慈善之名行商业之实"的非慈善没有可乘之机，而不是通过禁止慈善市场化来因噎废食。

二 处理好技术与人文、组织与制度的关系

理性、辩证地看待慈善事业与数字技术的关系是矫治当下阶段性偏离的前提，一方面，数字技术在慈善事业现代化中的巨大工具价值和独特作用不应被否定，暂时的结构性偏离恰恰是对慈善事业现代化的持续推进的一种及时的提醒。另一方面，慈善事业是工具性地使用数字技术非依托数字技术生存[1]，数字技术应用不是慈善事业的目的，而是实现慈善事业本质功能的一种手段。[2] 故数字慈善只是慈善的一个侧面，不会成为数智时代"现代慈善事业"的代名词。

（一）处理好技术与人文的关系

一是用线下小数据完善大数据。深刻认识到数字技术的有限性，增加线下调研、基层合作和互动慈善空间设计。通过线下调研，充实小数据，完善大数据库。通过线下调研或者与基层社区合作，获取特定类型弱势群体的需求数据，完善弱势群体数据库。慈善组织与互联网合作共建线下立体的慈善空间，让慈善过程创造更多情感和精神价值。同时增强情感联结，促进"线下"与"线上"互促融合。

二是促进算法智能与人工智慧相结合。对于算法与现实的间隙，技术无能为力，只有人能处理和弥补，一套真正有效的决策机制，大概率是在机器人和人的两个维度之间找到了平衡。慈善领域的理想算法应该

---

[1] 林敏华：《对公益组织互联网传播能力的实证研究——以广州本土公益组织为例》，《青年研究》2014年第1期。

[2] 周俊等：《数字技术与慈善事业的转型发展》，《浙江社会科学》2023年第8期。

是算法智能与慈善智慧的融合，应该是没有算法的算法。从慈善本心出发，升级算法目标，从触发捐赠行为、做大捐赠规模到先进价值观理念传播、精神力量提升，推送内容从更贴近个人捐赠行为决策端的同情、爱心唤起到以提高精神力量、拓宽认知带宽为指向的先进理念的传递。[1]当底层的认知带宽得以拓展，共情辐射面自然更加开阔。慈善的算法恰恰不应在个体差异上做文章，而是要寻找和拓宽认知价值共性。

（二）处理好组织与技术的关系

慈善组织是现代慈善事业运行体系中的重要主体，应强化慈善组织在互联网募捐中的作用和地位。首当其冲的是优化互联网募捐模式，如果制度不能合理分配互联网募捐权，就会破坏个体直捐和组织化募捐的自然分布状态。因此互联网募捐权优先分配给价值强者：一方面，让"慈善＋互联网"与"互联网＋慈善"并行不悖，以覆盖更多慈善场景。自2024年9月5日起，慈善组织可以在自己网站上进行募捐，无疑将提高慈善组织的自主性，激励慈善组织不断提升自身的网络募捐能力。[2] 另一方面，升级"互联网＋慈善"模式为"互联网×慈善"模式，提升互联网平台的"慈善"含量。互联网公司固然擅长数字技术，但接受一套新型价值体系并不容易，借助慈善组织的价值优势是比较务实的选择。因此，应让慈善因子更广泛、深刻地渗透到互联网募捐的全过程，以提升互联网募捐平台的慈善浓度。慈善组织应能共享互联网募捐平台的数据信息，包括完整的捐赠者信息，不仅有助于做好情感联结、通过持续互动提升公众对慈善的认知，也为制定后续筹资方案、推进后续服务提供重要参考；慈善组织也应能共享个人求助网络服务平台的求助者数据，以便相匹配的慈善组织对接。

---

[1] 杨方方：《社会保障的力量传导与质量提升——兼评"福利病"论词》，《社会科学》2023年第2期。

[2] 2023年12月29日，第十四届全国人大民代表大会常务委员会第七次会议表决通过关于修改慈善法的决定，自2024年9月5日起施行的《中华人民共和国慈善法》第二十七条第一款规定：慈善组织通过互联网开展公开募捐的，应当在国务院民政部门指定的互联网公开募捐服务平台进行，并可以同时在其网站进行。

（三）处理好组织与制度的关系

从现代慈善生态的健康良性发展的需要出发，需要成立行业性组织，在做好行业基础设施建设规划的基础上明晰各类主体的角色并完善相关制度，以理顺数字慈善治理体系。其一，明确互联网平台的角色。为了避免厚此薄彼的现象，制度应明确互联网募捐平台应平等地服务慈善组织。当然，互联网平台要做到真正的服务平等，还需要两个重要前提：一是外部的程序前提，民政的审核程序特别完善，项目的专业性和慈善价值能得到保证；二是自身的认知前提，关于在具体的项目服务平等与健康的慈善生态这个宏观目标之间如何取得平衡，自身已有清晰的价值判断和路径选择。从新慈善法相关条款来看，对互联网平台服务的要求还不太细致，只是强调了"无正当理由不得拒绝为具有公开募捐资格的慈善组织提供服务"，对于互联网募捐能力的整体提升助力有限。[①] 其二，理顺个人求助网络服务平台在数字慈善治理体系中的职能。长远地看，个人求助的网络服务平台不应是直接的筹资平台，而应是推动慈善资源精准对接、有效配置的现代慈善事业的中介组织，通过强大的信息能力成为求助者与慈善组织的桥梁，为求助者牵线对口的慈善组织，为慈善组织提供精准的需求信息。如果说，互联网募捐平台是为慈善组织的"收入"服务，个人求助的网络服务平台则是为慈善组织的"支出"服务。其三，完善网络平台的准入、监管与评估体系。完善非经营性个人求助网络服务平台的备案规定，提高非经营性个人求助网络服务平台的备案要求；设立经营性个人求助网络服务平台的许可法规，规范经营性个人求助网络服务平台的准入门槛。同时，细化互联网募捐平台的相关规定，强调互联网募捐平台应制定合理公正的程序，平等地服务所有慈善组织，禁止区别对待。另外，评估体系具有很强的指向性，是募捐平台助力慈善事业前进的方向和灯塔。按照现代慈善事业的发展指向来评

---

① 自2024年9月5日起施行的《中华人民共和国慈善法》第二十七条第二款规定：国务院民政部门指定的互联网公开募捐服务平台，提供公开募捐信息展示、捐赠支付、捐赠财产使用情况查询等服务；无正当理由不得拒绝为具有公开募捐资格的慈善组织提供服务，不得向其收费，不得在公开募捐信息页面插入商业广告和商业活动链接。

估互联网募捐平台和个人求助网络服务平台。慈善事业发展不仅要看收入端，还要看支出端；不仅要看捐赠规模，还要看捐款质量，更要看配置效用和价值输出，要看受助者的人力成长情况；还要基于慈善组织的长期成长、慈善事业的系统功能和慈善生态的良性健康等方面来综合考量。

三　优化信息生态

健康的信息流是慈善资源流动的路标和指示灯。在良好的信息生态下，个性化的慈善组织在社会目标上才能达成默契，才能释放天然的合作意向和热情，资源才能完美对接。信息优势本应是现代慈善事业取代传统慈善的不二法宝，但现代慈善市场自身也存在信息不对称，这就是现代慈善事业的"信息悖论"。资源配置低效和失衡很大程度上是需求信息盲视下志愿失灵加剧、固化和慈善市场自我矫正功能弱化的结果。细思可见，不论是在慈善市场的初次分配过程中，还是在政府担当资源供给者的再分配过程中，主观层面的信息漠视都要比技术层面的信息缺位具有更大的"危害性"，信息缺位本身就是主观漠视的结果。理念优于制度，制度优于技术，故优化信息生态应始于信息意识的树立。

（一）树立信息意识：需求引导供给

只要重视资源配置结果，就一定会从切实的慈善需求出发，可以说，结果导向是信息意识的起点，需求导向是信息意识的体现。树立信息意识，也就是树立并坚守结果导向与需求导向。

慈善市场发端于"感性"，致力于"理性"。慈善市场追求的是物质与精神的有机融合和良性循环。以助人为业的慈善市场无疑向社会传递着巨大的正能量，但它绝对不仅仅是理念、价值观交流平台和精神传播的道场，而是把精神融入实实在在的物质转移过程，物质是爱心的载体，物质资源分配的效率高低影响着慈善价值观的传达和普及。现代慈善价值观的传播广度和深度有赖于供给和需求的匹配度，即资源配置的效率。散财效用观是催生现代专业慈善的内驱力。美国现代基金会之父——钢铁大王卡耐基在《财富的福音》中就传达出这种思想：聚财和散财同样需要有高超的经营能力。他写道："在神圣的慈善外衣下漫不经心地胡乱挥霍的百万富翁比一毛不拔的守财奴对社会的危害更大。"被犹太人视为智慧圣典的《塔木德》中也写道：赚钱不难，花钱不易。中国社会科学院美国研究所资中筠在《财富的归宿：美国现代公益基金会述评》中也指出："怎么花钱是需要现代公益组织研究的一门大学问。"① 这不仅是对捐献者的重要提醒，更应该成为慈善组织的警世恒言。善款的分配需要科学的规划和精心的运营，以实现善款的效用最大化，而信息对称无疑是散财最大化的基础和前提。

突出供给者的德行和慷慨不是现代慈善的本意，以需求为本，从需求出发，给"无力者"提供切实的帮助才是现代慈善的本色。需求无限、资源有限，弱者优先不仅符合福利经济学的资源分配原理，与罗尔斯函数、纳什函数的要义一致，也与社会公平正义的内在要求相吻合。作为民间的社会救助系统，"雪中送炭"、解救人于危难之时显然不能概括现代慈善事业的全貌，但应该是慈善事业永恒不变的初心。在实践中，"需求最紧迫"的判断标准是什么呢？灾害经济学也指明了人道运动的特定路径：从高风险到低风险逐级推进，本源风险系数高于衍生性风险。本源风险在化解次序上应优先，这样就从源头上减少了衍生风险的发生。当然，在不同的救助情境下，潜在需求者的特征不同，判断"最紧迫需求"可以细化为更具体的指导原则：需求层次越低，越紧迫；需方越弱势，越紧迫；显性化的刚性需求比未来可能发生的需求紧迫等。

（二）认清信息本色：慈善信息悖论与特殊性

慈善市场本就是为解决"信息不对称"而来，信息分布优势应该是现代慈善事业取代传统慈善的不二法宝。众所周知，传统的个体慈善依托的熟人社会、地缘、血缘社会已经在工业化和现代化的车轮下渐行渐远；城市化造就了"熟悉的陌生人"，信息不对称使得个体慈善举步维

---

① 资中筠：《财富的归宿：美国现代公益基金会述评》，上海人民出版社2006年版，"序言"第4页。

艰、纠纷不断,给以慈善组织为媒介、倡导陌生人伦理的现代慈善以巨大的发展空间。可见,传统慈善供需双方的信息不对称催生了现代慈善市场,避免信息不对称造成的资源配置低效是现代慈善市场运行的内在机理,慈善市场的核心竞争力在于信息对称优势,但慈善市场自身也存在信息不对称,这就是现代慈善市场的"信息悖论"。信息的困境如同人类的沟通困境,人与人渴望沟通而又不能彻底沟通。故慈善市场中的信息不对称具有绝对性。同时,信息不对称也具有相对性。横向比较一下,很容易就发现慈善市场有发达和不发达之分,不同慈善市场中的信息分布存在相对差别,信息不对称的程度越深,慈善市场就越不发达。

为了切实改善和优化慈善信息生态,还需要充分了解慈善信息的特殊性:

一是越需要捐助的人的信息越难以获得。在信息网络高速发展的自媒体时代,在信息显性化方式愈加丰富的今天,慈善需求者的信息却呈现出越来越隐蔽化的特征。

二是慈善需求信息的收集之"难"。弱势群体成为大数据外的沉默群体,越弱势越沉默,最弱势的人往往不是向社会公开呼吁求助的人,而是那些连"求助"信号都发不出的人。这就意味着慈善需求信息的采集具有挑战性和需要较高的成本。

三是慈善组织信息公开的"不情愿"。专业化、现代化的慈善市场中的慈善活动仍然是分散的"个体"运作,因此,有人认为慈善组织的行业内合作几乎是不可能的,因为他们在筹资上彼此竞争,想法说服捐赠人,他们解决某个社会问题的路径是最优的,比别的机构都好。[①] 因此,慈善组织对于治理信息、财务信息、捐赠者、受助者等信息都具有天然的垄断欲望。这些说法未免过于绝对和片面,但从侧面说明了要使个性化的慈善组织信息充分公开、为实现社会化的宏观目标而进行资源整合、合作互动是颇具难度和挑战性的。

四是信息公布、传递和内容之"广"远超其他领域。既然要实现一

---

① [美]马克·R. 克莱曼:《捐赠者的自我变革:催化式慈善》,《中国发展简报》2014年第2期。

个潜在的统一的社会化目标,那么慈善市场的任何一个局部配置都构成另一局部资源配置的基础信息。需求信息与供给信息之间是彼此包含、相互转化的关系,需求是供给的前提和基础,需求信息是供给的背景信息,供给又会产生新的需求,又构成需求信息的背景信息。这对信息的动态性管理提出了极大的挑战。如何对浩如烟海的信息进行分级、分类,如何在多元、多维、多环节的资源配置关键点上对信息分布状态进行抽象和提炼,并按照对资源配置影响程度对信息实行分级管理都考验着市场调节者的智慧,比如一级信息公开的时效性和精确度要求要高于二级、三级信息;捐赠者信息的公开度就本着尊重捐赠者意愿和尊重公民隐私权的原则进行差别化、适度化处理。

(三) 优化信息生态:制度护航 + 政府领衔

在失序、不平等、充斥着不正当竞争的慈善市场中,慈善组织必然会变得谨小慎微、关门自保,这又会加重慈善市场的失序,从而形成恶性循环。要想使个性化的慈善组织在社会目标上达成默契,就必须要有良好的信息环境,慈善组织的"大局观"就会自然流露。毕竟慈善组织的"利己"最终是为了"利他",慈善组织有着天然的合作意向和热情,合作也一直都是慈善组织的生存方式。如何才能优化信息生态?一方面要制定科学的信息统计、披露、分享制度,包括采集、传递、共享、运用、输出等。应最大限度地消除信息分布盲区和信息传递壁垒,能够使需方、供方的信息充分、对称分布,并能充分、实时地传递供需交互的动态信息。静态地看,需要建立信息的采集机制、归集机制和共享机制、评估机制等;动态地看,资源对接的路径应该有利于信息的充分传递;从参与主体来看,需要政府领衔下多方的积极参与。另一方面,不论是信息的披露义务还是信息共享权利,所有的慈善组织都应一律平等。这样就能保证在Ⅰ类市场,慈善组织有较为公平的发展环境。在Ⅱ类市场,政府购买慈善组织服务的过程就是收集和筛选弱势群体信息,并在浩如烟海的慈善组织信息中选择匹配的慈善组织和对服务全程的信息并及时判断和予以回应的过程。因此,在挖掘"沉默"信息上,政府责无旁贷,这是政府的资源优势决定的。当然,需求信息的传递并不完全是政府到慈善组织的单向流动,而应是政府主导下的多向流动,许多慈善组织长期驻扎在基层,通过社会调研获得的一手数据具有重要价值,也可反馈给政府。慈善组织应发挥基层优势,可将动态更新的一手信息与政府部门共享,根据自己的调查对政府保障的名单提出修补意见等。可见,在信息采集方面,政府、社会组织以及专门的信息采集机构可相互协作,本着优势互补的原则共担此任。另外,在慈善组织运作情况的评估上,不仅应有来自民政部门的评估报告,也应该有来自民间的第三方的评估。

随着信息生态的不断改善,还应进一步优化供需对接路径,如在Ⅱ类市场中在"补供方(政府—慈善组织)"的基础上增加"补需方(政府—慈善需方)"的配置方式,慈善需方"用脚投票",必然能提高慈善资源的配置效率。

综上,慈善事业是共同富裕进程中灵巧且重要的支点。基于分配领域和发展领域之间的紧密关联,"在发展中保障和改善民生、在分配优化中促进发展"必然是我国共同富裕目标推进的主导战略。只要慈善事业不断提升现代化运作水平,就能成为这一战略的最佳诠释。

分论三

筑底融合：残障事业的
预防为轴与连接为基

残疾是人类自古以来就存在的现象，是人类文明进程中难以避免的代价。尽管生理性弱势群体在人口数量上并非少数，但存在感、话语权、影响力等方面均明显处于劣势。这源于群体内部的差异化和分化，需求分散、难以整合以及生理性弱势群体及其家庭在诉求表达和权益争取方面的被动与无力。在年龄、性别、健康等各种生理要素中，残障既是一类生理性弱势群体的典型代表，也是最容易与其他生理性弱势要素产生交叉和叠加的生理弱势现象。也就是说，在风险社会中，虽然整体上残障风险与每个人如影随形，但基于不同群体的抗风险差异，生理性弱势群体有着更高的残障概率。结果自然是，残障群体里相当一部分是多重弱势群体。由此可以说，残障群体自然是生理性弱势群体的弱势，是弱势中的弱势，理应得到优先扶持，但现实状况却不尽如人意。残障事业发展还面临诸多争议，仅从这一群体称谓的演变过程即可看出，毕竟公共话语是社会认知、建制水平和社会地位的显性化表达。

我国有近9000万名残障人士，目前主流的名称和称谓是"残疾人"，很明显，比起三十年前的"残废"，残疾和残疾人的提法有明显的进步。毕竟"残废"一词极尽消极和颓废，词性构成是"名词+形容词"，即状态性描述+彻底否定的结果，是在夸张地描述残障人士的缺陷之后进行否定性的终极判决。认定这些人是"废人"，而且无论怎么努力，都很难摆脱"无用"这一标签。这一名称不仅没有赋予残障人士在绝望中寻找希望的力量，还产生了扼杀其希望的不良影响。在这一话语体系下，把"残废人"养起来就成了社会保障供给的主要目标。"残疾"一词用"疾"代替了"废"，在大幅度削减贬义色彩的同时，也拉近了这一群体与健全人的差距，是近三十年来我国的主流称谓。毕竟每个人在每个生命阶段都可能与疾病不期而遇，伴随而来的是身体功能都或多或少有所下降。差别在于，健全人的病多是临时的，但残疾人的病则可能是永久的；健全人的绝大多数病是能治愈的，残疾人的病情却很难缓解。在残疾的语境下，尽可能多地进行医疗服务就成为社会保障供给的主要目标。

虽然"残疾"删掉了极端的全面否定，更加强化了状态的客观描述。但无论是从人力资源开发的经济角度还是人道主义的社会角度看，这一概念仍然都是单一、片面、封闭和僵化的。因为它仍然将"残疾"视为残疾人自身难以逃脱的宿命，与你我无关。仍然将残疾人排除在主流社会之外，既忽视他们与健全人共有的人性需求，也忽视他们独具的特殊潜能。在中国台湾，主流的称谓是"身心障碍者"，看到这一称谓时不禁皱眉，身体残障者也是心理残障者？心理残障者也是身体残障者？身心障碍者把身体障碍和心理障碍捆绑在一起，对所有具有生理（病理）性残疾的人的"局限"进行了扩大和固化的定义，试问，这是在加重还是减轻残障朋友的心理负担？

经过以上分析，上述几种称谓的文明程度依次递增的顺序应为：残废＜残疾人＜残障人士。但由于不时要提及相关现实政策，笔者不得不在"残障"与"残疾"之间无奈地频繁切换。

残疾预防：残障事业的逻辑起点和结构要素

残疾既有自然属性，也有社会属性，随着灾害风险的社会性增强，后天致残的情况越发普遍，残疾的社会属性也越发明显。例如，汶川地震中有近万人受伤致残；唐山地震造成截瘫患者2200多人[①]；我国每年有70万名工伤致残者。[②] 2006年残疾人二抽数据表明，老年残疾人比重增幅较大，人口预期寿命延长和护理不当是主要致因。所以，残疾现象虽然不能从根本上避免和消除，但可以通过提高健康管理、护理质量、风险管理和灾害管理能力等残疾预防手段来最大限度地减少残疾人数量和降低残疾程度。因此，当代残障事业必须高度重视残疾预防。

一 预防优先：残障事业的应有之义

从强调对残疾人的社会供养到医疗康复再到鼓励残疾人参与社会、实现个人价值，残障事业发展模式和发展理念一直在不断更新，残障事业也已发展成为一项包括残疾预防、残疾补偿、残疾康复等在内的体系庞大的"三位一体"的事业。残疾预防是人类主动、积极地对社会发展进程中各种可能导致及加重残疾的风险所进行的干预和控制。"明者防患

[①] 王子平、孙东富：《地震文化与社会发展——新唐山崛起给人们的启示》，北京地震出版社1996年版，第6页。

[②] 乔庆梅：《突发性公共事件应对中我国工伤保险的立法实践与决策选择》，《社会保障研究》2021年第6期。

于未萌，智者图患于将来。"（陈寿《三国志》）"未雨绸缪"胜于"亡羊补牢"。无论是从人道权的保护、生活幸福感的提升，还是从提高资源配置效率、风险控制的经济效能来看，残疾预防都是残障事业的逻辑起点和指导思想。放眼世界，这也是残障事业比较发达的国家的不二经验。

（一）预防优先：人道主义的内在要求和经济效能的现实需要

人道主义是残障事业的一面旗帜。人道主义的根本在于对人类自由、平等和幸福权利的一种保障。人道主义的核心内容是重视人的价值，视每个人的自由、平等、幸福为最高标准。[1] 人道主义推崇人的尊严、自由、平等，主张以人为一切社会活动的出发点，要求人们站在更高的层次上去理解人、尊重人、关心人，要求人们坚持推己及人，与人为善的为人原则，用人道的方法对待一切人。[2] 那什么是人道的方法呢？《日内瓦公约》为人道指明了路径，即最大限度地保护人的生命和健康，并维护人的尊严。残疾是健康的严重损害并且将会持续造成严重影响，是对自由、平等、幸福的能力和机会的破坏或剥夺，无论后续的补充是多么全面和充足，伤害都无法避免。预防残疾是消除和减少带来这种持续性伤害、痛苦和障碍最有效和最根本的途径，是人道保护的重要内容。重视残疾预防，将残疾预防视为事业发展的出发点是高举人道主义旗帜的残障事业的应有之义。

残疾预防不仅仅是关乎个人发展、生活质量和家庭的幸福指数，也关系到经济发展和资源配置效率。从近年的平均统计数据看，我国每天各类事故造成300人丧生、数千人致残，每年由此产生的直接经济损失相当于两个三峡工程。而丧生者的潜在人力资源损失更是无法估量，因为不仅所有的人力资本投资付诸东流，受伤者后续的治疗、康复和护理等还需要年复一年的经济投入。我国目前的残疾人财政投入压力比较大，减少残疾人数量可以从源头上降低残疾人医疗救治、康复和功能补偿所带来的经济压力，保护了人的健康的同时还有效地维持了社会人力资本

---

[1] 童泽：《人道主义与残疾人发展》，中国社会出版社2008年版，第1页。
[2] 戚小村：《论西方传统公益伦理思想》，《伦理学研究》2006年第2期。

的整体存量，为创造更多的社会财富提供了可能。同样，降低残疾程度也会大大降低残障事业的经济负担，是减少供养成本的治本之策。而"一个残疾人由于受到歧视而得不到学习和就业的机会，他们就成了需要社会来养活的人，不论这个责任是落在什么人身上，总是社会的负担"①。古今中外已有很多残疾人创造巨大社会财富的事例，由此可见，残疾人群体中蕴含着丰富的人力资源，他们坚强的意志、特殊的才能有时是健全人所无法企及的。正如富兰克林·罗斯福（Franklin Roosevelt）所说"一个国家，不管它多么富裕，都难以承受对人力资源的浪费"。因而残疾预防可以节约资源，减轻经济负担，同时又能促进人力资本向人力资源价值的转化，创造和增加社会财富。

（二）我国对残疾预防的忽视：表现、成因和后果

残疾风险既是人类社会面临的风险之一，也是整体人类的多种风险在少数人身上的集中体现。残疾预防意识与整个社会的风险防御意识有紧密的关联性，相互促进、互为因果。国际社会都很重视残疾预防，"生命至上、健康第一"的理念深入人心。德国作为一个制造业大国，却创造了多年零工伤的奇迹，这得益于工伤预防在德国的优先地位；2001年9月11日，五角大楼遭受飞机撞击，在伤亡和失踪者中没有一个是孩子，五角大楼儿童世界学习中心负责人雪莉说："……残疾——预防更为重要，我们每个月都要进行疏散训练。"② 2005年日本发生了7.2级大地震，全国死亡仅有61人，分析其中的原因，日本从小学开始就把预防各种灾害的安全教育列入教学范围，以致在发生地震灾害时能充分利用自己所学安全知识进行防灾减灾和自救互救。在国际上，各类灾害下的紧急逃生技能、疏散演习和卫生救护培训的人群覆盖面均在30%以上，有些国家甚至在60%以上。与此形成强烈反差的是，到2009年，在我国直辖市、省会城市和部分经济发达城市中，才刚刚达到每100—200人中有1名掌握初级卫生救护技能的红十字救护员，参加应急救护培训人数达到

---

① 费孝通：《残疾人需要学习和就业》，《三月风》1985年第2期。
② [美] 伊莉斯·肖耐西：《残疾预防更为重要》，《中国残疾人》2003年第3期。

当地人口总数的1%以上。①

而我国对风险预防的忽视已深深映射在不断重复的安全生产事故中，即使"亡羊"也不"补牢"，麻痹状态和侥幸心理压制住了人类社会防灾减灾的主观能动性。我国几乎每天发生7起一次死亡3人以上的重大事故；3天发生1起一次死亡10人以上的特大事故；每月发生1起一次死亡30人以上的特别重大恶性事故。我国因安全生产事故致人死亡的事件几乎天天发生，其中，煤矿安全问题占据着"绝对领先"的地位。2004年，煤炭产量占世界总产量的33.2%，矿难死亡人数占世界矿难死亡总人数的80%。我国生产百万吨煤，死亡率是美国的100倍，是南非的30倍。② 追根溯源，重视经济利益，忽视劳动者的生命健康，因而放松安全管理，对劳动人员也缺少基本的安全生产知识和操作技能培训是重要致因。相比较而言，我国无论是整体层面的灾害防御能力还是个体的自救能力都远低于国际水平。我国尚没有灾害的全面预警能力，也无法对灾害救援过程提供现代化的科技支持，同时还缺乏专业的救援队伍。例如，在救援人员所占人口比例方面，德国是2.14（专业救援人数/万人），法国是1.73，丹麦是2.31，而中国仅为0.01，即平均每万人中仅有0.01名专业救援人员。汶川地震救援中专业的救援队伍和高科技的救援设备大都来自国际援助，俄罗斯的国际救援队、日本的生命探测仪、德国的野战医院和全球飞行医院得到无限赞叹，赞叹背后是"无灾不成年"的灾害大国灾难频率之高、规模之大、程度之深与救灾能力之弱的强烈反差。

与整个社会风险意识淡漠相关且相似，残疾预防的重要性在实践中也没有得到应有的重视，在残障事业中居于次要地位。残疾风险的防御是其他各类风险综合治理的结果，同时残疾预防意识的提高对整个社会风险防范意识的提高具有引领作用。但现有的残障事业理论研究中残疾预防的研究还远未得到重视。

---

① 中国红十字会总会：《中国红十字事业2005—2009年发展规划》，http://www.red-cross.org.cn/hhsy/hhsy.htm。

② 沈惠章：《突发事件引发安全问题的思考》，《中国公共安全》2008年第9期。

残障事业目前基本上沿袭"残疾（功能损害）—功能补偿"的分析框架，围绕"补偿原因（即理论依据）""谁来补偿（政府与民间组织、残联的作用、专门协会的职能与运作机制）""补偿模式（残疾—供养、残疾—医疗、残疾—赋能模式）"和"补偿什么"等问题展开。有时将残疾预防与残障事业研究脱离开来，将残疾预防限定为先天残疾的预防；有时是将残疾预防视作与残疾人社保、残疾人公共服务项目并列的内容；由于预防与康复的紧密联系性，更多地是将它们作为一个整体进行研究，单一提及康复就已经包含预防，预防经常被当作医疗康复的一部分。其实，预防在理念、方式方法上完全不同于康复。康复是事后的控制，是尽可能减少对患者的身体伤害和功能损伤，康复过程包括提供和恢复功能、补偿功能缺失或补偿功能限制的各种措施，属于残疾预防的一部分，而预防的核心是事前控制。

把残疾预防狭义化、片面化和研究视角的局限使得残疾预防无法与残障事业的整体发展实现有机融合，不仅使残障事业难免出现内容片面和功能局限，难以取得实质性进展，而且还会降低残疾预防对社会风险意识的引领能力，无法使分散在各个部门、各个领域中的救灾资源得到有效的整合，进而使得残疾风险得不到有效的治理和控制。例如，医疗部门在职业病诊断方面的经验没有能够弥补安全生产监督部门在监督、检查方面的不足，职业病的发生概率仍然较高且呈隐性化趋势；红十字会在救护培训的优势也完全可以与高危以及特殊行业的安全生产、全社会的减灾教育结合起来，目前来看，这一优势没有得到充分发挥。

二 预防的三个维度：全民预防、全面预防和终生预防

残疾预防虽然要高度重视个案或者具体的技术方案，但更要重视确立基本理念与基本思路。在当代社会的残疾预防中，特别应当确立以下理念与基本思路：一是全民预防。残疾是每个人的影子，每个人都有发生残疾的可能性。二是全面预防，残疾预防涉及健康管理、风险管理和灾害管理、医疗康复、老年人护理等多个方面。三是终生预防。每个生

命阶段都会面临自身疾病的困扰和外界环境的威胁，残疾预防应贯穿整个生命周期。

从预防对象、预防类型和预防途径的具体对应关系来看，如表1所示。

表1　残疾的预防对象、预防类型和预防途径

预防对象	预防类型	预防途径
孕妇	预防先天残疾	做好孕期保健、提高新生儿接生水平
健全人	避免后天致残	加强健康管理、风险和灾害管理、医疗康复、老年人护理等
残障人士	降低残疾程度	提高残疾人医疗康复、能力开发、生活保障水平等

残疾预防的全民性、全面性和持续性源自人类绝对的脆弱性。从生命伦理的角度，每个人都存在无可争议的脆弱性，脆弱性在人的有限性或界限的意义上具有普遍一致性。主要体现在三个层面：其一，非人境遇中的脆弱性。面对无限的时空和无穷的非人自然，每个人每时每刻都处于脆弱的不完善的状况之中。这种非人境遇综合造成的人类的脆弱性，甚至是当今人类不可逃匿的宿命。地震、海啸、火山爆发等自然灾害时刻威胁着人类的健康。其二，同类境遇中的脆弱性。相对于他者，每个人任何时候都是弱者——既有身体方面的脆弱性，又有精神和意志方面的脆弱性，每个人并非任何时候都是强者。没有普遍性的坚韧，却有普遍性的脆弱。脆弱性体现着平等，强韧性则体现着差异。在每个人的生命历程中，疾病是一种具有普遍性的脆弱，只是个体恢复能力有差别。在健康资源和安全资源有限的情境中，由于资源的占有不同，某些群体的脆弱性增加，成为资源分配不公的受损者。在面对风险和各种紧急情况时，有些人能够做出清晰的判断和正确的反应，最终能够化险为夷；而有些人则会因判断不准或方法不当而承受损失。同类境遇中的脆弱性使得不同人之间有时呈现管理风险能力有差别，健康损害的概率呈现差

异。其三，自我本身的脆弱性。尽管脆弱性的程度会随着人生经历的不同和个体的差异而有所变化和不同，但基本的脆弱性是普遍一致的，如生理结构、死亡、疾病、生理欲求、无能等不会随着人生境遇的差异而消失，每个生命阶段都有生病和受到伤害的可能。任何人都不可能逃匿自身的这种基本脆弱性。[①]

正是基于人类自身的脆弱性，残疾的风险才会伴随着所有人，才会伴随着所有人的一生。因此，残疾预防必须是全民性的，每一个人都要重视，既重视自我保护，也重视避免给他人带来残疾性伤害；残疾预防必须是全面性的，即无论是身体的还是精神的，都值得同样重视，因为当今精神病患者的急剧增长表明残疾预防不能再局限于躯体残缺，至少要同样重视精神疾病的残疾预防；残疾预防必须是终生的，因为医学技术的进步与公共卫生事业的快速发展，已经使先天致残的现象大为减少，而后天致残的现象却在显著增加，由于职业等原因造成伤害的青壮年致残现象可能因职业安全卫生管理的强化而减轻，但年老致残的风险却在持续上升，因此，残疾预防实质上是每个人一生的事情。只有确立全民预防、全面预防、终生预防的残疾预防理念与基本思路，并用以指导国家的制度安排与政策实践，残疾预防才能取得最好效果。

三　预防的三个层次："生理（病理）性、能力性、社会性"残疾的预防

（一）残障的三个层次

世界卫生组织根据不同的残疾对人的生理功能、社会功能影响的不同情况，把残疾分为三类：第一类是功能、形态残疾（impairment），是指因意外伤害和疾病的后遗症，使人体结构或功能发生缺陷或异常的状况；第二类是丧失功能残疾（disability），指人体的结构缺陷和功能障碍使人体丧失应具备的能力（与其性别、年龄、文化程度和职业等相应的能力）；第三类是社会功能残疾（handicap），指由于身体的形态和功能的

---

① 任丑：《祛弱权：生命伦理学的人权基础》，《世界哲学》2009年第6期。

缺陷或异常而影响残疾人参加正常社会活动的情况。①这三者之间存在部分交叉，但整体来看，残疾状况对残疾人的能力发展和生活质量造成的破坏程度是依次加深的。仿照这种对残疾状况加以细分整理的思路，根据这三类残疾所反映的核心要义，即残疾状况对残疾人的能力发展和生活质量造成的破坏程度，残疾可分为生理（病理）性残疾、能力性残疾和社会性残疾三个层次。

生理（病理）性残疾。国际社会公认的全球残疾人比例约为全球总人口的10%。有些国家将重度肥胖者、重病患者、内脏不全者、麻风病人等纳入残疾人范围，我国残疾人占总人口数的比重低于国际标准，残疾界定标准较国外严格，生理性缺陷和病理性损伤是构成残疾的必备要素。所以，在我国所有的残疾人都伴有生理或病理性特征。生理或病理特征也是残疾人基本和普遍采用的分类标准。根据《中华人民共和国残疾人实用评定标准（试行）》，残疾种类主要包括视力残疾、听力残疾、言语残疾、肢体残疾、智力残疾、精神残疾和多重残疾。

能力性残疾。残疾人能够自食其力吗？"所谓残疾人绝大多数只是体质上有部分的缺陷。只要能扬长避短，他们能做的事是极多的，而且常常因为身体上有缺陷而磨练出坚强的意志，在社会上做出杰出的贡献。"②现实中的一大问题是过多地关注残疾人群体的生理缺陷、功能障碍而相对忽视了残疾人自身能力的发掘和培养。阿马蒂亚·森早就提出，能力贫困是收入贫困的根本致因。根据美国经济学家舒尔茨的人力资本投资理论，只要残疾人有机会接受教育，只要社会对残疾人进行人力资本投资，残疾人就能拥有具有经济价值的知识和技能。所以，残疾人群体与弱势群体之间并不是一一对应的关系。只要提供充足的资源、有针对性的医疗康复训练和教育机会，残疾人也可以具备相应的知识水平并找到适合的工作岗位，那他就不是能力性残疾者。是否成为能力残疾取决于内在因素和外在因素的互动、外界资源配置内化以及内化后对环境的反应能力等。能力性残疾是对残疾人生活自理能力、劳动能力、社交能力、

---

① 王思斌主编：《社会工作概论》（第二版），高等教育出版社2005年版，第248页。
② 费孝通：《残疾人需要学习和就业》，《三月风》1985年第2期。

信息获取能力等的综合考量。创造收入能力是核心和根本，是自身素质、知识技能综合作用的结果；创造收入能力亦具有主导性，可以弥补生活能力的不足。

社会性残疾。社会公平可分为起点公平、过程公平和结果公平。生理（病理）性残疾代表起点不公平，能力性残疾代表过程不公平，社会性残疾则代表结果不公平，是权利、机会、规则和分配等公民权是否平等的综合结果。判断一个残疾人是否是社会性残疾主要是看他（她）能否享有最起码的物质生活和是否有尊严。残疾人是有着特殊困难的脆弱群体，常常因观念、教育、就业等层面受到社会排斥而面临生活困境。英国学者汤森指出，贫困是一个被侵占、被剥夺的过程。在这一过程中，人们逐渐地、不知不觉地被排斥在社会生活主流之外。是否成为社会性残疾者，则取决于残疾人由于生理缺陷或功能障碍所遇到的社会排斥能否消除或得到有效治理。2008年的第16个国际反贫困日的主题是"贫困人群的人权和尊严"，国际社会开始关注贫困人口的社会权利，注重对贫困群体权利和尊严的维护，促进他们与主流社会的融合。

为了系统地说明三个层次之间的区别，现将每一层次的判断依据、衡量标准和可能的致因整理在表2中。

表2　　　　　残障层次的划分依据与衡量标准

三个层面	判断依据	衡量标准	可能的致因
第一层 生理（病理）性残疾	是不是残疾人？	《中华人民共和国残疾人实用评定标准（试行）》	遗传 疾病 意外伤害 年老 其他
第二层 能力性残疾	能否自食其力？	过去一年中残疾人依靠自己创造的收入是否能维持当地居民平均生活水平	医疗康复水平不高 人力资源投入开发不足或不当 就业或创业环境不佳

续表

三个层面	判断依据	衡量标准	可能的致因
第三层 社会性残疾	是否属于贫困？	是否面临生存危机（绝对贫困） 相对于其他人生活水平是否低下（相对贫困）	外部支持不足 社会保障缺乏 服务体系不健全 其他

生理（病理）性残疾、能力性残疾、社会性残疾是针对不同残疾人不同的能力发展和生活质量情况所进行的归类整理，是抽象的理论概括。三个层次之间呈以下关系：一是残疾程度由浅至深。二是内在过渡呈刚性特征。浅层级的残疾不成立的话必然也就不存在深层级的残疾。如社会性残疾一定是能力残疾存在，加之外部支持不足共同作用的结果。残疾程度取决于残疾的最深层次。三是浅层次残疾与深层次残疾之间没有发展必然性，可以避免浅级残疾向深层残疾发展。不论是在"是否会成为残疾"还是在"什么层次的残疾"问题上，人类自身具有很强的能动性。在实践中，判断某一残疾人所属的残障层次，必须先对其生活状况进行全面考察。生活质量的测量涉及物质生活、主观感受、社会活动与社会交往等多方面。

（二）以"预防"为轴的残障事业

与残障层次的划分一致，残疾预防体系可以分为生理（病理）性残疾预防、能力性残疾预防和社会性残疾预防三个层次（见图1）。生理（病理性）残疾预防旨在减少残疾人数量，采取的手段是减少先天残疾，加强灾害管理和紧急救援能力，提高公众的自救能力、医疗康复水平等；能力性残疾预防和社会性残疾预防旨在降低残疾程度，途径是增加人力资本投资并改善残疾人就业和创业的社会环境，完善残疾人社会保障，健全残疾人社会服务体系等。至此，残疾预防和残障事业之间的紧密关联也就愈加清晰了，随着生理（病理）性残疾预防—能力性残疾预防—社会性残疾预防的依次推进，一个完整的残障事业框架也就跃然而生了，首先目标是预防健康人成为残疾人，接着预防浅层残疾发展为深层残疾。

```
                            残疾预防
                    ┌──────────┼──────────┐
                    ↓          ↓          ↓
          生理（病理）性残疾预防 → 能力性残疾预防 → 社会性残疾预防
                    ↑          ↑          ↑
          ┌─────────────┐ ┌─────────────┐ ┌─────────────┐
          │提高出生人口质量│ │提高医疗康复水平│ │完善残疾人社会保障│
          │提高医疗康复水平│ │增加人力资本投资│ │健全残疾人社会服务│
          │改善老年人护理条件│ │改善就业或创业环境等│ │改善无障碍环境│
          │重视防灾减灾教育│ │             │ │配备文体设施等│
          │提高紧急医疗救援能力│ │         │ │             │
          └─────────────┘ └─────────────┘ └─────────────┘
                    ↓          ↓          ↓
                            残障事业
```

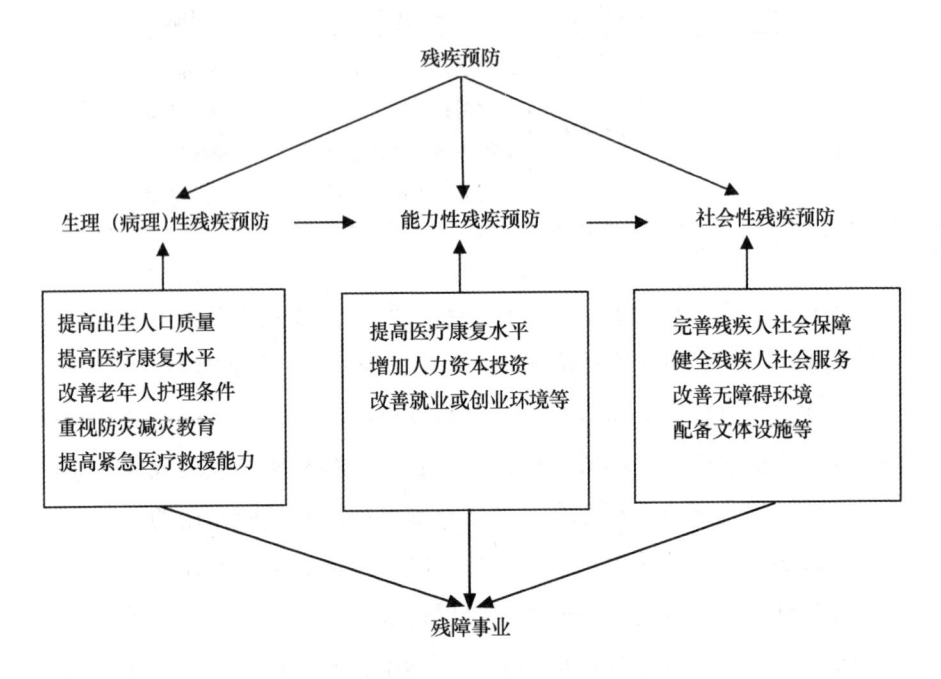

图 1　以残疾预防为轴的残障事业

生理（病理）性残疾预防，旨在提高人口出生质量和减少意外伤害和患病风险。主要措施包括：加强孕期保健，提高医疗技术，减少人口出生缺陷；做好各个生命阶段的健康管理，提高社会老年人护理服务水平；提高全社会的医疗康复水平；提高风险和灾害管理能力，特别是搜救能力，紧急医疗救援和提高科技救灾水平等。

能力性残疾预防，重点是进行能力的开发和培育并为能力的施展和提升积极创造适宜的环境。一是加强残疾人康复，提高残疾人的生活自理能力。二是增加教育投入，加强人力资本投资，积极促进残疾人职业培训和技能开发，注重开发残疾人群体的人力资源，切实执行按比例就业政策等措施，提高残疾人的就业能力和劳动参与率，在促使残疾人自立自强的同时，合理开发和利用人力资源。现有残疾人从事的职业包括盲人按摩师、手足口画家、残疾作家等。三是改善残疾人就业和创业环境，创建就业促进平台，帮助有劳动能力的残疾人找到适宜的就业岗位，使潜在的人力资本转化为人力资源价值，残疾人自力更生的同时创造出更多的社会财富。残疾人国际调查显示，80%的有障碍案例中的障碍是"态度障碍和环境障碍"，是由歧视造成的，歧视源于社会的态度，生物学原因造成的障碍仅占20%。

社会性残疾预防，旨在防止对残疾人的社会排斥。具体措施包括完善残疾人社会保障体系，健全残疾人服务体系，建立政府支持为主导，家庭支持、社区支持和社会组织支持为补充的支持网络；大力推动无障碍环境建设，无障碍环境不仅是指城市建设的无障碍，也指建设一个沟通无障碍、信息交流无障碍的社会环境；促进残疾人平等参与社会，共享发展成果，提高残疾人的生活质量。

四 预防导向的残障事业展望与残疾预防体系的完善

随着对残疾预防和残障事业认识的深入，残障事业必将从"补偿型"走向"预防型"。以预防为纲，预防优先，最大限度地发挥人类社会对抗内外部风险的主观能动性，这是中国残障事业取得实质性进展的内在要求。"预防型"残障事业兼具以下特征：

一是"赋能型"的残障事业。在我国，绝大多数残疾人无法依靠自身的力量或能力获得生活来源，非常需要国家和社会提供支持，不仅造成社会沉重的资金负担也严重地影响了残疾人生活质量，以"预防"为轴心的残障事业必将视残疾人能力培育和开发为核心任务，这也将是能够给予残疾人群体的最好的保障和最大的福利。

二是"开放型"的残障事业。残疾预防具有全民性、全面性和终生性，这就注定了残障事业涉及多个领域的协同发展，与多项事业存在交叉，如灾害紧急医疗救援中要考虑到伤者日后的康复问题，建筑业要考虑到无障碍环境建设问题，通信行业要考虑残疾人享受先进科学技术便利的权利等。因此，残障事业的发展必须从封闭走向开放，从被动走向主动，积极与其他各项事业建立起横向、纵向等多向联系，使残障事业的宏大规划以生活化、人性化地惠及每位残疾人。同时注重残疾人的特殊需求，但不应视他们为思想、意识和行为习惯上有诸多差异的群体，应改进残障事业的运作机制,增加创造社会融合的机会。

三是"国际化"的残障事业。首先,放宽残疾标准,在"预防型"的残障事业体系中,从长远来看,放宽标准并不会进一步增加残障事业的负担,还会因"防患于未然"使更多的人免于残疾或更深层次的残疾。其次,服务标准和服务内容的国际化。2006年12月13日第61届联合国大会通过了《残疾人权利公约》,其宗旨是促进、保护和确保所有残疾人充分和平等地享有一切人权和基本自由,并促进对残疾人固有尊严的尊重。2007年3月30日,我国成为《残疾人权利公约》的第一批签署国。1982年12月3日联合国大会通过了《关于残疾人的世界行动纲领》,其目标是使残疾人得以"充分参与"社会生活和发展,并享有"平等地位",也就是说具有与全体公民同等的机会,平等地分享因社会和经济发展而改善的生活条件。对所有国家来讲,无论其发展水平如何,这些概念所适用的范畴都是一样的,也都同样是刻不容缓的。1993年12月20日联合国大会通过了《残疾人机会均等标准规则》,规定了残疾人在立法、物质环境、收入和社会保障、教育和培训、就业、娱乐活动、文化、宗教、体育运动等方面的机会平等。因此,伴随着残障事业的"国际化",国与国之间残障事业的交流合作将日趋深入,残疾人服务的内容和水平应向国际标准靠拢。

全民预防、全面预防和终生预防的内在特性要求残疾预防体系应该满足三个方面的要求:一是综合化;二是社会化;三是可持续。因此,残疾预防体系完善的过程实质是社会风险治理机制完善、健康管理健全、紧急救援及医疗康复能力整体提升的过程,其实质是社会资源有效整合、多个部门整体协作、责任共担的过程。不论是普及残疾预防理念还是相关制度的有效实施都需要有效整合社会资源,充分发挥社会组织的作用。只有打破相关部门之间的职能壁垒和观念障碍,才能最大限度发挥人类对社会风险的主动干预能力。做到联合社会一切力量,特别是要充分发挥社会组织在预防理念普及、平民教育、减灾教育、紧急救援服务、健康生活观念倡导和推动制度革新等方面的优势,促进全社会预防资源和能力的有效整合。例如,组织健全、群众基础好、国际性强的红十字会在资源动员、专业救援服务、提高公众自救能力、文化传播等方面具有独特优势，红十字会倡导和奉行的"尊重生命"和"保护人的健康和生命"等理念与现代应急管理理念一脉相承。可见，如果能将全社会各类社会组织的优势资源有效整合，残疾预防能力的提升必将"水到渠成"。

另外，从理论研究的发展状况来看，残疾预防研究的重心也将从以人口学、医学模式为主导的先天残疾预防走向以健康护理、风险及应急管理为主导的后天残疾预防。残疾预防研究也必将实现包括人口发展、公共管理、社会工作、社会保障、医疗卫生、灾害经济学等多学科的融合。唯有如此，理论才有可能指导并推动残疾预防体系走向完善。

全民预防：从消除残障事业
内部的分裂开始

　　1995年，中国残联发布通知，符合《中国残疾人实用评定标准》的残疾人可以申领《中华人民共和国残疾人证》（以下简称为《残疾人证》），残疾人证是认定残疾人及其残疾类别、等级的合法凭证，残疾人在日常生活中可凭此证享受生活保障、康复服务、托养服务和特殊教育服务等残疾人专项基本公共服务。《残疾人证》实施初期，各省采用各自的《残疾人证》版本，全国并不统一。1998年开始使用全国统一的残疾人证，也被称为第一代残疾证；2008年开始推行第二代残疾人证；与互联网时代的智能化趋势相适应，2013年开始推行智能《残疾人证》，即第三代残疾人证。2014年11月27日，北京市残联首先在全国发放智能卡式《残疾人证》，设计卡片功能包括身份识别、交通使用、旅游管理、业务管理、金融应用等。第三代《残疾人证》遵循中国残联交通联合卡第三代社保卡、养老助残卡的标准，其在使用交通刷卡机器时可自动识别。2021年6月28日起，《残疾人证》办理不再受户籍地限制，新办、换领、迁移、挂失补办、注销、残疾类别（等级）变更6项事项实行"跨省通办"。中国残联与公安部、民政部、教育部、人力资源和社会保障部等部门建立共享机制，并向31个省、地级残联提供残疾人数据接口和数据推送服务。基于残疾人人口基础数据库，落实残联重点业务应用建设，推动"一网通办"。虽然残疾人证政策持续推进，且几经更迭，但持证率低局面依然没有改变。具体如表1所示。是否持证也成为残障事业内部分化、冰火两重天的根源所在。①

表1　　　　　　2012—2020年各省残疾人持证率统计　　　　单位：%

年份 地区	2012	2013	2014	2015	2016	2017	2018	2019	2020
北京	29.46	33.28	19.41	33.29	34.34	36.09	36.97	37.83	38.16
天津	27.18	31.42	34.26	37.09	39.00	44.85	44.55	47.63	48.64
河北	22.41	28.90	29.53	31.26	32.34	33.75	35.23	35.78	35.65
山西	30.34	36.96	39.01	41.22	41.72	43.68	45.58	46.71	48.05
内蒙古	35.71	44.15	46.26	49.03	49.55	51.65	52.97	52.94	51.00
辽宁	31.63	35.95	38.08	40.18	41.82	44.41	46.44	47.61	48.49
吉林	29.08	34.39	36.89	39.13	44.06	46.40	48.71	50.57	51.42
黑龙江	34.35	41.57	43.01	47.97	51.42	56.17	58.75	60.19	60.83
上海	11.33	30.21	30.19	32.76	35.63	39.45	43.15	43.83	45.33
江苏	21.66	25.70	27.94	29.24	27.69	28.93	30.06	30.74	31.31
浙江	24.32	27.44	28.10	29.61	29.49	30.06	31.81	32.63	32.89
安徽	33.43	39.56	41.77	44.70	44.26	46.72	50.06	52.99	54.68
福建	34.48	43.10	38.56	38.62	36.82	35.85	36.06	34.37	33.35
江西	21.37	30.96	32.38	34.00	34.84	36.55	38.77	41.00	42.34
山东	27.88	31.76	31.24	32.97	33.67	35.14	36.52	38.40	41.37
河南	17.28	24.30	26.38	29.04	29.82	34.54	38.56	40.32	40.99
湖北	20.15	27.36	30.57	32.90	35.75	37.44	39.06	40.99	42.86
湖南	20.43	26.86	31.42	34.87	37.13	39.41	40.41	42.08	45.62
广东	11.67	17.10	17.78	18.79	19.30	20.29	21.34	21.79	23.21
广西	31.04	40.87	41.05	41.18	38.49	38.16	37.82	38.82	39.99
海南	19.71	24.58	25.95	27.62	27.95	29.31	30.54	31.71	32.65
重庆	38.15	41.96	42.47	44.03	43.79	45.08	45.81	46.25	46.62
四川	25.55	33.02	36.78	39.04	40.72	42.29	43.67	44.50	44.80
贵州	24.69	35.37	41.32	44.05	44.93	47.92	49.70	51.48	53.51
云南	31.43	36.38	37.72	39.43	39.89	43.03	45.86	48.38	49.16

① 西安日报：《残疾人福利不应"内外有别"》，2017年3月8日，http://views.ce.cn/view/ent/201703/08/t20170308_20812742.shtml，2023年8月19日。

续表

年份 地区	2012	2013	2014	2015	2016	2017	2018	2019	2020
西藏	21.21	30.66	33.26	36.95	37.54	39.58	41.57	42.26	42.89
陕西	45.17	52.53	51.38	50.50	48.76	49.72	51.60	50.98	52.22
甘肃	25.98	33.81	36.59	39.49	39.69	41.32	43.29	46.38	49.61
青海	36.26	43.59	44.91	47.99	51.05	53.48	55.51	55.46	54.79
宁夏	34.07	48.19	47.16	48.75	48.26	48.41	48.61	47.27	46.82
新疆	36.73	39.06	41.98	42.67	42.02	43.45	43.44	43.26	42.58

资料来源：根据《第二次全国残疾人抽样调查主要数据公报（第二号）》、国家统计局2012—2020年人口数据和2012—2021年《中国残疾人事业统计年鉴》估算得到。

从上表数据来看，绝对值数量整体偏低；从相对值来看，最高持证率与最低持证率的比值在2.7左右，离散度较大，说明地区发展很不平衡。网络时代，"智能化"是把双刃剑，既可能加速融合，可能加速分化。第三代智能卡怎样普惠所有残疾人、促进残障事业的社会融合？在两种前提下可能实现：一是所有残疾人都持有残疾人证；二是在充分"自愿"的基础上，所有想申请残疾人证的残疾人都是持证残疾人。充分"自愿"包括充分知晓、充分认知判断能力和足够宽裕的社会环境；自我认知、自我定位，对残疾人证带来的精神成本的判断就包含着社会对残疾人的看法，只要还有隔阂、偏见、误解、短视，就不可能是充分的自愿，"自愿的有限性"不可避免。

一 关于《残疾人证》的文献研究

按照研究内容与残疾人证的关联程度可分为三类。

第一是具有目标意识的研究，即以《残疾人证》办理为核心问题，以提高残疾人持证率为目标的研究，研究文献数量不多，且多由基层残联部门撰写，尚停留在事务探讨阶段，刊发期刊亦多为残联系统内部刊物，在对策建议上，体现出强烈的"管理"和"规范"倾向。具体如下：湖南省祁阳县残联（2003）在《认真办理残疾人证》一文中介绍了在办理残疾人证方面积累"走出去与请进来相结合"、加强办证后服务等工作经验，实现了高持证率[1]；周云腾（2003）归纳了残疾人证核发和管理工作中的几个问题：一是滥发残疾人证；二是许多残疾人领不到残疾人证；三是重发不重管理，导致《残疾人证》被押给福利企业、转借给工商户、信息不准确、档案管理混乱、残疾人脱残或死亡后的回收不及时等乱象[2]；陈珍（2003）在"规范残疾人证的核发和管理"一文中提到一个有意思的点，就是残疾人证从"送也送不出"到"要也要不到"，原因是残疾人证的含金量上升，残疾人可以享受的优惠待遇已涉及方方面面。[3] 杨蓉、陈功的《民众视角下残疾人是否办残疾人证的社会成因研究》一文算是为数不多聚焦残疾人证研究的理论文章之一[4]，其采用小型民族志的研究方法，通过访谈了解民众对残疾及残疾人证的看法，间接确认残疾人办证率低的社会成因。[5] 也有学者在调查后认为，"残疾人不知道有残疾证"和"残疾人不想办理"是残疾人不办证最主要的原因。[6]

第二是具有关联意识的研究，即将残疾人持证率作为论证或分析残障事业发展问题的重要论据、成因或研究视角。在我国，企业必须雇用一定数量持有残疾人证或残疾军人证的劳动者才能完成按比例安排残障人士就业的义务。庞凤喜、牛力（2020）分析企业残保金的就业效应时提及残疾认证的影响：一是既持有残疾人证又满足企业用工需要的残障劳动力供给是不足的，因为轻度残疾人持证率不高；二是干扰残障人士

---

[1] 湖南省祁阳县残联：《认真办理残疾人证》，《中国残疾人》2003年第8期。

[2] 周云腾：《残疾人证核发和管理工作中存在的问题及对策》，《中国残疾人》2003年第8期。

[3] 陈珍：《规范残疾人证的核发和管理》，《中国残疾人》2003年第8期。

[4] 杨蓉蓉、陈功：《民众视角下残疾人是否办残疾人证的社会成因研究》，《残疾人研究》2019年第2期。

[5] 文章认为年龄、残疾因素影响残疾人健康状况，进而影响了《残疾人证》的持有率。部分结论如下：从年龄来看，青壮年办证率相对高于老人和孩子；从残疾等级看，重度残疾人办证率相对较高，残疾程度较轻者办证率相对更低；从残疾类型看，差异并不明显，残疾人证的申办更受制于残疾程度的影响；办证意愿自主性上，残疾因素对残疾人社会行为能力的影响程度决定了残疾人申办残疾人证的自主性程度；同时，排斥性的社交环境和标签化的社会舆论常常导致残疾人的负面心理，导致残疾人在自我层面和家庭、社区与社会层面遭遇不同形式的歧视，进而降低残疾人证的办证率。

[6] 石开铭：《对残疾人不办残疾证现象的分析》，《经济研究导刊》2014年第14期。

就业市场正常运行的行为，如有些企业或亲自上阵，或委托中介机构争抢残疾人及其残疾人证或接受残疾人以"挂靠"残疾证的方式"加入"企业，明面上签劳动合同，私下签署协议；三是有些企业即便雇用到符合用工条件的残疾人，因为员工尚未取得残疾人证，企业无法享受残保金减免优惠。至于残障人士为什么不办残疾人证，一些企业反映与残疾人证办理程序复杂、时间冗长有关。相关建议是提升残疾人证的核发及管理效率，适当缩短办证周期。[1] 李学会在《社会支持对自闭症子女家长生活质量的影响——基于509位家长的实证分析》一文中提出由于自闭症家长获得的正式支持（政府、社会组织、学校、康复机构）比较匮乏，生活质量受到严重影响。[2] 残疾儿童持证率低是重要原因，而这源自家长对孩子办理残疾人证之后可能遭遇社会污名的担忧。据2006年第二次全国残疾人抽样调查，我国残疾儿童（1—17岁）《残疾人证》的持有率仅为13.87%。[3] 在"互联网+助残服务"的研究文献中，有学者在谈及"互联网+助残服务"标准体系框架时将残疾人证作为助残服务的事务之一被提及。[4] 目前无论是残疾人证事务服务标准还是技术支撑保障标准探索都仅在地方层面。

第三是具有界定意识的研究，即在进行残障事业研究时，明确研究对象为持证残疾人。如许巧仙等研究了江苏省持证残疾人的基本公共需求。因为持证残疾人在信息统计上的便利，进行数据分析的残障事业文献基本上都是以持证残疾人为蓝本，但对此予以明确说明的并不多。[5] 另外，还有一些侧面反映残疾人证管理混乱的文献，如李世刚、王峥以公

---

[1] 庞凤喜、牛力：《惩罚式激励：企业残保金负担及就业效应分析》，《当代财经》2020年第8期。

[2] 李学会：《社会支持对自闭症子女家长生活质量的影响——基于509位家长的实证分析》，《人口与社会》2018年第5期。

[3] 尚晓援：《中国残疾儿童家庭经验研究》，社会科学文献出版社2013年版，第34、77—78、169页。

[4] 戴青等：《云南省"互联网+助残服务"标准体系框架研究》，《云南科技管理》2020年第1期。

[5] 许巧仙等：《人口特征视角下持证残疾人基本公共服务需求研究——以江苏省为例》，《江苏第二师范学院学报》2021年第4期。

开检索到的 113 份因用人单位虚假雇用残疾人引发争议的裁判文书为样本，探讨了用人单位和残障人士之间的劳动合同和私下协议的效力问题。[①]

现有文献大都没有意识到残疾人证造成的残障事业的严重分化及其对残障事业发展造成的严重伤害。残疾人证是残障人士享受制度化保障的前提，残障事业因为残疾人证低出现冰火两重天的局面，从现有文献在残疾人证问题上的区分意识、问题意识、关联意识看，尚不能助力残疾人持证率低这一问题的解决。不仅没有意识到残疾人证问题的复杂性，而且在自愿办理模式下，将主要原因归结于残障人士自身，没有意识到其"自愿"的局限性，比如选择主体是基于自身的认知局限进行的"有限"资源选择等。

二 残疾人持证率低的原因再审视

客观来说，老龄化、高龄化的直接结果就是老年残障人士（60 岁以上）占残障总人口的比重增加。比如，哈尔滨市有 55.6 万名残疾人，其中办理残疾证的残疾人有 17.6 万人，未办证的 38 万人；哈尔滨市 55.6 万名残疾人中有老年残疾人 29.6 万人，占残疾人总数的 53.2%。老年人行动不便，加上思想比较传统，以健全人的身份生活了几十年，认为年老体弱是正常现象，难以接受自己成为"残疾人"，多数持不必要办理的态度。同时，老年证与残疾人证在功能上有替代性（如免费逛公园和纪念馆、免费乘车等），也在一定程度上降低了老年人的办证热情。另外，不少家长由于担心孩子被社会歧视和排挤，比如在不少地区自闭症被纳入精神残疾，家长们很担心精神类残疾标签会成为孩子未来的正常生活就业和社会融入的阻碍而无奈放弃办理残疾人证的权利。这些顾虑不应成为残疾人持证率低的借口，而应成为残疾人持证率低的突破点，比如残疾类型划分归类的科学性问题，将自闭症纳入智力残疾是不是更易被

[①] 李世刚、王峥：《用人单位虚假雇佣残疾人的法律关系性质辨析——裁判视野下的观察》，《学术探索》2017 年第 11 期。

家庭接受？如何将残疾人证的沉重精神成本转变为精神福利？比如，对于家庭条件相对较好的残障人士来说，残疾人证即使不能雪中送炭也能锦上添花。其实，即使将残障老年人和未成年残障人士的顾虑考虑进来，残疾人持证率低也不是正常现象。如北京市近百万残疾人中，只有不到30万人办理了残疾证；苏州市不办证的残疾人更是高达75%以上。① 按照前面的文献梳理，从残障人士方面看，可归为"不知道"和"不需要"两方面。

在逻辑上似乎是合理的解释，能否获得现实数据的支撑呢？有不少残障人士家庭的物质足够充分，不需要残疾人证带来的保障福利。针对"不知道"的情况，相关部门有没有进行有针对性的努力，为什么残疾人持证率低的现象这么多年都没有好转？"不知道"和"不需要"背后的深层致因？第一因是什么？残障人士在信息渠道、政策解读、认知判断能力上的局限和劣势有没有充分考虑并得到认真对待？在残疾证办理过程中，残障人士是被动的接受者还是主动的选择者？自主空间有多大？还有哪些主体发挥作用？只从残障人士角度归纳原因是不是太片面？残疾人证为何会带给残障人士和残障家庭沉重的精神成本？污名化迹象如何破解？要回答这些问题，要考虑残障人士所处的生态位，并把其他主体也放在"是否知道—是否需要"分析框架中考量。

（一）从残障人士角度看

残障人士的"不知道"。理论上，"不知道"可分为三种情况：不知道残疾人证的存在；知道残疾人证的存在，不知道残疾人证的作用价值；知道残疾人证的作用价值，但不知道怎么办。判断残障人士及其家属知不知道残疾人证的界限是什么？知道残疾人证的存在就算"知道"还是对残疾人证认知充分、了解透彻才算"知道"？鉴于社会整体对残疾人证的认知度不高，可尽量降低"知道"的门槛，即知道残疾人证的存在就算作"知道"。毕竟只要残障人士及其家属知道了残疾人证的存在就有了进一步了解的机会和深度连接的可能。

---

① 石开铭：《对残疾人不办残疾证现象的分析》，《经济研究导刊》2014年第14期。

残障人士的"不需要"。"不需要"之所以是残疾人证率低的重要原因，缘于残疾人证是残障人士主动申请才办理的一种证件。顾名思义，"不需要"主要指残障人士基于自我认知主动放弃残疾人证申请的情况。从客观物质层面上来讲，主动放弃、不愿申请《残疾人证》的残障人士是真的不需要《残疾人证》带来的一系列社会保障待遇吗？根据残疾人调查数据，贫困问题仍突出，人均收入不足全国一半，再加之风险社会的不确定性，可推知，物质层次上"不需要"的情况只是极少数。按照现行《残疾人证》，物质上不需要社会层面的支持和保障，也可以申请残疾人证，因为残疾人证还能带来其他服务福利和出行便利。从这层意义上说，在客观层面，所有残障人士其实都"需要"《残疾人证》，"不需要"是个伪命题；"不需要"只存在于个体主观层面，是个体对《残疾人证》的功能价值或精神效用的否定。是否需要与是否知道可以组成四种情况，其中"知道—需要""不知道—需要""知道—不需要"三种情况逻辑上是成立的，不同情形下残障人士办理《残疾人证》的情况如表2所示。

表2　　"是否知道—是否需要"不同组合下残疾人证的办理情况

	知道	不知道
需要 （客观物质层面）	想办理 1. 已办理 2. 想办未办 （程序不便、办证成本高）	无从办起 （生活弱势、社交弱势、信息弱势等多重弱势）
不需要 （主观认知层面）	不想办理 （主观认知上排斥，主动放弃）	—

只有在"知道—需要"的情况下才可能主动办理《残疾人证》，但"知道且需要"是《残疾人证》办理的必要条件，不是充分条件，办理程序是否简便也会影响残障人士申请《残疾人证》的积极性。

简言之，知道不知道，反映的是相关部门信息传递效率和质量；需要不需要的判定不仅是基于家庭收入水平等客观依据，也包含对《残疾人证》的价值判断。"不需要"的背后是认知因素,认知不充分相当于某种程度的"不知道"。"不知道"情况下的自愿是真正的"自愿"吗?还是一种"被自愿"?信息不对称、认知不充分是持证率低的"第一因"还是更深层因素的果?

(二)从残联角度看

残联的"不知道":不知道残疾人在哪里;超过半数的残疾人至今未办理残疾人证,无法享受由此带来的残疾人社会福利;不知道残疾人为什么不办残疾人证,不知道努力的方向,不知道残疾人证的吸引力不高。比如,大多数残疾人还停留在满足生存需要的阶段,现实中,教育、就业及文体活动方面的社会福利常常是以非物质形式发放的,例如为就业年龄段内有就业意愿但难以进入竞争性劳动力市场的智力、精神和其他重度残疾人提供就业培训;开展残疾人群众性体育活动,鼓励残疾人群体广泛参与;在全社会推广普及手语、盲文等通识教育,这些残疾人社会福利虽然从长远来看对残疾人自身发展具有重要意义,但短期内对残疾人的吸引力不大。

残联的"不需要":难道完整的残障事业不需要覆盖非持证残障人士吗?难道因为有自愿这个前提,残疾人证持证率低的状况就可以听之任之吗?残疾人证作为享受福利的刚性门槛这一点不需要改变吗?有没有比残疾人证更好的服务残障人士的方式?正如有些文献指出的,残疾人证的自愿困境使得"柔性"的《残疾人证》与"刚性"的残疾人社会福利享用凭证之间的矛盾被激化,残疾人基于成本—收益考量的短视,也使得"弱者选择"成为推脱公共责任、变相剥夺残障人士的借口。[①] 有没有更好的收集残障人士信息、规范残障服务的方式?这些"不需要"背后是没有意识到全面完整的残障人士信息对于整体残障事业的重要意义。信息不对称将不可避免地造成残障事业的内部分化,也会成为残障事业兴衰成败的分水岭。

---

① 杨方方:《风险流转下弱势群体的共同富裕之路》,《学术研究》2022 年第 9 期。

（三）从社会公众角度看

社会公众的"不知道"：社会公众对残障群体的认知度是比较低的，不知道残疾人的规模、比重、状况、处境，也不知道个体与残障事业的天然关联，不清楚自己对残障人士的态度和方式、对残障事业的认知水平等因素共同造就和形成残障环境。综合各国残障事业的发展，可以总结出以下规律：残障人士在社会中的可视化、存在感越强，这个社会的残障事业可能越发达。因为能在公开场合见到的残疾人越多，说明无障碍设施越发达；能在职场中、同事中见到的残疾人越多，则说明残障人士的教育融合、就业等多方面深度参与。总体上，社会越宽容、软硬件环境越完善，残障人士的社会融入度越高，存在感也就越强；一个国家的残疾人数量多，并非整体人口质量不高，很可能是残疾标准门槛低、残疾管理服务比较完善，信息统计更为完备。

社会公众的"不需要"：邓朴方先生曾大度地解释公众对残障事业的低认知，"不是不人道而是不知道"。其实，在弱势群体生存状况是衡量一个社会文明程度的重要指标已成为共识的今天，"不知道"背后的人道水平不容乐观。公众对残障风险不够了解和重视，不知道残障事业内部的严重分化，不清楚残障群体的"低"存在感源于高难度的社会融入环境，而非低融入意愿。

可见，残疾人证背后的根本问题是认知问题，由于残疾人证遵循自愿办理原则，残障人士是否主动申请办理残疾人证与其认知有关，不仅包含了对自身、家庭物质生活水平的当下判断和未来预期，更与残障人士对残障事业发展水平和残疾人证的效用（物质效用和精神效用）以及是否能促进社会融合的认知有关，这既是对相关部门信息传递效率和质量的考验，也是对残障事业整体发展效果的反馈。显然，这又与残障事业主管部门在残疾人证社会认知度提升和相关福利配套完善上的投入力度有关，投入力度的背后是残联组织对残障事业、残障人士和残疾人证的"认知"。残障事业的核心指向是管理还是服务？残障人士是社会的负担还是宝贵的人力资源？残疾人证的核心功能是什么？残疾人证是残障人士的权利还是义务？残障人士对残疾人证的认知度主要受限于自身还是社会？残障人士及家属的整体认知能力如何？如果这些底层问题没有思考清楚，残疾人证的定位就不可能明晰，那么残疾人证在改善残障人士生活状况、促进残障事业融合方面发挥的作用就会十分有限，甚至还会加大内部的分裂，加剧内部不公平。比如，在各种统计报告中，经常看到的是"16—59岁持证残疾人"，16—59岁正好与劳动者的年龄段吻合，那残疾人证究竟是就业准许证还是身份证明，如果是前者，不能工作的孩子和已经退出劳动力市场的老年残疾人就不需要办理残疾人证；如果是身份的证明抑或享受资格的证明，就不能让"自愿"承担低持证率的责任，让低持证率成为众多残障人士游离在这个制度之外的理由。

单纯从文字传达的意蕴来说，用一个群体类型作为证件名称远不如用服务内容或目的来表达更具积极含义和指向。比如，用残障（人士）服务证是不是比残疾人证更能体现对弱势群体的尊重？从文字层面，这几种称谓文明程度依次递增的顺序是：残废＜残疾＜残障。残疾人证名称还是具有一定的歧视性。因为不时要提及现实政策，所以笔者不得不割裂地在"残障"与"残疾"之间切换。可见，在当前阶段，残障人士对残疾人证的认知度还有很大的提升空间，认知提升的过程需要全社会的共同努力，特别是残障事业主管部门的重视和投入，以提高残障人士的残疾人证申请积极性。从前面的分析可以判断，申请意愿的提升应着重三个维度的完善：实用度——残疾人证附带的福利与残障人士需求的匹配度；融合度——有助于消除社会对残障人士的观念歧视、消除残障人士的自卑和戒备心理，促进残障人士的内部公平和社会融合；便捷度——申请、办理残疾人证的程序简便、易于操作。

终身预防：以就业指向的
能力性预防为重心

　　劳动就业是民生之本，不仅是一个人参与社会建设的主要途径，也是一个人获得自信、成就感、价值感的重要来源。一个国家的前途命运更是与就业质量有着密切的关联。因为人力资本存量厚度意味着经济发展的可能高度，人力资本价值的实现程度，即当下的人力资本与劳动就业岗位的匹配度，才能决定一个社会实际的发展水平。人力资源的劳动配置效率又决定了一个社会人力资本的走势。在一个良性发展循环的社会中，人力资本在与生产资料结合过程中能衍生人力资本"增量"，高质量的就业不仅是人力资本潜在价值显性化、具体化的过程，也是人力资本存量不断产生人力资本增量的过程。作为一项国家战略，就业优先意味着不仅在就业率上尽量实现充分就业，同时要尽可能提高就业质量，没有高质量的就业，充分就业的意义必将大打折扣。

　　富兰克林·罗斯福说过："不论多么富有的国家都承受不起其人力资源的浪费。"[1] 生理性弱势群体蕴含着丰富的人力资本，每个个体都有巨大的潜能，每个"弱者"都是潜在的"强者"。比如，聋、盲且哑的海伦·凯勒在充足的资源支持下成为文学家、演讲家、慈善家和社会活动家；天生没有四肢的尼克·胡哲书写着自己的人生传奇。生物的功能补偿规律作用下残障人士往往具有健全人所不具备的特殊才能：盲

---

[1] ［美］富兰克林·罗斯福：《炉边谈话》，赵越等译，中国人民大学出版社2017年版，第56页。

人超强的听力和触觉感知能力，聋哑人卓越的精细手工能力，自闭残障人士中10%的"天才症候群"等，在数字、记忆、音乐或美术等方面具有非凡的才能。只要人力资本投资充足、方式得当以及人力配置环节足够开放和包容，服务体系足够完善，每个"特殊"的个体都可能成为"闪光"的社会建设者。

由于内外部多种因素的影响，残障人士有着特殊的就业困境，构建精细化、系统化和社会化的就业服务体系迫在眉睫。残障群体内部存在巨大的差异性，分类服务是实现残障人士就业服务精细化的保证；残障群体蕴藏着巨大的潜能，就业服务的目标导向应该是"全面赋能＋能尽其用"，这是一个国家明智、理性的人力资源策略选择。无论是赋能服务还是人岗配置服务都应以科学测评为前提，这是就业服务系统高效运转的基础。我国的残障群体数量庞大且面临着特殊的生活困难，是全面实现共同富裕的短板和难点。就业是最根本的生活保障，对残障群体而言，就业还是其自立自强、参与社会、赢得体面与尊严的主要手段。虽然近年来我国已推出一系列促进就业政策，但大多以健全人的就业特别是高校毕业生与新生代农民工为重点。即使是针对困难群体的就业帮扶政策，也通常将残障群体排斥在外。基于此，本部分将针对残障群体的就业现状，提出构建有利于促进残障人士就业的精细化、系统化和社会化的就业服务体系。

一 优化残障人士就业服务体系的必要性

2012年，全国人大常委会组织的《残疾人保障法》立法后评估调查中，有64.8%、77.6%的政府工作人员和受访居民认为残障人士面临的主要问题是就业问题[①]，超过了医疗费用问题、社会保障问题、康复服务问题及教育等其他问题。党的十八大提出了全面建成小康社会的发展目

---

① 中国人大网：《全国人民代表大会内务司法委员会关于〈中华人民共和国残疾人保障法〉立法后评估的报告》，2012年8月30日，http://www.npc.gov.cn/npc/c12491/201208/ba20444cb2eb42f0a11e6f0706099833.shtml，2023年8月19日。

标，生理弱势的残障人士无疑是全面建成小康社会的短板和难点。目前，我国共有残障人士8500多万名，残障人士及家庭人口共2.8亿人。据中国残疾人联合会发布《2012年度全国残疾人状况及小康进程监测报告》，2012年度全国残疾人小康实现程度为68.4%，而2010年度我国全面建成小康社会实现程度已达80.1%；2012年度残疾人家庭人均可支配收入仅为全国居民家庭人均可支配收入的56.2%；残疾人家庭恩格尔系数为48.5%，比全国居民家庭恩格尔系数高出10.8个百分点，残疾人全面小康实现程度低于全国平均水平。[①] 寻根溯源，就业率低且就业质量不高是导致残疾人生活水平偏低的主要因素。

就业率低。中国残疾人联合会的资料显示，2021年，我国持残疾人证的就业年龄段残疾人数为1790万人，其中就业人数为882万人，就业率为51.6%，高于经济合作与发展组织国家的44%。2020年我国城镇就业人员46773万人，按比例可安置702万名残疾人，即使不将特殊行业、小于30人的微型企业纳入按比例安置范围，估计安置的残疾人数量应在300万人以上，而实际安置78万人。集中就业曾经是残疾人就业的主要形式。1994年，我国通过集中就业安置残疾职工91万人，2020年降至28万人。

就业质量不高。从就业领域和就业层次来看，残疾人从事低端生产活动的比例偏高。一是表现在就业收入水平不高。2020年，全国残障人士家庭人均年收入为18618.8元，其中工资性收入和经营性收入合计占48.5%，而全国居民同期可支配收入为32189元，其中工资性收入和经营性收入合计占72.1%。二是残障人士的就业领域分布结构与非残障人士有较大差距。残障人士就业最多的三种类型依次是：农村种养（49.2%），非全日制、临时性、弹性工作的灵活就业（27.7%），在企事业单位按比例就业（9.1%），逾100万人的就业受福利企业或政府庇护（或是在福利企业、盲人按摩等单位集中就业，或是在集就业和康复为一体的工疗机构辅助性就业，或接受政府提供的公益性岗位）。第二次

[①] 中国政府网：《中国残联：2012年全国残疾人小康实现程度为68.4%》，2013年6月26日，https://www.gov.cn/jrzg/2013-06/26/content_2434785.htm，2023年8月19日。

全国残疾人抽样调查数据表明,从事农、林、牧、渔、水利等生产的残疾人占残疾人总就业人员的77.46%,与非残疾人的差距较为明显(具体见表1)。

表1　　　　　在业(非)残疾人的就业领域比较　　　　　单位:%

职业	残疾人	非残疾人
国家机关、党群组织、企业、事业单位负责人	0.49	1.59
专业技术人员	1.76	5.57
办事人员和有关人员	2.03	4.46
商业、服务业人员	8.28	12.55
农、林、牧、渔、水利人员	77.46	55.60
生产、运输设备操作人员及其有关人员	9.86	20.12
不便分类的其他从业人员	0.12	0.11

资料来源:第二次全国残疾人抽样调查,《2006年中国统计年鉴》。

根据2012年7月全国人大内司委的《残疾人保障法立法后评估报告》,工资待遇低和工作不稳定也是城镇残障人士就业面临的主要问题。更令人担忧的是,在实践中还有"挂靠""悬空"等隐性失业的虚假就业现象,这不仅进一步加剧了残障人士的自卑感和无助感,使其难以融入社会生活,造成人力资源的浪费,也强化了社会对残障人士"无能""吃闲饭"的误解。对一个社会而言,残障人士的生活水平是社会发展水平和文明程度的标志;对残障群体而言,就业是平等参与社会的重要方式,是个人成就感、幸福感的重要源泉。如果残障人士不能自食其力,不论谁来供养都是社会的负担[①];如果残障人士的就业诉求不能通过合法的方式实现,也很容易被"社会不法分子"利用和被非法剥削。

残障人士就业服务体系的研究也存在较大局限。我国自20世纪80年代中期开始展开对残障人士就业保障问题的研究,分析框架已经从初期的个体模式到现在的社会模式,对残障人士就业的重要性和紧迫性已形

---

① 费孝通:《残疾人需要学习和就业》,《三月风》1985年第2期。

成共识，但对策研究的针对性有待加强，具体来说，存在三方面的"忽视"：一是忽视分类。残障群体内部的差异性很大，解决残障群体就业问题不可能有一个万能的方案，如果就业开发和就业配置都不以残疾人群体的科学分类为基础，那么就业开发和就业配置的针对性和系统性就很难保证。二是忽视人力资本投资。目前研究片面地关注配置环节，忽视了人力资源使用的前置环节——人力资源开发的重要性，而残障人士的就业能力主要取决于残障人士人力资源的开发力度。三是忽视支持系统的包容性。社会支持的包容性是指真正从残疾人的需要出发的一套有机的有助于残疾人实现就业的软硬件系统。包容性是一种理念，是一种思路，是全社会认同、参与、配合、融合"助残事业"的过程，而不只是对现行系统的简单叠加和堆砌。

二 分类服务：残障人士就业服务的整体思路

就业服务从整体上可分为能力开发和就业配置两个环节。能力开发是对残障人士进行增能和赋能的过程；就业配置是将残障人士的就业能力供给与岗位需求相匹配的过程。由于残障群体内部的就业潜能和就业意愿都存在较大的差别，所以，分类服务是残障人士就业服务精细化的基石。

（一）分类开发：基于残障类型

根据残疾类型多样和残疾程度高低有别这两个因素，可以把残疾人群体分成二十多类，具体如表2所示。

表2　　　　　　　残障人士的残疾类型和残疾等级

残疾类型	残疾等级			
	一级	二级	三级	四级
视力残疾	一级盲	二级盲	一级低视力	二级低视力
听力残疾	一级	二级	三级	四级
言语残疾	一级	二级	三级	四级
肢体残疾	重度	中度	轻度	—

续表

残疾类型	残疾等级			
	一级	二级	三级	四级
智力残疾	重度	重度	中度	轻度
精神残疾	重度	中度	轻度	—
多重残疾	—	—	—	—

资料来源：作者根据相关文件整理所得。

这种分类最直观，也是残疾人就业能力开发依托的主要分类标准。因为无论是开发方式还是开发内容都与残疾类型有着紧密的关联，如言语残疾和听力残疾的语言沟通媒介是手语，盲人读书要用盲文等，残疾等级又决定了残疾人可开发的程度。从职业技能的开发来看，不同类型残疾人的开发内容有很大差别，因为不同类型的残疾人具有不同的补偿功能和比较优势，可以盲人、言语和听力残疾和智力残疾人为例来加以说明。

1. 盲人：盲人听觉的感受性较强，他们需要通过自己走路时的声响来辨别自己的位置；同时，盲人具有较强的触觉空间感受性，因为盲人经常利用自己的皮肤或双手凭借触压感和触摸获得事物的表象来认识事物。[1] 因此，可重点开发盲人按摩保健、调音、医术等与优势功能相匹配的职业技能。

2. 听力和言语残疾人：听力残疾人四肢健全，具有劳动能力，善于需通过观察、眼神、动作等方式来理解他人。因此，听力残疾人的观察能力敏锐，形象思维发达，适合绘画、动漫类的创作。另外，他们的肢体动作比较发达，在动作要求比较高的工作中比健全人有优势，如家喻户晓的《千手观音》就是典型例子。因此，应侧重动手能力、形象思维相匹配的职业技能开发，如义齿的加工、工艺品的精细加工等。

3. 智力残疾人：智力残疾人由于大脑功能弱化，思维比较简单，但智力残疾人的服从性比较高。他们很少偷懒，而且对一些反复、重复的

---

[1] 王辅贤主编：《残疾人社会工作》，北京大学出版社2008年版，第57—59页。

工作驾驭能力比较强，比如说保洁、餐厅服务员等。因此，智力残疾人较适合于在监护人的引导下从事公益宣传，去感化生活在物质世界中心情苦闷的人。同时通过教育、培训等方式，智力残疾人可做一些简单、重复的手工加工等。

（二）分类配置：基于就业能力

在就业领域，能岗匹配的就业才是可持续的就业，才能真正发挥人力资源应有的价值。顾名思义，按能匹配就是按就业能力匹配，如何衡量就业能力呢？就业能力与劳动能力相关，可以说是从属于劳动能力的一种。基于劳动能力与生活自理程度之间存在的紧密关联对残疾人劳动能力进行了分类，具体如表3所示。

表3　　　　　　　　残障人士的劳动能力分类

		生活自理程度		
		完全能够自理	能部分自理	完全不能自理
劳动能力水平	受轻微影响	Ⅰ	Ⅲ	Ⅵ
	受明显影响	Ⅱ	Ⅳ	—
	完全无劳动能力	—	Ⅴ	Ⅶ

一个生活上完全自理的残疾人不可能完全丧失劳动能力，故表3中的Ⅰ、Ⅱ、Ⅲ、Ⅳ、Ⅴ、Ⅶ都较易理解，但Ⅵ可能有些特别。下面就以肢体残疾为例，展现不同劳动能力和生活自理程度残疾人的差别，也能更好地说明Ⅵ类残疾人的存在。

表4　　　　　　　　不同劳动能力残疾人的特点

类型	特点	举例	潜在的就业途径
Ⅰ	劳动能力小部分受残疾的影响轻微 除小部分需要他人帮助外，生活基本可以自理	因工伤导致的轻度肢体残疾	借助辅助器具，可以从事电话接线员、理发师、建筑绘图、刊物编辑等工作

续表

类型	特点	举例	潜在的就业途径
Ⅱ	劳动就业能力明显受到影响 在日常生活中，可以应付大部分事务	轻度的智障者和轻度肢体残疾综合的多重残疾	在适当的指引下，可以从事简单、重复的体力性劳动，如洗车工等
Ⅲ	劳动能力水平受轻微影响 生活自理能力比较低	智力发育正常的重度肢体残疾人	在他人或器具协助下，可担任管理者、设计师等脑力劳动为主的角色
Ⅳ	劳动能力和生活自理能力都受到明显影响	中度肢体残疾，并伴有智力障碍的残疾人	经过一定的培训和教育，可以从事简单而重复的工作，如产品包装
Ⅴ	基本上没有劳动能力，但部分生活可自理	老年肢体残疾人	通过康复训练，保持原有的生活自理能力
Ⅵ	生活基本上没有自理能力但具有某种特殊的天赋	如科学家霍金	在特定的岗位上发挥自己的特有能力，成为某一领域专家
Ⅶ	基本上无劳动就业能力，并且没有生活自理能力	重度瘫痪肢体残疾人	加强康复，生活得更为积极

按照上述分类，很难建立残疾人与就业配置方式之间的对应关系，也就很难提供有针对性的配置服务。因此，有必要按照职业性劳动能力，即就业能力来进行岗位配置。残疾人就业能力是残疾人获得就业岗位、保持就业状态并在就业岗位上取得工作绩效的各种素质的集合体，包括基本素质、求职意向和职业技能三方面，具体可用五项指标来考察：（1）行动能力，是残疾人就业的基础能力。一方面，指一般意义上的行动能力，即残疾人的动作速度、位移速度、灵敏性、柔韧性等；另一方面，残疾人是否具有与就业方向和就业核心能力相匹配的行动能力，辅助器具亦可视作残疾人身体的部分和延伸。（2）沟通能力，是残疾人就业的关键能力。包括书面语言沟通和口头表达能力，也是理解别人和被别人理解的能力，这也包括一般意义上的沟通能力和特点与就业方向相匹配的沟通能力。（3）学习和实践的能力。这一能力与残疾

人的知识文化素质有密切的关系，一般结合文化知识水平、管理知识水平和针对特定职业所必需的专门知识等来考察。（4）就业动力，即就业积极性，包括自我开发热情、对就业相关政策法规的了解程度、就业信息收集的主动性和收集能力等方面。精神的力量是无穷的，具有较强就业动力的残疾人往往具有较强的学习能力和进取精神。（5）核心技能，主要是指由于身体功能缺陷补偿或者遗传因素等，残疾人具有的优势、强势的核心技能或某些特殊天赋和特殊潜能。

表5　　　　　　　　　　就业能力考核表

三个方面	五个指标	所占分值	重点考查内容
基本素质	行动能力	10	工作场所内行动有无障碍 外部出行有无障碍
	沟通能力	10	掌握和使用一种沟通媒介（如手语、盲文等） 使用现代通信设备和网络方式的熟练程度 文字表达和提炼能力
	学习和实践能力	20	文化知识水平 灵活运用能力 解决问题能力
求职意向	就业动力	20	学习培训热情 就业信息收集 政策法规了解
职业技能	核心技能	40	特殊能力 优势技能

整体而言，残疾人就业都需要政策的"倾斜"，但根据残疾人的能力高低不同，可以采取有区别的就业配置模式，按照支持力度的大小，依次为市场性、扶持性和救助性配置，如表6所示。

表6　　残疾人的就业能力、配置方式与主要的就业模式

能力水平（评分）	配置类型	配置模式
能力高（≥80分）	市场性配置（竞争性就业）	按比例就业、自主创业等
能力中（≥50分）	扶持性配置（发展性就业）	公益岗位、福利企业等
能力低（<50）	救助性配置（康复性就业）	福乐家园、庇护工厂等

三　科学测评：就业服务高效的保证

"因材施教、因能设岗"，不论是就业能力开发服务还是就业配置服务，都隐含一个必备的环节，那就是能力的评估和测定环节。科学的能力测评不但能提高就业开发环节的针对性，更能提高就业配置环节的效率，必不可少。完整的就业服务系统运营流程如图1所示。

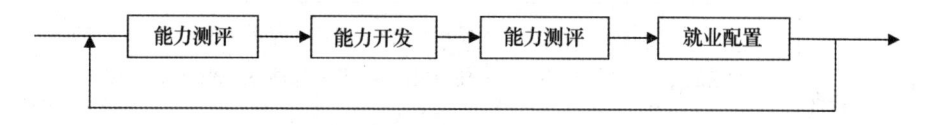

能力测评 → 能力开发 → 能力测评 → 就业配置

图1　残疾人就业服务流程

能力测评的结果不仅是残疾人就业配置服务供给的主要依据，也是指导残疾人每个阶段就业能力开发服务的教学"大纲"。相比于健全人，残疾人能力测评具有"经常性"，在人生的很多阶段都需要测评，不仅仅是在达到劳动年龄后，可能在义务教育阶段就需要多次鉴定，接受康复服务后也有可能定期多次进行鉴定。另外，残疾人能力测评的内容具有全面性的特点，不仅仅是身体功能、劳动能力需要鉴定，甚至还包括学习能力、适应能力、心理状态、情绪稳定性等。应该说，残疾人测评从纵向上可划分为两大阶段概念：一是劳动年龄前针对文化知识教育、身体功能开发进行的测评；二是达到劳动年龄后为了就业所进行的针对职业技能开发和岗位配置的测评。鉴于残疾人能力测评的经常性、全面性和多样性，应在整合现有的劳动能力鉴定、人力资源测评系统的基础上设立专门的残疾人能力测评机构，机构应以劳动年龄为限设基本素质能力测评和职业能力测评两个部门。职业能力测评机构应量化职业能力鉴

定结果，明晰残疾人的优势功能。

四 全面赋能＋能尽其用：残疾人就业服务的目标导向

古今中外，很多残疾人创造巨大社会财富的事例都充分说明了残疾人不是没有劳动能力，他们坚强的意志、特殊的潜能往往是健全人所无法企及的。然而，由于实践中对残疾人开发的重视和投入不足，使得残疾人的潜能没有得以充分发挥。在2012年全国人大常委会组织的《残疾人保障法》立法后评估调查中，46.4%的受访残疾人认为就业面临的最主要困难是缺乏专业知识和技能，因此，提高残疾人的内在实力才能真正提高其就业竞争力，这应当成为确定残疾人就业政策及服务体系的基本出发点。

（一）全面赋能：加大能力开发力度

全面的开发内容和多元的开发手段。（1）身体能力开发：加强残疾人康复服务。应加大日常的医疗康复力度，如全面开展功能技能训练、辅助器具适配、心理辅导、知识普及和咨询等内容，将白内障复明、聋哑人康复训练、假肢安装、精神疾病防治等康复工作制度化、常规化。在康复服务机构设置上，形成"以医疗康复为骨干、社区康复为基础、家庭康复为辅助的社会康复工程体系"[①]。在综合性医院设立专门的康复科室，规范康复医院的康复服务行为；专业化康复中心主要负责医疗期后身体功能障碍的恢复并加大开展职业康复的工作力度；社区康复站及家居康复服务主要负责残疾人回归家庭和社会以及保持性训练等。（2）社会交往和学习能力开发：多层次、多渠道教育相互补充。一个人的沟通和学习能力往往取决于所受到的文化知识教育水平。在义务教育阶段，完善残疾人特殊教育，特殊教育应坚持多渠道、多形式办学，既可以建

---

① 刘敏、鲍仁国：《残疾人社会保障问题探析——以江苏省为例》，《南京人口管理干部学院学报》2009年第1期。

立专门的特教学校,也可以在普通中小学中设立特教班;完成义务阶段教育后,残疾人能够进入特殊高中学校和专门的残疾人大学或者进入普通高中和普通高校的特教班和特教学院学习。(3)职业技能开发:突出职业培训教育的就业导向。培训内容应该多元化、个性化并且能与残疾人的就业需求紧密对接;颁发劳动力市场认可的资格鉴定证书,对残疾人大力宣传就业政策和对残疾人进行心理辅导,激发残疾人的就业需求,提升残疾人的就业积极性。

加大资金投入和提高开发的福利性。加大残疾人教育投入,配备专用的教育设备,推行个性化教育教学,制定各级各类残疾学生的人均教育经费标准;同时建立对残疾人就业的财政补贴机制,使其逐渐脱离对就业保障金的依赖,唯有如此,才能建立起稳定、可持续和地区平衡发展的职业培训体系;建立财政投入的动态调整机制,根据职业培训内容和成本的变化,调整对职业培训的补贴力度,并根据就业形势和用工成本的变化,调整对残疾人就业岗位的补贴力度。[①] 对于民间培训机构给予补贴或减免税收并鼓励企业提供培训。同时,增加能力开发的可及性:降低残疾人康复费用,逐步提高康复医疗费用在医疗保险基金中的报销比例,辅助器具应全部纳入医保;全面实施残疾学生义务教育,逐步实施残疾学生高中阶段免费教育;建立健全残疾人奖助学金制度,优先为高中及职业教育的贫困残疾学生提供助学贷款和奖学金,广泛动员社会力量资助残疾学生入学;构建学习、实习为一体的职业培训基地等。

(二) 能尽其用:提高就业配置效率

富兰克林·罗斯福(Franklin Roosevelt)说:"一个国家,不管它多么富裕,都无法承受对人力资源的浪费。"所以,实现残疾人"人尽其才、能尽其用"是残疾人就业配置环节的服务目标。

市场性配置:可以发挥更大的作用。主要包括按比例就业和个体创业等就业模式。不论是从"平等、参与、共享"残疾人事业的发展目标

[①] 《残疾人保障法》立法后评估工作领导小组办公室:《〈残疾人保障法〉立法后评估分报告(报送稿)》,2012年7月,第49、78页。

来说，还是从行业的广度和用人单位的数量来看，市场性就业是吸纳残疾人就业最强的渠道，是体现残疾人就业水平、竞争力和融入社会的重要指标。但从表7的数据可看出，"按比例就业模式"已成"鸡肋"，在传统的三大就业模式中吸纳就业能力最差。

表7　　　　三种渠道安置新增残疾人就业情况　　　　单位：万人

年份	新增残疾人就业人数	集中安排就业人数	按比例安排就业人数	个体就业和多种形式灵活就业	其他渠道就业人数
2006	36.2	10.3	9.9	16	—
2007	39.2	11.9	11.5	15.8	—
2008	36.8	11.3	9.9	15.6	—
2009	35.0	10.5	8.9	15.6	—
2010	32.4	10.2	8.6	13.7	—
2011	31.8	9.7	7.5	12.5	2.1
2012	32.9	10.2	8.0	12.3	2.5

资料来源：据中国残疾人联合会网站年度统计数据整理所得。

稍加分析就可发现，按比例就业模式存在一个明显的悖论：如果所有单位都依法安排残疾人就业，就业保障金就为零，残疾人事业的发展就丧失了相应的经济基础；而就业保障金征收得越多，则表明残疾人就业制度执行得越差；而一些地方的就业保障金亦存在着使用效果不良的现象。因此，要想按比例就业模式发挥应有的作用，还需从就业保障金上做文章。一是加大奖惩力度，一方面，提高就业保障金的缴纳标准；另一方面，就业保障金应"从企业中来到企业中去"，主要用于对雇用残疾人的单位的补贴、支持和奖励以及帮助企业建设无障碍设施方面，同时加大典型企业的宣传力度，推动"以雇用残疾人为荣"的社会氛围的形成。二是建立就业保障金收缴数额与残联就业工作、企业社会形象呈负相关的评价机制，这样，按比例就业模式才能大有作为。

另外，鼓励扶持残疾人创办企业，一是逐步探索以残助残的新模式，因为残疾人比健全人更能理解、尊重和同情残疾人，可以创办残疾辅助器具、无障碍用品的生产以及残疾人相关的服务领域。二是为想创业的残疾人提供初期的创业基金,安排长期低息贷款,实行税收优惠,简化开业办证手续等支持。三是积极推广残疾人居家就业和网络创业。

扶持型配置:加大扶持力度是核心。扶持性配置包括集中就业和提供公益岗位两种方式,福利企业是集中就业的主要渠道。为了加大福利企业吸纳残疾人就业的能力,应着重以下几点:(1)赋予福利企业更多的发展自由和空间。应放宽对福利企业投资主体和经营领域的限制,应鼓励不同类型的企业、自然人兴办福利企业,允许其进入经营性和服务性领域。① (2)增加对福利企业的扶持方式。在企业经营走上良性轨道后,税收优惠政策的确可以为企业的发展"锦上添花",但大多数福利企业更需要"雪中送炭",应帮助解决企业经营初期的融资和营销等难题。(3)落实现行法律法规规定。《中华人民共和国残疾人保障法》第三十六条规定:"政府采购,在同等条件下应当优先购买残疾人福利性单位的产品或者服务";"县级以上地方人民政府及其有关部门应当确定适合残疾人生产、经营的产品、项目,优先安排残疾人福利性单位生产或者经营,并根据残疾人福利性单位的生产特点确定某些产品由其专产。"

至于"残疾人专产专营"就业模式,是国家规定一些适合残疾人集中大量生产的产品、项目由残疾人福利企业或个体专门生产,其他企业或个人不得参与竞争,以此来吸纳残疾人就业的模式。一些国家制定了相应政策,如波兰、南斯拉夫等国规定,手套、汽车、信号灯、劳保用品等38种日用品为残疾人庇护工厂的专门生产产品,中国台湾和韩国规定非视觉障碍者不得从事按摩业。② 我国可以加大专产专营就业模式的实施力度,明确由残疾人专产专营的行业种类,并加大对这些行业的扶持和监督。如按摩业主要由盲人专营,呼叫中心行业由肢体残疾人专职等。

另外,近年来公益岗位吸纳就业的能力逐年上升,但还存在较大的完善空间:一是公益岗位的种类、数量都应该进一步拓展;二是应建立

---

① 郑功成主编:《中国残疾人事业发展报告》,人民出版社2011年版,第63页。
② 中国残联教育就业部:《国外残疾人就业立法情况概述》,《中国残疾人》2007年第4期。

公益岗位工资水平的动态调整机制和从事公益岗位残疾人的岗位调整机制，让残疾人通过公益岗位既能获得能力上的提升，也能获得生活状况的改善。

救助性配置：就业与康复或护理并行。对于不能通过市场性配置和扶持性配置实现就业的就业能力较低或丧失就业能力的残疾人，如智力残疾人和重度肢体残疾人等，可以通过救助性配置实现康复性就业。主要途径是推动建立民办非企业单位，如广州市康智乐务中心、福州福乐家园等专门针对智障人士的庇护所，向智力残疾人提供职业康复训练和辅助就业服务，并辅以素质拓展训练，为智力残疾人探索一条回归主流社会的道路。

"所谓残疾人绝大多数只是体质上有部分的缺陷。只要能扬长避短，他们能做的事是极多的，而且常常因为身体上有缺陷而磨练出坚强的意志，在社会上做出杰出的贡献。"[1] 现实中的问题是过多地关注残疾人群体的生理缺陷、功能障碍而相对忽视了残疾人自身能力的发掘和培养。阿马蒂亚·森早就提出，能力贫困是收入贫困的根本致因。根据美国经济学家舒尔茨的人力资本投资理论，只要社会对残疾人进行人力资本投资，残疾人就能拥有具有经济价值的知识和技能。所以，残疾人群体并不天然和必然是就业市场中的弱势群体。残疾不是少数人的不幸，而是每个人都可能遇到的问题，老龄社会的到来更加剧了残疾的普遍性。从这个层面来说，帮助残疾人受益的不仅是自己现在的亲人还包括未来的自己。就业是最好的生活保障，帮助残疾人实现就业就是最好的"助残"。构建完善的就业服务体系的过程就是全社会参与助残的过程，是将平等、弱者优先等理念生活化的过程，就是为残疾人增能、赋能的过程。

---

[1] 费孝通：《残疾人需要学习和就业》，《三月风》1985年第2期。

全面预防：以多维多向的社会连接为落脚点

自古以来，人类社会就一直存在一定概率的残疾现象，残疾人用100%的承受促进了医学的进步和减灾防灾水平的提升，从而避免了更多残疾现象的发生。作为受益者，健全人无法分担他们的痛苦，是不是应该帮助他们解决困难和障碍？"残"是残疾人自身的局限，社会外界对待残疾人的态度和帮扶行动切实影响着残疾人面临的"障碍"多少及程度。全社会应全方位努力，整体上提高残障人士的社会融合度。红十字专题部分已提及社会连接的重要性。一个群体融入社会发展建设的过程就是其与外界建立多维、多层、多向、深入和稳定的连接的过程。

一 从社会网络理论解读残障人士的社会融入

社会融入（Social Integration），或称社会包容、社会融合，这一概念最早可以追溯到法国社会学家涂尔干（E. Durkheim），他在对自杀现象的研究中首次提出了"社会融入"一词，指出社会融入是社会个体用基于社会分工所形成的集体意识来维持正常社会秩序的过程。随后社会融入的概念在20世纪90年代后登上了政治舞台，并引起学者们的广泛关注。在政治领域，2000年在葡萄牙里斯本举行的欧洲首脑峰会将社会融入分为就业、教育与培训、住房和健康四个方面；联合国哥本哈根社会发展首脑会议把社会融入作为社会发展的三大领域之一，并指出社会融入的目标是创造"一个人人共享的社会"①。社会融入的实质是一种社会行动，是一个动态的行为过程，是主体与周围环境不断地持续性互动过程，并且与他人的行为相关。②

（一）残障人士社会融入度不高

残障人士社会融入度不高既是研究共识，也是实践现状。在讨论残障人士的社会融入问题时，学者们关注最多的是经济维度，其次是社会维度。比如，张东旺构建了四个维度的残疾人社会融入指标体系，即经济整合、行为适应、文化接纳、身份认同。③许巧仙基于社会包容视角，从生活融入、教育融入和就业融入三个维度，通过融入日常生活、教育形式、就业率、就业层次、就业稳定性五个方面，对残疾人社会融入的困境与解决措施展开分析。④罗新阳在此基础上，将前者的生活与就业融入合并为经济融入，分析残疾人家庭经济状况、用人单位观念及相关部门就业服务水准对残疾人社会融入的影响；同时新增政治维度与社会维度研究视角。⑤徐丹创新性地提出了心理健康维度，指出残疾人自身条件导致其心理缺失、生活满意度低、社交范围小、易产生极端情绪。⑥邵子珊则从个体角度入手，提出社会排斥与标签化观念给智力残疾人造成心理孤僻脆弱等影响。⑦经济维度包括经济、教育、就业、社会保障等方面；政治维度包括参加民主政治生活、政治地位、选举权与被选举权；

---

① 丁元竹：《命系百姓：中国社会保护网的再造》，天津人民出版社 2001 年版，第 176—177 页。
② 陈成文、孙嘉悦：《社会融入：一个概念的社会学意义》，《湖南师范大学社会科学学报》2012 年第 6 期。
③ 张东旺：《中国无障碍环境建设发展研究——基于残疾人社会融入的视角》，华夏出版社 2015 年版，第 39 页。
④ 许巧仙：《社会包容视角下残疾人社会融入的困境与出路》，《学海》2012 年第 6 期。
⑤ 罗新阳：《从排斥到融合：残疾人社会融入路径研究——基于对浙江省绍兴市 1845 份问卷的分析》，《中共南京市委党校学报》2014 年第 6 期。
⑥ 徐丹：《残疾人社会融入问题研究——以吉林省聋哑盲残疾人为例》，硕士学位论文，吉林农业大学，2014 年。
⑦ 邵子珊：《智力残疾人群社会融入问题的研究——以陕西省 X 市 R 机构的个案为例》，硕士学位论文，陕西师范大学，2015 年。

社会维度包含活动范围、交往对象、社会参与、无障碍环境、社会对残疾人的态度和观念、残疾人自身的价值观念；心理维度具体为生活满意度、心理缺失。尽管总体残障保障方面的财政支出持续增长，但不论从哪一维度来看，学者的结论均是残障人士的社会融入度仍处于较低水平。

现实也的确如此，以残障人士的信息化水平为例，在互联网、智能手机、人工智能等科学技术飞速发展的时代，残障人士的生理劣势被外化和放大为与健全人士的巨大的"数字鸿沟"。[①] 以2013年的数据为例，城乡残疾人使用电脑的比例分别只有30.2%和20%，每百户残疾人家庭拥有电脑只有12.4台，比全国居民家庭平均水平少43.5台，残疾人使用电脑以及上网的比例都大大低于全国平均水平。[②] 正如苹果公司CEO库克在演讲所说，"技术本身没有好与坏，一切由人来决定"，但不可否认的是，大部分残疾人在信息技术的学习与使用上落后于普通人，尤其对于视力与听力残疾的人群来说，他们与主流人群的"数字鸿沟"加剧了他们的社会边缘化。

（二）社会网络理论及启示

时代风云变幻，信息技术的发展改变着人际交往和资源流动的模式，国外社会学家通过研究资源的流动来分析社会行动的"网络"，指出社会网络是一种影响社会融合度的社会资本。社会网络，又称社会关系网络，是指人们在从事社会活动过程中所建立的相互交错或平行的关系网络，在整个关系网络中，个体是镶嵌在由社会关系和社会互动组成的社会网络中的行动者。[③] 社会网络是经由友情关系、亲情关系或认识关系而形成的，通过社会网络，人们在特定的领域实现聚合、分离、排斥或包容。[④]

---

① 邓锁：《信息化背景下残疾人就业模式及政策支持路径分析》，《残疾人研究》2016年第1期。

② 中国残疾人联合会：《关于印发〈2013年度残疾人状况及小康进程监测报告〉的通知》2014年8月12日，http://www.jxdpf.gov.cn/art/2014/8/12/art_41717_2703557.html，2023年8月19日。

③ 刘军：《社会网络分析导论》，社会科学文献出版社2004年版，第4—10页。

④ 聂磊等：《微信朋友圈：社会网络视角下的虚拟社区》，《新闻记者》2013年第5期。

社会网络思想肇始于 20 世纪 30 年代涂尔干、布朗等对社会结构的分析和描绘，成熟于 20 世纪 70 年代威尔曼、弗里曼等人创立的数学分析方法对其进行测算并将该分析方法科学化，快速发展于 20 世纪 90 年代林南的社会资本理论和伯特的结构洞理论的提出。[①]

社会网络理论认为，社会各类组织的运行模式已经被颠覆，权威指导、专业领衔的由上至下模式的主导地位已让渡给旨在平行连接的社会网络模式。从国内外科研态势看，网络理论已经成为描述互联互通世界的新语言，多位科学家断言，21 世纪是复杂性网络科学的世纪。互联网即社会网，要取得哪一种资源必须先与资源掌握者——人建立通道，在社会网中才有可能找到并抓住机会。因此，可以说，在智能互联社会中，连接和关系主导一切，网络效应成为一个组织谋求生存、获得发展的关键。[②] 社会网络理论的关键词就是节点、连接、关系、网络；社会网络理论既强调节点之间连接的重要性，也强调了整个网络对节点的影响。在社会学、经济学、物理学等多学科优秀学者的努力下，历经二十多年，社会网络理论日趋丰富，部分结论如下。

从连接频率看，强连接提供资源和信息助力，弱连接提供信息、机会和渠道，两种关系各具独特价值；从连接性质看，同质性连接容易在情感上共鸣，异质性连接更能在组织目标任务完成过程中形成互补；从连接密度看，"密网"中存在强大的信任，有利于资源整合与协作，"疏网"中涌动着机会和信息。先发现机会才可能抓住机会，疏网也具有重要价值，一个组织应具有布局思维，能在瞬息万变的形势中灵活调整疏网和密网间的组合，不断突破现有的格局；从连接韧性看，当外在环境变化时，一个强健的组织能够很有弹性地改变其结构，从而生存下来。一个强健的组织是自组织出来的，靠个体互动推动，自组织网络最具网络韧性，组织需要在适应外在变化而进行内在变化的过程中，自主、智慧地平衡出一个相对稳定的秩序；从连接机会看，不同子网络之间唯一

[①] White, H. C. and Boorman, S., et. al., "Social Structure from Multiple Networks: Block Models of Roles and Positions," *American Journal of Sociology*, Vol. 81, No. 4, 1976, pp. 730 – 780.

[②] ［美］艾伯特 - 拉斯洛·巴拉巴西：《链接——商业、科学与生活的新思维》，沈华伟译，浙江人民出版社 2013 年版，第 269 页。

的连接线即为"桥",正是因为"桥"的存在,任何两个陌生之间不超过6次连接,最多隔着5个节点。桥的两端都是活跃的点,"桥"因资源、信息优势而具有独特的发展机会。

可见,社会网络理论试图厘清信息时代的底层逻辑,帮助组织和个人善用网络思维,抓住时代赐予的发展机遇和跃迁机会。[1] 比如,竞争优势不仅是资源优势,更重要的是关系优势或社会资本优势;处于结构洞上不同空间位置的行动者,占有结构洞越多者关系优势越大,获得较大经济回报机会越高。[2] 基于社会网络理论,残障人士社会融入度的下降源于以下困境,即社会资本不足、连接性较弱、结构洞的存在,突出表现为位置感的缺失和话语权的旁落,逐渐与社会产生隔阂,进而恶性循环,每况愈下。格兰诺维特指出,影响社会网络作用大小的关键就是社会网络的同质性和异质性。同质性较高的个体之间的沟通往往是低效率的,信息沟通的真正有效桥梁是异质性。如前文所述,大多数残疾人在现代社会与他人建立联系存在障碍,视力听力残疾者存在沟通的障碍,肢体残疾者存在行动的不便,有调查研究表明,残疾人很少离开过本镇(乡、街道),绝大多数人没有去过省会及省外[3],残疾人的生活半径要远远小于普通人。因此在残疾人的社会网络中,以亲人为主的强联系占主导地位,难以搭建起弱联系的社会网络。弱联系缺失的社会网络结构带来了较高的同质性,限制了残疾人的社会认知,接触不到价值观的碰撞,获取不到生活圈子以外的异质性信息。可以说,构建多元、强健的社会网络不仅是提高残障人士社会融入的关键所在,甚至就是改善社会融入度本身。

二 社会连接:残障人士社会融入度提升的内核与支撑

强健网络的前提是多元连接,即社会网络应该是同质和异质网络、

---

[1] 罗家德:《复杂——信息时代的连接、机会与布局》,中信出版集团2017年版,第2页。
[2] 林聚任:《社会网络分析:理论、方法与应用》,北京师范大学出版社2009年版,第37页。
[3] 罗新阳:《从排斥到融合:残疾人社会融入路径研究——基于对浙江省绍兴市1845份问卷的分析》,《中共南京市委党校学报》2014年第6期。

密网和疏网的组织调整、搭配与组合。在残障事业中，残联组织无疑是"枢纽节点"，即连接枢纽，是网络中高度连通的节点。残联组织有义务与所有残障人士建立有效连接，同时要保持高水平的人力资源容纳度、信息宽度和沟通调研能力才能协助残障人士连接更多异质网络。除了枢纽节点的中心连接，残障人士之间、组织之间的自主平行连接是互联网时代的代表性连接模式，也是组织自我创新、自我适应的动力来源。在自主平行连接的前提下，优先与高活跃度节点建立连接，最大限度与志同道合的伙伴达成合作；优先与信息优势节点连接，不断搭"桥"；从连接到熟知到真知，真正了解每一个节点并精准互动，以最大限度地发挥网络效应。社会网络强健的一般推进过程应是从注重连接频率到连接质量，推动群众网络从物理层面的强健到化学层面的强健。而要实现这些连接，无疑是一个系统工程，需要从多方面、全方位地进行认知提升、制度建设和资源支持。从实践来看，无障碍建设是残疾人社会融入的硬件支持，是其外出学习、社会交往、劳动就业最基本的条件支撑。

（一）用环境传递认知：无障碍环境是社会连接的基础

在无障碍环境下，一个人可能存在残疾，但不一定是"残障"。"只存在有障碍的环境，不存在有障碍的人"，无障碍环境是残障人士通向"平等·参与·共享"的必由之路，残障人士参与社会建设、共享社会发展，平等地享受生活的基础和前提。厦门市虽然在无障碍设施建设荣誉等身，但无障碍环境建设依然任重而道远。澄清误区、建立对无障碍环境的科学认知是其得以全面推进的内在驱动力：无障碍环境不是单一、静止的硬件建设，而是立体、多维、动态、多向的生态系统营造；无障碍环境不是对残障群体的"特惠"，而是可能造福所有人的"普惠"；无障碍设施并不必然是封闭、隔离、专用的高成本设计，而是尽可能简约、包容、平等的通用设计。

以无障碍设施为例，近二十年来，我国的无障碍环境建设取得长足发展，厦门的无障碍设施建设一直走在全国前列。2005年，厦门市成为全国首批12个"无障碍设施建设示范城市"之一，2007年荣获"100个创建全国无障碍建设城市"，2012年升级为"全国无障碍建设先进城市"。虽然成绩斐然，但问题也不容忽视。近年厦门大学公共事务学院课题组以《城市道路和建筑物无障碍设计规范》为标准，选取了鼓浪屿景区、厦门火车站、会展中心等人口聚集地，集中对盲道、坡道、无障碍厕所和无障碍标志牌四种相对使用较频繁的无障碍设施展开调查与测量。结果显示，无障碍设施的建设质量不高、合格率偏低，坡道和盲道的合格率低于30%，无障碍厕所的合格率为60%，无障碍标志牌数量较少；无障碍设施还没有全面普及，例如盲道占人行道总长的94%，路口坡道化达84%以上，但是在商场、汽/火车站、住宅等建筑物内无障碍设施建设较少。再如调查的14座无障碍厕所中有5座在鼓浪屿，火车站、闽南长途汽车站等人口集散地无障碍厕所则很少；管理不善导致利用率偏低，例如火车站广场及公交站台的盲道被占用现象严重，无障碍厕所、升降梯等被封锁现象也很普遍。可见，在美丽温馨的厦门岛，无障碍环境建设依然任重而道远。

无障碍环境是否完善是残障事业是否发达的重要标志，残障事业的发展水平是社会文明程度的重要体现。无障碍环境无时无刻不在影响着残障人士、老人、病患等生理性弱势群体的生活。理念优于制度，制度优于技术，推动无障碍环境建设，需要首先澄清认知上存在的误区。

无障碍环境不是对残障群体的"特惠"，而是可能造福所有人的"普惠"。残障群体的确是直接的受益者，但无障碍环境是为每个人准备的。每个健全人一生中大约有15%的时间是处于行动不便的时候，例如怀孕、推婴儿车、提重物、肢体受伤和年老后等。据统计，到2040年，我国老年人口占总人口数的比重将达到26%，中国由老龄化快速迈向高龄化的过程必然与老人失能的过程相伴。月有阴晴圆缺、人有旦夕祸福，风险社会中后天致残伤害随时都可能发生，2008年的"5·12"汶川地震中就有1万多人致残。残障作家史铁生曾说："残疾是种局限，是人都有这种局限，不只是伤残人的，而是所有人类的"；"我想走但不能走，你想飞但不能飞，这是不是同属残疾呢。"[①] 所以，残障与每个人如影随形，无障碍环境终将是每个家庭、每个人的福祉。

---

① 史铁生：《史铁生作品集》第3卷，中国社会科学出版社1995年版，第292页。

无障碍设施并不必然是封闭、隔离、专用的高成本设计，而是尽可能简约、包容、平等的通用设计。就物质层面的无障碍环境建设而言，国际上早已摒弃缺乏美学考虑和缺少成本意识且带有隔离、歧视性的"专用设计"，而是采纳了具有通用性、公平性，时尚美观且较低成本的通用设计。除了具有无歧视设计、中性设计、低成本设计、互动式设计、简约设计、反馈设计、包容性设计、易接近设计外，通用设计还遵循本质安全性设计，会把各种因意外或非故意动作导致的负面后果降到最低。从这层意义上说，无障碍环境建设不仅不会造成沉重的额外经济负担，还能最大限度保障舒适、便捷和促进社会融合。

　　无障碍环境不是单一、静止的硬件建设，而是立体、多维、动态、多向的生态系统营造。从物质层面到精神层面，从硬件建设到软件提升，从克服客观困难到消除观念壁垒，从规范的建设到开放的使用再到精心的维护，无障碍环境内容极其丰富且环环相扣、相互影响，任何一个节点的"障碍"都可能使其他环节的无障碍努力"功亏一篑"。从物理空间到网络空间，从家居无障碍到出行无障碍，从休闲娱乐无障碍到安全逃生无障碍，从辅助器具无障碍到通信无障碍再到信息无障碍，从上学无障碍到就医无障碍再到消费无障碍，无障碍环境是一个不断发展的动态概念，不断地改进和完善、以实现与社会环境的完美交融是无障碍环境建设永恒不变的原则。从这层意义上说，无障碍环境建设一直在路上。

　　因此，无障碍环境建设工作的着力点应该是：软件建设上，普及无障碍环境的普惠理念；硬件建设上，推动通用设计的广泛应用。可以采取的具体措施有：在资源筹集上，采取开放的合作主义道路，充分调动社会各界、各部门参与其中，特别是商业力量的充分参与。在参与机制上，无障碍环境的精准设计离不开残障人士的全程参与和深度体验，因为资源有限，为了避免浪费，"万事必作于细"。在无障碍环境的建设目标上，广度与深度同样重要，需要在质量与数量之间实现一种平衡，不能用数量牺牲质量，同样也不能用质量牺牲数量，因为只有量足够多，才能无障碍地体验到"质"。

(二) 用认知引领制度：残联充分发挥中心节点作用

新时代的残障观与积极的生命观、风险意识、老年观、医疗观等相得益彰。积极的风险观强调风险发生类型和发生概率的个体差异，甄别特定个体的原发风险并积极预防；积极的生命观与医疗观意味着生命至上与生命质量、生命尊严存在矛盾的情景下的人道取舍与协调；积极的残障观意味着"不另眼相看"，把残障"平常化"的同时，在服务方式细节上"另眼相待"，提高服务质量。完善的制度是残障人士建立社会连接、融入社会的重要支撑。这些认知只有具象为一项项具体制度内容，才能助力残障人士在实现共同富裕的进程中逆境而行。[①] 也就是说，只有残疾人的经济状况、就业融合、教育融合、政治融合与交织共振、相互促进，才能持续地推进残障人士融入社会。比如，以残障人士的经济状况为例，除了残疾本身的刚性支出较高外，就业率低、就业质量不高也是主要原因。而就业排斥又与教育排斥紧密相关，在公立学校随班就读的残障学生容易出现"随班就坐""随班就混"的形式融合[②]，特殊教育学校相对隔离的教学和生活环境又使残疾儿童与外界接触机会相对较少，无法获得高质量的教育也就无法在现代社会取得竞争力，招聘残疾人更高的成本和风险以及更低的效益，使得在市场化的环境下许多用人单位宁可缴纳残疾人就业保障金也不愿意招聘残疾人。[③] 而残障人士教育融入质量不高又与政治参与度低、社会地位趋于被动等因素有关。可见，残障人士的社会融合需要多个领域的系统协作。而高质量的制度设计依赖于先进的理念、全面细致的调研和科学的顶层设计。这就需要作为制度需求与制度供给之间桥梁的残联组织充分发挥社会网络中心节点的作用，全面建立与所有残障人士的连接，如通过残疾人证建立基础连接，通过专门协会建立深度连接等。这样一来，残联就能全面掌握残障人士的需求痛点与供给盲点，当好残障人士的"代言人"，高质

---

① 杨方方：《风险流转下弱势群体的共同富裕之路》，《学术研究》2022年第9期。
② 许巧仙：《社会包容视角下残疾人社会融入的困境与出路》，《学海》2012年第6期。
③ 侯日云：《中国残疾人就业保障金政策实施效果分析》，《社会福利》（理论版）2021年第3期。

高效地参与制度设计过程。

（三）用制度改善环境：打造立体、多维的连接网络

网络社会带来的一个巨大变化是由上到下的权威、专业指导模式已经越来越不如平行连接的社会网络有效，"赋能"远不如"合能"有效，营造自主平行连接的氛围是残障事业走向开阔、全面融入社会的必由之路。系统整合人道资源与相关系统优势互补，促进残障事业与老年事业、红十字事业、志愿事业相融合，创造适宜残障事业中各类主体平行连接的环境氛围，如残障人士之间的社交互动、残障 NGO 之间的深度合作，残联系统与红十字系统的合作等。这样一来，受益的不仅是残障人士，而且能提升人道事业的整体生态，全面推进生理性弱势群体的社会融合。比如，未富先老且正快速走向高龄化的中国正面临着普遍而又紧迫的养老服务需求，养老服务是老年人残疾预防的重要组成部分。养老志愿服务是需求紧迫的人道事业。残障预防事业与多项人道事业互促相融、相辅相成。从业务职能领域来看，残疾预防事业涉及减灾建设、平安中国、健康中国、社会保障、残障事业、公益慈善等；从服务对象类型来看，生理性弱势群体的残障风险性更高，"老弱病残"中前三个字都可以看作"残"的形容词，但毫无疑问，老年人的残疾风险是最高的。老年群体理应是残疾预防的重点和焦点。养老服务需求是具有普遍性的人道需求，养老志愿服务也理应成为当下和未来一段时期内我国人道力量发挥作用的主要平台之一，吸收红十字参与其中亦合情合理。

平行连接能改善信息环境，也需要良好的信息环境支撑。在平行连接的社会网络中，信息传递壁垒易被打通，基层力量"涌现"的创意往往优于权威，由下而上的创意往往更具活力。当然平行连接需要充分利用现代化的连接技术。现代技术的充分应用虽然不是残障服务效能的充分条件，但却是必要条件。利用好技术能消弭残障人士生理弱势带来的起点差异，是加速残障人士建立多维、多向社会连接的利器。根据第 48 次《中国互联网络发展状况统计报告》显示，截至 2021 年 6 月，"提供可以无障碍使用的上网设备"约占 27%。信息时代的基础设施，如建立高用户黏性的无障碍知识学习 App 和就业服务 App，现有的"中国残联就业"等全国性App、"福建残联就业"等地方性App、残友之声App、蚕舍App的活跃度都不高。另外，还需打造残障人士专属猎头和心理咨询服务等。总之，搭建信息平台、服务供需汇总平台是信息时代的基础设施，是残障人士全面融入社会的底层支撑。

分论四

筑底幸福：女性的角色自主与权益保障完善

妇女全面发展既是一个社会文明进步的关键推动力，也是一个社会文明的重要衡量尺度。女性的身心健康、文化素养、视野见识和自主自信的精神状态对于个人价值实现、家庭的幸福美满和社会的和谐意义重大。弹性发展和自主选择应是现代文明赋予女性的最大福利。但社会整体来看，女性的自主选择空间不大；就个体而言，自主自信比较稀缺。很多时候，家庭成了女性人生诸多选择的关键因素，女性的人生选择围于家庭的种种现实因素和情感牵绊，比如"老漂族"的空间流动，如生育二孩、三孩的家庭选择，如"主动"地职业中断、回归家庭等。距离西蒙娜·德·波伏娃出版《第二性》已过去75年，女性的从属地位并未从根本上得以扭转。以身体自主权为例，不仅女性的家庭暴力、职场性侵等被动伤害现象依然严重，在社会规训、男权审视、职场容貌歧视、颜值经济和女性认知局限交织下的自主伤害增势明显。整容现象看似是女大学生回应不平等社会环境的自我抗争，是自我主体性与社会现实之间博弈的自主选择①，实则一边缓解着容貌焦虑，一边加剧着容貌焦虑。2021年中青校媒（中央新闻网站中青在线的官方微信）面向全国2000多名大学生关于"容貌焦虑"的调查问卷结果显示，"59.57%的女大学生存在中度容貌焦虑"。②

2023年全年出生人口902万人，死亡人口1110万人，人口自然增长率为 -1.48‰。③ 在如此严峻的人口形势下，全社会在呼唤和鼓励生育行为。从经济效用来看，生育带给国家和社会的收益是惊人的，且不说人力资源蕴藏的无限潜能，单说其带来消费、教育等各种需求的直接性、

---

① 卫小将、卜娜娜：《快乐、迷茫与痛苦的身体：女大学生毕业整容背后的不平等与抗争》，《中国青年研究》2018年第7期。

② 黄璐璐：《女大学生"容貌焦虑"的现象透视、危害及其引导》，《广西青年干部学院学报》2023年第3期。

③ 王萍萍：《人口总量有所下降 人口高质量发展取得成效》，https：//www.stats.gov.cn/sj/sjjd/202401/t20240118_1946701.html，国家统计局官网，2024-1-26。

持续性刺激都相当客观。对家庭而言，无论是从"多子多福"的精神属性看，还是基于家庭规模与抗风险能力正相关的经济理性看，多生一个孩子的边际成本低、边际收益大；但对于承担人口再生产任务主体——妈妈来说就存在极大的不确定性，妈妈的生活质量和职业生涯很可能因生育"飞流直下"。生育前，女性很容易被家庭意愿和社会评价所"绑架"，家庭攀比、老人期待、夫妻感情和社会对女性的苛刻评价等因素都会造成女性的生育纠结；生育后，职业发展上则进退两难：如孩子养育不周，选择"进"的妈妈是坏妈妈；选择"退"的妈妈没有经济独立能力，是懒妈妈、笨妈妈。在两难之中奋力取得平衡的"超人妈妈"被大力赞赏和鼓励，殊不知这种成长和蜕变经常伴随着体力和精力的过度透支，不仅不是个人成长和家庭生活的福音，还蕴藏巨大、潜在的社会风险——"超人"的破坏能力与建设能力同样巨大。

2018年重庆一位女乘客与公交车司机激烈争执互殴致车辆失控坠江；三年疫情防控期间因一点小事歇斯底里的中年妇女经常成为网民围观、嘲讽的对象。如果社会止于用"泼妇"脸谱化她们的话，只能是社会的遗憾和悲哀。"衣食足方知荣辱"，法国的女性终其一生的优雅是系统的权益保障体系，日本已婚女性的温柔背后是视家务劳动为社会劳动的制度理念和对全职妈妈给予充分的社会保障。在中国快速的现代化进程中，不仅女性的生育养育的角色分量和执行难度较过去有增无减，个人发展、成长、参与社会建设的动力和压力还在与日俱增，如果制度保障和社会支持不能到位，超人和女汉子成为妈妈们的必然归宿和无奈选择。职场压力和母职焦虑背后从资源有限、精神紧张到情感匮乏，匮乏的背后是制度体系性别意识的淡漠和社会对母亲支持和托举的"不到位"。基于此，全面贯彻性别平等原则，让制度更全面有效地保障女性权益，是女性事业的重要切入点。

百年来女性权益保障的理念演变[①]

先进的理念引领是一项事业取得持续发展的前提。百年来，中国妇女保障事业取得巨大成就，这与中国共产党在不同阶段审时度势地调整发展理念有着紧密的关联。新民主主义革命、社会主义建设、改革开放、党的十八大以来共四个阶段构成了中国共产党的百年奋斗征程。在时间横轴上看，这四个阶段是由三个时间节点分隔形成。分别以三个时间节点为界看一下中国共产党在妇女保障事业上的理念变迁。

一 以中华人民共和国成立为节点：从谋解放到促发展

中国共产党成立早期就很关注妇女解放问题，狭义的妇女解放主要指社会解放，广义的妇女解放始于社会解放，止于性别解放。性别解放就是因性别带来的不利处境和不公平对待被终止和转化，从而实现男女平等。男女平等包括机会层面的平等和结果层面的平等，从主观愿望到事实结果，性别解放是一个长期、复杂、动态的过程。性别解放的过程也是妇女权益保障完善、妇女地位提升、妇女能力获得全面发展、妇女自身价值得以充分实现的过程。

在中国长达两千多年的封建社会中，妇女的权利遭受了极端的漠视和侵害，长期被排斥于法律之外。政治上完全被排斥在社会政治生活之

[①] 杨方方：《百年来中国共产党在妇女权益保障中的角色》，《山东女子学院学报》2022年第3期。

外；经济上没有独立的经济来源，没有财产所有权和继承权；社会上无地位，恪守三从四德；文化教育权被剥夺；婚姻上不自主还要从一而终。[1] 新民主主义革命伊始，中国共产党就对深陷社会底层的妇女报以深切的关注并认识到妇女解放与阶级、社会解放是个互促的过程。1922年7月，党的二大通过的《关于妇女运动的决议》指出："妇女解放是要伴着劳动解放进行的。只有无产阶级获得了政权，妇女们才能得到真正的解放。"1925年1月，中国共产党第四次全国代表大会通过的《对于妇女运动之议决案》强调："我们深知现代妇女之所以置于被奴属[2]的地位，完全是私有财产制度的罪恶。私有制度不废除，妇女解放永做不到彻底。"党的最大任务是认定农村妇女乃最积极的革命的参加者，而尽量地吸收到一切农民的组织中来，尤其是农民协会及苏维埃。[3] 1939年毛泽东同志在延安纪念"三八"妇女节大会上的讲话中进一步明确："妇女解放与社会解放是密切地联系着的，妇女解放运动应成为社会解放运动的一个组成部分存在着。离开了社会解放运动，妇女解放是得不到的；同时，没有妇女运动，社会解放也是不可能的。"[4] 同年7月20日，毛泽东同志在延安中国女子大学开学典礼上强调"全国妇女起来之日，就是中国革命胜利之时"[5]。

新民主主义革命时期，中国共产党也试图把妇女性别解放纳入阶级、社会解放的大目标之下，但收效并不显著，性别解放和社会解放之间的良性互动尚未形成。[6] 1930年5月，邓颖超同志在《苏维埃区域的妇女工

---

[1] 李明舜：《新中国成立以来的妇女权益立法保障》，《中华女子学院学报》2009年第6期。

[2] 《中共四大对于妇女运动之决议案》，人民网，https://www.gov.cn/test/2008-05/27/content_995235.htm，2018-5-27。

[3] 《中国共产党第六次全国代表大会农民运动决议案中共中央文件选集》第4册，中共中央党校出版社1989年版，第358—359页。

[4] 毛泽东：《妇女们团结起来》，《毛泽东文集》第二卷，人民出版社1993年版，第169页。

[5] 《1939年7月20日毛泽东在延安中国女子大学开学典礼上讲话》，《中国妇女报》2013年12月27日。

[6] 张文灿：《妇女性别解放与阶级、社会解放的互动——新民主主义革命时期中国共产党妇女解放运动的政策及效果》，《首都师范大学学报》（社会科学版）2010年第6期。

作》中就曾指出:"过去很多地方(湖北、江西等地),恐怕引起农民的反感而不提出农妇本身的要求,甚至放弃了农妇运动,这是极错误的。我们不但不应该怕农民的反对而不提出农妇的要求,且应宣传农民、说服农民,使他不但不反对,且更能同情赞助农妇的解放运动。"① 可见,在婚姻、家庭等两性关系层面存在着相对隐蔽的紧张关系。

中华人民共和国成立后,性别解放得到较大幅度的推进,妇女权益的发展快速且全面,妇女群体蕴含的巨大潜能在前所未有的开阔空间中得到空前释放。1949年9月29日,中国人民政治协商会议第一届全体会议通过的起临时宪法作用的《中国人民政治协商会议共同纲领》,不仅在第六条明确规定:"中华人民共和国废除束缚妇女的政治制度。妇女在政治的、经济的、文化教育的、社会的生活各方面,均享有与男子平等的权利,实行男女婚姻自由。"而且在第四十八条之中进一步要求:"提倡国民体育。推广卫生医药事业,并注意保护母亲、婴儿和儿童的健康。"1950年4月13日,中央人民政府委员会第七次会议通过的《中华人民共和国婚姻法》,首次以法律的形式确定了男女权力平等和保护妇女权利的基本原则。1950年6月28日,中央人民政府委员会第八次会议通过的《中华人民共和国土地改革法》,保障妇女在土地改革中应得的利益和妇女在社会上应有的权利。1954年,"男女平等"被写入宪法,明确妇女有同男子平等的选举权和被选举权,并强调"中华人民共和国妇女在政治的、经济的、文化的、社会的和家庭的生活各方面享有同男子平等的权利"②。1955年,毛泽东同志在贵州民主妇女联合会刊物发表的《在合作社内实行男女同酬》一文中看到"男女同酬第一村"——贵州省息烽县养龙司镇堡子村的做法后批示:"建议各乡各社普遍照办。"③ 之后,毛泽东同志又提出"妇女能顶半边天"的口号,迅速响彻大江南北。④ 1956

---

① 中华全国妇女联合会妇女运动历史研究室编:《中国妇女运动历史资料(1927—1937)》,中国妇女出版社1991年版,第79页。
② 丁娟:《男女平等基本国策研究》,中国妇女出版社2005年版,第24页。
③ 《建国以来重要文献选编》第7册,中央文献出版社1994年版,第381—384页。
④ 钟雪萍、任明:《"妇女能顶半边天":一个有四种说法的故事》,《南开学报》(哲学社会科学版)2009年第4期。

年，邓小平同志在中共八大上指出："党必须用很大决心培养提拔妇女干部，帮助和鼓励她们不断前进。""妇女工作一定要管本行，议大事。要把眼界搞开阔些。……妇女群众也要关心政治。……妇女干部要看世界，农村妇女也要看世界。"①

在中国共产党领导的妇女解放运动中，女性政治地位的提高带动了女性劳动、教育、福利等权益的改善。妇女被期待和鼓励参加国家建设，实现了经济社会地位的空前提高。妇女以前所未有的精神面貌和蓬勃活力展现在世界舞台，发展速度令世界瞩目。社会主义革命和建设时期的中国妇女解放模式，曾一度被西方女性主义视为世界女权运动的范例。②

二 以改革开放为节点：从"不另眼相看"到"另眼相待"

在中国，"男女有别"的历史不可谓不久远，"男女有别"造成的沉痛记忆不可谓不沉重。中华人民共和国成立后，高度重视妇女权益的中国共产党摒弃旧社会男尊女卑的思想，强调男女无差别，在经济、政治、教育、福利等各项权利上男女应该一视同仁。正如毛泽东同志所言："时代不同了，男女都一样。男同志能办到的事情，女同志也能办得到。"③可以说，改革开放前中国共产党通过赋予妇女与男子近乎一样的权利内容和实现方式来诠释男女平等，在妇女保障事业上传达出"不另眼相看，不另眼相待"的理念。计划经济时期的国家—单位保障制、公共托幼、教育体系也为这种淡化性别差异的权益理念实践提供了坚实的体制保障。

改革开放之后，特别是市场经济体制改革之后，妇女因为失去体制的庇护在劳动力市场中再趋弱势，回家"相夫教子"成为很多职业女性无奈的选择，而握紧拳头、咬紧牙关坚守职场的妈妈们仍难逃纠结、矛盾。当体制的庇护渐行渐远之时，现代化进程加之独生子女政策催生了

---

① 《邓小平文选》第1卷，人民出版社1994年版，第106页。
② 陈曦："'妇女'的边缘与重振：改革开放以来学术反思视域中妇女解放话语的流变"，《湖北社会科学》2020年第3期。
③ 《毛主席刘主席畅游十三陵水库》，《人民日报》1965年5月27日第1版。

"感情上无价"的珍贵孩子，优质教育资源竞争日趋焦灼；同时消费主义来势汹汹，成为现代性标志的全知全能妈妈不自觉地成为妇女自我、家庭和社会的共同期待。①重压之下纵然有职业女性全力涅槃成为"超人妈妈"，但显然已偏离"解放"的初衷，是新型的、隐蔽的"剥削"。与此相对的一种趋势是，被挤出劳动力市场的女性的物化、异化现象一度令人侧目。同时，打工妹权益被侵犯、女童失学、拐卖妇女、嫖娼卖淫、对妇女的暴力等，妇女的身体和精神健康问题大量出现，在计划经济体制下得到比较充分保障的妇女地位快速下降。②可见，改革开放后"男女有别"不仅取代了计划经济时期"男女都一样"的主流话语地位，且成为一个被不断单向性强化的结果。③

在这种情况下，邓小平同志提出，从经济角度入手才能根本解决妇女发展问题：既要增加妇女发展所需要的物质投入，又要调动妇女参与社会主义建设的主动性和积极性，在促进社会发展的过程中实现自身发展。胡锦涛同志立足科学发展观，提出："要想尽一切办法，采取一切措施，积极帮助妇女解决在工作生活中遇到的特殊困难，尤其要加大为城市下岗失业妇女和农村贫困妇女排忧解难的工作力度。"胡锦涛同志强调："在我们社会主义国家中，对任何侵害妇女儿童权益的违法犯罪活动，对任何损害妇女儿童身心健康的丑恶现象，都要坚决扫除、依法严惩，旗帜鲜明地为受害的妇女儿童伸张正义。要通过经济、法律、行政、宣传等各种手段，推动全社会形成尊重和保护妇女、关心和支持妇女工作的良好局面。"④

由此，中国共产党审时度势正视男女之间的差别，向妇女提供倾斜

---

① 施芸卿：《当妈为何越来越难——社会变迁视角下的"母亲"》，《文化纵横》2018年第5期。
② 沈国琴：《中国妇女NGO之于中国社会的意义及发展展望》，《社团管理研究》2010年第3期。
③ 佟新：《主流话语与妇女就业知识的构建》，《中国社会科学》（英文版）2010年第2期。
④ 胡锦涛：《自强不息 艰苦奋斗 开拓创新 开创我国妇女事业的新局面——在同全国妇联新一届领导班子成员和中国妇女九大部分代表座谈时的谈话》，《中国妇运》2003年第10期。

性的、针对性的保护，从"不另眼相看，不另眼相待"到"不另眼相看，但另眼相待"，从"男女一样"到新"男女有别"。从手段的"同"到手段的"异"，从注重形式到注重实质，从强调过程到强调结果，新"男女有别"是基于男女客观的生理差异和男女平等的价值理念，强调保护和赋能的方式、手段及过程的"合理差异"，而非旧社会的差异——在男尊女卑基础上压迫和奴役女性的"男女有别"。"不另眼相看，但另眼相待"理念的提出，说明中国共产党在妇女权益保障上的认知经受住了时代考验。实践证明，制度设计的精细化能力也经受住了实践的挑战，并变压力为动力，变挑战为机遇，妇女权益保障事业走上了快车道。1980年签署批准《消除对妇女一切形式歧视公约》，1982年至今，中国代表九次当选联合国消除对妇女歧视委员会委员。一系列加强妇女权益保障的法规陆续出台：1992年颁布《中华人民共和国妇女权益保障法》并经过2005年和2018年两次修订；1986年颁布《妇幼卫生工作条例》；还有妇女生育、劳动保护方面的一系列规章，如1986年颁布的《全国城乡孕期保健质量标准和要求》《关于女职工生育待遇若干问题的通知》，1988年颁布的《女职工劳动保护规定》，1990年颁布的《女职工禁忌劳动范围的规定》，等等。1995年，第四次世界妇女大会在北京召开，江泽民同志在会议上承诺"把男女平等作为促进我国社会发展的一项基本国策"，并颁布了《中国妇女发展纲要（1995—2000）》，这是中国第一个关于妇女发展的纲领性文件。2005年"男女平等"被写入修订的《中华人民共和国妇女权益保障法》[①]，并在第二条第三款明确："国家保护妇女依法享有的特殊权益。"

三 以中共十八大为节点：从"助融入"到"助梦圆"

中国妇女六大明确"在参与中实现权利"的妇女保障推进思路，即将妇女权益保障工作"融入"于促进生产力发展之中，以维护妇女利益

[①] 秦正为：《马克思主义妇女解放理论与中国特色社会主义妇女发展道路》，《学术界》2020年第3期。

与促进社会生产力发展相统一。① 中国妇女六大报告指出："妇女只有投身改革和建设，在经济建设中实现劳动权利，在民主政治建设中实现参政权利，才能充分展现自身价值，赢得社会尊重，获得真正的男女平等。"在"纪念国际劳动妇女节100周年大会"上胡锦涛同志强调："只有自觉融入国家发展和民族振兴的历史洪流，自觉把自己的前途命运同国家和民族洪流，自觉把自己的前途命运同国家和民族的前途命运紧密结合起来，以实现国家发展和民族振兴为己任，妇女运动才能焕发出强大的生命力、创造力、感召力，才能实现自身发展的伟大目标。"②

融入中国革命建设和改革进程以寻求中国妇女运动解放，是中国妇女运动的特色之处，可以说，"融入"与"契合"是中国妇女解放道路的标识性概念。妇女运动"融入"社会主义现代化建设、与之相契合的轨迹呈现出"目标、任务与过程融入"，"多维利益契合"与"核心融入"，"关切问题融入"主体行动过程等基本样态。③ 可见，妇女权益发展的内在主导逻辑是"被需要"，被社会需要，被孩子需要，被家庭需要。毛泽东同志提出的"妇女能顶半边天，离了妇女没吃穿"即是对妇女群体巨大功效和利他价值的形象概括。但与此矛盾的是，女性在家里的付出和奉献不属于狭义的"发展"范畴，不是社会建设的一部分，这样一来，养育孩子和家务劳动成了妇女难以推卸却又不被社会利益分配机制认可的负担。对现代社会中的妇女而言，家庭既是安全的铁笼，也是限制飞翔的枷锁。随着社会性别意识的整体提升和人口政策的调整，过去过于侧重外部融入、忽视妇女独立主体诉求的单向的、狭义的发展思维显然面临着现实和认知的巨大挑战。

多年来我国妇女事业发展的推动力主要来自外部，妇女的价值更多体现在利益共同体以及其与生活质量的紧密关联度上。与靠自驱力推动

---

① 韩贺南：《"融入"与"契合"：妇女发展与社会主义现代化建设关系探索》，《中华女子学院学报》2018年第1期。

② 胡锦涛：《在纪念"三八"国际劳动妇女节100周年大会上的讲话》，《中国妇运》2010年第4期。

③ 韩贺南：《"融入"与"契合"：妇女发展与社会主义现代化建设关系探索》，《中华女子学院学报》2018年第1期。

的西方女性运动不同，由于女性整体的自我意识和主体价值觉醒较晚，中国的妇女解放发展整体上比较温和。可以说，这种外部驱动主导、主体意识被忽视的权益发展逻辑在很长时期内和妇女的发展整体上是契合的。但随着教育水平的提高、发展视野的开阔和空间的扩展，女性开始从"为他人而活"迈向"一点属于自己的生活"再到"为自己而活"，越来越多的女性追求独立的主体价值，追求自我发展，自我意识在不断提高，但由于缺少认知和制度的社会支撑，妇女"为自己而活"的理想不得不遭遇结构性保障缺失的困境。同时，对社会发展意义重大的人口政策调整对职业女性未必是福音，很可能让她们在生育以前遭遇道德绑架，生育之后又进退两难。生育二孩、三孩必然会加大女性的健康、就业和养老等风险，但家庭攀比、性别偏好、夫妻关系、冲动短视等都可能降低职业女性在生育意愿上的自主性。即使生育二胎是基于"自主"选择，生育之后也难逃"进退两难"境地。没有系统的女性就业促进政策的保驾护航和社会育儿托管的助力解忧，职业女性的"前进"之路将异常艰难；没有社保政策的支持和育儿成本的社会分担，"退"则会让自己陷入风险的旋涡，从此，经济独立、养老保障、社会认可和个人价值将越来越遥不可及。而且无论进退，都有可能是职业女性错误的选择。孩子养育不周，努力"进"的妈妈成了"坏"妈妈；无法实现经济独立，选择"退"的妈妈被认为是"懒"妈妈。在狭隘的发展观下，一个优秀女性应该参与社会建设，而"家庭"并不属于"事业"和"社会"的范畴。

党的十八大以来，中国共产党愈加重视妇女保障事业的发展。"坚持男女平等基本国策，保障妇女儿童合法权益"写入党的十八大、十九大报告，成为中国共产党治国理政的重要理念和内容。习近平同志多次表达了和谐社会中家庭的重要性并高度评价女性在家庭和谐中的重要作用。"不论时代发生多大变化，不论生活格局发生多大变化，我们都要重视家庭建设"；"小家庭的幸福美满，才能促进社会大家庭的全面和谐发展"。[①]

[①] 沈跃跃：《贯彻落实习近平总书记"三个注重"要求 扎实推进家庭文明建设工作》，《中国妇运》2015 年第 5 期。

习近平同志肯定了妇女权益发展在社会发展中的价值,强调要为促进妇女发展提供更便捷的服务平台和更完善的制度保障,并于2020年10月1日在联合国大会纪念北京世界妇女大会25周年高级别会议上强调"要消除针对妇女的偏见、歧视、暴力,让性别平等真正成为全社会共同遵循的行为规范和价值标准"。①

党的十八大提出了中国梦的发展目标,梦想是内心的追求,是心底美好的希冀。中国梦既是国家的富强复兴之梦,也是每个中国人实现自身价值的梦。习近平同志2015年9月27日在纽约联合国总部出席并主持全球妇女峰会上发表的题为"促进妇女全面发展共建共享美好世界"的讲话令人振奋:"在中国人民追求美好生活的过程中,每一位妇女都有人生出彩和梦想成真的机会";"支持妇女建功立业、实现人生理想和梦想";"中国妇女也将通过自身发展不断促进世界妇女运动发展。为全球男女平等事业作出更大贡献"。② 2020年,习近平同志在联合国大会纪念北京世界妇女大会25周年高级别会议上强调"要最大限度调动广大妇女积极性、主动性、创造性,增强她们的获得感、幸福感、安全感。要充分发挥政府作用,广泛调动社会力量,支持和帮助妇女享有出彩的人生"③。可以说,女性自身独立的主体价值得到前所未有的尊重,从妇女听到自己内在的心声到让社会听到再到变成现实,这就是妇女事业的中国梦。从"被需要"的配角到"我要"的主角,从"成就他人"到"自身价值实现",海阔凭鱼跃,天高任鸟飞,妇女的发展弹性达到前所未有的韧度。中国妇女的自我意识觉醒不仅被看到,还被承诺温柔以待。从理念认知上看,妇女权益保障事业无疑进入了新时代。

但在实践中,妇女发展还面临一系列问题,正如习近平主席在2015年全球妇女峰会上指出:"环顾世界,各国各地区妇女发展水平仍然不平

---

① 新华社:《习近平在联合国大会纪念北京世界妇女大会25周年高级别会议上发表重要讲话》,《人民日报》2020年10月2日第1版。

② 习近平:《促进妇女全面发展共建共享美好世界——在全球妇女峰会上的讲话》,《人民日报》2015年9月28日第3版。

③ 《习近平在联合国大会纪念北京世界妇女大会25周年高级别会议上发表重要讲话》,《人民日报》2020年10月2日第1版。

衡，男女权利、机会、资源分配仍然不平等，社会对妇女潜能、才干、贡献的认识仍然不充分……时至今日，针对妇女的各种形式歧视依然存在，虐待甚至摧残妇女的事情时有发生。"① 2018年11月2日，他在同全国妇联新一届领导班子成员集体谈话时也指出，"男女平等、尊重妇女的观念越来越深入人心，但同时针对妇女的歧视依然存在……对严重侵犯妇女权益的犯罪行为要坚决依法打击，对错误言论要及时予以批驳"②。习近平总书记的论述很有针对性，也深刻地反映了我国妇女权益保障事业依然任重道远。

---

① 习近平：《促进妇女全面发展共建共享美好世界——在全球妇女峰会上的讲话》，《人民日报》2015年9月28日第3版。
② 新华社：《习近平同全国妇联新一届领导班子成员集体谈话并发表重要讲话》，《妇女研究论丛》2018年第6期。

女性发展的目标实质与时代挑战

妇女发展是社会发展的重要组成部分，不断完善妇女权益保障是妇女获得彻底解放和全面发展的根本途径。妇女权益保障通过给予妇女有倾斜、有针对性的保护来终止和转化妇女的不利处境，从而促进男女平等的实现。男女平等既是妇女发展追求的目标，也是发展过程中应遵循的原则。只有在生理差异不会导致机会、权利、利益分配上的不合理差距的情况下，女性才能获得全面且充分的发展。男女平等包括机会层面的平等和结果层面的平等，权利平等和利益分配上的平等。从主观愿望到客观事实，妇女发展是一个长期、复杂、动态的过程，是妇女权益保障不断完善、妇女地位持续提升、妇女能力获得全面发展、妇女自身主体价值得以充分实现的过程。

一 角色提升及多重效应：妇女发展的内化与输出

社会的文明程度越高，越有可能为女性提供全面优越的保障。随着妇女权益保障制度的不断完善，妇女自身蕴藏的巨大人力资源价值得以发挥和实现的程度越来越高。女性的素养和状态又决定了其价值的实现度和效用的多重性。其中，最直接的效用是女性充分发挥自身的韧性和智慧创造出的巨大物质和精神成果。而被社会津津乐道和赞叹更多的效用则产生于女性因生理特点而承担的特定家庭角色。在我国，直接效用和间接效用叠加、辉映，妇女能够独当一面的时空一直在不断延展。正如习近平总书记指出的，"我们党带领人民不懈奋斗的光辉历程，每一个胜利都有着广大妇女的积极参与和卓越贡献"①。在党的领导下，我国妇女自觉把人生理想、家庭幸福融入国家富强、民族振兴、人民幸福的伟业之中，充分发挥在社会生活和家庭生活中的独特作用，在弘扬中华民族家庭美德、树立良好家风方面的独特作用，为党和人民的事业作出了不可磨灭的贡献。②在现代社会，无论男性还是女性，都有两个维度的角色：社会角色和家庭角色。社会角色是个体走出家庭、参与社会建设的角色承担，整体上不存在性别设定前提，且是参与主体自主选择的结果；家庭角色是基于生理差异自然分工的结果，具有客观性。生育任务的承载让妇女似乎拥有着与生俱来的母性，母亲无私地奉献，温暖着家庭，鼓舞着社会。社会角色和家庭角色就是妇女发展转化为社会发展的中间媒介，让妇女的两个角色越来越从容、精彩就是妇女发展的直接意义所在。

社会建设中越来越强的"她"力量。妇女发展最直接的效用和首要价值就是女性充分发挥自身的韧性和智慧创造出的巨大物质和精神成果。一方面，女性作为能动主体，有自己的梦想和自我价值实现的内在需求；另一方面，不论是从生物学、心理学还是管理学等角度，女性都有独特优势，不论社会多发达或处在什么阶段，都难以承担女性人力资源浪费的后果。在科技领域，屠呦呦女士是我国第一位获得诺贝尔奖的科学家；在抗击新冠疫情中的"她"力量令人钦佩，陈薇院士、李兰娟院士巾帼不让须眉；体育领域多个项目中女性所取得的成绩让男性望尘莫及；公益慈善领域中的"她"力量势不可挡……女性在越来越广阔的时空里独当一面。

"妈妈"的溢出效应越来越多。"少年强则国强"，家庭是孩子最早、最长的学校，社会和谐由一个个和谐的家庭构成。无论是社会的物质文明还是精神文明发展都越来越依靠家庭的溢出效应，更精确点说，是依靠"妈妈"的视野格局和能力素养。于孩子而言，"好妈妈胜过好老师"；

---

① 新华社：《习近平同全国妇联新一届领导班子成员集体谈话并发表重要讲话》，《妇女研究论丛》2018 年第 6 期。
② 沈跃跃：《坚定不移走中国特色社会主义妇女发展道路——在"新时代中国特色社会主义妇女发展道路研究"课题交流总结会上的讲话》，《妇女研究论丛》2019 年第 5 期。

于家庭而言,"一个女人关系到三代人的幸福";于社会而言,"决定世界的手是晃动摇篮的手"。无论是推进国家治理的现代化,还是社会和谐的构建,改善妇女的生存状态都是辐射效应最广、见效最快的切入点。由2006年诺贝尔和平奖得主穆罕默德·尤努斯创建的格莱珉银行,其资助对象中95%是女性,效果令世人惊叹。尤努斯解释了缘由:"男人有了钱可能会买酒喝,而女人则会把钱用在孩子健康和家庭生活上。"[①] 在现代社会,家庭的外部效应与日俱增,公共属性越来越强。

妇女发展的所有进步和成绩都可内化为这两个角色能力的提升,进而又通过家庭平台和职业平台向社会输出多重积极效应。

二 角色自主:妇女发展的目标实质

从社会层面来讲,理想的状态是社会角色和家庭角色相得益彰、平衡发展;从个体层面讲,对女性个体而言,从陶醉于家庭幸福到维持社会参与和家庭角色的平衡,再到潇洒地"为自己而活",只要是基于自主选择,无论哪一种或多重角色都是在实现自身价值。一个角色只有是自主自愿的、主动的诉求、心底的希望,才可能做得出彩。每位女性都能实现角色自主就是妇女事业发展的目标实质。个体层面的角色自主、社会层面的角色平衡其实是一体两面,尽管个体选择有阶段性,但只要每个个体足够自主,社会整体层面的平衡和保障就能一以贯之。因为两者需要同样的驱动力,都需要内外两方面的条件:一是妇女有着较高的综合素养,有永不停歇的学习动力和追求,有理性判断和综合权衡的能力,有大局观,兼具家庭责任和社会责任;二是外部有进退自如的政策支撑及发展环境。

性别平等是妇女事业发展孜孜以求的目标,从这层意义上说,妇女发展的实质就是女性在角色选择上具有与男性同等程度的自主能动性。比如能够获得与男性一样的支持、认可和激励,与男性具有同样的角色

---

① [孟] 穆罕默德·尤努斯:《穷人的银行家》,吴士宏译,生活·读书·新知三联书店2006年版,第63页。

选择和平衡的能力。所谓男女平等，其实质就是角色自主性平等，即角色自主能力无差距。妇女权益保障制度通过保障女性的各项权利和利益，帮助女性拥有角色选择的自主权，如家庭生育权上的自主、就业上的自主等，使其在自主能力上与男性无异。

对女性而言，角色的自主选择和平衡发展能否实现是女性纠结、焦虑的源头，也是对制度保障效果的考验。两个角色矛盾时，哪个角色优先？主体价值与性别价值孰优先？这个问题的决定权属于女性自身，社会不应该也无权"绑架"。女性在不同人生阶段的主导角色可能有所不同，让其根据自己的意愿弹性发展、进退自如，应该是制度努力的方向。

三 角色平衡：妇女事业的时代挑战

中华人民共和国成立以来，我国妇女权益保障虽然取得快速发展，但无论是社会角色还是性别角色都愈加举步维艰。联合国《2019年妇女参政地图》显示，当前全球女性部长的比例达到20.7%，中国在188个国家中排名第164位，比两年前下降了30位，女性部长比例为6.5%。[①] 从统计数据看，无论在国家级决策层还是基层自治组织中，女性的比例都低于1/3。然而按照性别"关键少数"标准，这个比例已经很难有效维护女性群体的利益。[②] 2019年清华大学国际传播研究中心与澳佳宝研究院联合发布的《中国职场女性心理健康绿皮书》显示，约85%的职场女性在过去一年中曾出现过焦虑或抑郁的症状，其中约三成女性"时不时感到焦虑和抑郁"，7%的女性甚至表示自己"总是处于焦虑或抑郁状态"。随着年龄层的下降，职场女性中出现焦虑或抑郁状态的比例呈现明显上升趋势。80后、90后中均有约四成的女性"时不时"或"总是"感到焦虑或抑郁。同时，性别收入差距呈持续扩大态势。据国际劳工组织统计，2019年中国女性的劳动参与率为60.45%，高于众多欧美发达国家。但近

---

① 联合国《2019年妇女参政地图》，http://www.ipu.org/resources/publications/infographics/2019-03/women-in-politics-2019。

② "妇女参政问题研究"课题组：《女性发展与全面小康》，《行政管理改革》2020年第3期。

年来，中国整体的劳动参与率呈下降趋势，且女性劳动参与率下降的速度要快于男性。从1990年到2019年，女性劳动参与率下降了17%，同期男性下降了11%。男女劳动参与率的差异也进一步扩大。1990年女性劳动参与率比男性劳动参与率低11个百分点，2019年，相差近15百分点。[①] 可以预见，我国引以为傲的高女性劳动参与率将随着全面三孩政策的放开面临更加严峻的挑战。据统计，我国抑郁症患病率已经由2009年的2.5%上升至2017年的3.59%，在抑郁症患者中，女性占2/3左右。[②] 在"丧偶式育儿"现象越来越普遍的情况下，一旦退出职场就是一条不归路，能阶段性地自主调整、自如转换的女性屈指可数。

诚然，角色自主和平衡的目标实质指出了妇女权益保障制度的发展方向，但也对社会认知、制度设计和资源分配提出了巨大的挑战，妇女事业没有退路，只有迎头赶上，才有可能弥补理想与现实的巨大落差。

认知挑战。社会应放弃对女性不切实际的全能角色幻想，将角色选择权归还给女性，认识到阶段性的角色侧重和选择再正常不过；承认家庭劳动也是社会劳动，同时强化男性在家庭劳动和子女养育中的角色，减轻女性的家务劳动压力。

政策挑战。从个体选择的阶段性来看，这两个角色之间没有绝对意义上的主次优劣之分，那么政策层面应该给予这两个角色同等（接近平等）的认可、支持和保障。如认可家务劳动是社会劳动，将暂时退出职场、专注家庭角色的女性纳入企业职工养老保险，既能消除其后顾之忧，又能为其保留重返劳动力市场的期待和可能。

资源挑战。如何让更多女性走上向前发展的"康庄大道"远比让少数女性走到高处的"羊肠小道"要重要，示范效应和榜样力量在保障能力上远不如社保资格、就业岗位实在。同时，资源分配导向应从"保安康"走向"助飞翔"，很多时候，消极权利的实现恰恰是积极权利的实现的结果，比如经济地位的改善对于缓解家暴、性骚扰具有十分显著的效果。

---

① 国家统计局：《中国社会中的女人和男人——事实和数据（2019）》，2020年。
② 龚洪：《Mrp8/14在抑郁行为中的作用及其机制研究》，博士学位论文，中国人民解放军海军军医大学，2018年。

女性权益保障中存在的主要问题①

女性之所以面临种角色冲突，是因为她们生活在充斥着各种不平等的环境中。我国法律虽强调"男女平等"，但仍然局限于"男性本位"的视野，原有的妇女地位低下的模式并未得到改变。② 追根溯源，这些妇女获得的权益保障不足，在诸多权利中处于基础地位的身体自主权都没有获得充分的保障，这也在一定程度上决定了角色冲突难以避免。现有制度混淆了差异与差距、平等与等同、保护与保障的区别。恰如学者所言，我国法律致力于"保护"妇女权益，而非促进性别平等。③ 在这种情况下，举着"保护弱者"的大旗去为女性"增能"，无异于火上浇油。社会文明的推进依靠的是两性优势互补，两性之间只有差异，没有强弱。两性之间相互依存、相互成就，有分工协作，不应有高低贵贱。唯有回归理性、尊重客观差异，屏蔽掉男性在长期男权、父权社会中积累下的优越感和想成为女性榜样的冲动，才能不流于口号和形式，切实地改善妇女的一项项基本权利。

---

① 杨方方：《〈妇女权益保障法〉应解决的问题与修法建议》，中国社会保障学会《民生专报》2021年第3期。
② 周翠彬：《当代中国妇女权益保障立法的问题与出路——与挪威〈男女平等法〉之比较》，《法学杂志》2009年第1期。
③ 郑锡龄：《"新时代中国特色妇女权益保障的制度与实践"学术研讨会综述》，《妇女研究论丛》2020年第1期。

一　妇女人身权利被侵害

联合国人口基金2021年4月发布了2021年世界人口状况报告《我的身体是我的》，这份报告搜集了来自57个国家的数据，重点关注个人在没有恐惧、暴力或强迫的情况下，做出事关自己身体的决定时的能力和主观能动性。报告指出，全球只有55%的女性拥有身体自主权，能够在事关医疗保健、避孕以及是否要发生性关系等问题上自行做出决定。仅有71%的国家实现妇幼保健全覆盖；仅有75%的国家通过立法确保全面和平等地获取避孕物品。与此同时，仅有大约80%的国家制定了支持性健康的法律，仅有约56%的国家颁布了支持全面性教育的法律和政策。报告表示，在实现人人享有身体自主权的道路上存在诸多法律、经济和社会障碍。比如，全球有20个国家和地区存在"与强奸犯结婚"的法律条款，即实施强奸的责任人可以通过与遭遇强奸的被害人结婚来逃避惩罚，事实上这是将对于受害者身体自主权的剥夺写入了立法。此外，有43个国家没有针对婚内强奸行为的法律条款，超过30个国家限制女性搬离住所的权利。身体自主权不仅是一项人权，更是许多其他人权得以实现的基石。[①]

（一）侵害妇女身体的犯罪行为依然猖獗

直接侵害妇女身体权益的14种犯罪类型中，多类犯罪仍处于高发状态。在"中国裁判文书网"查询后发现，"强奸罪"案件从2015年的2819件到2019年的4716件；"协助组织卖淫罪"案件从2015年的165件到2019年的323件；"拐卖妇女罪"案件、"收买拐卖妇女罪"案件数量虽然没有明显上升，但也没有单一递减趋势，案件数量增减有反复，基数没有质的改变。

[①] 连原：《我的身体我做主：说"是"的能力和说"不"的权利》，《中国妇女报》2021年4月28日第6版。

（二）家庭暴力依旧严重

家庭暴力发生比例呈明显上升趋势，且正从农村走向城市、从低文化素质向高文化素质人群蔓延，暴力方式由肢体暴力转向精神暴力，行为具有隐蔽性。全国妇联的统计显示，我国2.7亿家庭中，有30%的家庭已婚妇女曾遭受家暴，受害人平均遭受35次家暴后才选择报警。在司法环节的家暴行为认定困难重重、保护令等反家暴措施低效和家暴庇护场所等支持有限的情况下，受虐女性以暴制暴的案例屡见不鲜。一份针对某女监全体服刑人员的普查数据显示，服刑人员中经历过家暴的妇女高达68%。

（三）性侵害频发

2017年广州性别教育中心的调研报告显示，超过69%的中国女大学生曾经遭受过某种形式的性骚扰。《中国妇女报》2014年11月4日曾报道，全国妇联一项针对北京、南京等城市15所高校大学生的调查发现，经历过不同形式性骚扰的女性比例达到57%。中小学校甚至幼儿园女童遭受性侵案例也不时被披露。

（四）生育不自主

《中华人民共和国妇女权益保障法》第五十一条规定："妇女有按照国家有关规定生育子女的权利，也有不生育的自由。"在计划生育政策框架下，生育行为需以婚姻为前提，这在一定程度上限制了单身女性的生育自由。已婚妇女的生育意愿易遭遇家庭内部的道德绑架，比如家庭攀比、性别偏好、夫妻关系、冲动短视等都有可能降低职业女性在生育意愿上的自主性，同时还可能遇到用人单位的干涉与阻拦。生育不自主还体现在"想生≠敢生"：在劳动力市场上，母职惩罚不仅普遍存在，而且生育孩子的数量越多，母职惩罚越严重。随着时代的发展，惩罚效应还在不断加大，每多生一个子女导致工资率的下降幅度从1989年的8.79%

增至 2015 年的 12.77%。[①]

在妇女的诸多权利中，身体自主权是最基础的权利，是其他权利得以实现的基石，如果这一基石都不能得到有效保障，其他权利更加难以实现。

二 就业权利不平等现象突出

作为社会成员参与社会建设的主要渠道，就业不仅是女性实现人力价值和社会参与的主要方式，也是获得生活资料、社会认可并走向经济独立、精神独立的重要路径。但就业中的性别不平等现象仍然突出。一是在企业中，性别歧视现象依然严重已成为劳动者和用人单位的共识。智联招聘发布的《2022 中国女性职场现状调查报告》显示，61.2% 的女性在求职中被问及婚育情况，38.3% 的女性表示婚育影响职场前景，11.9% 的女性因性别因素导致升职加薪不顺。[②]

根据第五次、第六次和第七次全国人口普查数据，我国劳动参与率整体呈下降趋势，女性劳动参与率降幅高于男性：从 1990 年到 2021 年，男性劳动参与率从 85.03% 下降到 74.29%，降幅达 10.74 个百分点，年均降幅约为 0.45%；女性劳动参与率从 73.02% 下降到 61.61%，降幅达 11.41 个百分点，年均降幅约为 0.56%。[③] 二是就业性别歧视的禁止性措施乏力，有的措施在实践中"形同虚设"，如 2019 年九部委联合印发的《关于进一步规范招聘行为促进妇女就业的通知》明确了企业招聘时的"六不准"，其中"不准询问妇女婚育情况"是新要求，即要求企业招聘时出具的空白简历或入职履历表中不得有"婚育情况"，面试过程中企业方面也不能主动询问求职者是否婚育、何时婚育等涉及婚育的问题。在

[①] 《妇女研究论丛》编辑部：《解读三孩生育政策 推动构建包容性配套支持措施》，《妇女研究论丛》2021 年第 4 期。

[②] 项焱、隋欣鸿：《就业性别歧视劳动监察机制的完善路径》，《中南民族大学学报》（人文社会科学版）2024 年第 2 期。

[③] 钱诚：《我国劳动参与率的趋势、结构与国际比较》，《重庆理工大学学报》（社会科学版）2023 年第 9 期。

实践中，填不填表并不重要，经验丰富的人力资源面试官简单用两个问题就能得到想要的答案："请问你的婆婆是个什么样的人？""请问你家大宝与二宝的关系怎么样？"等。显然，仅凭这样的规定很难消除女性就业招聘环节中的生育歧视现象。三是机关事业单位也越来越倾向于男性优先的性别选择。一些部门或事业单位的招录及遴选公告里甚至明确出现了限招男性或男性优先的表述；或者虽然没有明确写上限制性条件，在面试环节也会优先招录男性。四是女性劳动参与率呈下降和性别收入差距呈扩大态势。同时，统计资料还表明，2003年女性平均劳动收入相当于男性的80.6%，2015年相当于男性的67.4%，比2003年下降了13.2个百分点，这一趋势还在延续。①

三　赋予妇女的社会保障权益不足

作为国民收入的再分配系统，社会保障是化解生活后顾之忧和促进社会公平的基本制度保障。我国的社会保障改革与发展已经取得了巨大成就，所有老年人均能够领取基本养老金，全民医保的目标基本实现，但现行社会保障制度也忽略了男女之间的生理情况客观差异以及由此带来的社会保障需求差异。如基本养老金与缴费年限、缴费额度直接挂钩，女性退休年龄较男性低很多，且女性工资低于男性是客观事实，此外还有生育女性需要照顾幼儿而可能中断参保，这一切都使老年女性的养老金水平不容乐观，老年女性陷入贫困的可能性较大。

同样，在工伤风险和失业风险的化解中，也忽视了女性劳动者在工伤风险、失业风险发生的诱因和表现与男性劳动者的区别，如因怀孕调岗而不得已辞职或工作环境造成怀孕女工流产或胎儿畸形的情况。另外，在自然灾害、意外事故、公共安全事件、公共卫生事件发生情况下的临时救助也应充分考虑女性需求。2015年人口政策出现重大调整，对社会发展意义固然重大，却令女性的处境雪上加霜。在没有生育津贴、生育

---

① 刘爱玉：《脆弱就业女性化与收入性别差距》，《北京大学学报》（哲学社会科学版）2020年第3期。

福利制度出台的情况下，2015年生育保险与医疗保险的合并，能否继续化解职业女性"生"的风险尚未可知，"育"的风险却被继续忽略，更有占绝大多数的非正规就业女性完全缺乏生育保障，生育意愿就很难提升。①

此外，在其他社会保障制度安排中，也鲜少考虑到女性较男性更多的特殊保障需求，如社会救助中未考虑过女性贫困者最起码的生理卫生救助需求，困难残疾人补贴同样如此；面向老年人、儿童、残疾人的福利制度正在逐渐引起重视并进行构建，而专门面向妇女的福利制度却尚未提上议事日程，这与发达国家普遍建立完整的妇女福利制度相差甚远，如果不抓紧时机研究和促进妇女福利事业发展，女性将成为社会福利制度中的弱势群体，进而也难以公平合理地分享到国家发展成果。因此，构建妇女福利制度、发展妇女福利事业应当成为"十四五"的一项重要任务并跟上国家现代化和扎实推进共同富裕的步伐。

四 财产权利难以得到充分保障

财产权利是女性在物质资源分配层面是否得到公平对待的体现，是男女平等实现程度的物化；财产权利获得充分保障，是女性获得与男性同等的家庭地位、社会地位的前提和基础。在调研中发现，财产经济状况在很大程度上直接影响着女性的独立意识、精神追求和婚姻自主权、生育自主权。在妇女财产权保障方面，至少还存在着以下问题。

（一）不动产联名登记权的实现遭遇困境

在我国，大部分夫妻共有的不动产都是登记在男方一人名下的。根据《民法典》第二百零九条的规定，我国实行的是不动产登记制度，不动产物权的设立、变更、转让和消灭，经依法登记，发生效力。虽然女性权利意识越来越强，多数女性会提出在夫妻共同所有的不动产权证上

---

① 刘成奎、郑李明：《非正规就业对生育意愿的影响：理论与实证》，《财经科学》2022年第9期。

加上自己的名字,即联名登记,但由于带有公房性质的福利房因政策原因无法增加、贷款未还清的商品房无法变更登记等原因,在实践中很难落实。调查发现,根据多地房产管理登记部门的规定,登记部门并不对房屋是否为夫妻共同财产或配偶是否知情同意等情况进行实质审查。实践中比较常见的是男方在未经女方同意的情况下将登记在自己名下的夫妻共同房产变卖或者抵押。当这种情况发生后,女方不能主张房屋交易行为无效,而只能向男方索要房款,这不但侵犯了女方的居住权,而且在现实中往往也因为难以执行房款兑现而使女方的财产权落空,从而在无形中使妇女处于不利地位。

(二) 离婚时共同财产制很难充分执行

虽然在我国大部分家庭采用法定财产制,即夫妻婚后所得共同财产制,但缺少夫妻财产知情权制度的支撑,婚内转移财产情况高发且难以取证。由于没有规定夫妻共同财产知情权,导致夫妻一方无法查询到登记在对方名下的属于夫妻共同财产的不动产、股权(股票)、车辆等财产,更无法查询对方名下银行存款的情况。虽然广州等地率先创立了夫妻在公司股权、不动产、车辆等财产状况上的知情权制度,赋予夫妻有权互查对方财产情况,但这种地方性规定不能改变一方名下的银行存款查询必须遵守国家法律、行政法规现有规定。调查发现,在起诉到法院的一些离婚纠纷中,即便女性提供了银行账号线索,不少法院只允许调取一年到两年之内的流水,很多商业银行也只接待法官亲自调查取证。这些都导致夫妻一方隐瞒、转移婚内财产的行为得不到应有的追究和惩罚。

(三) 农村妇女土地财产权益损害严重

全国妇联 2018 年在农村若干地区开展的部分调研结果显示,有的村规定出嫁女不享有股份或者只能享有 50% 的股份,不能分配或者只能分配部分征地补偿款,旧村改造中不能分得宅基地,只能购买指定商品房;有的村规定,双女户只允许一个女儿享有股份,只允许一个女婿入赘;有的村规定,超生多于一个男孩的,在交纳了社会抚养费之后,每个超生的男孩都可以得到集体经济组织成员资格并获得 100% 的股份,但是超生多于一个女孩的,在交纳了全部社会抚养费之后,超生的女孩中只有一个可以获得集体经济组织成员资格和股份;有的村规定,男性离异后再婚,如果其前妻的户口仍然留在村里,则其前妻和现任妻子都各自只能获得50%的股份等。这些土政策的目的,都是为了促使女性结婚后把户口迁走。但如果一位女性婚嫁后迁出户口,夫家所在的集体经济组织已经完成土地承包和股份制改革,而在户口迁出地的集体经济组织尚未进行股份制改革,则该女性的土地利益可能"两头落空"。另外,女性所属家庭内部对女性土地财产权的侵害也不容忽视。根据对农村女性土地承包问题2017—2018年民事诉讼案件的抽样调查,家庭成员之间的诉讼占全部诉讼的比例已高达31%。法院在处理涉及集体经济组织成员资格、股份分配等问题时,倾向于把问题再推回到行政程序中,避免触碰以村规民约形式表现的村民自治。即使司法能够认定女性的权益受到了侵害,纠正和补偿也都存在一定的困难。宅基地的"从夫"属性和土地权益受损给农村妇女带来的影响远远超出了经济领域,农村女性遭受家庭暴力的风险显著;为了获得住所等基本生活保障,已婚女性可能不敢离婚,而离异或丧偶女性则可能被迫再嫁。

此外,女性家务劳动的价值并没有得到社会承认。但在离婚时家务补偿的标准不明确,客观上造成一些承担了大量家务劳动的妇女(特别是没有工作、专门从事家务的妇女)在离婚后无法获得合理补偿。

五 政治和社会参与不充分

女性政治和社会参与状况不仅是女性地位的基本标志,也决定了女性权益保障的充裕度。全面且充分的妇女权益保障需要确立"女性本位"的视野和思维,需要女性群体对自身处境和需求进行客观准确的判断和明确充分的表达。据中国妇女参政状况统计数据显示,第十一至第十三届全国人民代表大会代表中女常委占比分别为16.2%、15.5%、11.3%;全国政协委员中女常委占比分别为10.1%、12%、13%;第十七至第十九届中国共产党中央委员中女性占比为6.4%、4.9%、4.9%;2017—2019年企业职工代表大会中女性代表比重分别为

29.3%、28.8%、29.7%；2017—2019年居民委员会主任中女性占比分别为39.9%、39.9%、39.7%；2017—2019年村民委员会主任中女性占比为10.7%、11.1%、11.9%。从以上统计数据可以获得以下基本结论：一是女性绝对占比数值仍在低位。无论在国家级决策层还是农村基层自治组织中，女性的比例都低于1/3。按照性别"关键少数"标准，这个比例已经很难有效维护女性群体的利益。[①] 二是递增趋势仍未全面呈现，个别指标还出现阶段性下降。同时，女性参与公共事务管理在结构上也不够合理，在党政部门存在"副多正少""虚职多实职少"的情况；村民委员会、村支书记等后备妇女干部储备质量不高，健康的人才梯队难以形成。政治和社会参与不充分，既影响制度建设中女性权益诉求表达的准确度和充分度，也为女性的社会发展设定了边界和天花板。

六 退休年龄规定的不合理性凸显

法定退休年龄的划定，决定了劳动者职业生涯的可能时间区间和退休后养老金待遇水平的上限，对于就业权和社会保险权都有着重要的影响。在人口预期寿命大幅提升、女性平均预期寿命长于男性平均寿命的时代背景下，男干部60岁、女干部55岁、女职工50岁退休的制度已明显不合时宜并对女性劳动者的多项权益造成损害。一是就业持续性越来越难，可参保缴费的时间窗口越来越短，获取养老金领取资格的难度日益增大。在劳动力市场双向选择和人口政策重大调整的双重作用下，女性职业生涯中断的风险陡然上升，女性就业连续性面临极大挑战。养老保险领取资格之一是缴费年限的规制，从目前的15年调整到25年甚至更长年限是必然趋势，这对就业持续性日益降低的女性劳动者而言，可参加社会保险的时间窗口大大缩短，能否缴满规定最低缴费年限的养老保险日益困难，从而不利于养老保险权利的实现。二是养老金待遇水平远低于男性，影响老年生活质量。根据现行无性别差异的养老金计算办法，相较于男性劳动者，女性退休早无疑减少了个人账户积累，增加了领取

[①] "妇女参政问题研究"课题组：《女性发展与全面小康》，《行政管理改革》2020年第3期。

养老金的月数，从而大大降低了劳动者养老金待遇水平，严重影响老年生活质量。① 三是不利于女性自身人力资源价值的充分发挥，根据《就业性别歧视专项调查报告》，有56%的单位负责人报告由于"同职级女性一般比男性退休早"影响女性的职业发展。在公共部门中，由于女干部、女知识分子较男性早5年退休，其政治生命与技术生命缩短了5年以上。四是向社会传达了男女有别的就业观，就业的价值和意义出现严重的性别分化，影响女性对就业的态度，不利于改善女性在社会建设中的从属性地位。

七　角色自主面临挑战

在现代社会，无论男性还是女性，都有两个维度的角色：社会角色和家庭角色。社会角色和家庭角色就是妇女发展转化为社会发展的中间媒介。妇女发展的所有进步和成绩都可内化为这两个角色能力的提升，进而又通过家庭平台和职业平台向社会输出多重积极效应。从社会层面来讲，理想的状态是社会角色和家庭角色相得益彰、平衡发展；从个体层面讲，对女性个体而言，从陶醉于家庭幸福到维持社会参与和家庭角色的平衡，再到潇洒地"为自己而活"，只要是基于自主选择，无论选择哪一种角色或双重角色均是在实现自身价值。每个个体只要足够自主，社会整体层面的平衡和保障就能一以贯之。让妇女的两个角色越来越自主从容是妇女发展的直接意义所在。性别平等的实质就是女性在角色选择上具有与男性同等的自主能动性。女性在不同人生阶段的主导角色可能有所不同，能让其根据自己的意愿弹性发展、进退自如，应该是制度努力的方向。

然而，在现实生活中，许多女性一旦退出职场就是一条不归路，

---

① 根据现行养老保险制度，退休职工的养老金主要由基础养老金和个人账户养老金构成。基础养老金＝（上年当地在岗月均工资＋本人指数化月均缴费工资）/2×缴费年限%；个人账户养老金＝个人账户储存额/个人账户计发月数。个人账户计发月数与退休年龄有关，现行制度已经明确规定了从40岁到70岁之间不同退休年龄的不同计发月数，比如50岁退休，计发月数是195；55岁退休，计发月数是170，60岁退休，计发月数是139。

能阶段性地自主调整、自如转换的女性屈指可数。从 2015 年放开二孩到 2021 年放开三孩，即使多胎生育是基于"自主"选择，生育之后也难逃"进退两难"境地，生育越多，养育压力亦将指数级上涨。没有系统的女性就业促进政策和社会育儿托管服务助力解忧，职业女性之路将异常艰难；没有社保政策的支持和育儿成本的社会分担，女性可能陷入风险的旋涡。因此，要实现妇女角色自主选择，还有赖制度保障。

另外，农村女性由于缺乏社会发展的平台，生活选择更加被动，社会空间不开阔，制度保障、社会支持、求助意识和自救能力都更加有限。据统计，中国是世界上少数女性自杀率高于男性自杀率的国家之一，而农村女性的自杀率又远高于城市女性自杀率。

《妇女权益保障法》的修订建议

制定专门的法律是保障一个群体的权益是最根本的方式，因为稳定的制度保障能引领社会观念，影响一个群体的社会地位。中华人民共和国成立后，苦难深重的中国妇女翻身得解放，男女平等更作为基本国策被写入宪法。1992年第七届全国人民代表大会常务委员会第五次会议通过了《中华人民共和国妇女权益保障法》（以下简称《妇女权益保障法》），为保障妇女合法权益提供了基本法律依据。2005年、2018年，做过两次小的修订，该法得到了局部完善。该法自实施以来，对促进妇女权益保障起到了重要作用，但因20多年前立法时的历史局限性，实践中也暴露出来很多问题，已难以适应新时代的发展要求。因此，修订该法并使之走向成熟已经具有必要性与紧迫性。

2020年10月1日，习近平主席在联合国大会纪念北京世界妇女大会25周年高级别会议上强调："要消除针对妇女的偏见、歧视、暴力，让性别平等真正成为全社会共同遵循的行为规范和价值标准。"一项事业的可持续发展需要制度的保驾护航。从目前的妇女参与社会建设和家庭生活状况可看出，以《妇女权益保障法》为主要依据的妇女权益保障制度为女性提供的助力尚显不足，有修订和完善的必要。

一 传达新理念：女性需要保障而非保护

现行法律仍未走出"男性本位"或将女性视为"弱者"的视野，原有的妇女地位低下的模式并未得到改变。[①] 这种理念混淆了差异与差距、

[①] 周翠彬：《当代中国妇女权益保障立法的问题与出路——与挪威〈男女平等法〉之比较》，《法学杂志》2009年第1期。

平等与等同、保护与限制，导致我国法律的价值取向成为"保护"妇女权益，而非促进性别平等。在一定程度上固化了男女不平等意识，比如公序旧俗对女性财产权弱势地位的维护；"完美受害者"思维与社会舆论合理化侵害女性行为的倾向，等等。对性侵受害者的行为挑剔和道德苛责，无疑加大了女性维权难度，变相降低了侵权成本，纵容了侵权行为。据"高校性骚扰防治机制研究"课题组调研结果，仅2%的被调查学生报告目前所在学校有防治性骚扰的相关规定。女生在遭受校园性骚扰后往往持沉默态度，主动寻求学校帮助的比例较低；即使报告了也往往淡化处理，有的甚至导致对受害女生的再次伤害。所有这一切，都是男女平等意识不足的体现，因此，我国需要进行长期、全面、系统和深入的性别平等教育。

目前，用来实现平等的两种主要方式有可能与性别平等促进背道而驰：一是忽视生理差异，提供无区别对待，如社会保障资源分配等；二是强调对女性特殊保护和优待，客观上会强化能力差距。男女之间的生理差异是不以主观意志转移的客观存在，是人类社会生生不息的保证。而且生理差异并不必然导致思维、心理、智力等主观能动性的差距，女性的"弱势"是主观的、社会化的结果。《妇女权益保障法》全文有6处"保护"、4处"特殊"，等等。女人不应以男人为参照标准，女性需要与自身生理状态相适应的、正当的、合理的常规劳动保障，并不需要特殊的保护。"保护"彰显的是强者对弱者的力量和道德方面的优越感，强化了被保护者的弱势地位；举着"保护弱者"的大旗很难为女性"增能"，反而可能带来限制，而限制可能加剧歧视。女性需要的是合理地区别对待，而不是特殊保护，不是因为"她们"弱，而是因为"她们"和"他们"不同。

以男性发展为目标和标准的男性本位思维滋生了狭隘而又矛盾的女性发展观：一方面，女性的家庭角色是第一角色，扮演好妻职和母职是一名女性的标配，是家庭和社会对女性的"刚需"；另一方面，事业成功才是成功，一个优秀的女性应该像男人一样，有成功的事业。由此，就出现以下矛盾的局面：一方面，人口再生产关系着国家未来，家庭和谐是和谐社会的基础，早已成为社会共识；另一方面，"家庭"并不属于

"事业"和"社会"的范畴，消耗女性巨大心力的子女养育和家务劳动也没有得到社会的认可，家庭劳动亦没有进入再分配体系。这种矛盾完全由妇女承担，既无法解决问题，也无法促进社会文明进步发展。

综上，在修订《妇女权益保障法》时，应当从源头上厘清立法理念，将男女平等意识贯穿始终，而不宜给妇女简单地打上"弱者需要特殊照顾"的烙印。只有树立平等意识，才能尊重妇女的平等地位并健全相关制度。就像盲道是为残疾人设置的，但这不能视为对残疾人的恩赐，只是赋予残疾人与正常人一样能够走路的平等权利；无障碍设施也是方便残疾人、老年人、未成年人，但并不等于是对这些人的特殊照顾。类似道理应当在修法中有明确表示。如果能够从理念上厘清认识误区，修法将使之具有符合新时代社会文明进步的重大意义。

二　明确修法目标

在经历20多年的实践后，全国人大常委会启动《妇女权益保障法》的修订，显然不是以往两次的小修补，而是要顺应新时代社会发展进步的要求，跟上国家现代化和扎实推动共同富裕的步伐，为全面实现男女平等、引领妇女全面发展提供有效的法律依据与法治保障。

有鉴于此，修法应当达到以下目标。

（一）明确妇女权益范围

明确妇女权益保障范围并尽可能具体化，以便能为保障妇女权益提供清晰的依据，为妇女维护自己的合法权益提供稳定、安全的预期。在现代社会，法定权益是需要由法律赋予的，依法赋权、依法定制、依法实施是基本法则。因此，修订《妇女权益保障法》应当进一步明确妇女的法定权益到底包括哪些内容。它应当涵盖妇女整个生命周期，在普遍赋予人身权、财产权等的同时，还要根据不同阶段确立其法定权益，如平等受教育权、平等就业权、社会保障权，等等。如果这次修法能够界定完整的妇女权益，就能够为相关制度走向健全完备奠定牢靠的基石。

(二) 以解决妇女重大权益问题为指向

修法的背景是现实问题客观存在，修法的目的是要化解现实问题。因此，这次修法应当基于问题导向，抓住关键问题发力。当然，任何法律的完善都是一个渐进的过程，不可能指望这次修法能够使《妇女权益保障法》达到完美境界，但如果不能解决若干问题，则修法的意义将大打折扣。从这一点出发，结合新时代的发展要求，修法应当将强化妇女的生育保障权、平等就业权、防治性骚扰、确保农村妇女土地财产权、建立妇女福利制度与母亲养老金制度及专门的妇女福利制度作为突破口，同时建立健全妇女权益保障的救济机制、评估机制与公益诉讼机制，以多维度确保妇女法定权益得以实现。

(三) 能为相关的法规与规章政策提供法律依据

与发达国家相比，我国的法律大多原则性强、操作性弱，类似于妇女权益保障法、老年人权益保障法、残疾人保障法、未成年人保护法等法律更是只具有政策宣示性，这使得其成了"没有牙齿的法律"。这些法律赋予的权益往往需要通过其他专门法律法规或政策具体化后才能变成法定的现实权益。因此，《妇女权益保障法》修订后，有必要制定更具操作性的相关法规政策，修法应当尽可能明确相关权益的保障措施，但也要为行政机关制定可操作的法规政策提供上位法依据，这就要求修法时不能遗漏重要权益的基本规制。

三 修法的基本原则

修法是对妇女权益保障制度的进一步完善，明确修法的基本原则，有助于修法目标的实现。

(一) 合理区分，共同发展

一是男女平等是宪定国策，也是《妇女权益保障法》的立法宗旨。妇女权益保障通过给予妇女有针对性的保障来终止和转化妇女的不利处境，从而促进男女平等的实现。男女平等既是妇女发展追求的目标，也是发展过程中应遵循的原则，是确保两性生理差异不会导致机会、权利、能力、利益分配上产生不合理差距的行动指南。男女平等包括机会平等和结果平等以及权利平等和利益分配上的平等。因此，修法需要检视法条中是否充分贯彻了男女平等的原则，并将此作为整个法律的牢靠基石。二是合理区分。即基于男女客观的生理差异和男女平等的价值理念，强调保障方式的"合理差异"，而非男尊女卑基础上的"男女有别"，"合理区分"是对客观生理差别的精准应对。三是男女共同发展。它体现在两个层面：（1）女性与男性共同发展。文明社会的推进依靠的是两性优势互补，无强弱之别，无高低之分，应当在男女平等、合理区分的条件下实现共同发展。（2）女性与社会共同发展。在国家现代化和社会发展进程中，能够不断改善确保性别平等的发展环境，为女性提供进退自如的政策支撑，实现妇女全面发展并成为扎实推动共同富裕的受惠者。

（二）全面保障，精准施策

2015年，习近平主席在纽约全球妇女峰会上强调推动将社会性别视角纳入新发展议程的各个领域，"只有真正将性别平等意识和理念转变为法规、政策中性别平等的具体规定，才能让性别平等真正成为全社会共同遵循的行为规范和价值标准"[①]。《妇女权益保障法》更应该具有引领性。一方面，修法时需要全面检视对妇女权益保障的全面性，加强对法规政策的性别平等审查，并清理法规政策中违反两性平等的内容，补上可能遗漏的法律规制。另一方面，应当基于现实问题精准施策。应尽可能增加积极权利、发展性权利内容，让妇女在发展前进中不断提高身体自主能力。在我国加强妇女的财产权益保障、提升教育水平、改善就业发展环境尤为重要，对农村地区的女性来说，完善土地财产权益保障制度则显得更为迫切。同时，系统提升权益保障水平。全国人大常委会副委员长沈跃跃2021年6月在上海开展修改《妇女权益保障法》立法调研

---

① 习近平：《促进妇女全面发展共建共享美好世界——在全球妇女峰会上的讲话》，《人民日报》2015年9月28日第3版。

时强调:"妇女权益保障法调整范围包括社会生活的方方面面,涉及政治、经济、社会、伦理等诸多问题,要坚持以人民为中心,坚持问题导向,进一步优化促进男女平等的基础性制度设计……"[①] 妇女诸多权利之间并非彼此独立,而是相互关联的,妇女积极权利的实现路径和消除发展障碍的方式之间也存在着交集,那就是重视基础制度的完善,如教育制度、就业制度、社会保障制度等,其中社会保障制度是基础之基础。因为社会保障制度会影响社会的职业观、教育观和平等观,对每个人的人生方向都有牵引作用。一体化的、统放适度的社会保障体系能从根本上缓解社会焦虑;如果其能从女性本位思维改进相关制度,女性权益的起点即有质的飞跃。此外,还须消除生育风险。随着现代化进程的全面提速,男女在体力上的差异对就业的影响越来越小,是否承担生育风险成为男女之间最显著和持久的差异所在,因而能否有效化解这一风险也成为男女平等推进道路上最重要的关卡。在放开三孩政策背景下,生育风险的波及面扩大,影响度在加深。生育行为会不可避免地造成一段时间内女性自身精力资源的分散,但不一定必然导致其自身能力的降低,关键在于过高的生育成本能否不再让女性独自承担,可以说,健全生育成本的化解机制是推进妇女权益保障的重要支点。当女性生育风险成本因家庭、社会的合理分担而降低,当越来越多的女性的劳动竞争力不受生育行为的影响,偏见自然也会减少,女性的发展就能进入良性循环。

(三) 政府主导,社会参与

现代社会妇女事业发展的广度、深度和权益保障的难度,决定了政府主导具有必要性。例如,家庭的外部效应与日俱增,"妈妈"的溢出效应也越来越多,生育行为的社会价值和公共属性越来越强。生育意愿和生育行为的价值和意义早已超出家庭走向社会,"养儿防老"的服务功能更多体现在社会大平台发展上,家庭则更多是在精神层面的期待和获得。从国家层面和社会层面放开二胎是"纯收益",且不说人力资源蕴藏的无

[①] 沈跃跃:《修改后的妇女权益保障法要能够回应人民新期待》,中国人大网,http://www.npc.gov.cn/npc/c2/c30834/202106/t20210625_312148.html,2021-6-25。

限潜能，仅消费、教育等各种需求的直接、持续刺激就是经济社会发展的强大动力。生育行为的社会价值和重要程度决定了政府责任的主导程度，愈是家庭事务，政府责任愈轻；愈是关乎国家和社会未来，政府责任就愈重。这是发达国家证明了的道理，也必定是我国逐步扭转女性生育意愿持续降低、确保人口均衡发展的必由之路。政府和社会在物质上的分担定能增加妇女及家庭在精神获得上的预期，鼓励家庭的生育行为。结合我国人口增长的情形和中央逐渐明朗的政策取向，政府还应加大责任份额，以对用人单位和家庭责任进行补偿。如果没有政府对用人单位给予补偿和鼓励性政策，将会进一步造成市场对女性的隔离与排斥。政府可以通过财政支持、税收优惠或相应政策支持，鼓励用人单位充分利用自身资源条件，改进软硬件环境，分担女性劳动者的育儿压力；同时完善3岁以下公共托育服务的顶层设计，引导有条件的社会力量为有托育服务需求的家庭提供负担得起的、有质量保证的公共托幼服务，应当将托幼事业纳入儿童福利制度统筹规划。从社会层面来讲，母亲角色和职业女性之间没有绝对意义上的角色优劣。对于因为生育行为而带给女性的发展纠结和角色困境，政策层面应给予这两个角色同等的认可、支持和保障，如认可家务劳动是社会劳动，全职妈妈也可以享受生育保险或福利，既能消除其后顾之忧，又能为其保留了重返劳动力市场的期待和可能，以保障女性在每个人生阶段都能根据自己的发展意愿自如进退。

（四）具有可操作性

法律的生命力在于实施，是否具有可操作性是检验一部法律质量优劣的重要标准。这次修法应当让《妇女权益保障法》具有可操作性：一是界定清楚一些重要概念，尽量提炼出其"本质特征"，如"平等""歧视""性骚扰""家庭暴力"等概念，以有效引导公众的行为，避免法律适用和法律推理过程中产生争议。二是减少好听但不管用的宣示性条文，增加可以落实的法条。如禁止歧视是原则性规定，应当注入相应的具体规制；再如"各单位在执行国家退休制度时，不得以性别为由歧视妇女"，也应当列出具体规定或者提供救济渠道；"任何人不得歧视被拐卖、绑架的妇女"的规定亦需要有确保其实现的具体规制。三是建立系统性思维，以更具引导性的奖励性措施为主，以约束性和禁止性措施为辅。仅凭禁止性规定很难消除女性就业招聘环节中的生育歧视现象。根据《就业性别歧视专项调查报告》，用人单位"对促进女性平等就业良好的用人单位予以表彰奖励"的认同度最高（85.39%）；"对雇用女性达到一定比例的企业给予税费减免、政府优先采购等优惠"的认同率达到81.55%；用人单位对"政府有关部门对涉嫌就业性别歧视的用人单位进行约谈，要求纠正"表示认同的占84.57%；对"将实施就业歧视且拒不改正的用人单位列入黑名单并予以公示"的认同率也在80%以上。因此，应在部门监管和社会舆论方面加大宣传力度，以肯定性、鼓励性的措施为主，禁止性、惩戒性的措施为辅；同时将行业类型和男女用工性别比和年龄结构等指标纳入用人单位名誉评选、企业社会责任评价体系，女性就业促进情况纳入地方发展治理评选机制等。四是"适当数量""适当名额"等模糊词汇应尽可能明确，以切实发挥实践指导性。研究显示，在立法或行政机关中施行"女性参政比例制"这一措施是有效果的。[①]

四 修法的具体建议

基于上述修法思路与原则，对修订《妇女权益保障法》提出以下建议。

（一）法律框架调整及相关内容完善

首先，将人身权利提前到第二章，它应当是妇女各项权益之首。因为人身权利是最基本的人权，也是其他权益的依托，没有人身权益的保障，遑论其他权益有保障，这一调整将突显人身权利在妇女权益中的基础性地位。

其次，将劳动和社会保障权利拆分为两章，同时拓宽其内容。其理由在于：一是这两种权利对于妇女发展至关重要，需要强化。二是劳动

---

① 陈飞强、刘艺：《女性参政的制度保障机制及其优化路径——以HN省为例》，《湖南行政学院学报》2022年第6期。

权利与社会保障权利是两种现实权利,实践发展已经改变了过去只有职业女性才能享有社会保障权利的传统,妇女权益保障法中的劳动权利与社会保障权利应当覆盖所有妇女而非限于职业女性。三是劳动就业不平等、社会保障权利不平等是重大现实问题,应当通过修法做出回应。四是拆分后能够更加充分地完善相关法条,使之不再停留在宣示上,而是能够作为实体法应用。五是拆分后,可以在劳动就业权利中强化就业平等与禁止就业歧视的规制,可以为职业女性中的生育妇女提供有效的权益保障;同时也可以完整地表述妇女的社会保障权利,特别是专门适用于女性的福利权益,这将是修法的重要突破。

最后,增加一章专门规制保障妇女合法权益的监督落实机制。现行法律只能挂在墙壁上而不管用,关键是法律没有明确实施《妇女权益保障法》的监督落实机制。因此,在修法中,应当单设一章,专门规制谁来执法、谁来监督及如何监督。这一章的内容可以包括:明确各行政部门的执法责任,赋予妇联组织的监督权力,明确建立妇女遭受侵权时的救济机制,明确建立性别平等评估机制,明确建立妇女公益诉讼机制等。有了这一章,《妇女权益保障法》将有司法执法、司法监督、救济途径、司法保障,这部法律才能真正成为妇女权益的保障法。

(二) 增设新的制度内容

《妇女权益保障法》之所以不能为保障妇女权益提供有效保障,主要是因为妇女的现行权利均须通过其他法律规制才能实现,换言之,《妇女权益保障法》并未真正赋予妇女任何一项实质性权利,这种局面应当通过这次修订加以改进。根据新时代的发展需要,我们认为,可以通过修法创设以下制度。

生育保障制度。有学者认为,一昧地在立法上强化企业应该对女性的生理特性给予特殊保护,但却没有对相关用人单位给予补偿和鼓励性政策,反而会进一步造成市场对女性的隔离与排斥。[1] 费孝通先生在《生

---

[1] 于晓琪:《〈妇女权益保障法〉法律适用难点与对策研究——立足妇联工作的视角》,《苏州大学学报》(哲学社会科学版) 2008 年第 3 期。

育制度》一书中说,生育是"损己利人"的行为,"己"是指女人。但多年来,在缺少社会化分担机制的情况下,女人靠着强烈的母性、无私的付出在人口再生产战线上"单枪匹马、冲锋陷阵"。但越来越高的社会期待、越来越让人焦虑的子女教育和越来越强烈的自我实现需求成了压在现代妇女身上的"三座大山"。从性别角度看,女性承担的生育成本远超男性;从妇女依托的组织类型来看,家庭承担的生育成本大于企业和社会承担的。生育保险制度虽然运行多年,但参保率不高、支付范围窄、待遇标准模糊,社会认知度和认同度都比较低。[①] 关系到人口再生产质量、妇女健康和发展,对家庭和社会都意义非凡的险种竟然沦为五险中的"小险"。更让人吃惊的是,在没有生育津贴、福利制度出台的情况下,2015年生育保险竟然走上与医疗保险的合并试点之旅。合并后的保险是否更能抵御"生"的风险未尝可知,但明确的是,有更多不确定性的"育"的风险继续被忽略,可家庭在二孩、三孩的冲击下早已"独木难支"。鉴于生育行为对女性职业生涯、生活质量和养老保障等方面影响重大,且生育行为也不再是家庭内部事务,而是正在上升为国之大事。因此,修法应当抓住这一契机明确建立生育保障制度。具体内容包括:一是巩固完善职业女性的生育保险制度,确保职场中的育龄女性有清晰的预期。目前将生育保险与医疗保险合并实施,需要检视是否真正有利于保障职业女性的生育权利,再据此加以完善。二是建立非职业女性的生育保障制度,这是关键。即无论就业与否,无论婚否,凡生育女性均可享受相应的类似于生育保险的待遇。可以是普惠性的制度安排,也可以是分一胎至三胎不同情形规制,以形成促使生育意愿和生育女性地位提升的法治环境。

母亲养老金制度。借鉴德国促进生育和性别平等的经验,对于因生育行为休假期间的女性自动计入参加基本养老保险期限,发挥养老保险制度对生育行为的认可和鼓励力量,比如一名女性每生育一胎,可视同养老金缴费两年,生育二孩、三孩类推。

[①] 李宁卉:《全面二孩政策下妇女生育保障法律问题研究》,《法制与社会》2018年第13期。

单亲母亲生育保障制度。这是发达国家的普遍做法,也是我国避免陷入生育率陷阱的必要举措,因为年轻一代不婚率已经很高,如果还是延续现行只承认婚生子女母亲的权益而不承认非婚生子女母亲的权益,将滞后于时代发展与现实的需要,不利于促使生育率回升到合理水准、确保人口均衡发展的政策目标。况且,不婚者主要有两类:一类是贫困人口没有能力婚配者(几乎限于男性),另一类是高学历有能力婚配却不愿意结婚的年轻人(女性不婚或未婚者居多)。这一制度主要解决的是高学历女性的生育自主权与生育保障权益平等的问题。

妇女相关福利制度。在现行福利制度体系中,老年人、儿童、残疾人群体均有专门的福利制度安排,但妇女缺乏必要的制度安排。如果能够借这次修法机会实现妇女福利制度的突破,将是促进性别平等与妇女全面发展的重要贡献。创制之初,可以从简单项目设置开始,如建立困难母亲公共援助制度,明确妇女特定疾病体检政策(公共卫生与医疗保障制度衔接),建立家庭暴力庇护中心,提供面向妇女的就业支持服务与心理辅导,支持面向妇女的社会公益事业发展等。

家务劳动补偿制度。中国社会一直奉行着女性承担更多家务劳动的传统,但这种劳动通常得不到社会认同,并由此影响到妇女合法权益。因此,在修订《妇女权益保障法》时,可在婚姻家庭权益一章中创设家务劳动补偿制度。具体可将现行法条修订为:"妇女对依照法律规定的夫妻共同财产享有与其配偶平等的占有、使用、收益和处分的权利,不受双方收入状况的影响。女方因抚育子女、照料老人、协助男方工作等承担较多无偿婚内劳务的,有权在离婚时要求男方予以补偿。具体办法由双方协议;协议不成的,由人民法院判决。"

妇女权益救济制度。当妇女权益受到侵害(如家暴、性侵害、财产权侵害、就业歧视、退休年龄歧视等)时,有明确的申诉途径和负责任的执法部门,以此确保妇女在无法自保或自我解决时获得公共权力机关的有效救济,这是《妇女权益保障法》进一步得到落实的必要措施,也是有效措施。

健全性别平等评估制度。我国立法中仍存在性别偏见、性别盲视、性别歧视的内容。① 这也是为什么我国法律虽然在两性平等和保障女性权利方面有了较大突破，但在精细度上仍需完善的原因。性别评估正是实现民主立法的内在要求。"女性参与立法是一种立法参与的权利获得，目的是平等分享立法意志的表达权，以确保女性的心声能真正体现到立法中，从而影响利益的性别平等分配"②。性别评估机制是性别平等理念转化为具体法规政策的催化剂，正如山东省法规政策性别平等评估机制专家组组长张明敏介绍并指出，"只有真正将性别平等意识和理念转变为法规、政策中性别平等的具体规定，才能让性别平等真正成为全社会共同遵循的行为规范和价值标准"③。2011年江苏省率先作出了尝试，建立了以"立法中参与、立法后评估、性别理念传播"为主要内容的政策法规性别平等咨询评估机制，其性别平等咨询评估委员会曾多次参与法规政策制定咨询评估并提出咨询建议，其中许多建议被采纳。2011—2018年，全国30个省（区、市）建立了法规政策性别平等评估机制。④ 因此，借这次修法之机，完全可以将这一机制上升到国家法律层级，以更全面、高效地推进"性别平等"进程。

健全妇女公益诉讼制度。由于侵害妇女权益的现象处于多发、普发状态，有必要参照《中华人民共和国未成年人保护法》在《妇女权益保障法》中明确建立妇女公益诉讼制度，对损害妇女公共利益的行为由有关机构提起公益诉讼。法律应当明确哪些事项可以提起公益诉讼，依照什么样的程序提起公益诉讼。可以仿照环保领域的做法，在允许个人或组织启动性别平等评估审查申请的同时，由人民法院、检察院、妇联组织提起公益诉讼，拓宽妇女权益保障的救济渠道。比如，为保护女性劳动者的退休权益，妇联组织可以就退休后的养老金领取资格和养老金待

---

① 李勇：《立法性别平等评估的地方经验和国家构建的着力点》，《中华女子学院学报》2020年第2期。

② 郭慧敏、李姣：《试论妇女立法参与》，《学习与探索》2011年第2期。

③ 韵曦：《夯实举措 凝聚共识 让性别平等真正落地生根——贯彻习近平主席在联大纪念世妇会25周年高级别会议重要讲话精神》（二），http://www.nwccw.gov.cn/2021-04/06/content_291631.htm，2021-4-6。

④ 中华人民共和国国务院新闻办公室：《平等 发展 共享：新中国70年妇女事业的发展与进步》，人民出版社2019年版，第14页。

遇审定中的歧视现象提起公益诉讼。

如果能够在这次修法中增加上述必要的新的制度安排，则《妇女权益保障法》将从过去只管宣示的"软法"变成有硬约束力的实体法。

（三）内容强化与细化

要使《妇女权益保障法》真正成为保障妇女合法权益的有效法律，还需要对法律中的原则性规制做进一步的强化与细化。

明确用人单位和教育机构在性骚扰防治中的责任。凡有义务必有责任，这样才能形成权利保障的闭环。各级学校、各类用人单位应当采取适当的方式进行有关性骚扰和性犯罪的教育和培训；设立本机构内处理性骚扰投诉机制并提供和公开便利当事人的投诉方式；制定和公开对性骚扰行为人的处理规则，设立中立的性骚扰处理程序；在保护当事人隐私的前提下对性骚扰案件进行听证和处理；明确对性骚扰实施者的纪律处分；提供心理援助服务，建立性骚心理咨询辅导中心；在尊重受害者意愿的前提下协助其提起民事诉讼；未尽到管理职责的教育机构和用人单位，应对性骚扰受害者承担民事连带赔偿责任等。在人身权利一章还宜增加一条规制："对教师、医生、教练、保育员等直接对未成年人负有特殊职责或密切接触的工作人员、志愿者，如因实施强奸、猥亵儿童等犯罪行为，被追究刑事责任，或因实施猥亵、引诱、容留、介绍卖淫等违法行为而被行政处罚的，用人单位不得录用。"

在就业权利中，对就业平等进行清晰规制。如招聘中禁止性别歧视并明确投诉渠道与处理方式；明确渐进调整女性退休年龄政策，逐步与男性退休年龄一致；鼓励用人单位与女职工签订女职工权益保护专项集体合同；将因环境、工作量等原因导致怀孕女工流产或胎儿病变的情况纳入工伤保险；杜绝育龄女性因怀孕而被动失业的情形等。

在财产权利中，切实保障农村妇女的土地财产权益。可在财产权益中增加以下内容：农村土地承包经营期间，妇女因婚姻关系变化时，发包方不得改变承包土地权利，这一点可参照农村户籍居民因升学、参军或其他途径进入城镇后对其土地承包权的保护，但妇女因婚姻关系变化在新居住地生活并已取得新居住地承包地的除外。明确对以"多数决"

方式剥夺在本村实际居住生活的离婚、丧偶妇女集体经济组织成员资格及相关权益的决议、决定及乡规民约相关条款宣告无效。明确乡镇人民政府、农业和民政部门应当加强对村民代表大会会议或者村民大会决议、村民规约、村民自治章程以及农村股份合作企业章程的指导和监督，对其中违反法律、法规和政策规定侵害妇女合法权益的内容依法予以纠正等。

在政治权利中，进一步细化相关妇女参与的规制。例如，现行《妇女权益保障法》第二章政治权利中的第十条可修改为："妇女有权通过各种途径和形式，管理国家事务，管理经济和文化事业，管理社会事务。制定法律、法规、规章和公共政策，在可能影响妇女权益时，有关部门应组织到当地妇女联合会、专家、群众妇女代表，调研法律、法规、规章和公共政策对性别平等的影响，公开并听取评估意见。国家统计机构应收集并发布法律、法规、规章和公共政策实施的相关结果数据，按性别、收入水平、年龄、民族、残疾状况、地理位置等指标分析数据，确保公共决策充分反映性别平等的要求。妇女和妇女组织有权向各级国家机关提出妇女权益保障方面的意见和建议。收到意见和建议的各级国家机关应定期作出回复。"同时，将意义不明且在实践中往往采取最低标准的"适当数量""适当名额"的表述具体化且普遍适用（只有特定情形如确实没有人选者可以例外）。考虑到1/3是国际上公认的利益诉求表达的最小比例，我国已经明确在2035年达到中等发达国家的发展水准，应当据此进程明确落实标准。可将现行《妇女权益保障法》第二章政治权利中的第十一条修改为："妇女与男子享有平等的选举权和被选举权。全国人民代表大会和地方各级人民大会的代表中，妇女候选人应占总候选人数的35%或以上。"居民委员会、村民委员会成员中，妇女应占总人数的35%或以上。或者明确国家"逐步提高妇女代表比例"的措施，到2035年达到这一目标。

文字表达更加简练、精准。凡其他法律中已经明确或者属于其他法律规制的，本法可以简化。例如，现行《妇女权益保障法》第六章中关于禁止侵害女性人身权利的不少内容就是《刑法》相关内容的简单复制，没必要在具体的、专项权利前都加上妇女的前缀后再重复一遍，因为这样对妇女权益的保障力度没有实质增加。同时，为了保证前瞻性并使立法具有引领性，可以将"保护"改为"保障"，因为"保护"隐含着强者对弱者的道德优势感，"保障"则更强调公民权利与社会责任。此外，宜将"特殊"改为"正当"，虽然保障方式、手段有差别，但殊途同归，女性并没有享受到特权，也没有获得比男性更多的权益。"经期、孕期、哺乳期"的确属女性专有，对承担人口再生产的女性专属生理时期提供相应的保障也无非是为了维持生理健康这个正当权益，并非单独惠及女性，男性、下一代甚至社会、国家都是潜在的受益者。

总之，我国已经开启了全面建成社会主义现代化强国的新征程，建设公正社会和走向共同富裕是国家已经十分明确的发展取向，而影响妇女权益的外围环境也在不断变化中，妇女权益的内涵也在不断发展。因此，我们期待着这次修法能够有实质性的突破，《妇女权益保障法》能够真正有效保障全体妇女的合法权益。

分论五

筑底未来：未成年人的脆弱成长与社会保障护航

现代社会的现代家庭造就了情感上"无价的孩子",未成年人的健康成长意义重大:从社会发展上说,少年强则国家强,未成年人的身心健康关系到国家的未来;从家庭来看,孩子是几代人情感的归集点,是家庭和谐幸福的最关键因素;从个人层面看,在成长阶段未成年人的身体和精神层面的需要如能得到充分满足,必然为其一生的身体健康和精神丰盈打下坚实的基础。家庭对未成年人的重要性亦毋庸置疑:家庭是未成年人的身体从柔弱走向强壮的"充电桩";家庭是未成年人价值信仰、生命价值感和内驱力等精神能量的"培养皿"。然而家庭远非未成年人健康成长的"充分条件",重病、残障等重大的健康损害以及自然灾害、公共卫生事件等已超越家庭的化解和应对能力,成为社会化的风险,还有由于风险自身不断流动、衍生以及其他群体传导而来的一系列超越了家庭应对能力的"综合性"风险,需要社会助力,特别是制度层面对隐性社会风险的应对和化解。社会是家庭背后影响未成年人成长的更深层、更宏观的因素,既能通过公共产品的多寡直接影响未成年人的生活质量,如绿地公园、图书馆的数量和分布,又能通过劳动就业制度、税收制度、教育制度影响家庭资源和家庭氛围,进而影响家庭的教养方式。[①] 因此,未成年人的健康成长既需要家庭的呵护照料,也离不开社会制度的系统支持。

一　时不我待:中国未成年人的脆弱成长

　　《健康中国 2030 规划》提出,要重视少年儿童的心理健康。心理健康是健康的重要内容,也是身体健康的支撑和源泉。健康是一个动态的概念,表现为身体健康与心理健康互相影响、相互塑造;青少年的内驱

[①] "社会"是一个综合性概念,是家庭之外包括政府、学校、社会组织等在内多个主体的综合。

力、意志品质、生命价值感等精神健康是健康与否的根基和决定力量，精神健康的未成年人会自主地追求、维护和改善身体健康；内在健康的形成又与家庭与社会在身体健康上的投入有关，比如运动习惯的培养、睡眠和营养的保证等都对心理健康有重要的影响。有学者把健康分为生理健康、心理健康与社会适应能力。[1] 其实，社会适应能力也与心理健康密切相关，社交层面的问题往往是心理健康问题的输出和外化。现从"身体层面"和"心理与行为层面"考察未成年人的健康状况。

表1　　　　　　　　近年来未成年人的健康问题

方面	问题	数据
身体层面	意外、性侵、被拐卖等身体伤害问题	儿童伤害仍然高发：伤害是中国儿童的首位死因，2005—2015年中国10—19岁青少年伤害的人数发生率为26.4%。[2] 其中道路交通伤害、溺水、跌落和中毒是最常见的致死性伤害。[3]
	营养不良、隐性饥饿、过度肥胖等身体生长问题	中小学生超重肥胖率上升：15.5%（2010）—20.4%（2014）—24.2%（2019）。[4] 营养不良问题依然不容乐观：2010年中国中小学生贫血率为11.3%，2014年下降到9.3%，2019年反弹至11.1%。[5]
	视力不良、龋齿患率等	中小学生视力不良率上升：57.4%（2010）—62.2%（2014）—67.9%（2019）。[6] 中小学生龋齿患率上升：15.7%（2010）—17.3%（2014）—22.1%（2019）。[7]

---

[1] 刘映海、郭燕兰：《锻炼心理学视角下青少年心理健康的身体活动研究进展》，《湖南师范大学教育科学学报》2022年第3期。
[2] 梁晓峰：《中国儿童伤害报告》，人民卫生出版社2017年版，第2页。
[3] 梁晓峰：《中国儿童伤害报告》，人民卫生出版社2017年版，第2页。
[4] 中国儿童中心、苑立新：《中国儿童发展报告（2021）》，社会科学文献出版社2021年版，第27页。
[5] 中国儿童中心、苑立新：《中国儿童发展报告（2021）》，社会科学文献出版社2021年版，第29页。
[6] 中国儿童中心、苑立新：《中国儿童发展报告（2021）》，社会科学文献出版社2021年版，第32页。
[7] 中国儿童中心、苑立新：《中国儿童发展报告（2021）》，社会科学文献出版社2021年版，第35页。

续表

方面	问题	数据
心理与行为层面	情绪和行为问题、不良习惯等	青少年情绪和行为问题日益严重：儿童情绪和行为问题发生率为17.6%，且近年来一直在升高。① 1992—2005年青少年焦虑情绪发生率增加了8%。② 不良习惯：2014年中国初中生吸烟率为6.9%，其中男生吸烟率为10.6%，高于全球平均水平；10岁前尝试过第一支烟的学生比例超过35%。③
	网瘾	网瘾少年数量庞大：城市网瘾青少年约有14.1%，约为2404.2万人，非网瘾青少年中，约有12.7%的人有网瘾倾向，人数约为1858.5万；农村网瘾少年比例与城市相近，网瘾青少年约为3329.9万人。④
	抑郁症	青少年抑郁检出率：23.2%（2009）—24.6%（2020）⑤ 抑郁青少年非自杀性自伤行为检出率高达44%，其中有70%的青少年有过自杀意念。⑥
	犯罪	2018—2020年受理审查起诉14—16周岁未成年人犯罪分别为4695人、5445人、5259人，占受理审查起诉全部未成年人的比例分别为8.05%、8.88%和9.57%。⑦

① Cui Y. and Li F., et al., "The Prevalence of Behavioral and Emotional Problems Among Chinese School Children and Adolescents Aged 6 – 16: A National Survey", European Child and Adolescent Psychiatry, Vol. 30, No. 3, 2021, pp. 233 – 241.

② 郑利峰等：《青少年抑郁症状现况调查》，《预防医学》2018年第4期。

③ 肖琳等：《中国初中学生烟草使用及其影响因素研究》，《中华流行病学杂志》2017年第5期。

④ 万虎、裴浩：《后疫情时期优势视角理论在青少年网瘾心理干预中的新尝试》，《湖北科技学院学报》2021年第6期。

⑤ 王学义：《让儿童青少年拥有一颗健康的心——低龄化心理障碍的成因与对策》，《心理与健康》2022年第2期。

⑥ 杨裕萍等：《探讨抑郁青少年非自杀性自伤与负性情绪、冲动性的关系》，《中外医疗》2021年第36期。

⑦ 《未成年人检察工作白皮书（2020）》（2021 – 6 – 1），http://news.jcrb.com/jsxw/2021/202106/t20210601_2284634.html。

中国未成年人心理健康问题已成为不可忽视的公共卫生议题。2018年《中国青年发展报告》还显示，12—16岁青少年情绪和行为问题检出率高达19.0%，且男孩发生率高于女孩。①我国中学生抑郁症状的检出率为28.4%，约有36.3%—55.8%的青少年存在抑郁情况。②《2020年青少年心理健康报告》显示，超五成青少年受到各种心理障碍和行为问题的困扰，其中有3000多万名青少年患有抑郁症，导致各种问题行为甚至极端悲剧频发。③抑郁症带来的极端危害生命安全的问题是自杀，自杀是15—19岁青少年的第三大死因，公众在自杀预防认知上比较滞后。④

青少年健康状况明显呈下降趋势。1985年国家牵头进行的全国青少年体质健康调研结果就显示，青少年的速度、耐力、爆发力、柔韧等素质呈明显下降趋势。⑤过去30年中国儿童青少年超重肥胖率由1.1%上升至20.4%。⑥2017年调查显示，我国小学生体质健康达标率为92.1%，中学生为88.0%，大学生为74.4%。⑦只有31.1%的儿童青少年满足每日体力活动的推荐量。⑧2019年全国青少年体质健康达标优良率为23.8%⑨，根据青岛市的儿童体重情况调查，2012—2021年儿童青少年年均超重率和肥胖率分别为16.46%、19.18%；儿童青少年超重率和肥胖率整体呈上升趋势，年平均百分比变化率分别为1.4%、4.8%；随着年

---

① Cui Y. and Li F., et al., "The Prevalence of Behavioral and Emotional Problems Among Chinese School Children and Adolescents Aged 6 – 16: A National Survey", *European Child and Adolescent Psychiatry*, Vol. 30, No. 3, 2021, pp. 233 – 241.

② 刘福荣等：《中学生抑郁症状检出率的Meta分析》，《中国心理卫生杂志》2020年第2期。

③ 刘映海、郭燕兰：《锻炼心理学视角下青少年心理健康的身体活动研究进展》，《湖南师范大学教育科学学报》2022年第3期。

④ 中国儿童中心、苑立新：《中国儿童发展报告（2021）》，社会科学文献出版社2021年版，第155页。

⑤ 谢尚森、张婧茹：《美国、日本体育健康政策比较及对中国的启示》，《阜阳师范大学学报》（社会科学版）2022年第1期。

⑥ 吕子昕、李涛：《京津冀地区儿童青少年体力活动视屏和睡眠时间与超重肥胖的关系》，《中国学校卫生》2022年第4期。

⑦ 李红娟、张柳：《儿童青少年身体活动与体质健康的关系及促进建议》，《人民教育》2020年第10期。

⑧ 每日不少于1小时的锻炼，每周不少于3次强度体育锻炼。

⑨《第八次全国学生体质与健康调研结果发布》，《中国学校卫生》2021年第9期。

龄增加，超重率和肥胖率的上升速度越来越快。① 新冠疫情期间儿童青少年体力活动水平下降、锻炼时间减少，超重、肥胖率增加趋势明显。② 2020 年，青少年近视的患病率急剧增长，中小学近视率较疫情前增加了 11.7%③；新冠疫情防控措施对未成年人身心健康潜在的负面影响不容小觑。

与发达国家比较，我国未成年人的健康发展不容乐观。一是身体健康方面，中国存在大量"隐性饥饿"的儿童，即缺乏铁、维生素 A、锌等微量元素的人群。即使在较为发达的深圳，5—6 岁儿童钙缺乏人数比例达到 43.6%，铁缺乏人数比例达到 34.9%；7 岁及以上儿童锌缺乏人数比例达到 27.4%。④ 中国儿童伤害发生率仍然处于较高水平：从 2013 年的数据来看，0—4 岁、5—14 岁的未成年人的伤害死亡率均是仅低于中低收入国家和低收入国家，比高收入、中高收入国家伤害死亡率要高。⑤ 尽管 2010—2017 年之间中国青少年伤害死亡率大幅下降，但因道路交通伤害及溺水死亡的儿童数量仍远高于欧洲。⑥ 2018 年全国伤害监测数据显示，7—19 岁儿童的伤害发生次数为 102533 例次，其中前五名伤害类型分别为：跌落/坠落（50034 例次）、钝器伤（12821 例次）、道路交通伤害（11294 例次）、动物伤（11218 例次）和刀锐器伤（10032 例次）。⑦ 二是心理与行为。网络成瘾和校园欺凌是导致青少年抑郁的重要

---

① 姜珊等：《青岛市 6—17 岁在校儿童青少年超重肥胖趋势分析》，《实用预防医学》2024 年第 2 期。

② Chen P. and Wang D., et al., "Physical Activity and Health in Chinese Children and Adolescents: Expert Consensus Statement", *British Journal of Sports Medicine*, Vol. 54, No. 22, 2020, pp. 1321 – 1331.

③ 上海市科学技术协会：《给孩子一个清晰的世界——2021 中国儿童青少年近视防控趋势报告》，《中国科学报》2021 年 6 月 2 日第 3 版。

④ 彭芳等：《深圳地区 2118 例儿童全血微量元素检测结果分析》，《微量元素与健康研究》2022 年第 3 期。

⑤ 梁晓峰：《中国儿童伤害报告》，人民卫生出版社 2016 年版，第 1—2 页。

⑥ Dong Y. and Hu P., et al., "National and Subnational Trends in Mortality and Causes of Death in Chinese Children and Adolescents Aged 5 – 19 Years from 1953 to 2016", *J. Adolesc Health*, Vol. 67, 2020, p. S3 – S13.

⑦ 梁晓峰主编：《中国儿童伤害报告》，人民卫生出版社 2017 年版，第 2 页。

因素。① 国际上来看，约 10.4%—26.8% 的青少年存在网络成瘾的问题，有约 12.0%—42.9% 的青少年至少被欺凌过一次。② 非自杀性自伤（NSSI）是自杀死亡的重要预测指标，国内一项关于中学生的研究显示，我国青少年 NSSI 的检出率为 11%—23%，加拿大为 17%，澳大利亚为 6.2%；国外报道的具有 NSSI 行为的青少年中，有 56% 的个体会主动寻求帮助，而国内相关报道的求助率低于 5%。③ 可见，青少年成长阶段的内驱力、生命价值动力严重不足。三是学习效率。中国学生学习时间普遍较长，学习效率较低。PISA2018 调查数据显示，以四省市为代表的中国学生平均校内课堂学习时间为每周 31.8 小时，按照学习时间由长到短排序，在参测国家（地区）中排第 4 位。单项学习时间上，阅读、数学和科学上的平均时间和排名分别是每周 4.6 小时（第 7 位）、5 小时（第 8 位）和 5.5 小时（第 3 位），根据学生素养得分与学习时长计算学习效率，中国学生的学习效率在参测国家中排名分别为第 44 位、第 46 位、第 54 位，学习效率不高。④ 四是内驱力和幸福感。PISA 不仅关注学生的关键能力素养表现，也关注学生幸福感的获得，从学生生活满意度、感受生活意义的指数、积极情绪指数、悲伤情绪学生比例、自我效能感指数、失败恐惧指数、具有成长心态学生比例等多个维度考察了学生的幸福感，参与测评的中国四省市学生幸福感偏低，在感受生活意义、积极情绪和成长心态方面勉强排在中等水平，在生活满意度、悲伤情绪和自我效能感、失败恐惧上表现得尤为不乐观。⑤

以上数据和信息足以让人警醒，怎样挽回未成年人愈加脆弱的颓

---

① 王京京等：《网络成瘾和睡眠时长在青少年受校园欺凌与抑郁间的链式中介作用》，《现代预防医学》2022 年第 4 期。

② 王京京等：《网络成瘾和睡眠时长在青少年受校园欺凌与抑郁间的链式中介作用》，《现代预防医学》2022 年第 4 期。

③ 匡丹等：《青少年非自杀性自伤行为的研究》，《医学信息》2022 年第 3 期。

④ 檀慧玲、王玥：《中国义务教育质量现状、问题与建议——基于中国四省市 PISA2018 数据的分析》，载中国儿童中心、苑立新《中国儿童发展报告（2020）》，社会科学文献出版社 2020 年版，第 219 页；PISA 即国际学生评估项目，参加 PISA2018 年测试的国家共有 79 个，中国大陆代表团是由来自北京、上海、江苏、浙江四个省的 15 岁孩子组成。

⑤ 中国儿童中心编，苑立新主编：《中国儿童发展报告（2020）》，社会科学文献出版社 2020 年版，第 220 页。

势,助力他们健康、茁壮成长?与这一问题相伴的是一系列疑问:为什么越来越多的青少年如此脆弱?现代风险社会中的未成年人究竟经历了什么?为什么家庭和社会在未成年人身上的经济、情感和注意力等资源的投入热情没有内化为未成年人的精神能量?问题究竟出现在哪里?是家庭和社会的助力方向出现了偏差,还是助力方式有违未成年人的成长规律?未成年人成长过程中到底应由家庭还是社会主导以及二者之间存在哪些关联和互动逻辑?在一个充斥着焦虑感的社会里,未成年人成长风险的源头究竟在哪里?如何有针对性地有效提升未成年人健康水平的切入点?

要回答这些问题,需要首先系统归纳未成年人成长中可能经历的各种风险,特别是一些隐性的、传递链条比较长的风险。要辩证地看待家庭和社会在未成年人成长中的角色和他们的能力边界,特别是在风险社会中谁拥有更强的风险应对能力。①

二 研究不足:忽视未成年人脆弱成长的复杂性和社会性

现代化社会中承载着家庭无限情感和精神寄托的孩子越来越珍贵和无价,针对未成年人成长的研究愈加丰富,研究文献的数量和质量皆取得快速发展。从社会系统和风险流动角度看,未成年人成长立足于一个纵横交织的时空之中,现实的复杂图景尚未充分投射在研究层面,复杂的现实框架还未找到合适的抽象对应。

(一) 忽视未成年人脆弱成长的复杂性

脆弱的复杂性。相对于其他弱势群体,儿童群体的脆弱性最为复杂:一是脆弱的共性与差异性并存。儿童成长具有一定的规律性,正如"不

---

① 此文中的"家庭"和"社会"都是集合性的主体概念:家庭是父母、祖父母等家庭成员的综合;"社会"是宏观的范围概念和综合主体指向,可视为家庭之外各类主体的总和,包括教育部门、学校、图书馆、公园等,并不是社会组织、慈善组织、社团狭义社会力量的代称。

幸的家庭各有各的不幸",不同孩子的脆弱点、外在表现、内在成因上呈现出很大的个体差异;二是显性的脆弱和隐性的脆弱并存,儿童的生理性外伤相对易于被人识别,但其遭受到的隐蔽性伤害却很难识别,有限的认知水平、胆识和沟通能力决定了他们很少能第一时间主动倾诉和寻求帮助,隐蔽性伤害将不可避免地被掩盖、忽略和拖延;三是当下的脆弱和潜在的脆弱,儿童的健康成长和教育毫无疑问是一个复杂的多学科课题,涉及营养学、心理学、教育学、管理学等,可以说,儿童成长上的任一主题可能都能引起"百家争鸣",不仅法无定法,道也难有常道,在这种情况下,不排除一些短平快、看似行之有效的健康方案或管教方式可能占据主流,成为潜在的伤害源头;四是脆弱的绝对性与相对性并存。鉴于儿童群体在体力和脑力上是绝对的弱势,他们固然是弱势中的"弱势",绝对的沟通弱势群体,没有话语权且最易被以爱的名义剥削各种自主权的群体;幸运的一面是相对于其他生理弱势群体,天使般可爱的儿童在其成长过程中家庭的参与意愿最强、资源倾斜度最高,家庭保障的热情源于人性与情感,尤其在孩子无比珍贵的老龄化社会,尤其在以"可怜天下父母心"著称的中国。然而这样一来,儿童群体的脆弱的社会性容易被淡化,进而以化解儿童社会化、共性需要的脆弱为己任的儿童社会保障制度的重要性、紧迫性被弱化。而同时,作为儿童成长资源主要供给者的家庭经常独木难支、力不从心,而且难以有效识别、应对隐蔽性的社会传递性风险,很难及时阻断风险传递链,也使得未成年人的伤害难以避免。总的来说,现有研究还难以充分、透彻地反映出上述复杂性,比如成年人脆弱成长的差异性研究多于脆弱共性的研究,难以形成核心议题聚焦,因而也难以发挥学术资源的整合效应和实践指导价值。另外,研究对因贫困、监护人失责带来的显性脆弱的关注多于隐性脆弱研究;现有研究能捕捉当下的显性化脆弱,但对未成年群体潜在的脆弱缺少预判和预防;相对于其他生理性弱势群体,未成年人的研究并不算丰富,未成年人的"绝对弱势"被忽视。

(二)忽视未成年人脆弱成长的社会性

2021年10月23日,第十三届全国人民代表大会常务委员会第三十一次会议通过了《中华人民共和国家庭教育促进法》（以下简称《促进法》）以来，以家庭本位探讨未成年人成长问题的文献增势显著，但过度强调家庭本位；为数不多的基于社会本位的文献中，社会需求本位重于社会供给本位；从研究建议上看，社会供给"扬短避长"多于扬长避短，社会供给的局限被强化，而社会供给的优势被忽视。

重视家庭本位忽视社会本位，家庭本位的探讨多基于这样一个逻辑前提：家庭的失职表现是造成未成年人教育问题的源头。认为家庭教育主体责任意识不强，家庭的功利化、短视化现象是导致未成年人成长问题的主要原因，部分家长不清楚家庭教育子女全面发展的重要意义，存在"生而不养、养而不教"的问题。① 因此，家庭是主要的"问题制造者"，只要给家庭赋能，家庭就能化解未成年人成长的主要风险。张浩淼、朱杰建议构建以家庭为中心的福利支持体系，提升家庭发展能力，以解决困境儿童的诸多问题。② 吴勇园认为家庭是加强儿童生命教育的主力，应向孩子传播"认识生命、尊重生命，自我保护、抵抗挫折，升华生命、实现价值"的家庭生命教育理念③；多篇文献关注家长教育能力的提升，指导家庭来解决厌学问题，指导家庭预防孩子犯罪等。过度强调家庭的责任和对家庭过高的期待至少导致两方面的不相吻合：一是过度强调家庭本位与风险的社会传导性、家庭的可塑性局限不符。家庭是未成年人成长的重要场域，但不是唯一的场域，还有学校、公共场所等硬性的社会场域，也有社交活动、公共卫生、公共安全、教育资源分配等软性的社会场域，网络、智能手机、自媒体等电子产品便捷了未成年人和社会的互动方式，拓宽了互动空间。家庭的教养方式与育儿焦虑感有关，育儿焦虑感又受家庭资源多寡、教育资源均衡度等因素的影响，故家庭的教养氛围是在与社会的互动中形成的，家庭不断地被社会影响和

---

① 曹瑞：《全社会为家庭教育赋能 护航未成年人健康成长》，《中国民族教育》2021年第12期。
② 张浩淼、朱杰：《"家庭为本"视域下我国困境儿童福利政策：目标取向与路径选择》，《改革与战略》2022年第4期。
③ 吴勇园：《家庭为本下儿童生命教育的实施措施研究》，《豫章师范学院学报》2019年第6期。

塑造，社会是家庭背后的深层因素，其对未成年人的影响面和影响深度都不亚于家庭，不仅通过影响家庭教育方式间接影响未成年人，也可通过公共资源分配、公共文化认同、社会价值观等直接影响未成年人成长。家庭并不是所有未成年人许多成长问题的源头，很多时候只是传导媒介，可以说，高估了家庭对未成年人的影响力；值得一提的是，在看待家庭的可塑性时出现了矛盾现象，在对未成年人的成长问题进行归因时，低估了社会对家庭的可塑性；在解决问题时，又高估了社会对问题家庭的可塑性。家庭困境是多种因素导致的，容错率、自省能力、自愈能力均堪忧的问题家庭能充分吸收社会资源并有效转化为教育能力的提升和精进吗？很难给出肯定的回答。二是过度强调家庭本位，不符合生育行为与婚姻越来越脱离的趋势。需要增加社会本位的直接供给，需要加大社会层面的投入直接从源头减少问题的发生或增加直接面对孩子的赋能投入，而不是完全依赖家庭作为传导媒介。依据西方的第二次人口转变与个体化理论，婚姻正成为一种选择而非人生必选项，同居被更多当作婚姻的替代，而生育与婚姻的关系也变得更加松弛。[1] 有的学者基于对大学生群体的调查，认为去制度化观念并非影响低生育意愿的主要因素，强调低迷的婚育意愿在很大程度上是由其感知的婚育阻力即婚育成本和工作的竞争性压力等所致。[2] 且如果年轻人的压力感知度持续得不到改善，去制度观念将越来越有"市场"。而且有学者预判随着中国第二次人口转变进程的深入不可避免地伴随着以下婚育现象：结婚年龄会继续推迟；同居、离婚和不婚更为常见；单身生育行为愈加普遍。[3] 在此条件下，过度强调家庭，以家庭为基本单位进行保障，能够对接现代社会发展的需要吗？同样难以给出肯定的回答。

重视社会需求本位忽视社会供给本位。社会本位也多是集中在教育

---

[1] Cherlin, J., "Degrees of Change: An Assessment of the Deinstitutionalization of Marriage Thesis" *Journal of Marriage and Family*, Vol. 82, No. 1, 2020, pp. 62–80.

[2] 李婷等：《中国的婚姻和生育去制度化了吗？——基于中国大学生婚育观调查的发现与讨论》，《妇女研究论丛》2022年第3期。

[3] 高晓君、魏伟：《女人当家？——单身生育和性别角色的重新协商》，《妇女研究论丛》2022年第3期。

领域，更准确地说，文献多是基于社会的"需求本位"提出应然、理想的未成年人教育状态蓝图，而并非从社会学、制度经济学、公共管理学等学科视角探讨社会对未成年人成长的供给责任。杨春立、卢开智在《社会本位论视域下学校体育"边缘化"的审视》中提出边缘化的学校体育教育应该回到社会本位，回归教育的中心。程红艳在《"新社会本位"教育：儿童自由及其对学校变革的影响》一文中指出"新社会本位"教育试图改进当前学校教育中弥漫的个人主义、竞争至上、能力至上氛围，试图在学校建构一种公平的社会秩序，以合作代替竞争。张晓成在《中重度智障学生社会本位课堂的探讨》中提出针对中重度智障学生教学应从教室本位走向社会本位。闫翠娟在《从社会本位的治疗范式到关系本位的建构范式：新时代青年亚文化引领的范式革新》中也是在把青年作为教育和改造的对象的前提下，讨论社会本位这一文化治理范式的局限。刘盈的《社会本位：健全预防青少年犯罪的社会化服务体系》算是为数不多立足社会的供给本位探讨未成年人成长问题文献之一，其聚焦的是青少年犯罪预防的社会化服务体系供给，指出青少年犯罪与家庭的不良因素紧密相关，如家庭结构不完整、家庭功能失常、家庭环境不良、家庭经济状况不佳和家庭教育方式不当等，并强调这些不良因素的背后又是多种主客观因素的长期作用，短期内家庭很难解决自身的问题，需要社会各界对未成年人进行直接的支持。[①] 此外，留守儿童面临的风险是全方位的，除了身体层面还有精神、心理层面的情感需求等，然而目前的文献研究尚不能匹配留守儿童的现实需要。

强化社会供给的局限，忽视社会供给的优势。以留守儿童为例，目前形成的共识是：留守儿童成长状况不佳，家长没有承担应有责任，家庭的功能没有充分规划。比如魏汉武在《家庭为本构建留守儿童关爱服务体系》中认为父母"抛家别子"进城务工，影响到留守儿童健康成长；孙文中在《家庭为本：留守儿童的关爱服务需求与社会支持系统》中强调留守儿童在早年社会化过程中，面临着关爱不足、安全感缺乏、行为

[①] 刘盈：《回归社会本位：健全预防青少年犯罪的社会化服务体系》，《山东青年政治学院学报》2015年第1期。

习惯偏差、社会适应能力不足及身心健康发展等问题，农村留守儿童的成长困境在于家庭结构不完整及其所衍生的家庭抚育与学校教育的社会性时间的错位，家庭系统对留守儿童家庭社会化的功能没有发挥到位；孙艳艳在《"家庭为本"的留守儿童社会服务政策理念与设计》一文中确认留守儿童在当前农村社区中具有普遍性，留守儿童的生理、心理、社会交往等方面都会产生一些问题，甚至其基本的生命安全都难以保障；留守儿童家庭结构的失衡和家庭功能的弱化是导致留守儿童问题的主要原因等。在对策建议方面也具有明显的共性：在维持分离、留守的状况下，社会通过各种支持来完善"家庭"或者提供相似的家庭服务。比如，魏汉武强调解决农村留守儿童问题，需要打破层层壁垒，协调各种社会力量共同参与，实现社会资源综合利用，逐步构建以"家庭为本"的农村留守儿童关爱服务体系。孙文中以"家庭为本"认为构建综合的立体的留守儿童社会支持系统，为促进留守儿童的身心健康发展提供有效的关爱服务，形成支持和关爱留守儿童的社会环境。孙艳艳认为对留守儿童的社会服务，应以家庭为本，将留守家庭作为解决留守儿童问题的着眼点来构建社会服务体系。上述建议均没有触及问题的核心，皆是在维持"留守"、分离的基础上，尽可能完善"家庭"，从而对留守儿童构建类似家庭的社会支持系统，看似体系完备但可操作性和实践效果均难以保证。因为留守儿童关爱服务需要立足共性的日常持续照料服务，再提高对服务供给的个性化、差异化和柔性弹性，这并非社会支持、公共服务供给的优势。在情感互动、精神保障上永远不可能与家庭比肩，在照护和安全保障上，也只能扮演监督和兜底的角色。如果不能从源头上消除分离风险，依然难以保障留守儿童平等的生存权和发展权。可见，现有研究缺少跨学科和跨系统的尝试，探索深度和建设性不够。从未成年人内部的发展差异性来看，健康强壮的孩子都有着相同的幸福——父母的精心陪伴和照顾，不幸的孩子都有着相似的不幸——家长与孩子的无奈分离。面对共性的问题，从源头上解决恰恰是社会制度的强项。社会制度在解决共性问题、普遍需要上具有优势，擅长顶层设计、观念引导、阶层融合、地区协调等治理手段。

基于以上分析，本文将把未成年人成长置于一个动态的风险流动循环系统中,从不同的位置节点对其予以考察,通过归纳社会在风险制造——风险化解中的"二位一体"角色,提炼未成年群体成长过程中经历的多条隐蔽的"社会风险传递链",找到支撑未成年人茁壮成长的根本支撑点。

未成年人的脆弱成长：
社会不能承受之重

现代社会的现代家庭造就了情感上"无价的孩子"，未成年人的健康成长意义重大：从社会发展上说，少年强则国家强，未成年人的身心健康关系到国家的未来；从家庭来看，孩子是几代人情感的归集点，是家庭和谐幸福的关键所在；从个人层面看，在成长阶段未成年人的身体和精神层面的需要如能得到充分满足，必然为其一生的身体健康和精神丰盈打下坚实的基础。未成年人的健康成长有多重要，未成年人的脆弱成长就多让人心痛，这些痛显然是社会不能承受之重。

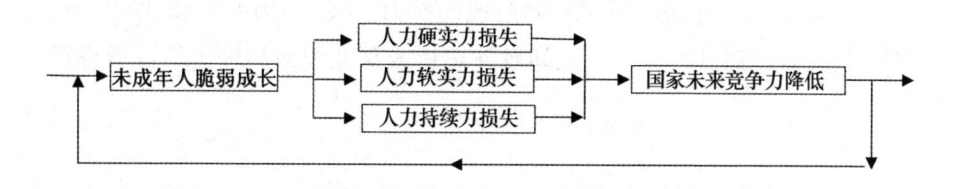

图1 以未成年人成长为起点的风险传递链

一 潜在的人力资本损失

个体的人力资本存量是决定其未来发展事业能力的硬实力。人力资本的概念是由 Schultz 1961 年提出的，被认为是教育、健康和移民等多方面投资而形成的资本。① Cervellati 和 Sunde 描述了人类社会健康的正向循环，即"更多的人力资本形成，更高的预期寿命，以及更高速的经济增长"②。2021 年 9 月，世界知识产权组织（WIPO）在日内瓦公布了《2021 年全球创新指数报告》，报告显示我国创新指数稳步上升到全球第 12 位，成为世界前 20 强中唯一的发展中国家。但这是以总量投入为指标的结果，人均科研经费远低于其他国家，且基础研究经费比例不足 10%。特别值得一提的是，人力资本和科研研发是落后于创新指数排名的，仅居全球第 21 位，科技领军人才数量与先进国家存在明显差距，人才密度、活跃度不高，远低于主要先进国家。③ 无论在哪个国家，教育都是对人力资本投资的重要方式，但从投资效果来看，就业导向下的应试教育显然不是最好的人力资本开发方式。当教育被就业素养绑架而越来越狭义化，被功利目标、经济立场和工具理性所异化，未成年人的学习热情被透支，终身学习的习惯也难以形成。④ 教育目的被窄化的同时，成功的标准单一化，就业偏好比较趋同，这样一来，就会出现一定的错配率，而人力资本配置效率又会影响人力资本价值的输出。

未成年阶段是人力资本开发的关键期，未成年时期的脆弱将会影响和延续一生，成年后逆袭的人少之又少。据统计，截至 2019 年 11 月 20 日，全国 832 个国家级贫困县义务教育阶段已建立台账的辍学学生还有 2.3 万人⑤，得益于脱贫攻坚冲刺阶段的努力，截至 2019 年 12 月 30 日，这一数据下降到 4000 人。⑥ 但间歇性离校或身处校园却抗拒学校教育而

---

① ［美］西奥多·W. 舒尔茨：《论人力资本投资》，吴珠华等译，北京经济学院出版社 1990 年版，第 211—237 页。

② Cervellati M. and Sunde U., "Life Expectancy and Economic Growth: The Role of the Demographic Transition" *Journal of Economic Growth*, Vol. 16, No. 2, 2021, pp. 99 - 133.

③ 唐家龙、宋变变：《国际比较视角下加快科技强国建设的若干建议》，《青海科技》2022 年第 1 期。

④ 陈晓雨：《反社会排斥：欧盟终身学习政策行动与困境》，《比较教育研究》2022 年第 4 期。

⑤ 欧贤才：《中学生辍学倾向的概念、量表编制及现状分析》，《兵团教育学院学报》2022 年第 2 期。

⑥ 赵秀红、王家源：《深化综合改革提升育人质量——过去一年我国基础教育事业改革发展回顾》，《中国教育报》2020 年 5 月 20 日第 4 版。

无法真正融入课堂的隐性辍学现象不容忽视，特别是在乡村学校。[1] 厌学取代贫困成为义务教育阶段辍学的首因，占到辍学学生的60%以上。[2] 其中，辍学青少年多由于学业成绩较差和感知到较多的负面评价，自尊较低，即使逃避学业以期较早进入劳动市场获得自我价值感，但其职业规划水平整体低于非辍学务工新生代农民工。[3] 国际上亦是如此。比如，辍学者和低技能青年一直是欧盟终身学习政策反社会排斥的关注重点，为此投入巨大，但收效远低于预期。2019年，欧盟成人的参与率为10.7%，而低技能成人参与率低于5%。[4] 低技能青年的失业率并没有明显改善，2000年为17.5%，2011年为21.4%，2016年为18%。[5]

二　社会幸福感损失

软实力最早由美国哈佛大学教授约瑟夫·奈提出，相较于硬实力，在以人为本的时代，软实力具有更为重要的意义。比如，经营家庭的能力就是典型的软实力，幸福的家庭生活让人灵动、有自由意志和独立思想、健全的人格，幸福软实力是一个人内驱力的重要源泉。未成年人脆弱成长带来的是未成年自身、家长、祖父母等整个家庭的幸福力损失。研究表明，儿童负面性经历影响人际安全感，不利于成年后良好的亲密关系的建立和维系[6]；若个体童年期得到良好的照顾，则更容易形成安全

---

[1]　吕巧莉、徐乐乐：《乡村学校隐性辍学问题研究》，《教学与管理》2021年第33期。
[2]　中华人民共和国教育部：《厌学取代贫困成义务教育辍学首因》，《领导决策信息》2018年第6期。
[3]　宛蓉等：《希望感、自尊与新生代农民工未来职业规划：辍学经历的影响》，《贵州师范大学学报》（自然科学版）2020年第1期。
[4]　陈晓雨：《反社会排斥：欧盟终身学习政策行动与困境》，《比较教育研究》2022年第4期。
[5]　陈晓雨：《反社会排斥：欧盟终身学习政策行动与困境》，《比较教育研究》2022年第4期。
[6]　童年时期遇到的同伴欺凌、家庭忽视、经济困难等造成儿童心理创伤的经历被统称为儿童期负性经历（ACE）。

的依恋类型，更有能力构建安定、幸福的生活。[1]童年不稳定的环境会削弱其安全体验[2]，幼儿时期没有与母亲建立良好关系的儿童在成长后期的情绪调节能力也会相对较低。[3]儿童期的留守经历（3年以上）对1980年及以后出生的新生代农民工城市融入发挥着显著的负面作用，儿童期的留守经历提高了新生代农民工的抑郁程度与工作流动性。相比女性与"90后"，长期留守经历对男性、"80后"新生代农民工融入城市生活的负向影响更大。[4]

孩子越脆弱，父母的养育效能感越低，父母的无助感和情感耗竭感越强，幸福感也就越低。据统计，95%的被调查家长表示在养育孩子过程中感到焦虑，而且是过度焦虑。过度的焦虑无疑是一种病态。[5]未成年人的脆弱成长会引起父母的养育倦怠，父母的养育倦怠又会加重未成年人的脆弱成长。国际上关于养育倦怠的研究起始于1983年，已形成一些研究共识现象[6]：子女数量越多，养育获得越复杂，对于父母角色的要求也就越高，往往也会带给父母更多的情感耗竭（Mikolajczak et al.，2018a）；患病儿童的父母会比健康儿童的父母具有更高的养育倦怠（Norberg，2007）；从"患病儿童"延展开去，残疾的儿童、具有情感和学习障碍的儿童的父母养育效能感低，也具有较高的情感耗竭（Gerain & Zech，2018）；母亲往往比父亲体验到更多的养育倦怠（Norberg，2010），

---

[1] 肖琛嫦等：《儿童期负性经历对大学生亲密关系满意度的影响》，《重庆医学》2022年第11期。

[2] 周一骑等：《童年经历及当前压力感知对人际信任的影响》，载杨宜音《中国社会心理学评论》，社会科学文献出版社2018年版，第96—110页。

[3] 刘衔华：《认知情绪调节在父母教养方式与留守儿童健康危险行为间的中介作用》，《中华行为医学与脑科学杂志》2019年第2期。

[4] 郑晓冬等：《儿童期留守经历对新生代农民工城市融入的影响》，《社会学评论》2022年第2期。

[5] 孙百亮：《中国人口再生产的"现代性"困境》，《人文杂志》2019年第8期。

[6] "养育倦怠"是父母角色压力带来的一种综合征，主要有三种表现：一是与父母角色相关的极度耗竭感，难以持续投入照料子女所需要的大量精力，典型表现是早上醒来，想到子女照看问题就疲惫不堪；二是与子女的情感疏远，有意与子女保持情感距离，只为子女提供基础性的养育保障；三是父母的低效能感，缺少有效应对养育问题的策略，难以从父母角色付出和养育行为中获得成就感。引自程华斌、刘霞等《养育是一种幸福的体验吗？养育倦怠述评》，《心理发展与教育》2021年第1期。

母亲情绪耗竭的发生率是父亲的近 4 倍（Jaramilo et al.，2016）。养育倦怠不仅会让倦怠者自身产生巨大的内疚感与羞愧感或陷入自我憎恨（Hubert&Aujoula，2018），还会溢出到配偶和亲子关系上，扩大与家庭成员的情感距离（Germain & Zech，2018）。特别是在子女养育上会失去耐心，逐渐忽视子女的生理和情感要求（Roskam et al.，2017）。在职业女性中，生育二孩的职业女性工作家庭冲突比一般职业女性高，主观幸福感比一般职业女性低。[1] 在我国孙辈由祖父母照看的比例相当高，但由于习惯培养、教育观念的差异，80% 的带孙老人没有得到子女的认可，许多老人患上"带孙焦虑症"。[2]

　　焦虑的环境既考验着家庭的资产硬实力，也考验着信息、认知、沟通等软实力。家庭的教育方式取决于家庭的文化资本和经济资本。[3] 底层家庭因无暇给予更多的陪伴和关注而被动地采用"自然放任"方式，家庭也经常屈服、顺从于学校权威，在家庭中普遍运用指令性语言，孩子看似拥有更多自主和闲暇，但时间利用质量并不高；优势家庭则依据协作培养的教养逻辑，以孩子的发展为目的，提供适宜的环境以及安排孩子的日常活动，具有超越学校教育局限和积极干预学校教育的认知和能力。教育方式上底层家庭与优势家庭之间巨大差异的结果是未成年群体内部的成长差异越来越大，进而社会阶层固化，让底层家庭的孩子很难逆袭和实现阶层跨越，底层家庭越来越看不到希望和未来。研究北京大学新生录取花名册数据可发现，家庭出身为农民的学生比例在 20 世纪 90 年代中后期后开始出现明显下降趋势。[4] 同时，农村子弟在"985""211"高等学校这些优势教育资源上的教育机会也出现了下降趋势。[5] 还有学者从 1989—2011 年中国家庭经济地位和收入水平的变化中发现，不但家庭

---

[1] 张新娟等：《职业女性工作家庭冲突、社会支持与主观幸福感的关系研究》，《贵州师范大学学报》（自然科学版）2016 年第 3 期。
[2] 陈永江：《当心，"带孙焦虑症"偷走晚年幸福》，《老同志之友：下半月》2021 年第 6 期。
[3] 闫伯汉：《中国社会结构与弱势群体地位提升路径分析》，《中州学刊》2022 年第 3 期。
[4] 刘云杉等：《精英的选拔：身份、地域与资本的视角——跨入北京大学的农家子弟 (1978—2005)》，《清华大学教育研究》2009 年第 5 期。
[5] 清华大学课题组：《让每个学子都拥有公平的机会》，《光明日报》2012 年 7 月 3 日第 15 版。

的经济地位呈现再生产状态,而且家庭间的收入差距越拉越大。① 纵向比较20世纪八九十年代的中国,当前中国社会的代际流动率呈下降趋势。②

三 人口再生产损失

人口是一切社会经济活动的生命载体,人口实力是国家持续竞争力的根本。中国1991年总和生育率已经低于2.1的发达国家标准;20世纪90年代中期,就陷入超低生育;1997年进入老龄化社会,65岁及以上人口比重逐年上升,2020年达到13.5%。为了防止跌入低生育率陷阱和应对老龄化程度加深等社会问题,我国于2013年和2015年相继出台"单独二孩""全面二孩",但人口增长远低于预期。除了2016年、2017年有小幅上升后,又开始下降,2021年有1062万名新婴儿出生,比因饥荒载入史册的1960年还少了340万,人口出生率仅为7.52%,创历史新低。生育放开政策的长期效果有限已成为学者共识。③ 生育政策已不再是影响个人生育观念和生育行为的主导因素,显性生育政策产生的激励效果有限。④ 基于此,2021年5月31日出台的"三孩政策"的生育激励作用也不容乐观。延续基因本是人类的一项本能,与老龄化相伴相随的低生育率是自我价值实现、强烈的精神追求所引起的生育观念变化的结果,是发达社会的"富贵病",却在发展中国家如此快速地发展,让人不胜唏嘘。可见,计划生育政策对生育观念的"消磨"具有惯性,一时难以扭转。

独生子女生育政策及其高效执行35年通过两条作用机制塑造了新的生育观念:一是产生直接的生育嫌弃和负罪感,独生子女政策传达了这

---

① Yi C. and Cowell, F. A., "Mobility in China", *Review of Income and Wealth*, Vol. 63, No. 2, 2017, pp. 203 – 218.

② 朱光磊、李晨行:《现实还是风险:"阶层固化"辨析》,《探索与争鸣》2017年第5期。

③ 张丽萍、王广州:《女性受教育程度对生育水平变动影响研究》,《人口学刊》2020年第6期。

④ 田丰:《生育政策调整后中产阶级的生育意愿研究——基于北京、上海、广州三个城市的调查》,《社会科学辑刊》2017年第6期;陈蓉:《从生育意愿与生育行为的转变看我国大城市全面两孩政策的实施效应——以上海为例》,《兰州学刊》2018年第4期。

样一种社会生育观念：生得越多社会负担越重，少生育、不生育才是对社会负责。执行过程越严格，这种观念传达越强烈。二是因为政策直接影响生育观，也会引起教育理念、养育方式、养育成本的变化，从而间接影响到个体的生育意愿和社会的生育观。独生子女政策催生了"情感上无价和被精心喂养、规划的孩子"，"一荣俱荣、一损俱损"的心态让家长的"望子成龙、望女成凤"心态与不平衡的教育资源分布和越来越僵化的初次分配领域、板块分割的再分配领域相遇，指数级地推高放大了教育成本和焦虑。面对未成年人成长道路的诸多风险的担忧顾虑，个人层面要不是果断放弃的洒脱、要不是"生还是升"的纠结，社会可能要面对"重赏之下无勇夫"的酸涩苦果。放开三胎后，很多年轻人表态"生得起、养不起、耗不起"。可以说，现阶段未成年人的脆弱成长是我国之前三四十年独生子女计划生育政策引起教育、养育观念变化的结果，又会进一步消磨个体生育意愿，生育放开政策的激励效应通常亦被这种强化的恐生心理抵消。

相对而言，"70后"生育观较为传统，存在男性偏好；"80后"逐步脱离传统生育价值体系的束缚，男性偏好降低，生育数量以及对子女效用的功利性需求减少，情感需求增加，注重孩子教养；"90后"更加重视生育中的幸福体验和自我价值实现，生育不再是职责，而是以经济独立和个性发展为基础的个体化选择。[①] 面对生育二孩、三孩的选择，"70后"可能因为年龄和生育成本而被动放弃；相比"70后"，"80后"少了年龄的限制，但多了育儿焦虑带来的情感纠结；"90后"则更多基于个人事业发展、生活质量和幸福需求而主动放弃。生育观已从"生育成本约束驱动阶段"发展为内生型的"幸福价值导向驱动阶段"。养孩子是高级的精神享受还是沉重的精神折磨，成为生育主力军"90后"是否生育的重要依据。

根据2021年中国现代幸福发展指数的调查结果，在"影响国人幸福感的十大因素"排行榜上，"职业"以72%的比重由上年的第七位跃升

---

① 杨宝琰、吴霜：《从"生育成本约束"到"幸福价值导向"——城市"70后""80后"和"90后"的生育观变迁》，《西北人口》2021年第6期。

至第二位，仅低于第一位的"健康"三个百分点，领先于第三名的"婚姻"近二十个百分点。① 在人生追求中职业、价值实现的意义已经超越婚姻和家庭。从养儿防老到养儿防啃老，生育行为成为事业无忧、物质财富充足、幸福的基础上锦上添花的期待，成了高级奢侈的精神享受的追求的结果。而唯有孩子的健康快乐成长才能兑现这一期权、不辜负这一期待，才能激起更多年轻人的期待。

四　未来竞争力不容乐观

瑞士洛桑管理发展学院的世界竞争力发展报告显示，国民素质与国际竞争力的相关系数在0.9以上。② 为了提升国家竞争力，政府着力于鼓励个体的冒险精神和个人奋斗。③ 英克尔斯强调个人，尤其是"普通人"而不是精英，应该成为国家发展研究的中心。④ 个人是国家发展过程中一个基本因素，除非国民是现代的，否则一个国家就不是现代的。⑤ 儿童青少年时期是人力资本存量形成的最重要阶段，未成年人健康水平的下降必然影响国家人才竞争力水平。我国国家人才领导小组、中央组织部研究课题"中国人才国际竞争力指标体系研究"课题组通过对58个主要国家1999—2006年的测度和比较分析发现，2006年，中国排名在世界25位，人才综合竞争力排名第一到第五的国家是美国、新加坡、瑞士、丹麦、日本。研究认为，中国人才大国地位虽已基本确立，但国际竞争力水平总体不高，人力创新与创富能力不高是主要限制因素。因此，课题组提出中国迫切需要从人才大国迈向人才强国。⑥ "世界经济论坛"在发

---

① 刘彦华：《2021中国现代幸福发展指数71.2：职业比婚姻更重要？》，《小康》2021年第31期。
② 任燕华：《国民素质与国际竞争力》，《江汉论坛》2006年第6期。
③ 王勤：《当代国际竞争力理论与评价体系综述》，《国外社会科学》2006年第6期。
④ ［美］阿列克斯·英克尔斯、戴维·H.史密斯：《从传统人到现代人——六个发展中国家中的个人变化》，顾昕译，中国人民大学出版社1992年版，第3—4页。
⑤ ［美］阿列克斯·英克尔斯、戴维·H.史密斯：《从传统人到现代人——六个发展中国家中的个人变化》，顾昕译，中国人民大学出版社1992年版，第3—4页。
⑥ 倪鹏飞等：《中国人才国际竞争力的测度与比较》，《江淮论坛》2011年第3期。

布 2013 年度《全球竞争力报告》之后，于 2013 年 10 月发布了第一份世界《人力资本报告》，报告对 122 个国家和经济体进行了人力资本竞争力排名，瑞士排第一，美国排第 16 位，中国排名第 43 位。[①] 2014 年中国大陆青少年竞争力排名从 21 位下降到 23 位。成长具有动态性、连续性，青年期间的作为是青少年时期内在知识、技能和精神力量积累、发展、输出和外化的结果，无论是国家在社会层面的整体投入还是家庭层面的资源投入只增不减，为什么人才竞争力不升反降？从最具决定意义的未成年人主体自身来说，内在精神动力不足是根源。作为精神世界丰富的高级情感动物，内在的心理和精神健康是健康的马达和"发动机"根源。据研究，趋于安享型的"90 后"的成就动机全面落后于父母和祖代。[②] 青年的"空心病"成了近两年大众媒体广泛讨论的话题[③]，"啃老""躺平"等现象已屡见不鲜。"空心病"指缺乏支撑个体生存与发展的意义系统，以至于无法对自我的生存境遇进行有效解释与应对的一种精神世界的贫瘠状态。[④] 而"现代性"本身就是一种精神气质和心态，乐于接受新经验，准备接受社会变革，富有效能感，具有计划性、有信任感、有追求、有尊严感等标准。这些标准都有关个体内心的心理倾向，人们的内在驱动力，特别是成就动机是推动国家竞争力的最深层力量。[⑤] 美国心理学家特尔门等对 1528 名智力超常的中小学生历经半个世纪的跟踪研究发现，早期的智力超常并不能保证成年之后有所建树，成功往往属于那些常年锲而不舍、精益求精的人。[⑥]

[①] 丁红卫、唐滢：《从人才国际竞争力看大学学风建设——国际比较的视角》，《教育与考试》2017 年第 2 期。

[②] 魏莉莉：《脆弱的国家未来竞争潜力及其原因探析——基于 90 后成就动机的代际比较研究》，博士学位论文，华东师范大学，2013 年。

[③] 马和民、王德胜：《教育要为年轻生命注入有根的灵魂——当代青少年人生问题频发的根源与教育对策》，《人民教育》2020 年第 2 期。

[④] 吴玲：《现代性视角下中国青年"空心病"的诊断与治疗》，《当代青年研究》2018 年第 1 期。

[⑤] 魏莉莉：《脆弱的国家未来竞争潜力及其原因探析——基于 90 后成就动机的代际比较研究》，博士学位论文，华东师范大学，2013 年。

[⑥] 孙孔懿：《教育失误论》，江苏教育出版社 1997 年版，第 88—89 页。

未成年人成长过程：
谋于家庭，成于社会

未成年人的成长是内因和外因的互动中相互塑造的，内因就是决定未成年人输出和应变方式的性格、思维、心理活动等内在主观因素；外因是家庭和社会因素构建的成长环境。

家庭对未成年人的重要性亦毋庸置疑：家庭是未成年人的身体从柔弱走向强壮的"充电桩"；家庭是未成年人价值信仰、生命价值感和内驱力等精神能量的"培养皿"。然而家庭远非未成年人健康成长的"充分条件"，重病、残障等重大的健康损害以及自然灾害、公共卫生事件等已超越家庭的化解和应对能力，成为社会化的风险，还有由于风险自身不断流动、衍生以及其他群体传导而来的一系列超越了家庭应对能力的"综合性"风险，需要社会助力，特别是制度层面对隐性社会风险的应对和化解。社会是家庭背后影响未成年人成长的更深层、更宏观的因素，既能通过公共产品的多寡直接影响未成年人的生活质量，如绿地公园、图书馆的数量和分布，又能通过劳动就业制度、税收制度、教育制度影响家庭资源和家庭氛围，进而影响家庭的教养方式。[①] 因此，未成年人的健康成长既需要家庭的呵护照料，也离不开社会制度的系统支持。

调大镜头焦距，放眼整个未成年人成长过程，可看出社会对未成年

---

① "社会"是一个综合性概念，是家庭之外包括政府、学校、社会组织等在内多个主体的综合。

人成长的影响更为广泛和深远，社会可以通过直接和间接两种方式发挥作用，前者是社会直接与未成年人互动，后者是通过家庭间接影响未成年人。家庭的资源投入、教养方式很大程度上是家庭成员自身的客观条件与社会互动的结果，是家长基于自己对社会环境、政策、未来发展等进行解读、判断等主动做出的选择或看似无意识的被动应对。如果未成年人成长的输入环节中社会的角色比作"学校"的话，家庭的角色就是"私教"，且这个私教其实是比孩子早入学"同一所学校"的学长。① 在输出环节，家庭是"代理人"，社会是"兜底者"。社会因素已经成为影响家庭的底层因素。② 社会、家庭与未成年人的互动如图1所示：

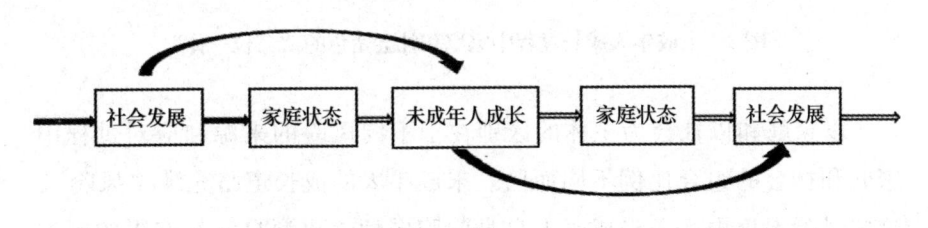

社会发展 → 家庭状态 → 未成年人成长 → 家庭状态 → 社会发展

图1　社会、家庭与未成年人的整体互动

一　"二位一体"：未成年人成长场域中的家庭和社会

水能载舟，亦能覆舟，保护未成年人的盔甲有时也是锋利的刀刃。有限的认知和资源下，家庭和社会都有可能以保护之名行伤害之实，集未成年人风险制造者和风险化解者两个矛盾角色于一身。这些风险既可能损伤未成年人生理健康，也有可能损害其精神健康，而身体健康与精神健康紧密相关、相互转化，又共同作用于行为层面。原生家庭的忽视、伤害可能需要一生治愈；社会制度的局限或滞后可能又让未成年人陷入

---

① 这个比喻比较写实，当前生活图景中，家庭也的确成了第二课堂。
② 此文中的"社会"是宏观的范围概念和综合主体指向，而不是特指社会组织、慈善组织、社团等狭义的社会力量，可视为家庭之外各类主体的总和。

"不可承受之重"、过度透支的境地。如果把制造风险和应对风险当成两种功能,那么家庭和社会都是"二位一体"的,他们既是未成年人成长风险的应对者和化解者,同时又可能是风险的制造者和应对者。在图1的基础上,把家庭、社会的角色细化,作为风险传递过程中的未成年人成长环节可以用图2表示:

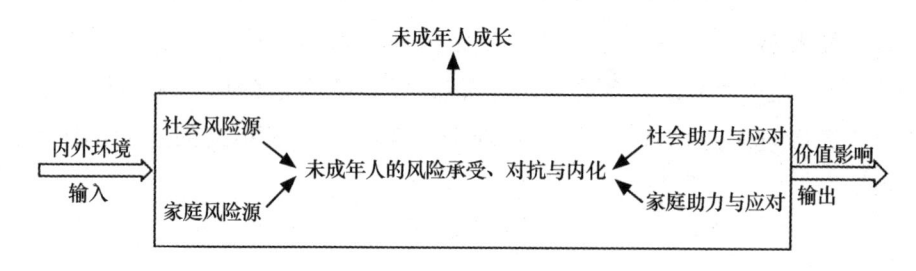

图2 未成年人成长过程中家庭和社会角色的"二位一体"

以家庭和以社会为主体的区别在于不同风险的来源和应对过程中家庭和社会的组合比例不同而已。未成年人的成长道路充满"风险",这些风险不仅内生于未成年人自身的脆弱性,也源自家庭有限的照护能力,还有作为社会风险传递链的底端,风险流动惯性作用下未成年人被动地托兜着前置的强势群体未能充分化解而转移来的风险。每一类风险来源都包含社会和家庭两种成分;每一类风险的完全应对都需要家庭和社会的配合。按照风险产生的主要源头和风险化解的主导力量分别是家庭还是社会,可将未成年人的成长风险分为四类(具体如表1所示):日常风险(家庭—家庭)、病残风险(家庭—社会)、显性风险点(社会—家庭)、隐性风险链(社会—社会)。以"日常风险(家庭—家庭)"为例,包括营养吸收、生长发育、学习习惯、情绪、安全等主要来源于家庭内部,也主要依靠家庭来化解的生活风险。

表1　　　　　　　　　未成年人成长风险的来源与应对①

风险来源 \ 风险应对	主导力量	
	家庭	社会
主要源头 — 家庭	日常风险 ——家庭决定、社会倡导 营养、睡眠、家居安全、亲子沟通、家庭氛围等对身体和精神的伤害风险	病残风险 ——社会共担，制度规范 影响身体技能和生活能力的贫困、重病、先天残疾以及其他超越家庭化解能力但让未成年人陷入困境中的风险
主要源头 — 社会	显性风险点 ——家庭落实、社会指导 食品安全、交通安全、自然灾害等各类公共事件带来的身心健康风险	隐性风险链 ——社会主导，家庭配合 留守、流动、流浪等生活方式风险；被拐卖、霸凌、性侵、伤害等人身安全风险；失学、厌学、网瘾、抑郁等认知习惯风险

多种风险完全有可能出现在一个主体上，但拆分和抽象并不那么容易。家庭本身也是社会的一部分，社会因素早已嵌入"家庭"之中，故在实践中，这四种风险之间并不是完全分割的，不仅风险结果呈现形式上存在交叉、重叠，也可能在不断流动中相互转化，这的确会造成归类上的困难。现实的迷惑性源于风险过程的抽象和隐蔽与风险结果的具体和显性这一个矛盾，社会风险主要是"过程型"风险，且"过程"是隐性和动态的，易被忽略；社会产生的风险也是投射到一个个具体个体、

---

① 此表在逻辑演绎、归纳基础上自制。有三点需要说明：一是应对能力强弱的区分是相对意义上的定性判断，在同一种风险来源内两个主体的主观能动性相对强弱的一种抽象、意向性的表达，不同风险来源之间显然不具有可比性。二是下沉风险和显性的风险点已经是现实证明了的切实存在，并不仅仅停留在理论构建意义上，虽然俗话说"解铃还须系铃人"，谁主导来源谁就应该主导化解，但家庭的愈加脆弱，很多内生家庭风险已外化为社会化风险，只有从社会这一更高维度上化解才有可能，那这与"显性风险点"的归纳逻辑是不是矛盾？家庭既然连内部风险都化解不了，又怎能化解来源于外界的风险？这就要结合第一点说明来理解，家庭的化解能力只能在同源内比较，即相对于家庭在"隐性风险链"中的能动性，家庭在"显性风险点"上的化解能力相对更强。三是"社会"是宏观的范围概念和综合主体指向，而不是特指社会组织、慈善组织、社团等狭义的社会力量，是各类主体的综合。

家庭上的。例如，不论是显性的社会风险点还是隐性的社会风险传递链条带来的未成年人风险在结果上都体现为特定未成年个体的身体或心理健康损失，"结果"往往是相对持续、稳定的，社会的"过程型"风险被忽视，从而使得"结果型"风险的承载者家庭被过度归责。这种归因逻辑不利于问题的根本解决。似乎一个家庭就是不受外界影响、资源充足、只有想不到、没有做不到的封闭王国，在未成年人成长上并不具有完全的主观能动性。鉴于风险的"迷惑性"，有必要厘清风险的源头和作用过程，以便参与主体更加明确自己的可为空间、适宜的应对方式以及与其他主体的组合方式。

（一）风险来源：社会因素日益凸显

家庭为主要源头的日常风险和病残风险的区别在于风险的因素多少和伤害程度不同，日常风险的伤害程度较轻，没有到影响身体功能和生活能力的身心健康风险；重大风险涉及先天遗传因素，如先天残疾、遗传疾病等。日常风险很大程度上产生于家庭收入水平和教养方式，家庭收入水平和教养方式不仅影响未成年人的身体发育状况，更会影响内驱力、成就动机等精神力量。研究表明，家庭经济困难儿童的总体心理素质显著低于家庭经济富裕儿童；流动儿童的心理素质、适应能力、自控力显著低于普通儿童。[1] 研究也显示，家庭收入并不是充分条件，只有当家庭教养方式恰当，亲子关系亲密时，父母的高成就动机才能得以顺利传递。[2] 当然，高收入家庭更有可能采用民主型的家庭教育方式，更有可能建立亲密的亲子关系。[3] 进一步分析发现，相对于父亲，母亲的教养方式对儿童早期发展影响很大。[4] 比如，婴儿的喂养质量主要依赖于妈妈的

---

[1] 程欢、田澜：《不同类型流动儿童与普通儿童心理素质比较——以福建省厦门市239名初中新生为例》，《现代中小学教育》2022年第3期。

[2] 魏莉莉：《脆弱的国家未来竞争潜力及其原因探析——基于90后成就动机的代际比较研究》，博士学位论文，华东师范大学，2013年。

[3] 魏莉莉：《脆弱的国家未来竞争潜力及其原因探析——基于90后成就动机的代际比较研究》，博士学位论文，华东师范大学，2013年。

[4] 陶沙等：《3—6岁儿童母亲教养行为的结构及其与儿童特征的关系》，《心理发展与教育》1998年第3期。

营养知识储备和精细度，孩子的习惯和志向取决于母亲的性情、视野和格局。同时，母亲的教养方式又受夫妻关系的影响。研究发现，夫妻冲突越大，母亲越容易采取心理攻击等严厉管教的教养方式。[1] 消极的教养方式会破坏亲子依恋关系，儿童容易焦虑，安全感降低，进而执行功能（持续性专注力）变差。[2] 重大风险是日常风险的"升级"版，因化解难度超越家庭能力范围而成为社会化风险。这也催生了社会化风险应对机制，社会化化解机制的内在支撑是现代文明和人道精神，运行机制是大数法则、风险共担。

根据风险传递过程的显性化程度和作用方式，可将社会成分主导的风险分为"显性风险点"和"隐性风险链"。这两种风险的区别在于作用过程，一个是直接、单环节、偶然性；一个是间接、多环节、必然性。显性风险点的作用方式是"点状发射"，直接和无差别地作用于每个人，风险承受者具有随机性、偶然性，就像一个毒气箱释放毒气，周围的人在风险承受结果上可能差别不大，风险作用过程辨识度高，风险作用过程与结果之间的关联"肉眼可见"，如突发事故、自然灾害、公共卫生和公共安全事件等。隐性风险链的作用过程更加间接和隐蔽，是社会其他群体之间风险转移的结果，风险承受者具有特定性和必然性；由于社会不同群体之间的风险传导是"涌动"的"暗流"，其在未成年人身上的投射过程更加隐秘、作用链条和周期比较长，归因溯源时不容易被聚焦，逻辑链条的形成过程隐蔽，很难被完整提炼出来。比如"双减"为什么没能如期减少家长的教育焦虑？因为教育资源的不均衡、优质教育的稀缺；为什么大家都追逐优质资源？因为想有个好的就业；什么样的职业是好职业？高收入、高流动率的职业还是收入较高、就业保障福利好的职业？很显然，后一种职业在风险社会会受到更多的青睐。可见，作为再分配系统的社会保障会影响个体在初次分配系统的选择，初次分配系

---

[1] 宋占美等：《父母婚姻质量与学前儿童焦虑的关系：父亲和母亲严厉管教的中介作用》，《中国临床心理学杂志》2019 年第 1 期。

[2] Sarah, B., Lauren, V. S., et al., "Executive Function and Temperamental fear Concurrently Predict Deception in School–aged Children", *Journal of Moral Education*, Vol. 44, No. 4, June 2015, pp. 425–439.

统又会催生优质教育资源的争夺恐慌,层层传递下去,产生"不要输在起跑线"且"新起跑"的起点不断被刷新的教育焦虑也就不足为奇。[①] 总的来说,随着风险社会中不同系统的不确定性愈演愈烈、风险之间流动性不断增强,"隐性的、社会其他群体转移来的风险"正在成为快速上升的未成年人伤害源。

(二) 风险应对：社会作用与日俱增

如同家庭和社会在风险中二位一体角色,产生和应对也是风险问题的"一体两面"。正如风险产生中社会因素越来越居于主导地位一样,风险应对中社会作用也越来越大。比如日常风险和重大风险的化解,社会层面的婚前体检、免费孕期筛查等并推动孕前、育前、教养等社区咨询、指导和育儿心理咨询等,必能大大减少父母们摸索的过程,也就在一定程度上从源头上减少了未成年人可能遇到的日常生活风险和重大病残风险。比如,《家庭教育促进法》对家庭教养方式的积极引导和干预,再如社会保障各个子系统——医疗保障制度、社会救助制度、残障人士保障制度的日益完善等。

对于"隐蔽的社会风险传递链",家庭和社会该如何反应呢？从微观层面看家庭应对,只有超越平均认知、高洞察力或高净值的家庭才有能力识别、意识到这种风险,充分发挥主观能动性,用充足的资源或智慧的方式维持着应试教育和全人教育、自身发展和亲子陪伴的平衡。才有可能阻断传递、将社会之"恶"屏蔽在家庭之外；隐性的风险一旦在一些家庭中显性化就成为社会化风险,需要从社会层面来予以干涉和阻断,需要社会外力的介入和支持。因为隐性风险显性化本身就是这些家庭缺少辨识能力和应对能力的证明,不论是思维认知的局限还是经济压力都不是这个不幸家庭自己能短期内独自解决的。可见,在未成年人成长问题上,社会不应该是最后登台的、被动的、兜底的角色,且对处于不同的风险阶段的家庭社会的支持方式也应不同,可概括为"预防—干预—

[①] 杨方方：《共同富裕背景下的第三次分配与慈善事业》,《社会保障评论》2022年第1期。

补救"。比如，教育体系中增加生命教育、灾害教育、人道教育等人文素养；普及抑郁、心理疾病知识，提高家长的预判、预防能力；增加福利性的休闲活动场所、心理资源服务等，如现在大城市中针对青少年抑郁症的心理咨询服务市场价格动辄一小时过千元，令很多家庭望而却步。

基于主体视角从"风险来源—风险应对"两个维度对未成年人成长风险的分类至少给出以下几方面的启示意义：一是风险无时无刻不在流动、转移之中，前置风险化解不及时，风险不仅会放大、升级，还会衍生出新风险；二是不同类别的风险需要不同的化解思路；三是未成年人是在与家庭、社会的互动中成长，家庭也在与社会的互动中被塑造；四是在未成年人风险场域中"二位一体"的家庭和社会既相互合作，又相互督促，但两者的影响显然不在同一层级，从对未成年人的影响层面和影响深度上看，社会显然发挥着更广泛、更深刻的作用；五是家庭成员之间和社会层面不同制度之间对未成年人的影响又具有层次性，在家庭内部妈妈角色对未成年人的影响更全面。社会制度层面，社保制度具有"根制度"特征。这样一来必然能提高风险源头的清晰度以及家庭、社会在风险应对中的参与效率。

二 时代图景：超越家庭化解能力的脆弱与伤害

改革开放以来，中国的人文发展指数（HDI）虽然由 1980 年的 0.407 提高至 2020 年的 0.761，但主要是经济高速发展拉动的结果，与之相比，健康、教育等民生环节起到的推动作用较小，经济成果没能有效地传递到社会中去。[①] 而这 40 年间家庭的投入是直线上升的。可家庭的努力并不是未成年人健康成长的充分因素，尤其在经济转型的时代大变迁背景下，影响未成年人成长的很多因素已超越家长的能力掌控范围，当家庭内无法消化，这个风险和脆弱不仅是未成年人的，还会超越家庭成为社会层面的风险。儿童青少年作为弱势中的弱势，需要社会全面的

---

① 袁雪丹等：《健康中国战略下国民健康与经济增长的联动关系研究——基于人力、技术和产业视角》，《华东经济管理》2022 年第 5 期。

资源倾斜。从我国未成年人的脆弱现状来看，对社会资源的倾斜需求尤为迫切。因为引言提到未成年脆弱成长数据只是冰山一角，现在就从多个方面叙述未成年人的风险，以及多维度展现未成年人的脆弱成长全貌。

（一）弱势中的弱势：难以根除的"人性之恶"

脆弱是未成年人的自然属性，身体的弱小、心智的不成熟和生活经验的有限从根本上限制了未成年人对各种风险的辨识、判断、预防和应对能力，可以说是"弱势中的弱势"。在与其他群体的互动中，未成年人容易沦为受伤的一方，有相当一部分伤害恰恰是来自于其他生理性弱势群体，防不胜防。可以说，从自然起点上，脆弱性对于未成年而言具有一种绝对意义上的普遍性，并不具有合理性和正当性，否则文明的一切努力也就成为徒劳。

被虐待。有学者通过分析天津市 1458 份实证样本数据，发现调查地区儿童受虐待比例大致为 42.3%—62.7%，远高于西方发达国家平均水平，母亲忽视比率更高且严重虐待行为检出率高于父亲。女童受虐风险高于男童，遭受母亲情感虐待、忽视与多重虐待的风险均显著高于男童。家庭亲密度有助于减少青少年焦虑情绪的发生，良好的家庭环境有助于增强青少年自身的心理弹性。[1] 但当家庭这个保护伞成为风险源，身在其中的不幸儿童是无处躲藏的。实践中无亲缘关系的人造成的儿童伤害更易于被发现和报告，来自家庭内部的伤害由于其隐秘性以及家庭事务的"隐私性"成为公共权力难以及时干预的"顽疾"。[2] 在儒教文化的影响下，中国社会仍将儿童视为家庭的产物，儿童虐待常被视为一种教育方式而非权利侵犯，这是儿童虐待比例普遍较高且严重依赖儿童表现的文化诱因。而长期存在的"重男轻女"传统，使得女童受虐风险增加。

被性侵。根据 2020 年 4 月最高人民检察院公布的 2020 年 1—3 月的

---

[1] 韩晓鹏等：《青少年焦虑情绪与家庭环境及心理弹性之间的关联研究》，《临床和实验医学杂志》2021 年第 24 期。

[2] 杜雅琼、曹越月：《视而"见"或"不见"，伤害就在那里——中国儿童保护强制报告现状透视》，《少年儿童研究》2022 年第 1 期。

办案数据，"全国检察机关对性侵害未成年人犯罪决定起诉4151人，同比上升2.2%"[①]。《2020年性侵儿童案例统计及儿童防性侵教育调查报告》显示，"2020年全年媒体公开报道的性侵儿童（18岁以下）案例332起，受害人数845人，年龄最小的为1岁。"[②] 2011年1月至2020年12月，共有猥亵儿童案件3794件，60岁以上老人性侵案件605例，占比15.94%。[③] 而以7—14岁最为集中，占到86.6%，这源于不同年龄段儿童与监护人之间关系紧密程度不同，0—6岁儿童与监护人接触的频率高于其他年龄段。7—14岁组间比较：7—12岁儿童遭受老年人多次性侵的百分比（70.5%）远高于13—14岁年龄段儿童遭受老年人多次性侵的百分比（16.1%），这可能源于13—14岁儿童自保意识及与老年人抗衡能力的增强。[④]

被拐卖。"宝贝回家"网站——中国最大的反拐寻亲公益平台，该平台与公安部打拐建立了合作关系。截至2015年12月31日，剔除抱养、遗弃、走失及离家出走的记录，被拐儿童案例记录共有647条。647名被拐儿童中，男童393人，女童240人，性别记录不明确的有14人。[⑤] 新生儿及婴儿被拐以女童为主，多数是被父母或其他亲属主动卖出，这与重男轻女思想和抚养压力有关。[⑥] 不论拐出地还是拐入地，乡村都远远多于城镇。大量留守儿童所在的"空心村"成为主要拐出地。从城市拐出的儿童中有相当一部分是随乡村父母进城的流动儿童。

---

① 《2020年1—3月全国检察机关主要办案数据》，https://www.spp.gov.cn/spp/xwfbh/wsfbt/202004/t20200415_458851.shtml#1。

② 龙正风：《网络性侵害未成年人犯罪特点及防治研究》，《湖北警官学院学报》2023年第5期。

③ 王东、王撬撬：《性侵未成年人犯罪特征与预防——以老龄段为视角》，《法制与社会》2021年第19期。

④ 郭清等：《湖北某县中学生性侵犯发生情况及影响因素分析》，《中国公共卫生》2018年第3期。

⑤ 李钢等：《中国拐卖儿童犯罪的时空特征与形成机制——基于"成功案例"的管窥》，《地理研究》2017年第12期。

⑥ 李钢等：《中国拐卖儿童犯罪的时空特征与形成机制——基于"成功案例"的管窥》，《地理研究》2017年第12期。

（二）脆弱中的脆弱：特定时代的特有群体

未成年人内部相比，相对更脆弱的群体是流动儿童、留守儿童、寄养儿童、被拐儿童等。留守儿童、流动儿童与农民工群体相伴相生，快速扩张的改革开放与日益减弱的土地保障催生了农民工群体。农民工融入城市难，农民工子女城市就读难，由此产生大规模的留守儿童、流动儿童。根据《中国2010年第六次人口普查资料》样本数据推算，全国有农村留守儿童6102.55万名，占农村儿童37.7%，占全国儿童21.88%。有相当一部分农村留守儿童中学阶段就辍学了。2007年至2013年的八次大规模调查显示，我国农村地区初中阶段的累计辍学率（未毕业人数占总人数的比例）为17.6%—31%，高中阶段为4.2%—7.4%，中职阶段则是30%左右。[①] 2015年，我国流动人口达2.47亿人，由此带来大量跟随父母的流动儿童。段成荣等人根据国家统计局2010年全国人口普查数据推算，中国0—5岁流动儿童和0—5岁农村留守儿童人数分别为900万人和2342万人，分别占0—5岁儿童总数的9.97%和25.95%（联合国儿童基金会，2014）。由于生活条件差、看护人教育水平低等原因，流动儿童与留守儿童均存在不同程度的营养不良。与非流动儿童家庭相比，流动儿童家庭的实际亲密度较低，社会文化适应性较差[②]，不利于流动儿童获得良好的同伴关系和师生关系。[③] 而在隔代教养方式下成长的留守儿童更容易遭受早期情感剥夺，亲子关系不畅，亲子关系疏离。[④] 相对而言，流动儿童和留守儿童的心理问题都显著高于普通儿童，留守儿童的心理问题又显著高于流动儿童。[⑤]

[①] 史耀疆等：《中国农村中学辍学调查》，《中国改革》2016年第2期。

[②] 杨明：《初中流动儿童家庭亲密度、适应性与社会文化适应的关系——积极心理资本的中介作用》，《中国健康教育》2018年第10期。

[③] 杨丽芳、董永贵：《家庭系统理论视角下双重弱势儿童亲密关系研究——基于五位回流儿童的深度访谈》，《少年儿童研究》2022年第3期。

[④] 裴指挥：《留守儿童"亲情空洞"问题发生的特殊性及防范》，《中国教育学刊》2016年第5期。

[⑤] 王洪江、刘宗发：《流动儿童与留守儿童心理问题比较研究》，《吉林广播电视大学学报》2017年第3期。

(三) 伤害中的伤害：公共事件中"隐秘的角落"

与成人相比，儿童免疫功能尚不健全，对外界的抵抗力较低，所以儿童常常会成为重大疫情、不明原因疾病的脆弱易感人群，其生命与健康容易受到威胁。比如，2004年亚洲多国暴发禽流感疫情，儿童的被感染比例和死亡率较高，在2008年暴发的手足口病疫情中，中国几十万名儿童受到感染，死亡病例达历年之最。[①] 多年来，伤害一直是未成年人死亡的首因。2014年我国监测数据（不包括港澳台地区）显示，意外伤害是1—4岁、5—9岁、10—14岁、15—17岁多个年龄段儿童的第一位死因。[②] 每年有近5万名0—14岁儿童因意外伤害而死亡，平均每天近150名。中国0—14岁儿童意外伤害死亡的发生率是美国的2.5倍、韩国的1.5倍。[③] 未成年人的脆弱程度高、自救程度低，理应在自然灾害、突发事件、公共卫生事件、公共安全事件的伤害预防、救治和康复中得到优先救助，但实践方案中居于主导地位的成年人思维加上未成年人认知能力和话语权的局限，使得未成年人在公众生命健康维护中常常居于"隐秘的角落"，表现在两方面：一方面，显性的身体伤害防治不足；另一方面，潜在和隐性的伤害警觉不够，包括对认知、行为习惯的影响和长期的心理伤害。

显性伤害的防治。以溺水为例，溺水是儿童意外伤害的主要死因，儿童溺水死亡占儿童伤害死亡的32.5%。[④] 世界卫生组织（WHO）于2008年发布的《世界预防儿童伤害报告》汇总了有效干预儿童溺水的一系列措施：水塘四周设置围栏；水井、水缸等蓄水容器加盖；穿戴漂浮器具；确保遇险时获得及时救治；确保游泳场所有救生人员在场；提升人们对溺水的安全意识等。同时指出，大多数溺水幸存者都是在溺水后立即获救，并现场接受心肺复苏。中国水网非常丰富，环境危险因素较

[①] 祝益民：《加强和重视儿童突发公共卫生事件的救治》，《中华急诊医学杂志》2008年第12期。

[②] 梁晓峰：《中国儿童伤害报告》，人民卫生出版社2017年版，第1—2页。

[③] 尤彩霞：《中国儿童意外溺水调查报告》，http://www.39.net/focus/yw/255262.html。

[④] 梁晓峰：《中国儿童伤害报告》，人民卫生出版社2017年版，第11页。

多，常常缺乏防护设施。有许多溺水隐患的环境和设施，比如池塘、小溪和沟渠需要加装护栏，需要在水库、鱼塘、河边设立警示牌，为水井、石灰池、蓄水池加盖等。由于中国受过正规急救培训的人员不足50%，能够在现场紧急情况下进行心肺复苏的急救员实在有限。在中国农村，儿童溺水约一半以上未被及时发现或抢救而死于溺水发生地。[①]

隐性伤害的防治。除了视而可见的显性风险，还有视而难见的潜在风险，如认知、行为障碍或心理创伤等比较隐蔽且治愈难度高的风险。根据一项针对地震灾区发生一年后的青少年抑郁症调查研究，自然灾害对青少年的心理情绪影响很大，1174名调查对象中有抑郁症状的1040人，占88.59%。[②]灾后30%—50%的儿童都会出现情绪问题，如恐惧、睡眠障碍、对学业缺乏兴趣、退化或行为问题，如爱打架滋事等；还会表现出身体症状，如头痛、肚子痛等。汶川地震一个月后对灾区少年儿童的心理健康状况进行的调查表明，74.9%的人报告自己在情绪、品行、活动、同伴关系等不同方面存在主观困难，25.9%的少年儿童在家庭关系、朋友关系、上课学习、课余活动等社会功能受到的影响达到异常范围，若再考虑边缘范围者，则有43.55%的人需要早期干预，预防心理卫生问题或精神障碍的发生。汶川地震后少年儿童的心理干预是一项长期而艰巨的任务。[③]

新冠疫情中我国坚持的"动态清零"防控模式固然能在最大限度上保障未成年人的身体健康，但对未成年人来说，隐藏着不少"不友好"因子，防控措施可能带给未成年人的潜在负面影响不容小觑。

[①] 梁晓峰主编：《中国儿童伤害报告》，人民卫生出版社2017年版，第19页。
[②] 浦娟、杨勇智等：《自然灾害对在校青少年抑郁症状和心理弹性的影响分析——以云南昌宁县1174名在校青少年为例》，《卫生软科学》2020年第2期。
[③] 司徒明镜等：《5·12震后灾区少年儿童心理健康状况调查》，《华西医学》2009年第1期。

脆弱的形成：
起于社会保障的风险传递链

诚然，未成年人的成长会受多方面因素影响，每个因素都起到十分重要的作用，但如果要尽快改善未成年人成长环境，就要"打蛇打七寸"，"好钢用在刀刃上"，厘清各种因素之间的层次性，从而得知哪些因素更底层，哪个因素是根，为什么要从社会保障溯源，以及能否辐射到未成年人脆弱成长的所有致因？

一 为什么要从社会保障溯源？
社会保障是根制度，具有巨大效能

自社会保障这一概念被提出以来，人们总是倾向于用社会保障支出成本来衡量社会保障的力度，20世纪90年代，国家干预主义与自由放任主义被证实并不可靠后，"社会投资国家"理念开始凸显，直接表现就是对社会保障的投资收益不再视而不见，而是强调其投资价值。[1]

社会保障是将共享发展理念转化成具体行动、促使共同富裕愿景变成现实的基本制度安排。[2] 以社会公平为内在目标的社会保障具有巨大的效能。效果是目标的纵向延伸，是"内升"；功能是目标过程中的横向辐

---

[1] 李鑫：《"社会投资国家"理念下我国儿童福利制度转型问题思考》，《中国市场》2022年第3期。

[2] 郑功成：《共同富裕与社会保障的逻辑关系及福利中国建设实践》，《社会保障评论》2022年第1期。

射，是"外扩"。社会保障能从根本上提升社会安全感，传达职业观，传达社会认同、国家认同，为其他制度的健康运行提供支撑，从而推进社会经济文明、政治文明、道德文明等的全面发展。

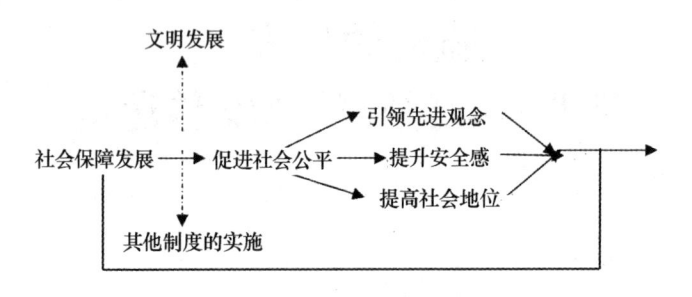

图1　社会保障的效能

追求社会公平具有一系列"深远效果"，在社会公平过程中收获一系列的辐射效应。一个群体的社会保障就是这个群体社会地位（经济地位、政治地位、文化地位综合）的"名片"；这种紧密的关系早已被多篇研究文献的内在逻辑所印证，[①] 有些文章中社会保障已成为社会地位的同义词。[②] 不同群体社会保障水平差异意味着社会地位差异，影响自我认同感和社会评价。以此类推，不同职业之间社会保障水平差距会造就不同职业的社会地位差距，职业本无贵贱，但社会保障差异和差距会衍生出狭隘的职业贵贱观。"公务员热"现象背后是公务员优厚、稳定的福利保障。[③] 可以说社会保障引领和塑造职业理念、生育观念、性别平等理念等。如社会养老保障冲击了"养儿防老"和"传宗接代"等传统生育观

---

① 此类文献包括黄桂霞：《70年来社会保障领域妇女社会地位的变迁与现状》，《山东女子学院学报》2020年第5期；叶鹏飞：《新时期农民工群体的阶层地位及其保障》，《四川大学学报》（哲学社会科学版）2019年第5期；黄俊：《经济地位、社会保障待遇与老年健康关联研究——基于中国居民收入调查数据的分析》，《社会保障研究》2017年第6期。

② 具体文献如：刘晓丽、陕劲松：《山西女性社会保障状况及对策研究——基于第三期中国妇女社会地位调研数据》，《经济问题》2014年第9期；黄桂霞：《新世纪中国妇女社会保障的发展——基于第三期中国妇女社会地位调查数据分析》，《中国妇运》2014年第10期。

③ 汪春梅、金艾裙：《"公务员热"现象下的大学生就业观教育》，《池州学院学报》2014年第1期。

念,能纠正男孩生育偏好,促进男女平等观念的形成。当然,在我国,由于城乡社会养老保障水平过于悬殊,农村养老保障对于农村居民男孩生育偏好的纠正作用明显弱于城市。[①]

社会保障能够达到的理想效能令人赞叹,但社会保障并不是天上掉下来的馅饼,社会保障效能充分发挥的前提是科学的制度设计,科学的制度设计意味着不仅要有先进理念和宏观视野,还要有系统、缜密且辩证的思维。

1. 实体—程序思维。正义的社会保障是实体正义和程序正义共同作用的结果。实体是"舟",程序是"水",水能载舟,亦能覆舟。实体正义意味着社会保障制度完备,积极发挥正向再分配的作用;打破板块分割的局面、推进社会保障的一体化建设的同时遵循合理差异原则。狭义的程序正义意味着申领资格条件设置合理,流程设计简洁、科学。广义的程序还指代结果,即最大限度地实现正义的程序,至少有四层意蕴:弱者优先、供给有序;未雨绸缪、出场有时;权有终始,权利为本;本末归位,避免手段和目标异化、本末倒置。

2. 过程—结果思维。过程思维下的社保制度设计需要提高对风险的预判力、洞察力,精准把握风险点和可能的流向,积极预防和充分化解。预防衍生风险的产生,避免单维弱势成为多维弱势,预防后天健康性弱势,预防生理性弱势成为生理性和社会性双重弱势;从预防内容上看,分为残障预防、疾病预防、伤害预防等;预防层次可分为生理性预防到能力性预防到社会性预防等。及时化解与积极预防是一体两面,及时化解这一级风险结果,就是在预防下一级风险,区别在于"预防"是"向下"预判,"化解"则重在"向上"追溯,找到原生风险,标本兼治。结果是对运行过程的检验,结果思维下的社会保障制度旨在缩小生理性弱势群体和非生理性弱势群体之间的差距、不同类型生理性弱势群体之间的差距,以及同类生理性弱势群体不同个体之间的差距。

3. 局部—整体思维。确定公平伦理次序是处理好局部和整体关系的首要任务。不同群体之间与同类群体内部这两种主体维度相比,在社会

[①] 阮荣平等:《社会养老保障能削弱传统生育偏好吗?》,《社会》2021年第4期。

保障的公平度分级上，前者高于后者，因为不同类别之间的待遇差距超过合理范围易造成社会矛盾激化形成群体对抗甚至引起社会动荡。[①] 其次，社会保障制度建设既要推进一体化设计又要兼顾合理差异，那么"相同"与"差异"之间哪一个更接近公平？道有常道，社会保障的"道"就是公平导向、结果导向和需求本位；法无定法，一般来说，风险的自然性、原发性越高，化解方式的差异越小；风险的社会性越高，可能需要的差异性就越大。"不另眼相看，但另眼相待"，助力弱势群体既需要有宏观视野，又需要有针对性地细致考量。设计理念、责权利划分及基础模式的协调统一与不同群体的申领条件、待遇计发办法等存在差异并不矛盾。处理好局部和整体的关系还意味着在保障范围和保障内容上不仅能无缝衔接，还要有交叉缓冲保护带；不仅要分类施保、专款专用，还要有资源共享和灵活调剂。

二 层层推进：起于社会保障的风险传递链

近年来，社会保障规模不断增长，体系不断庞大，但内在的结构性矛盾和价值偏离不容忽视。由表及里，社会保障的缺陷可体现为三个层面：一是资源分配的不公平。"雪中送炭"的社会救助系统在社会保障支出中的优先地位并不明显；以传统就业群体为主、与职业性质紧密挂钩、进一步强化参保者社会性差异的社会保险系统支出是整个社会保障体系支出的绝对主力。二是制度设计的不周密。资源分配的依据是制度规定，资源分配不公平是制度设计中忽视弱势群体的结果，包括忽视弱势群体的真正脆弱点，忽视了风险流转、下沉及分布不均匀的规律，忽视弱势群体之间的紧密关联；忽视未成年人的认知规律、成长规律，未成年是一个高精神需求的阶段，只有获得足够的爱和支持，成年后才能足够阳光、自信；忽视未成年人对父母的依赖程度，忽视未成年人的安全感、信任感缺失可能带来的社会代价。三是认知局限和人道理念缺失，对社

[①] 杜飞进、张怡恬：《中国社会保障制度的公平与效率问题研究》，《学习与探索》2008年第1期。

会保障的理解比较狭隘，没有认识到社会保障是一项"根制度"，不仅是全社会最基础的人力资本投资和最高效的内需释放器，也因在理念输出、观念传达的巨大作用，能悄然地、普遍地引导着社会大众的多项人生判断与选择，进而影响，甚至隐隐左右着多项制度的走向。如以下逻辑链条[1]：

1. 未成年人社会保障投入不足—现代未成年保障文化难以形成—相关社会建设滞后

我国2017年用于儿童福利的财政投资仅为美国2006年同期数据的3.3%[2]，国家在儿童照顾责任上的弱化在加剧家庭养育压力的同时，也使得现代社会化的儿童保护文化观念难以形成。一方面，绿地、公园、图书馆等休闲基础设施供给严重不足。比如，我国儿童图书馆数量还远远不能满足儿童的需求，且分布不均衡，65%的儿童图书馆位于东部经济发达地区，20%的儿童图书馆位于中部地区，广大西部地区拥有的儿童图书馆数量最少。[3] 儿童图书馆除了数量上的不足，质量也良莠不齐。不少儿童图书馆空间设计依然偏向成人，无法激发儿童的阅读兴趣；低龄儿童需要亲自陪读的需求也没有被充分考虑。往往儿童年龄越小，其家长对图书馆服务的满意度越低，尤其体现在馆藏资源和空间设计方面（缺少亲子阅读室）[4]，因为低龄儿童大多不能独立完成书籍的阅读，需要父母陪护。再如我国儿童专用药供应短缺问题严重，国家药品监督管理局批准的3500余种化学药品制剂中，专供儿童使用的仅60多种，占比不足2%。《2016年儿童用药安全调查报告》显示，我国90%的临床基本药品没有儿童专用剂型，95%以上没有儿童用药安全包装、未配备专用量器。[5] 在纳入研究的67家医疗机构中，43.29%的机构出现过儿童用药配

---

[1] 杨方方：《风险流转下弱势群体的共同富裕之路》，《学术研究》2022年第9期。

[2] 王淼、万国威：《儿童虐待率、心理创伤及影响因素的性别差异研究——基于天津市的实证数据分析》，《北京社会科学》2019年第8期。

[3] 傅苏：《浅析少年儿童图书馆的发展创新》，《图书馆工作与研究》2017年第1期。

[4] 冯莉：《公共图书馆总分馆儿童服务满意度研究——以广州图书馆总分馆为样本的实证分析》，《晋图学刊》2020年第5期。

[5] 肖月等：《我国儿童药品供应保障体系核心问题及对策》，《卫生经济研究》2021年第6期。

送不及时的情况，50%的机构出现过儿童用药品种临床必需但无法保障供应的情况。① 并且目前我国临床儿童用药规格仍是在成人规格剂量上分剂量使用，"用药靠掰、剂量靠猜"的现象十分普遍。另外，除了民政部组织的全国层面的留守儿童摸排外，至今儿童福利领域都缺少支撑科学决策的全国范围内专项调研数据。② 另一方面，已有未成年人保护制度内容的执行由于缺乏内在有力的文化支撑，缺少执行力。③ 如与西方相比，主管部门的级别更低。④ 在我国，根据《预防未成年人犯罪法》和《婚姻法》的有关规定，被虐待的未成年人可向公安机关、民政部门、共青团、妇联、未成年人保护组织或者学校、居委会、村委会请求保护。⑤ 儿童保护工作被分散在多个部门，缺少明确的主管部门，司法部门对于那些没有造成受虐儿童重伤和死亡的案例"不告不理"，这些都导致儿童虐待很难得到足够的预防和有效的处置。在英国，《儿童法》也是涉及儿童权利全部领域的综合性立法，更具操作性，明确了地方当局的调查义务以及提供支持的责任。在日本，不仅有全国性的立法，都、道、府、县也有青少年保护条例，正是这些系统且缜密的法律使得日本没有世界上其他国家出现的青少年犯罪率激增的困扰。⑥

薄弱的未成年人保护文化难以催生相应的社会建设，无论是儿童拐

---

① 杜雯雯、徐伟等：《中国儿童用药可及性分析》，《中国现代应用药学》2018年第1期。
② 黄冠、李坤泽：《普惠型儿童福利体系如何构建？——来自韩国的经验及教训》，《社会政策研究》2022年第3期。
③ 杜雅琼、曹越月：《视而"见"或"不见"，伤害就在那里——中国儿童保护强制报告现状透视》，《少年儿童研究》2022年第1期。
④ 王淼、万国威：《儿童虐待率、心理创伤及影响因素的性别差异研究——基于天津市的实证数据分析》，《北京社会科学》2019年第8期。
⑤ 《预防未成年人犯罪法》第四十一条规定："被父母或者其他监护人遗弃、虐待的未成年人，有权向公安机关、民政部门、共青团、妇联、未成年人保护组织或者学校、居委会、村委会请求保护。被请求的上述部门和组织都应当接受，根据情况需要采取救助措施的，应当先采取救助措施。"《婚姻法》第四十三条规定："实施家庭暴力或虐待家庭成员，受害人有权提出请求，居民委员会、村民委员会以及所在单位应当予以劝阻、调解。对正在实施的家庭暴力，受害人有权提出请求，居民委员会、村民委员会应当予以劝阻；公安机关应当予以制止。实施家庭暴力或虐待家庭成员，受害人提出请求的，公安机关应当依照治安管理处罚的法律规定予以行政处罚。"
⑥ 尹琳：《从未成年人法律体系看日本的儿童权利保护》，《青少年犯罪问题》2005年第2期。

卖预防体系的建设还是生命救助系统建设都非常滞后。美国经历三个孩子的失踪就健全了儿童失踪预防体系，1982 年通过《失踪儿童法案》，1984 年通过《失踪儿童援助法案》并成立全国失踪与受虐儿童服务中心（NC-MEC），1996 年启动发布失踪儿童信息的"安珀警报"系统。在我国，儿童拐卖案件发生后，一般是公安部门立案或成立专案组，由于犯罪团伙的流动性，被拐儿童十几年甚至更久才被找回也常有发生，漫长的破案时间给被拐儿童及其家庭带来了不可逆的伤害。二是生命救助系统建设滞后，包括白血病等儿童疾病治疗所需的血库、骨髓捐献系统的建设和完善等。以脐带血储存为例，卫生部明确了脐带血造血干细胞能够治疗的疾病包括先天遗传的骨髓衰竭、重症免疫缺陷症等，以及后天得的白血病、骨髓瘤、淋巴瘤等疾病，可以为儿童的健康成长增设一道安全屏障，然而脐带血的保存时间有限，存储费用较为高昂，保存数量也较少，可供选择的机构也较少。我国于 2001 年开始规划脐带血库的建设，北京、天津、上海、山东、浙江、广东和四川 7 个省市先后获批设置公共脐带血库，随后，重庆、辽宁和甘肃 3 省市又被增加进入我国卫生部批准设置的脐带血库建设中。截至 2012 年年底，我国建成脐带血库 7 家，储存异体移植用脐带血近 8 万份，自体移植用脐带血 40 余万份，提供临床治疗近 2000 份。[1] 与国外相比，我国脐带血库发展缓慢，脐带血监管的法律和政策相对陈旧、滞后，脐带血采供领域违规行为也时有发生，个别脐带血库出现跨区域采集脐带血、放宽脐血质量标准储血、混淆异基因脐血移植与自体脐血移植治疗疾病的适应症范围、过度夸大脐带血疗效宣传等现象，引发了一定程度的社会不满，并导致一些安全隐患。迫切需要提升认知，将脐带血保存纳入儿童福利体系，提高脐带血库管理水平，同时减少家庭的经济负担，让每个孩子都能获得一份宝贵的健康福利保障。

---

[1] 喻昭蓉等：《我国脐带血造血干细胞库监管现状及对策》，《中国输血杂志》2014 年第 7 期。

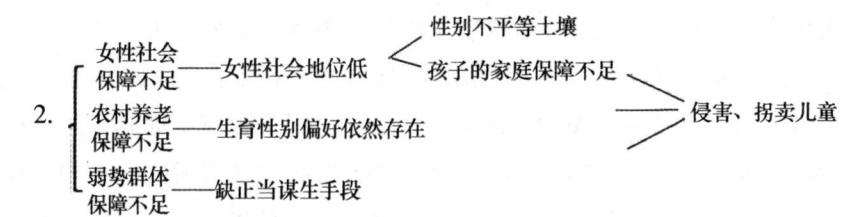

2. {女性社会保障不足——女性社会地位低——性别不平等土壤
    农村养老保障不足——生育性别偏好依然存在——孩子的家庭保障不足——侵害、拐卖儿童
    弱势群体保障不足——缺正当谋生手段

自20世纪80年代独生子女计划政策实施以来，由于缺少性别矫正政策配套导致计划生育政策与强烈的男孩偏好共存，进而产生生育性别偏好，导致拐卖儿童现象屡禁不止，并呈现出隐匿化、链条化、产业化的新趋势。在"延续香火""传宗接代"等重男轻女的传统观念以及严格的计划生育政策的影响下，男童有更好的"市场行情"，能够获取更高的收益。[1] 此外，土地权益保护方面，女性土地承包经营权得不到有效的保障，例如未婚女性会受到性别歧视，无法与男性享受到平等的权益，出嫁女性在土地权益保护方面有时会置于"两头落空"的尴尬境地。女性群体的社会保障不足所导致的社会地位低、生存条件差，导致缺乏能力与精力对儿童进行悉心陪伴与教育，在家庭内部形成风险转移，造成儿童家庭保障不足，同时是在强化性别不平等的土壤。研究表明，父母的处境较差时，更倾向于对孩子使用暴力，压力较大、社会经济地位较低的父母往往施虐风险更高[2]，中国传统性别分工中的"男主外，女主内"的家庭模式，不但使女性难以享受平等、充分就业的权利，加大了其生活压力，也使得育儿过程中出现"父亲缺位""丧偶式育儿"等情况，虐待儿童也常常成为父母反抗配偶不恰当行为的手段。

农村养老保障不足也是延续生育性别偏好的重要因素。中国在儒家文化和孝道文化的影响下，人们家庭观念非常浓厚，历来有"养儿防老"的观念，子女在道义上和法律上都有赡养义务，传统生育文化中"多子多孙"的生育模式也是因为子女可以提供晚年照料。即使伴随家庭现代化进程的深入，来自子女的非正式照料仍然是目前最主要的养老

---

[1] 王锡章：《拐卖儿童犯罪的现状与遏制对策——以F省为例的实证研究》，《中国人民公安大学学报》（社会科学版）2015年第5期。

[2] Jirapramukpitak, T., Abas, M., et al., Rural–Urban Migration and Experience of Childhood Abuse in the Young Thai Population. *Journal of Family Violence*, Vol. 26, 2011, pp. 607–615.

模式①,"延续香火""传宗接代"是最常见的理由。养老机构缺失、医疗保障不够、无法满足养老生活需要,所谓的"养儿防老"最后在实践中变成了"买儿防老"。

性别矫正政策指能提高女性地位、促进男女性别平等的政策,国际上一般主要通过养老保险、就业福利、生育福利等社会保障措施来推进。如德国"四大支柱"的养老体系和四项假期的完整的产假休假体系,都在很大程度上促进了女性的就业,保障男女养老和就业平等。而我国的社会保障不仅没有矫正男女不平等,反而进一步弱化了女性社会地位。以养老保险为例,根据2011年《第三期中国妇女社会地位调查主要数据报告》的数据显示,我国城镇老年女性的首要生活来源为自己的离退休金或养老金的比例为54.1%,远低于男性的79.3%。有学者根据2015年CHARLS数据的分析认为,男性养老金收入约是女性的1.9倍。②

男女比例失调再遇上城镇化进程所带来的农村空心化就会衍生出一系列的社会问题,例如农村"光棍",而这些社会问题又可能会加剧拐卖妇女犯罪行为的发生。以山东省拐卖儿童犯罪的200份判决书为样本,研究发现卖出和买入儿童的地区都是经济发展较为落后的地区,特别是"重男轻女"思想比较严重的地区,拐卖男孩的案件数量明显多于拐卖女孩的数量;缺钱而又缺乏正当获得经济利益的手段是行为人实施此类犯罪活动的根本原因。③ 实施犯罪的行为人多以生活困难的农民为主,因此,我国应增强相关的社会保障制度,以使经济困难的人有基本的生活来源,而不至于采取犯罪的手段来满足生存需求。④ 缺钱而又缺乏正当获

---

① 石智雷:《多子未必多福——生育决策、家庭养老与农村老年人生活质量》,《社会学研究》2015年第5期。

② 王亚柯、夏会珍:《我国城镇职工的养老金性别差距及其变动》,《学术研究》2021年第1期。

③ 陶琳琳:《拐卖儿童犯罪的特点及其防治——基于200份判决书的研究》,《青少年学刊》2017年第5期。

④ 陶琳琳:《拐卖儿童犯罪的特点及其防治——基于200份判决书的研究》,《青少年学刊》2017年第5期。

得经济利益的手段是行为人实施此类犯罪活动的根本原因。① 实施犯罪的行为人多以生活困难的农民为主，这也正是我国预防拐卖犯罪的重点主要集中在弱势群体脆弱状况的减缓方面的原因。我国应继续增强弱势群体相关的社会保障制度，以使经济困难的人有基本的生活来源，而不至于采取犯罪的手段来满足生存需求。②

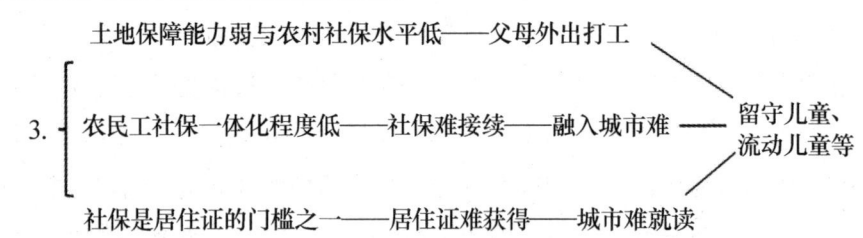

3. ⎧ 土地保障能力弱与农村社保水平低——父母外出打工
　　⎨ 农民工社保一体化程度低——社保难接续——融入城市难　　⎫ 留守儿童、
　　⎩ 社保是居住证的门槛之一——居住证难获得——城市难就读　⎭ 流动儿童等

国家统计局发布的《2021年农民工监测调查报告》显示，2021年全国农民工总量为2.93亿人，其中进城农民工1.33亿人，占比约45%。根据联合国儿童基金会《2015年中国儿童人口状况：事实与数据》报告，以2015年人口普查数据估算，城乡流动儿童已达3426万人；农村留守儿童规模超过6877万人，两者加起来占全国儿童的40%。而留守儿童缺乏父母的陪伴，多与年长的祖父祖母生活，生活条件和教育条件差，多处于物质与精神双重匮乏的困境。

父母为何无法留在农村生活和工作，陪伴和照顾孩子？留守儿童与流动儿童的产生与农村土地保障能力的弱化息息相关，2011年上海财经大学"千村万户"社会调查项目对全国931个村庄抽样调查的结果表明，我国农地流转的发生率为15.25%，但与此同时，各类外出务工与兼业的农村劳动力已经高达48.62%。一是农民的"离农"，但没有"离地"；二是农民工"进城"，但没有"弃地"；三是土地的"弃耕"，但没有有效流转。劳动力与农地两类要素的流动不匹配已成为学界共识③。土地的

---

① 陶琳琳：《拐卖儿童犯罪的特点及其防治——基于200份判决书的研究》，《青少年学刊》2017年第5期。
② 陶琳琳：《拐卖儿童犯罪的特点及其防治——基于200份判决书的研究》，《青少年学刊》2017年第5期。
③ 罗必良：《农地保障和退出条件下的制度变革：福利功能让渡财产功能》，《改革》2013年第1期。

劳动收入功能减弱，农村社会保障水平低。"半工半耕"成了农村家庭的主要生计模式，承包地开展的多是自给自足的农业生产，农村居民无法通过土地承包经营权和宅基地使用权增加实质的财产性收入，农地用益物权的物权属性被限制流转规则所裹挟。① "适度放活宅基地使用权"的制度设计仍停留在法学界探讨和地方试点阶段，2019 年修正的《土地管理法》并未涉及，导致农村地区财产性收入低的现状无法得到有效改善。个体农户种植的营收能力弱、自然灾害等不可抗力风险系数高、农村土地的保障能力弱，相比之下进城务工对于绝大多数农民来说成为更好的选择，并在过去的几十年甚至未来的很长一段时间成为主旋律。在这种情况下农民工的子女能在大城市读书就成了流动儿童，无法进入大城市读书就成了留守儿童，由爷爷奶奶或外公外婆隔代照料。

留守儿童为什么不能成为流动儿童，跟随父母去城市？流动人口问题的本质是户籍制度及依托其上的不合理的公共服务和社会治理机制，进而导致流动人口对基本公共服务获得的"多重弱势"问题。② 流动儿童的教育之路之所以困难重重，主要是制度层面的阻碍和限制过多。义务教育阶段入学门槛的提高也直接导致城市流动人口子女无法在父母工作城市参加义务教育，导致子女留守概率的增加。③ 北京各区从不同程度上对入学要求的"五证"有了更严格的定义；上海自 2014 年始将义务教育阶段的入学门槛从原有的"临时居住证"提高到父母一方需要有"居住证"或者需要有连续两年的"灵活就业证"；深圳公办学校也提高了对入学积分的要求。其实，2001 年后，国家政策在积极推动流动儿童进入公立教育系统的进程，但 2014 年以后，流动儿童教育机会出现倒退趋势，公立学校核准流动儿童入学资格严格审核五证，缺一不可。截至 2018 年年底，城市义务教育阶段流动儿童在公办学校就读比例为 79.4%，仍有

---

① 叶呈嫣：《限制流转理论下宅基地使用权流转制度设计》，《法制与社会》2015 年第 17 期。
② 关信平：《中国流动人口问题的实质及相关政策分析》，《国家行政学院学报》2014 年第 5 期。
③ 陈媛媛、傅伟：《特大城市人口调控政策、入学门槛与儿童留守》，《经济学》（季刊）2023 年第 1 期。

接近 300 万的流动儿童未能进入城市公办学校，只能在民办学校或者条件简陋的打工子弟学校就读。① 由于城乡二元体制，进城务工人员子女不能像城市孩子一样平等享受当地的公立学校教育资源，必须回到学籍地参加高考。而大多数流动儿童就读的都是民办的农民工子弟学校②，这些民办的农民工子弟学校缺少政策、当地政府资金的支持，硬件设施和师资力量都远不及公立学校，并且随时有取缔的风险。进城务工子女无法在大城市就读，那么回到乡下是不是会更好呢？事实是留守儿童的路一样艰辛，随着农村人口的减少，"撤点并校"政策使得农村的教育资源集中在乡镇，留守儿童需要面对的是寄宿制教育模式，并且长期亲情的缺失会对孩子的心理产生不可逆的负面影响。

4. 不同职业社保差距大—职业有"贵贱"—就业偏好趋同—应试竞争激烈—教育焦虑

政府主导的以促进社会公平为导向、以刚性制度为载体、以行政强制力为手段的再分配系统能从根本上影响整个社会的教育观、职业观、成功观，像风筝线一样牵引着每个个体的人生方向。一体化的、职业差异不大的再分配系统能从整体和根本上减轻社会成员的内卷程度和焦虑感。反过来说，板块分割、统放失度的再分配系统必然带来社会认同上的不均衡，导致社保待遇优势地区、优势行业的人才聚集、竞争加剧。风险不断流动的本性决定了就业竞争压力必然会传导到教育领域。现在全社会普遍的教育焦虑已经很难用"中产阶级教育陷阱"来解释，越来越多的家庭和孩子越来越"不堪重负"。只要教育焦虑没有消除，教培的需求就存在，双减政策只是减少了应试技能培训的一种供给方式，并没有减少大家追求优质教育资源的需求，也就不可能从根本上消除应试升学教育的焦虑，只会滋生其他的替代方式。因为只要不同职业的社保差距没有消除，就业偏好趋同现象仍然存在，就会滋生教育焦虑，应试加工的"需求"就不会消除。

---

① 肖利平、刘点仪：《乡城人口迁移与流动儿童教育获得——基于教育质量的视角》，《中国经济问题》2021 年第 6 期。

② 李江勤、陈瑶：《进城农民工子女融入城市困境分析》，《湖北科技学院学报》2013 年第 5 期。

2012年中央机关及其直属机构公务员考试有46个招录职位的报考比例超过1000∶1，国家民委民族理论政策研究室科研管理处主任科员及以下职位报考比例最高，为4124∶1。2013年中央机关及其直属机构公务员考试有109个招录职位的报考比例超过1000∶1。[1] 近年由于疫情原因，公务员岗位的竞争激烈性达到了新高。公务员"水涨船高"的门槛与其就业稳定性和福利优越性不无关系。仅养老金一个保险项目，公务员要比企业职工养老保险高出不少（企业职工的个人账户缴费比例是8%，公务员的职业年金比例是12%。因为工作稳定，统筹的基础养老金比例也具有明显优势）。

应试压力大是影响孩子健康成长的重要因素，在不断增大的压力下，"起跑线"不断提前。学习时间越来越长，睡眠时间越来越短，学习效率和身体素质都深受其扰。更深层的伤害是精神层面。教育评价体系太过"高度一体化"，即"目标上的高度单一，价值评价体系的高度单一，竞争方式的高度单一"[2]。过分注重应试，应对策略是课外辅导＋时间战术。孩子们的个性、天性和生命活力被磨灭得无影无踪，面目越来越相似，成为工厂的标准化构件，影响孩子的创造创新能力。

隐性风险链一方面给出这样的启迪：未成年人的脆弱成长有深刻的社会根源，解铃还须系铃人，社会保障是改善社会环境的一个重要且有效切入点；另一方面，也给出这样的警示：充分认识其重要性，科学把握，掌握其运作机理，良好的设计和驾驭能力是社会保障发挥真正护航作用的前提。如果偏离本心、设计不够优良、不能贯彻本心，反而会成为风险源头；社会保障正溢出效应产出需要前提，即能否在坚守公平、目标制度设计上贯彻的资源分配原则。社会保障作为一个用经济手段解决社会问题的制度安排，在中国的发展也不过30多年，社会对其抱有极高的热情和殷切的期望，但认知还是有限，设计驾驭能力还远未娴熟，对制度缺陷的负面后果认知不充分且缺少警觉，重视总量规模、忽视分

---

[1] 汪春梅、金艾裙：《"公务员热"现象下的大学生就业观教育》，《池州学院学报》2014年第1期。

[2] 覃鑫渊、代玉启：《"内卷""佛系"到"躺平"——从社会心态变迁看青年奋斗精神》，《中国青年研究》2022年第2期。

配结构等破坏了社会保障的公平性，增加了社会不公平感、社会剥夺感和社会焦虑等。以中国社会保障的核心子系统——社会保险为例，其存在着统筹层次低、资源配置失衡、制度设计不合理的问题，是中国社会保险的三大弊端。[①] 其中，制度设计不合理主要体现在"板块分割"，强调社会性差异、城乡差异，忽视生理性差异等。[②] 常说，不患寡而患不均，对一个社会来讲，平均与否主要看不同群体之间的社保待遇差距，也就是说，在社会保障的公平度分级上，不同群体之间的待遇差距是同类群体之间的待遇差距更高一阶（级）区分标准。因为不同类别之间的待遇差距超过合理范围易造成社会矛盾激化，形成群体对抗甚至引起社会动荡；而同类人的待遇不同属于局部的不公平，不致形成群体或阶级对抗。[③] 显然，社会保障的公平度需要提升。

[①] 杜飞进、张怡恬：《中国社会保障制度的公平与效率问题研究》，《学习与探索》2008年第1期。

[②] 杨方方：《风险流转下弱势群体的共同富裕之路》，《学术研究》2022年第9期。

[③] 杜飞进、张怡恬：《中国社会保障制度的公平与效率问题研究》，《学习与探索》2008年第1期。

从脆弱走向茁壮：
社保护航未成年人成长

孩子是家庭的镜子，也是社会的镜子。孩子的一系列问题说明社会存在认知落后、制度残缺和资源有限的问题，整个生态环境不佳，在这个环境下家庭也越发脆弱无力。现代社会中风险的种类和发生频率、点位充满不确定性，但流动性、传导性却是各种风险共同的基因。人的成长离不开社会环境，风险不断流转的时空下未成年人能否茁壮成长主要取决于成长环境的健康指数和助力程度。如何从根本上提高环境对未成年人的适宜度和友好度？如何切入这个复杂的生态系统？如前所述，社会保障是"制度中的制度"，社会保障作为一项底层社会投资对未成年健康成长的独特价值不可替代。诚然，社会保障为未成年人健康成长保驾护航的过程也是回归自身价值本位、资源合理结构优化和多重效能充分发挥的过程。增加力度，加大未成年群体和紧密相关弱势群体的社会保障投入，包括制度建设和资源投入，以引导社会观念转变；调整思路，纠正社会保障制度设计中的偏差，本末归位，以便社会保障制度对其他制度的支撑作用充分发挥出来，促进良好的生态环境形成；以点带面，调动公共财政产品的均衡分配，通过委托、购买服务等社会保障手段加强社会合作，积极调动市场组织、社会组织投入未成年文体、阅读、心理疏解等，满足孩子的个性需求，成长路上"一个都不能少"，让每个孩子都可以实现自己的中国梦。

一 从"独木桥"到"海阔天空"
——社会保障本末归位，
营造宽松的人才发展环境

未成年人健康成长需要一个丰富的资源供给源和多个主体的倾心助力，表面上未成年人成长与家庭资源有关，但动态、系统和深入地看，个体资源与社会资源分配格局、原则和环境有关，家庭资源中具有深刻的社会烙印，本身就包含着社会资源环境分配的结果；从成长性、动态性看成长资源的广度：当下直接影响和间接影响未成年人成长的资源种类包罗万象，就业前景、发展环境等都影响着家庭的养育策略。未成年人成长道路上的助力者及其助力内容主要包括家庭的教养、学校的教育和老师的激发、同龄人的陪伴、社会的关爱等。但如果社会保障的本末失位，会导致资源局促、紧张、分配不均衡，各类助力主体也难以发挥有效的作用。"本"代表社会保障的价值取向、根本目标或终极追求，"末"代表实现目标的手段，本末归位意指末服务于本，切忌本末倒置、舍本逐末。从风险防范维度看，生活风险的防范是本，道德风险防范是末，普林斯顿大学的教授用宽容理论框架解释了政府对弱势群体违规行为的低效执行并指出对弱势群体适度"宽容"是一种资源再分配；从收支维度看，社会保障支出是本，基金结余是末；为了增加基金积累而积累的基金结余偏好远比收不抵支可怕。"收不抵支"可能会使社会保障目标打折，结余偏好则令社会保障与其内在价值背道而驰；从资源分配维度来看，需求为本，供给为末。需求是供给的依据，应该先了解"需求"，这是"宽容"不会演变成"纵容"的技术支撑，也是"弱者优先"的信息基础；从分配目标和分配手段来说，正向再分配是本，制度充分适当是末，即结果公平是本，供给过程的合理差异是末。社会保障的目的不能坚守的话，手段必然出现异化，制度实效走向了预期的反面，社会保障在多个项目上已出现逆向再分配现象。

（一）社会保障本末归位

社会保障本末归位意味着以促进社会公平为导向，最大限度地缩小初次收入差距，促进不同群体之间的正向再分配。具体来说，社会保障本末归位的过程也就是坚守和充分贯彻以下五个原则的过程。

一是在与社会需求的关系上贯彻未雨绸缪、出场有时的主动适应原则。社会保障作为伴有大量社会化风险的工业文明的"标配"，作为一种建构型的治理手段，战略不同的社保出场时机可能取得大相径庭的治理效果。特别是对于抗风险能力低的生理性弱势群体而言，迟到的正义并非正义，且越延迟满足化解成本越高，与其在越积越厚的风险中被动"救火"，不如提高对社会化风险的预判能力和反应灵敏度，尽早规划、优雅登场。

二是在保障伦理上应贯彻"供给有序"原则，即"雪中送炭"先于"锦上添花"。社会保障伦理是社会保障资源在不同类别的群体之间的分配次序问题。需求无限、资源有限，社会保障供给的伦理次序是社会保障制度设计与实施避不开的问题。生理性弱势群体的风险抵御能力整体处于劣势，当他们与原生性风险不期而遇时，显然就成了"需求最紧迫的人"，应该是社会保障优先供给的对象。无论是从罗尔斯函数还是纳什函数角度来看，"弱者优先"都是伦理层面上程序正义的第一要义，这既是人道主义正义性的内在要求，也符合福利经济学效用最大化的分配原则。供给效用层面来看，"弱者优先"意味着"雪中送炭"先于"锦上添花"；需求层次来看，"弱者优先"意味着低层次需求的满足先于高层次需求的满足；从普惠与特惠的关系来看，"弱者优先"意味着社会保障沿着"低特惠—低普惠、中特惠—中普惠、高特惠—高普惠"的历程发展。另外，供给有序还隐含着这样的正义要求：处于同样境遇的群体应得到相同的对待。

三是在基础制度模式上贯彻一体化原则，尽量消除部门分割和户籍限制。在社会保险方面，提高地区之间的可接续性、城乡之间的兼容性，比如避免不同地区农民工养老保险的碎片化，责任分担与缴费比例尽可能与城镇职工养老保险保持一致；在社会救助方面，加大中央财政责任，打破户籍限制，无论是最低生活保障还是其他救助项目皆可在实际生活地申领。

四是在待遇水平上贯彻合理差异的原则，淡化参保对象社会性差异，强化参保对象的生理性差异。以最具普遍性的养老社会保险来说，忽视社会性差异，即淡化就业与否、就业单位性质、收入水平差异等社会性因素与养老待遇水平的关联度，强化性别要素、是否残障等生理因素的相关性，如在养老保险金计算办法上充分考虑女性职业生涯中断风险高、退休早的特点，在养老金领取起点上应充分考虑残障人士预期寿命与健全人的预期寿命存在明显差距这一事实。

五是在法理层面上社会保障应贯彻"权有终始"原则，权利为本，权利始于法定，保于救济。立法先行是社会保障发展的规律之一，权利本位是社会保障立法的出发点和归宿。从法理上言，社会保障属于旨在促进社会利益最大化的社会法，其对弱势方实行倾斜保护原则，贯彻"权利本位"导向，社会保障法是参保对象社会保障权利正当、有力的载体。社会保障权利始于社会保障法律生效之日，即社会保障权利产生之时；社会保障权利成于独立性，权利的独立性意味着每项权利都有独自的享受标准和法则体系，不应与其他系统捆绑，进一步说，道德不应凌驾于社会保障权利之上，应将一项制度蕴藏于权利的独立性之中，无论"好人"和"坏人"都可以在社会保障家园中歇歇脚。社会保障权保于救济，无救济则无权利，应确保社会保障权利的可诉性，并健全权利救济机制，完善行政复议、调解、仲裁和司法等各种救济机制，其中司法救济是最根本、最重要的救济。

（二）引导其他主体角色的归位

在我国现阶段充斥着各种角色错位：我国中小学生的学业科目学习压力可比肩欧洲的大学生，而我国大学生的学习状态类似欧洲的小学生；家庭成为学科知识的第二课堂，父母成了家教、私教，成了各类竞技比赛的陪练；学校成了应试能力"训练营"和"检验站"。同时还伴有各种认知的错位："教育"被狭义和歪曲，真正的教育不应该只是知识的传授，更不应该是应试的训练；"成功"被过度窄化和僵化，意味着特定的职业、一定级别的官职、一定规模的财富、一定的社会知名度等。

家庭本应是滋养人性和心灵的港湾，是鼓励探索世界、勇往直前的动力源泉，是滋养精神生命、生命意义的沃土，是人格、品格、审美、行为习惯等素养的培养皿,是亲密关系形成和情感深度互动的温馨家园。我国家庭教育的误区可概括为观念走偏和行为失调两方面:观念走偏表现为重物质而轻精神、重智商而轻情商、忽视早期教育的人性滋养等;行为失调表现为过分批评而轻视表扬、看问题表象而忽视根源、只看结果不看过程等。① 据中国妇女联合会 2015 年发布的《第二次全国家庭教育现状调查报告》发现,部分家庭亲子沟通严重不足,父母对子女缺少有效陪伴,约有 25.1% 的四年级学生和 21.8% 的八年级学生表示,家长从不或几乎不花时间与自己谈心。②

相对于欧洲的中小学老师在学校的工作内容,我国中小学老师担任过多的生活看护,这可能受限于我国的师生比、中小学班级编制、教学组织模式的特殊国情。自从新冠疫情以来,不定期居家学习的防疫措施加上"停课不停学"的教育目标共同作用下,班级成了社会治理的组织单位,学校在两个角色的基础上进一步简化为"检验站"角色,同时也进一步强化了家庭训练营的角色。老师成了秘书、联络员和组织者的组织委员,有时像个"保姆"。家校联合培养成为主流观念的背景下应试能力培养中越来越趋向"家庭训练+学校验收"的模式,学校和家庭对应试的一致关注自然会限制未成年人生活内容的丰富性,会消磨孩子自主探索世界的好奇心和热情。家庭是孩子身心健康、心理安全感和信任感最直接、最全面的供给站,是社会与未成年人联结的主要媒介。家庭角色错位具有普遍性和社会性,是社会对家庭的角色定位失准、家长因教育焦虑而对孩子投放与其自身能力不相匹配的过高期待等多种因素造成的结果。家庭在孩子成长过程中扮演的主导角色,应该从家长普遍具有的供给优势出发来定位。那家长的普遍供给优势到底是什么?是情感还是学习?一方面家长大多并非专业的少儿教育或教育心理学专业出身,另一方面其本身也有职场竞争压力和养家糊口的经济负担,因而学业科目的指导方式和教育方式也未必符合未成年人的认知特点,因此学习教

---

① 宋振韶、张志萍:《营造孩子心灵的港湾 发挥家庭心理支持功能》,《创新人才教育》2020 年第 3 期。
② 北京师范大学中国基础教育质量监测协同创新中心等:《全国家庭教育状态调查报告 (2018)》,20180927154939425593. pdf (bnu. edu. cn),2018 - 9 - 27。

育并非其主要优势。有些家庭因为科目学习发生了激烈的亲子冲突，孩子各种心理问题明显增多，甚至出现人伦悲剧。角色错位的家长往往也没有有效传导社会支持的能力，即没有隔离社会风险的能力，因此带给未成年人的伤害是全面和深刻的。没有家庭这个精神生命的源泉，孩子就没有强大的价值感、精神动力和持久的发展动力。无助的孩子、脆弱的家庭、没有自我且整日处于"时间的饥荒"的妈妈，俨然是一幅没有赢家的家庭图景。

当社会保障回归价值轨道，其对社会安全感、社会认同和多重功能辐射作用，社会保障的多重效用将逐步发挥出来，投射到年轻人的发展环境上自然就是越来越宽松。具体来说，当职业性质与养老保险的关联度被弱化后，不同职业之间能够获得相同或相近的社会认同，进而淡化职业的"贵贱"之分，职业趋同偏好也就被分散，"成功"的维度也就更加多元，必将大幅缓解教育的焦虑，教育的真谛也就有可能回归。海阔凭鱼跃，天高任鸟飞，孩子的兴趣、爱好和志向更有可能得到尊重、重视和发展。家庭、学校等各个主体也将随着社会保障的归位逐渐回归本色，关于教育的理解将更加深刻，对于成功的理解也愈加开放。当资源稀缺感不再强烈，紧张的神经能够放松下来，当成功变得越来越是内在的自我认同，自信的心理状态、不断进取的精神将自然而生，也会有越来越多的人懂得真正的爱和尊重。天生我材必有用，每个孩子都有旺盛的生命力，都有"向上成长"的本能和巨大的发展潜能，当然前提是社会能提供符合孩子成长规律、适应孩子成长过程的健康环境。孩子成长的规律至少包括安全感重于挫折感，合作优于竞争，价值观、素养发展先于知识积累等。故应特别珍视敏感期、窗口期等"镜像神经元"高度发达的可塑黄金期，美好教育应始于家长、老师等的自律，只有被尊重和温柔以待的孩子才能尊重他人；只有社会和家庭先适应未成年人的成长规律，未成年人长大后才能拥有适应社会需要的担当和能力。

二 从"家里的孩子"到"社会的孩子"[①]
——提高未成年人及相关群体的
社会福利投入

作为生理性弱势群体的一部分，未成年人社会保障认知优化是弱势群体社会保障认知提升的自然结果；生理性弱势群体社会保障认知提升又有赖于社会保障整体理念升级。弱势群体之间存在紧密的关联和转化。加大未成年人和相关群体的社会保障投入是社会保障"弱者优先"分配伦理的贯彻，也是社会保障系统思维和发展眼光、未来视野的体现。

从风险化解来说，家庭的可控能力越来越弱，社会参与越来越多，既是满足未成年人健康成长的需要，也是分担家庭压力、促进人口再生产可持续的必然选择；从成本—收益的经济角度看，人口再生产的最大受益者已经不再是家庭，至少从物质财富创造层面上是如此。因此，建立在儿童归属家庭基础上的保护和保障政策已不能完全满足未成年人的成长需求。[②] 已有保护政策的理念前提源于儿童对家庭的主要归属性，相关的儿童政策也主要在于对其所属家庭的基本保障上，以此确保儿童获得基本的生存条件，但这种理念和政策已远远不适应未成年人的成长需要。《中华人民共和国未成年人保护法》（以下简称《未成年人保护法》）在2020年10月17日颁布的第二次修订中第三条第一款的表述已由"未成年人享有生存权、发展权、参与权、受保护权等权利"修改为"国家保障未成年人的生存权、发展权、受保护权、参与权等权利"，彰显出了立法理念的转变，突出国家的义务主体地位。

（一）改善未成年人社会福利

国际《儿童权利公约》明确提出了包括无歧视原则在内的四项基本原

[①] ［美］罗伯特·帕特南：《我们的孩子》，田雷、宋昕译，中国政法大学出版社2017年版，第3页。

[②] 颜湘颖：《儿童权利视角下撤销父母监护权儿童的安置》，《预防青少年犯罪研究》2021年第5期。

则。无歧视原则是指"每个儿童都平等地享有《公约》所规定的全部权利，不因其本人及父母的种族、肤色、性别、语言、宗教、政治观点、民族、财产状况和身体状况等受到任何歧视。"我国是《儿童权利公约》的第一批缔约国，也将不歧视原则吸纳到《未成年人保护法》中，《未成年人保护法》第三条规定："未成年人依法平等地享有各项权利，不因本人及其父母或者其他监护人的民族、种族、性别、户籍、职业、宗教信仰、教育程度、家庭状况、身心健康状况等受到歧视。"但中国不同地区、不同户籍、不同收入水平家庭的未成年人的健康权、教育权、发展权等多项权利上的差距十分明显。儿童时期的身体强健是健康人生的基石，医疗保障是保障未成年群体身体健康的重要机制之一。在我国医疗保障制度实践中，虽然新农合的实施改善了农村地区未成年人的整体健康状况，但不同收入家庭中未成年人群体间的健康差距不断扩大，其中新农合的作用不可小觑，而且其贡献程度随时间推移不断增加，财富效应被新农合扩大。可见，中国行政化的医疗供给体系导致高收入人群较低收入者享受了更多的医疗服务和基金补贴。社会医疗保险制度加剧未成年人健康不平等现象的客观存在性与医疗保险增进公平的价值取向相悖。[①] 社会保险是社会保障体系中最强调权利与义务结合最紧密的系统，无差别、无门槛、无义务的福利才是与儿童权利公约相一致的主旋律，才能最大限度地贯彻未成年人的平等原则。

以医疗福利为例，应从两个方面改善，一是调整医疗风险的化解思路，适应未成年人的医疗风险特点。保障思路与未成年人身心发育特点相适应，成年人医疗保障的"保当期、保住院、保大病"的思路顶多是未成年人医疗保障的支流，不宜成为未成年人医疗保障的主导思路原则。因为在成长中的未成年人身体可塑性强，更为普遍、共性的是预防、保健需求；在与未成年人身心成长发育特点相适应的大原则下，再根据0—18岁未成年人不同阶段的身体特点进行相应的调整和细化，提高医疗保障供给的针对性和有效性。二是缩小未成年人群体之间相对的医疗保障差距。医疗保障不需要与父母的就业情况、收入水平和资产情况等捆

---

① 彭晓博、王天宇：《社会医疗保险缓解了未成年人健康不平等吗》，《中国工业经济》2017年第12期。

绑，在社会医疗保障层面上，所有孩子从出生之日起应该能得到基本无差别地供给，只需要年龄和病种两个因素。

除了医疗福利外，还有按年龄的交通福利、文化休闲福利等。消除孩子与孩子之间资源获得性的差距，应该是社会保障给未成年人的第一个"护身符"。

（二）增加"母职"补偿

母亲的良好生活状态是未成年人健康成长的深层保障。未成年人对母亲的天然依赖和母亲的视野、性情、能力等素养对孩子成长的重要意义显然已无须赘述。成为"妈妈"后的现代社会女性普遍遭遇角色困境，家庭角色和社会角色之间难平衡、难自主，进而发展受限、收入不保、精神重压等问题都纷至沓来，因此这种无奈、窘迫的处境也被学者们称为"母职惩罚"。总的来说，照护者惩罚和劳动性别分工的不公，共同引发了"母职惩罚"现象。而要消除"母职惩罚"，首先要消除照护者惩罚。[1] 因为在脑力劳动主导的现代社会，劳动性别角色分工不公很大程度上是照料压力大的结果。不消除"因"，必然会产生源源不断的"果"。不消除照护者惩罚的前提下的种种干预劳动性别分工的措施收效都十分有限，这一点已经被相关实证研究证明。[2]

提供与家庭经济状况无关的育儿服务。生育分娩环节中面临医疗风险的不仅是妈妈，分娩不顺的情况下新生儿也同样有着迫切的医疗保障需要，抢救、护理新生儿的支出应该由社会保障承担。毕竟生育关口对新生儿各种疾病的有效预防、及时治疗给其一生的健康奠定了扎实的基础。全面地看，生育风险包括"出生"和"养育"两方面，前者是一时的，后者是持续的，后者才是家庭的压力之源，但目前的社会政策参与度很弱，家庭迫切需要育儿指导和各个年龄段的育儿服务支持。可以采取的措施包括针对父母的专业指导和心理疏导服务，针对低龄婴幼的照

---

[1] 王铀镱：《母职惩罚的破局之钥：消除照护者惩罚》，《理论月刊》2022 年第 3 期。
[2] 王铀镱：《女性主义视角下女职工劳动权立法保障的实证研究》，《甘肃理论学刊》2020 年第 1 期。

料服务、增加公立幼儿园和托育机构供给和青少年的心理咨询服务等内容。

生育与婚姻解绑，单身母亲可以享受生育保险，所有母亲都可获得照料补偿。首先，保障单身女性的生育权，同时单身的城镇女性职工生育也可以享受生育保险，这也是与社会保险权利与义务相结合原则的体现。其次，给照顾孩子的所有妈妈设置照料补贴，照料补贴包括面对所有生育女性的生育和养育津贴，以及为全职妈妈代缴或部分代缴城镇职工养老保险社会统筹费用等。虽然从2019年开始，我国采取了对需赡养老人的子女实施减税措施，可视为家庭津贴的一种类型，但家庭供给不能代替母亲照料津贴，一是家庭津贴不能凸显母亲在抚养子女上的特别付出；二是家庭津贴力度很有限，福利供给水平较低。不仅其扣除额度带来的每年实际税费减免额度难以填补因承担照护责任造成的收入减少，而且无法惠及收入本就于个人所得税起征点（5000元）以下的低收入及无收入者。①

鼓励全职妈妈重返劳动力市场。首先，与用人单位共担女性的劳动保障责任。生育放开后不宜将女性劳动权益保障责任过多地施加在用人单位身上，这样反而会压缩女性岗位供给，加重劳动力市场对女性劳动者的就业歧视。另外，在越来越精细的生活照料之外，在孩子教育上妈妈担负的也远比爸爸担负的多。伴随中国教育竞争的加剧，母职已逐渐跨越私领域传统角色，呈现出焦虑母职现象，多以教育规划师身份整合教育资源，协助子女在教育竞争中获取优势。② 第三期全国妇女地位调查显示，过半的职场妈妈承担辅导孩子功课的主要任务，而仅有大约1/4的爸爸承担此责任。③ 在优质教育资源的竞争压力并没有因为"双减"而有所缓解的背景下，妈妈在教育规划师、辅导师等角色上的压力不降反升。缓解教育压力是缓解整个社会焦虑、营造未成年群体健康成长环境

---

① 王铀镱：《母职惩罚的破局之钥：消除照护者惩罚》，《理论月刊》2022年第3期。
② 唐咏：《被建构的焦虑母职和参与父职：基于深圳中产阶层家庭教育的质性研究》，《深圳大学学报》（人文社会科学版）2021年第6期。
③ 刘爱玉、佟新：《性别观念现状及其影响因素——基于第三期全国妇女地位调查》，《中国社会科学》2014年第2期。

的重要组成部分。

（三）延展民政系统在父母监护权撤销与安置中的职能

儿童监护权撤销制度被公认为存在"发现难、起诉难、审理难、安置难"的困境，监护权安置常被视为撤销程序中的一个环节，而非父母监护权撤销的目标指向。监护权安置环节经常出现推诿、扯皮，很难避免对孩子的二次伤害，作为最后托底监护人的民政系统就十分被动，加之民政系统的监护模式在亲情纽带联结和精神保障不占优势，最终受损的是未成年人的生活质量。有学者收集整理2014年至2021年6月间的496个案例后得到父母监护权撤销的儿童监护权的安置情况如下：转移给祖父母或外祖父母或养祖父母的有189例，占46.6%；新监护人为父亲、母亲、兄、姐的有101例，占24.9%；新监护人为机构（居委、民政局、救助站、福利院等）的有72例，占17.7%；转移给近亲属的有39例，占9.6%；转移给养父母的有4例，占1%；转移给指定第三人的有1例，占0.2%。从上述数据可以看出在监护人的确立上，很多监护人都是由祖辈亲属来担任，新监护人存在监护时限短、监护能力较弱的现实，导致后面二次变更监护权的可能性很大。[1] 愿意监护的爱心人士多由于收养的相关规定很难在短时间内获得甚至是无法获得监护权，一些社会组织也存在不具备监护资格的问题。因此就目前的案例来看民政部门的托底监护成了撤销监护权儿童安置的主要出路。然而，民政部门托底也面临财政、人力和监护职责履行的质量不高等问题。目前民政所能采取的监护机构是依托未成年人保护中心等儿童福利机构，这种临时监护无法给予儿童完整的心理、情感等方面的支持，对儿童的成长极为不利。其实，撤销父母监护权不是目的，合理安置才是目的。前者的作用是停止侵害，后者关系到未成年人未来的生活保障。从优先保障未成年人的利益出发，有必要延展民政系统在父母监护权撤销与安置中的职能，明确父母监护权撤销制度以合理安置为指向。具体来说，从程序和内容两个方面来推

---

[1] 颜湘颖：《儿童权利视角下撤销父母监护权儿童的安置》，《预防青少年犯罪研究》2021年第5期。

进：一方面，程序前移+后推，全程参与父母监护权的撤销和安置。"前移"是指民政系统不仅是"守夜人"还应是"吹哨人"。现有撤销制度实施中多是事后直接剥夺；即儿童遭受的重大身心伤害被曝光和报告后的一次性、彻底剥夺，缺少重大伤害的事前预防，对父母行使监护权的过程缺少监督、引导和警告，严重伤害行为的预防干预不足，缺少基于伤害累积次数和发生频率的预判性撤销，如事实无人抚养儿童的监护权的撤销安置、困境儿童成长过程的重点监测等。加强预防的实质上也是在联合学校、社区、社会组织等合力建立儿童侵害预防信息网，将在很大程度上解决"发现难"问题。"后推"是指原监护人的监护权被撤销的孩子需要得到持续的救助和监督，包括对所有父母监护权被撤销的孩子进行跟踪救助，毕竟特殊的经历会导致特殊的脆弱。[1] 另一方面，内部完善+外部规范，提高民政系统内部的监护服务质量，服务质量要求上不应存在"临时"和"常态"之别；外部完善收养家庭、寄养家庭资格标准，保证监护质量的前提下鼓励社会收养、寄养，尽可能为未成年人寻找良好的家庭成长环境；不论是新的监护家庭还是民政系统的监护过程都需要监督，除行政监督外，细致、灵活的社会监督必不可少，细化监督机制，明确监督主体、监督时效、监督内容等。其中，监督的重点在于新监护人在未成年人医疗决定等有关未成年人成长的方方面面能否贯彻未成年人最大利益原则。

另外，社会保障可作为"种子基金"调动全方位的资源为未成年人成长支持，助力未成年人实现梦想。社会保障不仅仅是被动的、事后的，还应是对市场系统不完整的弥补，是对市场失灵的矫正，是对家庭保障的弥补，是对公共资源分配不平衡的修复，可以主动引导和调动公共、社会资源向未成年方向倾斜。比如，儿童医保专用药品匮乏是影响儿童患者就医治疗的一大障碍。第七次全国人口普查结果显示，我国0—14岁的儿童已经超过了2.53亿人，约占人口总数的17.95%，但根据《国家基本医疗保险、工伤保险和生育保险目录（2020版）》我国现有的儿童

---

[1] 颜湘颖：《儿童权利视角下撤销父母监护权儿童的安置》，《预防青少年犯罪研究》2021年第5期。

专用药品仅占药品总数的 1.7%。① 与儿童"无药可用"相伴的是儿童"用药不当"现象相当普遍：超说明书用药普遍，滥用抗菌药物、糖皮质激素、维生素和输液等导致的药源性疾病影响儿童的健康。② 且儿童专用中成药说明书中关于患儿安全、合理用药的信息不够完善。建议将说明书的完善程度作为药品能否纳入国家医保目录的考量指标之一。我国医保目录可以 WHO 标准药物清单为借鉴，结合国情，科学遴选药品；在条件允许时，可以建立儿童医保目录；在我国医保目录中适合儿童的药品中应增加适合儿童的剂型。③ 除了政策手段，社会保障还可以通过认知的推进、理念的引导来提高公共资源、社会资源在未成年人群体公共卫生资源、公共文化休闲资源（儿童图书馆、绿地、公园、各种体育设施等）、公共应急资源（紧急避险、逃生技能）等方面的投入。要保护好孩子的内驱力和精神生命需要尽可能调动公共社会资源投入到未成年成长阶段。

虽然社会保障与精神力量的连接隐秘且脆弱，看似留给社会保障的可塑"窗口"不大，但同时也要积极地看到，在持续输出、稳定供给和广泛覆盖等时间、空间因素的加持下，基础性制度的观念引领力量不容小觑。④ 社会保障尽可能调动公共社会资源投入未成年成长阶段可以更大范围、更强力度地保护孩子的内驱力和精神生命。每个人都有梦想，共同富裕是个体梦想的孵化器和加油站；只要提供足够多的资源支持，每个孩子都能实现自己的中国梦。每个孩子的燃点都不一样，毋庸置疑的是，早期身体层面和精神层面的丰盈为其一生精神价值观和身体素养的底色，是其健康发展的坚实基础。

---

① 高悦、江军飞：《〈国家基本医疗保险、工伤保险和生育保险目录（2020 版）〉儿童专用中成药现状调研》，《儿科药学杂志》2022 年第 4 期。

② 于娟：《儿童用药安全 我们共同守护》，《中国医药报》2018 年 10 月 31 日第 4 版。

③ 孟鑫如等：《〈国家基本医疗保险、工伤保险和生育保险药品目录〉与〈WHO 儿童基本药物示范目录〉的比较》，《医药导报》2019 年第 10 期。

④ 杨方方：《社会保障的力量传导与质量提升——兼评"福利病"论调》，《社会科学》2023 年第 2 期。

参考文献

著作

《邓小平文选》第1卷，人民出版社1994年版。

丁元竹：《命系百姓：中国社会保护网的再造》，天津人民出版社2001年版。

梁晓峰主编：《中国儿童伤害报告》，人民卫生出版社2017年版。

林聚任：《社会网络分析：理论、方法与应用》，北京师范大学出版社2009年版。

刘军：《社会网络分析导论》，社会科学文献出版社2004年版。

罗家德：《复杂——信息时代的连接、机会与布局》，中信出版集团2017年版。

茅于轼：《中国人的道德前景》，暨南大学出版社1997年版。

尚晓援：《中国残疾儿童家庭经验研究》，社会科学文献出版社2013年版。

孙孔懿：《教育失误论》，江苏教育出版社1997年版。

王辅贤主编：《残疾人社会工作》，北京大学出版社2008年版。

徐永光：《公益向右　商业向左》，中信出版集团2017年版。

张东旺：《中国无障碍环境建设发展研究——基于残疾人社会融入的视角》，华夏出版社2015年版。

郑功成等：《中华慈善事业》，广东经济出版社1999年版。

郑功成主编：《中国残疾人事业发展报告》，人民出版社2011年版。

［美］阿列克斯·英克尔斯、戴维·H.史密斯：《从传统人到现代人——

六个发展中国家中的个人变化》，顾昕译，中国人民大学出版社 1992 年版。

［美］艾伯特-拉斯洛·巴拉巴西：《链接——商业、科学与生活的新思维》，沈华伟译，浙江人民出版社 2013 年版。

［美］罗伯特·帕特南：《我们的孩子》，田雷、宋昕译，中国政法大学出版社 2017 年版。

［美］西奥多·W. 舒尔茨：《论人力资本投资》，吴珠华等译，北京经济学院出版社 1990 年版。

［孟］穆罕默德·尤努斯：《穷人的银行家》，吴士宏译，生活·读书·新知三联书店 2006 年版。

［印度］阿比吉特·班纳吉、［法］埃斯特·迪弗洛：《贫穷的本质：我们为什么摆脱不了贫穷》（修订版），景芳译，中信出版集团 2018 年版。

期刊

白光昭：《第三次分配：背景、内涵及治理路径》，《中国行政管理》2020 年第 12 期。

曹瑞：《全社会为家庭教育赋能 护航未成年人健康成长》，《中国民族教育》2021 年第 12 期。

苌凤水等：《新型冠状病毒肺炎疫情期间残疾人焦虑抑郁情况及其影响因素》，《医学与社会》2021 年第 7 期。

陈斌：《改革开放以来慈善事业的发展与转型研究》，《社会保障评论》2018 年第 3 期。

陈成文、孙嘉悦：《社会融入：一个概念的社会学意义》，《湖南师范大学社会科学学报》2012 年第 6 期。

陈蓉：《从生育意愿与生育行为的转变看我国大城市全面两孩政策的实施效应——以上海为例》，《兰州学刊》2018 年第 4 期。

陈曦：《"妇女"的边缘与重振：改革开放以来学术反思视域中妇女解放话语的流变》，《湖北社会科学》2020 年第 3 期。

陈曦等：《广东省成人肢体残疾主要致残原因分析及对策探讨》，《中华物理医学与康复杂志》2010年第1期。

陈晓雨：《反社会排斥：欧盟终身学习政策行动与困境》，《比较教育研究》2022年第4期。

陈永江：《当心，"带孙焦虑症"偷走晚年幸福》，《老同志之友》2021年第12期。

陈勇：《慈善文化与和谐社会建设的伦理思考》，《伦理学研究》2006年第3期。

陈媛媛、傅伟：《特大城市人口调控政策、入学门槛与儿童留守》，《经济学》（季刊）2023年第1期。

程欢、田澜：《不同类型流动儿童与普通儿童心理素质比较——以福建省厦门市239名初中新生为例》，《现代中小学教育》2022年第3期。

程玲：《可行能力视角下农村妇女的反贫困政策调适》，《吉林大学社会科学学报》2019年第5期。

陈振明、杨方方等：《和谐社会建设背景下的红十字会功能定位——基于X市红十字会调查的思考》，《东南学术》2010年第3期。

代金芳等：《我国因工伤导致残疾的现况及预防策略》，《残疾人研究》2011年第3期。

戴青等：《云南省"互联网＋助残服务"标准体系框架研究》，《云南科技管理》2020年第1期。

邓国胜：《第三次分配的价值与政策选择》，《人民论坛》2021年第24期。

邓锁：《信息化背景下残疾人就业模式及政策支持路径分析》，《残疾人研究》2016年第1期。

丁红卫、唐滢：《从人才国际竞争力看大学学风建设——国际比较的视角》，《教育与考试》2017年第2期。

杜飞进、张怡恬：《中国社会保障制度的公平与效率问题研究》，《学习与探索》2008年第1期

杜雯雯等：《中国儿童用药可及性分析》，《中国现代应用药学》2018年第1期。

杜雅琼、曹越月：《视而"见"或"不见"，伤害就在那里——中国儿童

保护强制报告现状透视》,《少年儿童研究》2022 年第 1 期。

费孝通:《残疾人需要学习和就业》,《三月风》1985 年第 2 期。

冯莉:《公共图书馆总分馆儿童服务满意度研究——以广州图书馆总分馆为样本的实证分析》,《晋图学刊》2020 年第 5 期。

傅苏:《浅析少年儿童图书馆的发展创新》,《图书馆工作与研究》2017 年第 1 期。

高晓君、魏伟:《女人当家?——单身生育和性别角色的重新协商》,《妇女研究论丛》2022 年第 3 期。

高悦、江军飞:《〈国家基本医疗保险、工伤保险和生育保险目录(2020版)〉儿童专用中成药现状调研》,《儿科药学杂志》2022 年第 4 期。

关信平:《中国流动人口问题的实质及相关政策分析》,《国家行政学院学报》2014 年第 5 期。

郭慧敏、李姣:《试论妇女立法参与》,《学习与探索》2011 年第 2 期。

郭丽:《维护"底层"尊严:衡量当代政治文明程度的底线尺度》,《甘肃理论学刊》2016 年第 6 期。

郭沛源:《公益与商业的距离,不在左右,而在竞争、资金和人才》,《社会与公益》2017 年第 10 期。

郭清等:《湖北某县中学生性侵犯发生情况及影响因素分析》,《中国公共卫生》2018 年第 3 期。

国卉男、董奇:《终身教育视角下残障人士社会融合的瓶颈与突破》,《终身教育研究》2019 年第 1 期。

韩贺南:《"融入"与"契合":妇女发展与社会主义现代化建设关系探索》,《中华女子学院学报》2018 年第 1 期。

韩梅等:《我国残疾人职业现状及受教育程度对职业现状的影响与重要性研究》,《教育与职业》2013 年第 36 期。

韩晓鹏等:《青少年焦虑情绪与家庭环境及心理弹性之间的关联研究》,《临床和实验医学杂志》2021 年第 24 期。

何道峰:《商业之道,公益之德——求教于"两光之争"》,《中国慈善家》2017 年第 10 期。

侯日云:《中国残疾人就业保障金政策实施效果分析》,《社会福利》(理论版）2021 年第 3 期。

黄爱教：《国家重视弱势群体权利保障的伦理意义》，《理论与现代化》2019 年第 3 期。

黄冠、李坤泽：《普惠型儿童福利体系如何构建？——来自韩国的经验及教训》，《社会政策研究》2022 年第 3 期。

黄裕生：《论亚里士多德的"自愿理论"及其困境——康德哲学视野下的一个审视》，《浙江学刊》2017 年第 6 期。

[爱尔兰] 杰拉德·奎因：《新冠肺炎疫情中的老年残疾人》，《残疾人研究》2020 年第 2 期。

康晓光：《驳"永光谬论"——评徐永光〈公益向右 商业向左〉》，《社会与公益》2017 年第 10 期。

康晓光：《义利之辨：基于人性的关于公益与商业关系的理论思考》，《公共管理与政策评论》2018 年第 3 期。

匡丹等：《青少年非自杀性自伤行为的研究》，《医学信息》2022 年第 3 期。

李钢等：《中国拐卖儿童犯罪的时空特征与形成机制——基于"成功案例"的管窥》，《地理研究》2017 年第 12 期。

李红娟、张柳：《儿童青少年身体活动与体质健康的关系及促进建议》，《人民教育》2020 年第 10 期。

李江勤、陈瑶：《进城农民工子女融入城市困境分析》，《湖北科技学院学报》2013 年第 5 期。

李明舜：《新中国成立以来的妇女权益立法保障》，《中华女子学院学报》2009 年第 6 期。

李宁卉：《全面二孩政策下妇女生育保障法律问题研究》，《法制与社会》2018 年第 5 期。

李青原：《家庭照料对城乡失能老人和照料者健康的影响》，《北京社会科学》2021 年第 12 期。

李水金、欧阳蕾：《共益企业在中国的兴起、困境及发展路径研究》，《中国管理信息化》2019 年第 7 期。

李婷等：《中国的婚姻和生育去制度化了吗？——基于中国大学生婚育观

调查的发现与讨论》，《妇女研究论丛》2022年第3期。

李鑫：《"社会投资国家"理念下我国儿童福利制度转型问题思考》，《中国市场》2022年第3期。

李燕：《未成年人医疗决定模式的民法典解读》，《政法论丛》2021年第3期。

李勇：《立法性别平等评估的地方经验和国家构建的着力点》，《中华女子学院学报》2020年第2期。

梁季：《税收促进第三次分配与共同富裕的路径选择》，《人民论坛》2021年第28期。

刘爱玉：《脆弱就业女性化与收入性别差距》，《北京大学学报》（哲学社会科学版）2020年第3期。

刘爱玉等：《双薪家庭的家务性别分工：经济依赖、性别观念或情感表达》，《社会》2015年第2期。

刘爱玉、佟新：《性别观念现状及其影响因素——基于第三期全国妇女地位调查》，《中国社会科学》2014年第2期。

刘成奎、郑李明：《非正规就业对生育意愿的影响：理论与实证》，《财经科学》2022年第9期。

刘福荣等：《中学生抑郁症状检出率的Meta分析》，《中国心理卫生杂志》2020年第2期。

刘敏、鲍仁国：《残疾人社会保障问题探析——以江苏省为例》，《南京人口管理干部学院学报》2009年第1期。

刘文：《论第三次分配的本质——基于他在性视角的阐发》，《山东工商学院学报》2021年第1期。

刘衍华等：《认知情绪调节在父母教养方式与留守儿童健康危险行为间的中介作用》，《中华行为医学与脑科学杂志》2019年第2期。

刘彦华：《2021中国现代幸福发展指数71.2：职业比婚姻更重要？》，《小康》2021年第31期。

刘盈：《回归社会本位：健全预防青少年犯罪的社会化服务体系》，《山东青年政治学院学报》2015年第1期。

刘映海、郭燕兰：《锻炼心理学视角下青少年心理健康的身体活动研究进展》,《湖南师范大学教育科学学报》2022年第3期。

刘云杉等:《精英的选拔:身份、地域与资本的视角——跨入北京大学的农家子弟(1978—2005)》,《清华大学教育研究》2009年第5期。

吕巧莉、徐乐乐:《乡村学校隐性辍学问题研究》,《教学与管理》2021年第33期。

吕子昕、李涛:《京津冀地区儿童青少年体力活动视屏和睡眠时间与超重肥胖的关系》,《中国学校卫生》2022年第4期。

罗必良:《农地保障和退出条件下的制度变革:福利功能让渡财产功能》,《改革》2013年第1期。

罗长远、司春晓:《在线教育会拉大不同家庭条件学生的差距吗?——以新冠肺炎疫情为准自然实验》,《财经研究》2020年第11期。

马和民、王德胜:《教育要为年轻生命注入有根的灵魂——当代青少年人生问题频发的根源与教育对策》,《人民教育》2020年第2期。

[英]马克·R.克莱曼:《捐赠者的自我变革:催化式慈善》,《中国发展简报》2014年第2期。

倪鹏飞等:《中国人才国际竞争力的测度与比较》,《江淮论坛》2011年第3期。

聂磊等:《微信朋友圈:社会网络视角下的虚拟社区》,《新闻记者》2013年第5期。

欧贤才:《中学生辍学倾向的概念、量表编制及现状分析》,《兵团教育学院学报》2022年第2期。

庞凤喜、牛力:《惩罚式激励:企业残保金负担及就业效应分析》,《当代财经》2020年第8期。

彭晓博、王天宇:《社会医疗保险缓解了未成年人健康不平等吗》,《中国工业经济》2017年第12期。

浦娟等:《自然灾害对在校青少年抑郁症状和心理弹性的影响分析——以云南昌宁县1174名在校青少年为例》,《卫生软科学》2020年第2期。

戚小村:《论西方传统公益伦理思想》,《伦理学研究》2006年第3期。

漆莉等:《隔代照料对长江经济带流动育龄女性劳动参与的影响研究》,《兰州财经大学学报》2020年第6期。

亓迪等：《贫困弱势儿童识别标准及评估工具研究——基于9家机构的调研分析》，《社会政策研究》2020年第1期。

乔庆梅：《突发性公共事件应对中我国工伤保险的立法实践与决策选择》，《社会保障研究》2021年第6期。

秦钰玺：《后疫情时代"数字难民"的困境与突围》，《新闻知识》2021年第4期。

秦正为：《马克思主义妇女解放理论与中国特色社会主义妇女发展道路》，《学术界》2020年第3期。

清华大学课题组：《让每个学子都拥有公平的机会》，《光明日报》2012年7月3日。

裘指挥：《留守儿童"亲情空洞"问题发生的特殊性及防范》，《中国教育学刊》2016年第5期。

任丑：《祛弱权：生命伦理学的人权基础》，《世界哲学》2009年第6期。

任燕华：《国民素质与国际竞争力》，《江汉论坛》2006年第6期。

阮荣平等：《社会养老保障能削弱传统生育偏好吗?》，《社会》2021年第4期。

沈国琴：《中国妇女NGO之于中国社会的意义及发展展望》，《社团管理研究》2010年第3期。

沈惠章：《突发事件引发安全问题的思考》，《中国公共安全》2008年第9期。

沈跃跃：《贯彻落实习近平总书记"三个注重"要求 扎实推进家庭文明建设》，《中国妇运》2015年第5期。

沈跃跃：《坚定不移走中国特色社会主义妇女发展道路——在"新时代中国特色社会主义妇女发展道路研究"交流总结会上的讲话》，《妇女研究论丛》2019年第5期。

施红等：《外卖骑手的意外伤害、风险感知及保障需求——基于杭州的调查》，《中国保险》2020年第8期。

施芸卿：《当妈为何越来越难——社会变迁视角下的"母亲"》，《文化纵横》2018年第5期。

石开铭：《对残疾人不办残疾证现象的分析》，《经济研究导刊》2014年第 14 期。

石智雷：《多子未必多福——生育决策、家庭养老与农村老年人生活质量》，《社会学研究》2015 年第 5 期。

时立荣、常亮：《公共应急体系下中国红十字会组织力建设研究》，《上海行政学院学报》2020 年第 3 期。

史耀疆等：《中国农村中学辍学调查》，《中国改革》2016 年第 2 期。

司徒明镜等：《5·12 震后灾区少年儿童心理健康状况调查》，《华西医学》2009 年第 1 期。

宋丽敏、朱丹华：《家庭老年照料对女性照料者身体健康的影响研究》，《人口与社会》2021 年第 4 期。

宋占美等：《父母婚姻质量与学前儿童焦虑的关系：父亲和母亲严厉管教的中介作用》，《中国临床心理学杂志》2019 年第 1 期。

宋振韶、张志萍：《营造孩子心灵的港湾 发挥家庭心理支持功能》，《创新人才教育》2020 年第 3 期。

孙百亮：《中国人口再生产的"现代性"困境》，《人文杂志》2019 年第 8 期。

孙旭阳：《尘肺病人张海超：我的"被幸福"生活》，《安全与健康》2013 年第 1 期。

覃鑫渊、代玉启：《"内卷""佛系"到"躺平"——从社会心态变迁看青年奋斗精神》，《中国青年研究》2022 年第 2 期。

覃云云、梁慧娴：《一日双城：深港流动中的跨境母职》，《妇女研究论丛》2022 年第 3 期。

唐家龙、宋变变：《国际比较视角下加快科技强国建设的若干建议》，《青海科技》2022 年第 1 期。

唐咏：《被建构的焦虑母职和参与父职：基于深圳中产阶层家庭教育的质性研究》，《深圳大学学报》（人文社会科学版）2021 年第 6 期。

陶琳琳：《拐卖儿童犯罪的特点及其防治——基于 200 份判决书的研究》，《青少年学刊》2017 年第 5 期。

陶沙等：《3—6 岁儿童母亲教养行为的结构及其与儿童特征的关系》，《心理发展与教育》1998 年第 3 期。

田丰：《生育政策调整后中产阶级的生育意愿研究——基于北京、上海、广州三个城市的调查》，《社会科学辑刊》2017年第6期。

佟新：《主流话语与妇女就业知识的构建》，《中国社会科学》（英文版）2010年第2期。

宛蓉等：《希望感、自尊与新生代农民工未来职业规划：辍学经历的影响》，《贵州师范大学学报》（自然科学版）2020年第1期。

万虎、裴浩：《后疫情时期优势视角理论在青少年网瘾心理干预中的新尝试》，《湖北科技学院学报》2021年第6期。

汪春梅、金艾裙：《"公务员热"现象下的大学生就业观教育》，《池州学院学报》2014年第1期。

王东、王撬撬：《性侵未成年人犯罪特征与预防——以老龄段为视角》，《法制与社会》2021年第19期。

王芳：《老年人防骗对策研究》，《法制与社会》2019年第14期。

王洪江、刘宗发：《流动儿童与留守儿童心理问题比较研究》，《吉林广播电视大学学报》2017年第3期。

王京京等：《网络成瘾和睡眠时长在青少年受校园欺凌与抑郁间的链式中介作用》，《现代预防医学》2022年第4期。

王淼、万国威：《儿童虐待率、心理创伤及影响因素的性别差异研究——基于天津市的实证数据分析》，《北京社会科学》2019年第8期。

王名等：《第三次分配：理论、实践与政策建议》，《中国行政管理》2020年第3期。

王勤：《当代国际竞争力理论与评价体系综述》，《国外社会科学》2006年第6期。

王若磊：《完整准确全面理解共同富裕内涵与要求》，《人民论坛·学术前沿》2021年第6期。

王淑婕、解彩霞：《中国贫困女性化的社会制度根源——基于可行能力视角的分析》，《青海师范大学学报》（哲学社会科学版）2011年第6期。

王锡章：《拐卖儿童犯罪的现状与遏制对策——以F省为例的实证研究》，《中国人民公安大学学报》（社会科学版）2015年第5期。

王亚柯、夏会珍：《我国城镇职工的养老金性别差距及其变动》，《学术研究》2021 年第 1 期。

王铀镱：《母职惩罚的破局之钥：消除照护者惩罚》，《理论月刊》2022 年第 3 期。

王铀镱：《女性主义视角下女职工劳动权立法保障的实证研究》，《甘肃理论学刊》2020 年第 1 期。

王志等：《2018 年我国≥60 岁老年人抑郁情况及影响因素分析》，《江苏预防医学》2022 年第 1 期。

王卓、郭真华：《建立缓解相对贫困的女性赋权减贫机制研究》，《重庆工商大学学报》（社会科学版）2023 年第 4 期。

吴慧攀等：《中国儿童青少年体力活动年龄性别和地区特征》，《中国学校卫生》2022 年第 4 期。

吴玲：《现代性视角下中国青年"空心病"的诊断与治疗》，《当代青年研究》2018 年第 1 期。

吴强：《"两光之争"的背后：公益事业、资本主义和意识形态》，《文化纵横》2018 年第 1 期。

吴勇园：《家庭为本下儿童生命教育的实施措施研究》，《豫章师范学院学报》2019 年第 6 期。

肖琛嫦等：《儿童期负性经历对大学生亲密关系满意度的影响》，《重庆医学》2022 年第 11 期。

肖红军、阳镇：《共益企业：社会责任实践的合意性组织范式》，《中国工业经济》2018 年第 7 期。

肖利平、刘点仪：《乡城人口迁移与流动儿童教育获得——基于教育质量的视角》，《中国经济问题》2021 年第 6 期。

肖琳等：《中国初中学生烟草使用及其影响因素研究》，《中华流行病学杂志》2017 年第 5 期。

谢尚森、张婧茹：《美国、日本体育健康政策比较及对中国的启示》，《阜阳师范大学学报》（社会科学版）2022 年第 1 期。

谢新艳、杨莉华等：《武汉市中小学生 2019—2020 年视力不良现况》，《中国学校卫生》2021 年第 8 期。

许琪、戚晶晶：《工作—家庭冲突、性别角色与工作满意度——基于第三期中国妇女社会地位调查的实证研究》，《社会》2016年第3期。

许巧仙：《社会包容视角下残疾人社会融入的困境与出路》，《学海》2012年第6期。

闫伯汉：《中国社会结构与弱势群体地位提升路径分析》，《中州学刊》2022年第3期。

颜昌武、叶倩恩：《现代化视角下的数字难民：一个批判性审视》，《学术研究》2022年第2期。

颜湘颖：《儿童权利视角下撤销父母监护权儿童的安置》，《预防青少年犯罪研究》2021年第5期。

杨宝琰、吴霜：《从"生育成本约束"到"幸福价值导向"——城市"70后""80后"和"90后"的生育观变迁》，《西北人口》2021年第6期。

杨方方：《百年来中国共产党在妇女权益保障中的角色》，《山东女子学院学报》2022年第3期。

杨方方：《残疾人社会保障中政府与民间组织的合作模式：一个初步的探讨》，《山东社会科学》2011年第1期。

杨方方：《慈善力量传递中的义和利：相融与相生》，《社会保障评论》2019年第4期。

杨方方：《慈善市场的信息不对称与结构性失衡研究》，《社会保障评论》2017年第3期。

杨方方：《慈善事业现代化中数字技术应用的偏离与矫治》，《社会保障评论》2024年第1期。

杨方方：《慈善事业与社会福利的融合之路》，《新华文摘》2014年第10期。

杨方方：《慈善文化与中美慈善事业之比较》，《山东社会科学》2009年第1期。

杨方方：《风险流转下弱势群体的共同富裕之路》，《学术研究》2022年第9期。

杨方方：《〈妇女权益保障法〉应解决的问题与修法建议》，中国社会保障学会《民生专报》2021年第3期。

杨方方：《共同富裕背景下的第三次分配与慈善事业》，《社会保障评论》2022年第1期。

杨方方：《社会保障的力量传导与质量提升——兼评"福利病"论调》，《社会科学》2023年第2期。

杨方方：《西方慈善经济学研究进展》，《经济学动态》2014年第3期。

杨方方、陈少威：《政府购买服务的发展困境与未来方向》，《财政研究》2014年第2期。

杨方方：《中国转型期社会保障中的政府责任》，《中国软科学》2004年第8期。

杨方方：《谈慈善事业发展的规律和关系》，《理论与改革》2004年第3期。

杨方方：《发展现代慈善事业应该认识的几个基础性问题》，《社会科学》2004年第3期。

杨丽芳、董永贵：《家庭系统理论视角下双重弱势儿童亲密关系研究——基于五位回流儿童的深度访谈》，《少年儿童研究》2022年第3期。

杨明：《初中流动儿童家庭亲密度、适应性与社会文化适应的关系——积极心理资本的中介作用》，《中国健康教育》2018年第10期。

杨蓉蓉、陈功：《民众视角下残疾人是否办残疾人证的社会成因研究》，《残疾人研究》2019年第2期。

杨颖慧、黄进：《成人对儿童的离身认知及其教育困境》，《学前教育研究》2022年第3期。

杨裕萍等：《探讨抑郁青少年非自杀性自伤与负性情绪、冲动性的关系》，《中外医疗》2021年第36期。

姚遥：《公益本来就是左的——"社会企业"的渊源与未来》，《文化纵横》2018年第1期。

尹琳：《从未成年人法律体系看日本的儿童权利保护》，《青少年犯罪问题》2005年第2期。

于晓琪：《〈妇女权益保障法〉法律适用难点与对策研究——立足妇联工作的视角》，《苏州大学学报》（哲学社会科学版）2008年第3期。

於嘉：《性别观念、现代化与女性的家务劳动时间》，《社会》2014年第

2 期。

曾桂林：《从"慈善"到"公益"：近代中国公益观念的变迁》，《文化纵横》2018 年第 1 期。

张浩淼、朱杰：《"家庭为本"视域下我国困境儿童福利政策：目标取向与路径选择》，《改革与战略》2022 年第 4 期。

张九童等：《残疾人共同富裕研究：理论视域与未来指向》，《残疾人研究》2022 年第 1 期。

张军宏：《说说"晓光谬论"》，《社会与公益》2017 年第 10 期。

张康之：《论风险社会生成中的自然社会化》，《江苏师范大学学报》（哲学社会科学版）2020 年第 2 期。

张丽萍、王广州：《女性受教育程度对生育水平变动影响研究》，《人口学刊》2020 年第 6 期。

张玲：《"两光之争"大讨论——公益与商业如何健康互动？》，《中国慈善家》2018 年第 11 期。

张沁洁：《中国儿童医疗保障的家庭依赖度研究——以 4180 个样本为例》，《卫生经济研究》2022 年第 4 期。

张雨晗等：《儿童期虐待类型与青少年焦虑抑郁关系的相对权重分析》，《中国学校卫生》2022 年第 3 期。

赵丽沙等：《母亲抚养压力对 4~6 岁儿童持续性注意的影响：夫妻冲突与母亲敏感性的中介作用》，《中国临床心理学杂志》2020 年第 6 期。

郑功成：《共同富裕与社会保障的逻辑关系及福利中国建设实践》，《社会保障评论》2022 年第 1 期。

郑功成：《现代慈善事业及其在中国的发展》，《学海》2005 年第 2 期。

郑功成：《中国慈善事业发展：成效、问题与制度完善》，《中共中央党校（国家行政学院）学报》2020 年第 6 期。

郑利峰等：《青少年抑郁症状现况调查》，《预防医学》2018 年第 4 期。

郑锡龄：《"新时代中国特色妇女权益保障的制度与实践"学术研讨会综述》，《妇女研究论丛》2020 年第 1 期。

郑晓冬等：《儿童期留守经历对新生代农民工城市融入的影响》，《社会学评论》2022 年第 2 期。

周翠彬：《当代中国妇女权益保障立法的问题与出路——与挪威〈男女平等法〉之比较》，《法学杂志》2009年第1期。

朱光磊、李晨行：《现实还是风险："阶层固化"辨析》，《探索与争鸣》2017年第5期。

论文

邵子珊：《智力残疾人群社会融入问题的研究——以陕西省X市R机构的个案为例》，硕士学位论文，陕西师范大学，2015年。

魏莉莉：《脆弱的国家未来竞争潜力及其原因探析——基于90后成就动机的代际比较研究》，博士学位论文，华东师范大学，2013年。

英文

Cervellati, M. and Sunde, U., "Life Expectancy and Economic Growth: The Role of the Demographic Transition", *Journal of Economic Growth*, Vol. 16, No. 2, 2021, pp. 99 – 133.

Chen P. and Wang D., et al., "Physical Activity and Health in Chinese Children and Adolescents: Expert Consensus Statement", *British Journal of Sports Medicine*, Vol. 54, No. 22, 2020, pp. 1321 – 1331.

Chen W. and Zheng R, et al., "Cancer Incidence and Mortality in China, 2013", *Cancer Letters*, Vol. 401, 2017, pp. 63 – 71.

Cherlin, J., "Degrees of Change: An Assessment of the Deinstitutionalization of Marriage Thesis", *Journal of Marriage and Family*, Vol. 82, No. 1, 2020, pp. 62 – 80.

Cui Y. and Li F., et al., "The Prevalence of Behavioral and Emotional Problems Among Chinese School Children and Adolescents Aged 6 – 16: A National Survey", *European Child and Adolescent Psychiatry*, Vol. 30, 2021, pp. 233 – 241.

Dong Y. and Hu P., et al., "National and Subnational Trends in Mortality and Causes of Death in Chinese Children and Adolescents Aged 5 – 19 Years from 1953 to 2016," *J. Adolesc Health*, Vol. 67, 2020, pp. S3 – S13.

Sarah, B. and Lauren, V. S., et al., "Executive Function and Temperamental Fear Concurrently Predict Deception in School - aged Children", *Journal of Moral Education*, Vol. 4, June 2015, pp. 425 - 439.

Tanenhaus, D. S., "Between Dependency and Liberty: The Conundrum of Children Rights in the Gilded Age", *Law and History Review*, Vol. 23, No. 2, 2005, pp. 351 - 385.

White, H. C. and Boorman, S. A., et al., "Social Structure from Multiple Networks: Block Models of Roles and Positions", *American Journal of Sociology*, Vol. 81, No. 4, 1976, pp. 730 - 780.

Wyness, M., "Children, Family and the State: Revisiting Public and Private Realms", *Sociology*, Vol. 48, No. 1, 2014, pp. 59 - 74.

Yi C. and Cowell, F. A., "Mobility in China", *Review of Income and Wealth*, Vol. 63, No. 2, 2017, pp. 203 - 218.

后　　记

　　距离上一部专著出版已过 9 年，其间不论是个人的工作生活，还是经济社会环境都发生了不小变化。一气呵成的 22 年求学时光加上近 10 年的教学生涯后，胸无大志的我想去经历不同的人生。两娃尚小，要不做全职妈妈，倾心陪伴、培养祖国花朵？体验了学术圈的四平八稳，换个赛道，领略一下惊心动魄的商场？欧洲访学期间的惬意生活让人流连忘返，但冥冥之中感觉又缺了点什么。2021 年初《南方周末》新年祝词里的"我在"帮我做出了选择："我在"是"我在场"，是我在看、在听、在感受、在坚持；"我在"是"有我在"，是对真相与正义的信念，是担当，是责任；没有一滴水能独自成为大海，也没有一个春天不拥有万紫千红，但若失去那每一滴水、每一朵花的"我在"，大海也会干涸，春天终将无色。这些话语激励着我，让我做不到"我不在"。说到这，自己都要感动哭了，好像老人的千呼万唤、中年妇女一些执拗的消费习惯，和孩子的不习惯等因素都不存在似的。

　　与改革开放同龄的我一直很幸运，身处的研究领域不仅具有时代意义，也充盈着真善美。共同富裕如此美好，第三次分配如此真切，慈善事业如此良善，我的科研工作中充盈着真善美。唯有把这份幸运化作对真问题的把握能力和看问题的洞察力，才能体现"我在"的价值。所以，从"共同富裕"目标提出初始，我就把目光投向弱势群体，尤其是生理性弱势群体，他们触动了我内心深处最柔软的地方。这本书不是我关注弱势群体的终点，也不是起点。

　　我上一部专著聚焦残障事业，也是由中国社会科学出版社出版的，与孔继萍老师有过非常愉快的合作经历。忘不了2022年初孔老师答应再次合作的痛快，惭愧于我一次次食言于自己许诺的交稿时间。唉，无奈时间管理效率太差，从书稿呈现质量来看，也实在不好意思用匠人精神做借口。回想起来，对于自己的严重拖延症，多年来都是勇于承认但无力改变，也很可能是无心改变，狡猾地用"勇于承认"的坦率抹杀掉对其他成员的时间精力的消耗和损害，用最低成本宽容、谅解了自己，似乎在说："我都已经承认了，你还让咋样。"这样看来，我还是别承认拖延了，对自己进行赏识教育试试，自我鼓吹一下，这两年的确很忙：开始走出象牙塔，参与一些社会活动，到一些社会组织、慈善组织调研，与尘肺病、自闭症、残障群体、舆情事件人物频繁接触；开始写面向大众的软科普文；换了工作，从美丽的厦门搬迁到天堂之城杭州……虽然不断刷新着忙的上限，但精神上是幸福愉悦的！感谢因结缘人道而开启的美好、奇妙的心灵之旅……幸福其实就是心甘情愿地被你喜欢的人和事或者更高境界的使命约束和依赖，"被依赖"也许是当今世界给你的最好待遇。能做这些事，还要感谢两个前后进入青春期的孩子，"懂事"地成全了我越来越多的独立时空。这些时空累积、叠加、滋养出心底的斗志和事业心，沉寂多年的工作激情呼之欲出……

从10年前无比黏孩子到现在无比享受工作，我对女性人生发展的阶段性有了更深切的体会，但这种起伏周期历经近10年。很幸运当初选择了压力弹性、包容性强的大学教师工作，很感谢老东家的宽容和新东家的赏识！让我可以恣意地享受着每个生命阶段。由己及人，不知有多少妈妈拥有我这种幸运。从整个社会来看，能提供几年的包容环境？三胎政策下，女性的职业发展、就业连续性面临更大挑战，生育事关国家发展的百年大计，生育风险和成本无论如何都不能由勇于承担生育社会责任的女性独担。而就业对女性的精神力量和经济实力意义重大，经济独立能为女性的人身安全、财产权利、家庭地位提供底层支撑。在解决问题时也许可以突破需求层次的刚性的递进，通过满足高层次需求自然能辐射到低层次需求，让从高到低与从低到高两条线并行不悖。

"道有常道，法无定法"，让我们用越来越强的脑力助力弱势群体搭上共同富裕的列车。"我在"我快乐！